EINFÜHRUNG

in das

DEUTSCHE KOLONIALRECHT

Von

H. Edler v. Hoffmann

Professor des öffentlichen Rechts an der Königlichen Akademie zu Posen

Leipzig

G. J. Göschen'sche Verlagshandlung

1911

Druck von Rudolf Vierthaler, vorm. B. Angerstein
Wernigerode am Harz.

Otto Beseler

zum siebzigsten Geburtstage.

□□□

Inhalt.

Einleitung.

Erster Abschnitt.

Das Schutzgebiet.

Zweiter Abschnitt.

Die Organisation.

Dritter Abschnitt.

Die Verwaltung.

Vierter Abschnitt.

Die Rechtspflege.

Neuere allgemeine Literatur und Quellensammlungen.

Gareis, Deutsches Kolonialrecht. 2. Aufl. 1902.

Gerstmeyer, Das Schutzgebietsgesetz. 1910.

v. **Hoffmann**, Deutsches Kolonialrecht (Sammlung Göschen). 1907.

Höpfner, Das Schutzgebietsgesetz. 1907.

Köbner, Deutsches Kolonialrecht (v. Holtzendorff-Kohler, Encyklopädie der Rechtswissenschaft II, 1077 ff.).

Riebow, dann **Zimmermann**, jetzt **Köbner** und **Gerstmeyer**, Die Deutsche Kolonialgesetzgebung Bd. I—XIII. 1890—1911.

v. **Stengel**, Die Rechtsverhältnisse der deutschen Schutzgebiete. 1901.

Alle Spezialliteratur bei den einzelnen Abschnitten.

Abkürzungen.

I, 6 = Deutsche Kolonialgesetzgebung Band I, 6 u. s. w. XXI und XXII = Band XXI und XXII des Deutschen Kolonialblattes (Jahrgänge 1910 und 1911).

Sch.-G.-G. = Schutzgebietsgesetz (Bekanntmachung v. 10. Sept. 1900 R. G. Bl. S. 812).

K.-G.-G. = Gesetz über die Konsulargerichtsbarkeit (v. 7. April 1900 R. G. Bl. S. 213).

Vorwort.

Das vorliegende Buch verdankt seine Entstehung einer Anregung des Verlages, der ich gerne nachkam, da mir die Gelegenheit geboten wurde, die Ergebnisse meiner Einzelforschungen auf dem Gebiete des Kolonialrechtes in einer Gesamtdarstellung zu einem einheitlichen Bilde zusammenzufassen, sie zu ergänzen und weiter auszubauen.

Posen, Pfingsten 1911.

Der Verfasser.

Einleitung.

§ 1.

Deutsches Kolonialrecht.

Das Kolonialrecht eines Staates bildet einen Teil seiner gesamten Rechtsordnung. Nun sind auch z. B. das bürgerliche Recht, das Verwaltungsrecht u. s. w. Teile einer Gesamtrechtsordnung eines Staates. Ihnen kann man aber das Kolonialrecht nicht als etwas Gleichartiges zur Seite stellen. Während es für sie bezeichnend ist, daß ein jedes von ihnen Rechtssätze von einem bestimmten Inhalte umfaßt, z. B. bürgerlich rechtliche, prozeßrechtliche, ist das Kennzeichen des Kolonialrechts dieses, daß es, einerlei welches sein Inhalt sein möge, innerhalb eines bestimmten, dem Staate in einer gewissen Weise angegliederten, Gebietes geltendes Recht ist. Als dieses Gebiet würden wir logischer Weise die Kolonie ansehen und das Kolonialrecht als das Recht in der Kolonie bezeichnen, indessen der Sprachgebrauch ist hier ein abweichender. Kolonialrecht ist sowohl mehr als auch weniger. Weniger insofern, als man das von den Eingeborenen erzeugte Recht nicht mit dazu rechnet, sondern nur dasjenige, welches vom Kolonialstaate geschaffen wird. Mehr als das Recht der Kolonie ist es, insofern als auch das in den sogenannten kolonialen Protektoraten geltende zum Kolonialrechte gerechnet wird und endlich auch insofern als man die äußeren Beziehungen der einzelnen Kolonien zum Mutterlande und zu anderen Kolonien desselben Staates im Kolonialrechte darzustellen pflegt. Für diese Begrenzung des Kolonialrechtes sind nicht Gründe der Logik, sondern es ist das Herkommen maßgebend.

Innerhalb des Kolonialrechts gibt es Rechtsnormen, welche für alle Kolonien oder größere Gruppen gleichmäßig gelten.[1]) Außerdem aber entwickelt sich in jeder Kolonie eigenes Recht, Landesrecht.

Das deutsche Kolonialrecht, mit welchem wir es zu tun haben werden, ist eine Neubildung, welche ihren Anfang mit der Erwerbung der ersten deutschen überseeischen Besitzungen im Jahre 1884 nimmt. Das bis dahin geltende deutsche Recht hatte den Fall, daß das Deutsche Reich

---

[1]) Den Argumenten die Radlauer (Zeitschrift f. Zivil- u. Prozeßrecht 1909 S. 162) und Naendrup (Zeitschr. f. Kolonialpol. XIII, 344) gegen den von mir früher verwendeten Begriff eines gemeinen Kolonialrechts vorgebracht haben, muß ich im Wesentlichen zustimmen.

in den Besitz von Kolonien kommen würde, insofern nicht vorgesehen, als keine Bestimmungen über die innere Einrichtung solcher Besitzungen getroffen waren. Nur hatte die Reichsverfassung in Artikel 4 Ziffer 1 die Zuständigkeit zur Kolonisation dem Reiche zugewiesen, sodaß die deutschen Einzelstaaten durch das Reich von der Erwerbung von Kolonien ausgeschlossen wurden; eigentlich kolonialrechtliche Normen dagegen fehlten vollkommen. Nach der Erwerbung der amtlich Schutzgebiete genannten Besitzungen bestand daher eine völlige Lücke im Rechte des Reiches. Sie wurde ausgefüllt, indem man manche Sätze des für das Mutterland geltenden Reichsstaatsrechtes für die Kolonien tatsächlich anwandte. Auf dieser Grundlage baute man das deutsche Kolonialrecht auf; es begreift jetzt eine beträchtliche Menge von Einzelnormen in sich, deren Zahl sich ständig stark vermehrt, da die politischen und wirtschaftlichen Verhältnisse der Schutzgebiete noch im Werden begriffen sind. Die gesetzliche Grundlage dieser ganzen Entwickelung ist das Schutzgebietsgesetz, jetzt in der Fassung der Bekanntmachung vom 10. September 1900.[1*])

[1*]) Über die allgemeinen Fragen der kolonialen Rechtsordnung vgl. noch unten § 22.

Erster Abschnitt.

Das Schutzgebiet.

§ 2.

Die Schutzgewalt.

Der Staat wird bestimmt als die Vereinigung eines seßhaften Volkes unter einer höchsten Gewalt. Es sind hier die drei Bestandteile Gewalt, Gebiet und Volk unter Berücksichtigung der deutschen Schutzgebiete zu prüfen. Die Gewalt, welche in ihnen ausgeübt wird, nennt das Schutzgebietsgesetz S c h u t z g e w a l t. Sie ist Gegenstand der ersten Betrachtung.

Es ist eine unbezweifelte politische Tatsache, daß zwischen den deutschen Schutzgebieten und dem Deutschen Reiche eine enge Verbindung besteht. Wie aber diese Verbindung vom Standpunkte der Rechtsordnung aus aufzufassen ist, darüber hat seit dem Beginne der deutschen Kolonialpolitik Streit bestanden. Es drehte sich um die Frage: Stehen die Schutzgebiete in einem völkerrechtlichen oder in einem staatsrechtlichen Verhältnis zum Deutschen Reiche? Die vorhandenen Tatsachen verleihen einer jeden der bisher vorgebrachten Meinungen eine gewisse Grundlage, völlig stimmt aber keine von ihnen mit dem Gegebenen überein. Es soll versucht werden, eine neue und befriedigende Lösung zu finden.

Die Methode, auf Grund deren man bisher geforscht hat, leidet an dem Mangel, daß sie blos die Verhältnisse der deutschen Besitzungen ins Auge faßte. Das richtige Verständnis für die Lage wird man leichter gewinnen, wenn man Umschau nach ähnlichen Zuständen bei anderen Kolonialstaaten hält; da wird man erkennen, daß in den englischen, amtlich „Protectorates" genannten Besitzungen auf dem afrikanischen Festlande vollkommen die gleiche Rechtslage vorhanden ist. Die Klarlegung der allgemeinen Rechtslage in den Schutzgebieten, die der Gewinnung des Begriffes Schutzgewalt voranzugehen hat, wird sich daher zweckmäßig auf rechtsvergleichendem Wege vollziehen.

Die amtliche Bezeichnung Schutzgebiet für die deutschen überseeischen Besitzungen weist auf die Anfänge der deutschen Kolonial-

Allgemeine Literatur zum ersten Abschnitt: Die ältere bei v. P o s e r u. G r o ß - N a e d l i t z, Die rechtliche Stellung der deutschen Schutzgebiete 1903; die neuere gibt G i e s e in regelmäßig erscheinenden Literaturübersichten in der Zeitschrift für Kolonialpolitik u. s. w. Dazu noch W e i ß m ü l l e r, Die Interessensphäre 1908; S a s s e n, Das Gesetzgebungs- und Verordnungsrecht in den deutschen Kolonien 1909; v. H o f f m a n n, Les protectorats anglais et allemands etc. (Bulletin de colonisation comparée, 1909); v. H o f f m a n n, Die Rechtsstellung der britischen Herrschaftsgebiete (Zeitschr. f. Kolpol. XI, 836 ff. u. 900 ff.).

politik hin, welche ursprünglich nur das Ziel hatte, den in den tropischen Ländern wirtschaftlich tätigen Deutschen, sowie den Eingeborenen, welche sich in den Schutz des Deutschen Reiches stellten, einen völkerrechtlichen Schutz zu gewähren. Schon bald aber trat eine Veränderung der Stellung des Reiches zu jenen Gebieten ein; es war genötigt, selbst unmittelbar zu verwalten und diese Verwaltung ist im Laufe eines Vierteljahrhunderts stellenweise eine sehr eindringende geworden; sie unterscheidet sich da an Wirksamkeit nicht von derjenigen, welche von anderen Kolonialmächten in ihren Kolonien ausgeübt wird. Nun schien die 1884 gegebene Bezeichnung Schutzgebiete, die doch nur eine Verdeutschung von Protektorat ist, den Tatsachen nicht mehr zu entsprechen. Deshalb wurde und wird vielfach die Ersetzung durch das Wort Kolonie gefordert und die Schutzgebiete werden als Kolonien charakterisiert.[2]) Dieser Auffassung steht die Tatsache gegenüber, daß eine intensive Herrschaft doch nur in einem Teile des einzelnen Schutzgebietes ausgeübt wird, während in andern Teilen, z. B. im inneren Ostafrika und Kamerun die deutsche Herrschaft Protektoratscharakter hat. Nach allem ist also die Frage die: Sind die deutschen Schutzgebiete und die englischen Protectorates, in denen die Verhältnisse ähnlich sind, Kolonien oder Protektorate?

Die Entscheidung dieser Frage kann nur getroffen werden, wenn man sich völlig über die Begriffe Kolonie und Protektorat im klaren ist.

Will man eine ausreichende Bestimmung des Rechtsbegriffes Kolonie finden, so muß man eine Reihe von Vorstellungen beiseiteschieben, welche man sich unwillkürlich bei dem Worte Kolonie macht. Wenn wir dieses Wort hören, so sehen wir vor unseren geistigen Augen Länder der heißen Zone mit einer farbigen oder überseeische Länder mit einer eingewanderten europäischen Bevölkerung. Diese Tatsachen sind aber nicht die bestimmenden Kennzeichen der Kolonie. Es gibt Kolonien mit gemäßigtem Klima, z. B. Kanada, es gibt auch Kolonien ohne oder fast ohne eingeborene farbige Bevölkerung, z. B. Australien. Es gab und gibt Kolonien, welche vom Mutterlande nicht durch das Meer getrennt sind; so grenzten z. B. die römischen Kolonien teilweise unmittelbar an das Mutterland. Ferner ist es möglich, daß, obwohl Mutterland und Kolonien voneinander getrennt sind, doch eine Verbindung auf dem Landwege möglich ist, so z. B. zwischen dem Deutschen Reiche und Kiautschou; wenn auch die Verbindung zur See die regelmäßige ist, so wird doch auch der Landweg durch Sibirien benutzt. Was endlich die Beziehungen zwischen den Niederlassungen der Eingewanderten und den Kolonien im Rechtssinne betrifft, so ist zuzugeben, daß sie sehr enge sind, denn das Wort Kolonie in seinem ursprünglichen Sinne bedeutet gerade eine Ansiedelung Eingewanderter in einem neuen oder fremden Lande, wo sie den Boden bestellen und die Naturschätze ihres neuen Vaterlandes ausbeuten. Für diese Art von Kolonien, welche man Kolonien im ethno-

---

[2]) Ich stand früher auf dem gleichen Standpunkte, gebe ihn jedoch, wie aus dem Folgenden ersichtlich, auf.

graphischen Sinne nennt, sind politische Beziehungen zum Mutterlande nicht nötig. Tatsächlich aber bestehen oft sehr enge Beziehungen zu dem Vaterlande der Eingewanderten, nämlich wenn die Kolonie seiner Staatsgewalt untersteht. In diesem Falle wendet man dann das Wort Kolonie, welches bis dahin nur eine ethnographische oder wirtschaftliche Bedeutung hatte, auf einen Tatbestand von rechtlicher Bedeutung an, das heißt auf jenes Land, welches der Staatsgewalt des Vaterlandes der Eingewanderten unterworfen ist. Diese Verpflanzung aus dem ethnographischen und wirtschaftlichen in das Rechtsgebiet mußte nun Irrtümer verursachen, weil die beiden Tatbestände, der ethnographisch-wirtschaftliche und der rechtliche sich nur teilweise decken. Auf der einen Seite gibt es ethnographisch-wirtschaftliche Kolonien, welche politisch nicht vom Vaterlande der Ansiedler abhängen, so z. B. nicht die deutschen Ansiedelungen in Brasilien. Auf der anderen Seite sind Kolonien im Rechtssinne denkbar, in denen es noch keine Ansiedelung von Angehörigen des Mutterstaates gibt, z. B. wenn eine Kolonie dem letzteren von Seiten eines fremden Kolonialstaates abgetreten worden ist. Da also die Grundlagen des ethnographisch-wirtschaftlichen und des Rechtsbegriffes Kolonie nicht zusammenfallen, so sind Irrtümer unvermeidlich, wenn man durch Eigenschaften des ersteren den Rechtsbegriff zu erklären sucht. Zwischen beiden bestehen wohl geschichtliche und tatsächliche Zusammenhänge, ein logischer aber fehlt. Will man den Rechtsbegriff der Kolonie kennen lernen, so darf man nicht auf dem wirtschaftlichen oder dem ethnographischen Gebiete suchen, sondern allein auf dem Rechtsgebiete.

Hier ist vor allem der Gegensatz zwischen der Kolonie und anderen Staatsteilen festzustellen. Wir sehen da, daß die Kolonie durch die Tatsache gekennzeichnet wird, daß der größte Teil des in der Kolonie geltenden Rechtes von dem im Mutterlande in Kraft stehenden abweicht, daß grundsätzlich das für das Mutterland auf Grund von Gesetzen, Verordnungen, Verträgen, Gewohnheit geltende Recht für die Kolonien nicht gilt, sondern auf sie erst besonders ausgedehnt werden müßte. Der Unterschied in der Rechtsordnung ist verursacht durch die Verschiedenheit, welche zwischen Mutterland und Kolonie auf politischem, wirtschaftlichem, religiösem, ethnographischem Gebiete herrscht. Alle diese Besonderheiten machen eine besondere Gesetzgebung notwendig; also Erscheinungen, durch welche man, wie wir gesehen haben, vergebens versucht, unmittelbar den Rechtsbegriff Kolonie zu erklären, veranlassen das Entstehen von Unterscheidungsmerkmalen in der Sphäre des Rechtes, durch welche die Kolonie im Rechtssinne gekennzeichnet ist. Mutterland und Kolonie sind also zwei politisch zusammengehörige Gebiete mit verschiedener, nur ausnahmsweise — so für die Weißenrechtspflege — einheitlicher Rechtsordnung. Man kann sagen, daß sie sich in dieser Verschiedenheit ähneln und in ihr übereinstimmen. Hätten wir also nur diese Verschiedenheit als Kennzeichen, so könnten wir nicht sagen, welches der beiden Gebiete wir Mutterland und welches wir Kolonie nennen sollen. Das entscheidende Merkmal in dieser Beziehung ist, daß im Mutterlande die höchsten Organe des Staates, von denen sein oberster Wille ausgeht, ihren Sitz haben.

Man kann gegen die gefundene Begriffsbestimmung dies einwenden, daß sie auch auf Tatbestände zutrifft, auf welche man im gewöhnlichen Leben niemals die Bezeichnung Kolonie anwenden würde, z. B. auf Elsaß-Lothringen vor Einführung der Reichsverfassung, ferner auf die englischen Kanalinseln und die Insel Man. Dieser Gegensatz zwischen unserer Bestimmung und dem Sprachgebrauche soll in keiner Weise geleugnet werden, indessen er beweist nur, daß für den rechtlichen Tatbestand, von dem wir hier sprechen, d. h. den Teil des Staatsgebietes, für welchen grundsätzlich Sonderrecht gilt, das Wort Kolonie nicht gut gewählt ist. Wollte der Gesetzgeber diesem Umstande Rechnung tragen, so müßte er, im Interesse einer klaren Terminologie, einen anderen Ausdruck für die fragliche Erscheinung finden. Und wirklich hat er in einem Falle das Wort Kolonie durch ein anderes ersetzt. Ein englisches Gesetz (Interpretation Act 1883) stellt den Begriff der „Britischen Besitzung" auf und versteht darunter alle der Staatsgewalt des Königs unterstehenden Gebiete mit Ausnahme bloß des Vereinigten Königreichs. Die Kanalinseln und die Insel Man fallen also unter diesen Begriff. Durch dieses Gesetz ist im englischen Rechte das Wort Kolonie für unseren Tatbestand vollkommen beseitigt, es hat damit zunächst jede rechtliche Bedeutung verloren. Wenn es in die englische Rechtssprache wieder eingeführt werden sollte, so könnte das nur durch einen besonderen Akt der Rechtssetzung geschehen. Dieser ist auch wirklich vorgenommen worden. Das gleiche Gesetz gibt nämlich den Namen Kolonie allen Ländern unter der Staatsgewalt des Königs, mit Ausnahme der britischen Inseln (d. h. des Vereinigten Königreiches, der Kanalinseln und der Insel Man) sowie Britisch-Indiens.

Der zweite Begriff, mit welchem wir es hier zu tun haben, ist der des Protektorates. Die völkerrechtliche Lehre vom Protektorate hat ihren Ausgang von den Zuständen in Europa und den Mittelmeerländern genommen. Da man nur Länder vor Augen hatte, welche sich gegenseitig mehr oder weniger als Staaten anerkannten, so kam man zu der Festsetzung, daß Gegenstand eines Protektorates nur ein vom Völkerrechte anerkannter in der Völkerrechtsgemeinschaft stehender Staat sein könne. Man ließ es unberücksichtigt, daß es in Indien und Amerika seit Jahrhunderten zwischen europäischen Staaten und Eingeborenengemeinwesen, welche nicht zur Völkerrechtsgemeinschaft gehörten, Beziehungen gab, welche den Protektoraten in zivilisierten Gebieten völlig wesensgleich waren, und daß die Tatsache der Nichtanerkennung durch die zivilisierten Staaten für die inneren Beziehungen zwischen Schützer und Geschütztem, also für das eigentliche Protektoratsverhältnis, unerheblich war. Das Völkerrecht wurde nun aber gezwungen, sich mit solchen Zuständen zu befassen, als sie infolge der Aufteilung Afrikas häufiger aufzutreten begannen und für die gegenseitigen Beziehungen zwischen den europäischen Mächten von Bedeutung wurden. In gewissem Sinne fuhr allerdings das Völkerrecht fort, sie ganz zu ignorieren, indem es den mit einem Eingeborenenhäuptling geschlossenen Schutzverträgen keine völkerrechtliche Geltung beimaß. Andererseits aber ordnete es diese Verhältnisse doch dem allgemeinen Begriffe des Protektorates unter, indem es sie koloniale Protektorate nennt, zu welchen die völkerrechtlichen Protektorate den Gegensatz bilden. So weit das Völkerrecht.

Es fragt sich nun aber, wie sich der schützende Staat zu der Sache verhält. Wenn es sich um das Verhältnis zwischen zwei Staaten, also um ein völkerrechtliches Protektorat handelt, so ist er durch das Völkerrecht gebunden; im Falle eines Kolonialprotektorates dagegen ist er dem Völkerrechte gegenüber vollkommen frei; daraus wird von Manchen der Schluß gezogen, daß derartige Protektorate überhaupt keine rechtliche Kraft hätten, die Verträge seien Scheinverträge, tatsächlich handele es sich hier um unmittelbare, nicht um bloße Schutzgewalt. Es sei eine bloß verschleierte Besitzergreifung. Nun wäre ja naturgemäß der schützende Staat in der Lage, sich eine solche Auffassung auch zu eigen zu machen. Es wird im einzelnen Falle nur die Frage entstehen, ob er die Macht hat, seine Ansicht gegenüber dem geschützten Staate durchzuführen. Tut er es in Rücksicht auf die politische Lage nicht, so ist seine Auffassung rechtlich unerheblich, und, indem er dem geschützten Gemeinwesen eine Selbständigkeit nach Art der völkerrechtlichen Protektorate beläßt, bekennt er sich zu der gegenteiligen Auffassung, nämlich daß es sich um ein Protektoratsverhältnis handelt. — Sehen wir nun, wie das englische und das deutsche Recht die Sachlage auffassen.

Der Standpunkt des englischen Rechtes ist folgender. Ein britisches Protektorat ist ein nicht der britischen Staatsgewalt unterworfenes Land, welches in seinen äußeren Beziehungen der ausschließlichen Aufsicht des Königs von England untersteht. Diese Bestimmung umfaßt nach der in England herrschenden Auffassung alle britischen Protektorate, mögen sie nun völkerrechtliche oder koloniale sein. Das englische Recht macht also keinen Unterschied danach, ob das betreffende Gemeinwesen als Staat anerkannt ist oder nicht.

Es ist aber doch ein gewisser Unterschied unter den Protektoraten vorhanden, welcher hier zu erwähnen ist. Er liegt nicht auf dem Gebiete der Verbindlichkeit der Protektoratsverträge. — In der Regel verstehen wir unter Protektorat Beziehungen, welche zwischen einem Staate und einem einzigen anderen Staate oder Gemeinwesen bestehen. Jedes Schutzverhältnis zwischen zwei Staaten oder Gemeinwesen stellt also ein Protektorat dar, welches wir als das einfache Protektorat bezeichnen wollen. Der geschützte Staat ist eine Einheit. Sie ist einerseits eine passive, weil er als Gesamtheit der Macht des Schützers untersteht, auf der anderen Seite ist er auch eine aktive Einheit, weil er als politische Persönlichkeit auch gewisse Rechte gegen den Schutzherrn hat. Im allgemeinen Sinne würden wir also im britischen Afrika so viele Protektorate haben, als es einzelne geschützte Gemeinwesen oder Stämme unter der Aufsicht des Königs gibt. Werfen wir aber einen Blick auf die politische Karte von Afrika, so sehen wir nicht eine der großen Zahl der geschützten Stämme entsprechende Menge von britischen Protektoraten, sondern nur eine ganz beschränkte Zahl: Uganda, Ostafrika, Nyassa u. s. w. Von diesen „Protectorates“ aber umfaßt ein jedes eine mehr oder weniger große Anzahl von geschützten Eingeborenengemeinwesen. Da erkennen wir, daß es noch eine zweite Art von Protektoraten gibt, welche wir Sammelprotektorate nennen wollen. Sie unterscheiden sich von den einfachen folgendermaßen. Die Gesamtheit der dazu gehörigen Gemeinwesen bildet zwar auch eine passive Einheit, weil sie alle einer einzigen Behörde unterworfen sind, welche an der Spitze des „Protectorate“ steht. Andererseits aber bilden sie nicht, wie das einfache, eine aktive Einheit, weil sie nicht zusammen eine politische Persönlichkeit bilden, welche Rechte gegenüber dem Schützer besäße, nur eine jede Gemeinschaft für sich hat solche Rechte, ihre Gesamtheit dagegen besitzt sie nicht.

Was nun Deutschland betrifft, so kommen hier nur koloniale Protektorate in Betracht. In den Schutzgebieten liegt die Sache aber nicht anders als in den „Protectorates“. Auch in ihnen, besonders in den drei tropischen afrikanischen, ist eine Reihe von geschützten Gemeinwesen vorhanden, welche nicht anders behandelt werden, als die in den „Protectorates“. Die Übereinstimmung der deutschen Auffassung mit der englischen tritt besonders hervor, wo wie teils in Kamerun, Ost- und Südwestafrika der zur örtlichen Vertretung der deutschen Regierung berufene Beamte in bewußter Nachahmung des englischen Rechtes ganz denselben Titel Resident erhalten hat, welchen der entsprechende englische Beamte in den englischen Protektoraten führt. Die deutsche Regierung betrachtet aber das Schutzverhältnis keineswegs als eine verschleierte Okkupation, und die Rechtsbeziehungen als Scheinverträge. Die Behauptung, daß das koloniale Protektorat nur eine Vorstufe der völligen Unterwerfung sei, ist, wie das englische Beispiel in Indien lehrt, keineswegs richtig. Vielfach empfiehlt es sich vielmehr, dauernd die althergebrachten Gewalten zu bewahren und sich ihrer zu bedienen, als daß man ein in allen Teilen unmittelbares Gewaltverhältnis zu Land und Leuten herstellt. Von diesem Grundsatze wird auch die Politik der deutschen Regierung bestimmt, welche vielfach vernünftigerweise sogar auf eine Stärkung des Ansehens der eingeborenen Machthaber geht. — Nach allem dürfen wir die für die englischen Protektorate jeder Art geltende Bestimmung auch für die deutschen als die maßgebende ansehen. Ein deutsches Protektorat ist demgemäß ein der deutschen Staatsgewalt nicht unterworfenes Land, welches in seinen äußeren Beziehungen der ausschließlichen Aufsicht des Reiches untersteht. Daß sich die Beziehungen des Reiches zu dem Protektorate nicht hierauf beschränken, sondern daß die Reichsgewalt mehr oder weniger eindringlich auch in die inneren Angelegenheiten eingreift, braucht nicht besonders hervorgehoben zu werden. Dieses Eingreifen aber ist nicht ein besonderes Merkmal des kolonialen Protektorates, es kommt mit gleicher Intensität auch in dem völkerrechtlichen vor. — Wie in den „Protectorates“ so auch in den Schutzgebieten bildet ein jedes Gemeinwesen ein Protektorat; ihre Gesamtheit ist dann in dem oben dargelegten Sinne ein Sammelprotektorat. Als ein solches wäre das Schutzgebiet zu bestimmen, soweit man nur die Schutzverhältnisse in Rechnung zieht.

Betrachteten wir bisher die beiden Begriffe Kolonie und Protektorat getrennt, so sehen wir nun, wie sie sich zu einander verhalten. Es herrscht hier Übereinstimmung darüber, daß der Unterschied zwischen Kolonie und Protektorat darin besteht, daß in der Kolonie der Kolonialstaat die volle Staatsgewalt besitzt, während er gegenüber dem Protektorate nur die Leitung der äußeren Angelegenheiten hat. Dies ist eine Unterscheidung, welche klar ist und keinerlei Zweifel zurückläßt. Die Schwierigkeiten beginnen aber, wenn man es versucht, sie auf einen vorhandenen Tatbestand anzuwenden, insbesondere auf den in den deutschen Schutzgebieten und den englischen Protectorates gegebenen. In den eigentlichen Kolonien bedient man sich oft der Eingeborenen aus den herrschenden Klassen, welche eines besonderen Ansehens genießen, um die Masse der Eingeborenen zu regieren. Ebenso aber auch bedient man sich in den Protektoraten der Häuptlinge, Könige und Sultane, um durch sie einen unmittelbaren Einfluß auf ihre Untertanen auszuüben.[3]) In vielen Fällen ist es nun aber unmöglich, eine Entscheidung darüber zu treffen, ob der Eingeborene als Vertreter des europäischen Souveräns, oder als Haupt eines Protektorates die Geschäfte verwaltet. Die Unterscheidung zwischen Kolonie und Protektoratsgebiet auf Grund der wissenschaftlichen Begriffsbestimmungen ist, wo solche Zwischenzustände herrschen, für die Verwaltung meist eine unlösbare Aufgabe. Sie kann sich daher um die wissenschaftlichen Theorien hier nicht kümmern. Für sie kann es sich nur darum handeln, nach rein praktischen Erwägungen Verwaltungsbezirke zu bilden, ohne daß sie auf den rechtlichen Charakter der einzelnen Teile dabei Rücksicht nimmt. Dies haben Deutschland und England denn auch getan.

Ein Fall, in welchem man die Durchführung dieses Verwaltungsgrundsatzes sehr gut erkennen kann, ist der der englischen Kolonie Lagos. Lagos war eine wirkliche Kolonie, unterstand also der unmittelbaren britischen Staatsgewalt. Nachdem aber Großbritannien das Protektorat Nigerien gebildet hatte, wurde Lagos ihm einverleibt. Dieses „Protectorate“ umfaßte also ein Gebiet, in welchem die britische Staatsgewalt herrschte, und ein zweites, in welchem Großbritannien nur die Schutzgewalt besaß. Die englische Praxis bietet uns hier ein klares Beispiel dafür, in welcher Weise Gebiete von verschiedenen Rechtseigenschaften in einem Verwaltungsbezirke vereinigt werden können. Es ergibt sich aber daraus mit Notwendigkeit, daß es völlig unmöglich ist, einen solchen Bezirk als Ganzes rechtlich zu bestimmen, indem man ihn ent-

---

[3]) Vgl. im einzelnen unten S. 56 ff.

weder unter die Kolonien oder unter die Protektorate verweist. Ein derartiger Bezirk von gemischter Rechtsnatur kann aber auch auf andere Weise entstehen. Denken wir uns ein Gebiet völlig einheitlicher Art, ein Gebiet, welches zunächst in seiner ganzen Ausdehnung Sammelprotektorat ist. Mit der Zeit treten dann Veränderungen in dem Verhältnis zwischen dem Schützer und einem Teile des Gebietes ein. Da, wo der europäischen Macht das Gebiet am ersten zugänglich ist, gelingt es ihr, ihre Staatsgewalt unmittelbar geltend zu machen, während der Rest des Gebietes unter Protektoratsherrschaft verbleibt. So ist die Entwickelung in den deutschen Schutzgebieten und den englischen Protectorates auf dem afrikanischen Festlande gewesen, und daraus ergibt sich der verschiedenartige innere Bau, die mannigfaltige Gestaltung des Herrschaftsverhältnisses in diesen Bezirken. Wir sind nach Allem nicht in der Lage, eine Bestimmung des Begriffes des Schutzgebietes zu geben, wie man es bisher glaubte tun zu können, indem man es entweder in die Klasse der Kolonien oder in die der Protektorate verwies. Wir können das Schutzgebiet vom Standpunkte der inneren Beziehungen zwischen ihm und dem Reiche nur bestimmen, als außerhalb des Reichsgebietes gebildeten, amtlich Schutzgebiet genannten Bezirk der Ausübung deutscher Herrschaft. Es gibt jetzt sieben Schutzgebiete: Deutsch-Ostafrika, Deutsch-Südwestafrika, Kamerun, Togo, Deutsch-Neuguinea, Samoa, Kiautschou.

Aus der Festlegung des Begriffes Schutzgebiet folgt auch der Begriff der Schutzgewalt, die man entweder unter den Begriff der Staats- oder — worauf ihr Name mehr hindeutet — der Protektoratsgewalt hat bringen wollen. Schutzgewalt ist die in einem deutschen Schutzgebiete ausgeübte Gewalt der deutschen Regierung. Sie ist nach der Auffassung der Verwaltung nicht ausschließlich entweder Staats- oder Protektoratsgewalt, sie ist beides. Welchen Charakter sie im einzelnen Anwendungsfalle hat, das bemißt sich nach dem Gegenstande, auf welchen sie sich gerade bezieht.

Die Schutzgewalt wurde erworben vom Deutschen Reiche und steht diesem Staate zu, sie ist nunmehr in der Reichsgewalt enthalten. Die Reichsgewalt hat durch die Erwerbung eine Erweiterung erfahren. Eine Erweiterung zunächst hinsichtlich ihres örtlichen Herrschaftsbereiches. Eine Erweiterung aber auch in ihren Eigenschaften, denn indem sie die Schutzgewalt in sich aufnahm, übernahm sie auch deren protektoratsrechtliche Teile, so daß sie jetzt zwar nicht nach Völkerrecht, aber nach ihrer eigenen, in den Schutzgebieten ausgeübten Verwaltungspraxis sowohl Staats- wie Protektoratsgewalt ist. Diese eine Reichsgewalt herrscht über Mutterland und Kolonien, sie bilden ein nach Außen hin abgeschlossenes Gemeinwesen unter einer höchsten Gewalt, sie bilden zusammen einen Staat. Die Teile dieses Gemeinwesens sind aber selbst nicht Staaten, weder das einzelne Schutzgebiet, noch das Mutterland.

Nach den ersten Erwerbungen fragte es sich, welches die Organe sein sollten, die die Schutzgewalt ausüben würden. Den leitenden Organen des Mutterlandes fehlte eine förmliche gesetzliche Ermächtigung hierzu, da die organisatorischen Reichsgesetze, insbesondere die Reichsverfassung keine Geltung für die Schutzgebiete hatten. In der Regel wird die Anschauung vertreten, der Bundesrat, als das die volle Souveränität im Reiche ausübende Organ, sei befugt gewesen, trotz fehlender formeller gesetzlicher Legitimation, die Schutzgewalt auszuüben.[4]) Diese Auffassung entspricht aber nicht den Tatsachen. Schon im Bereiche der Geltung der Reichsverfassung ist es nicht so, daß der Bundesrat in jedem Falle, in welchem er nicht besonders in der Ausübung der Staatsgewalt beschränkt ist, befugt wäre, die Reichsgewalt auszuüben. Es besteht keine allgemeine Rechtsvermutung für seine Zuständigkeit, sondern die Ausübung der Reichsgewalt ist auf verschiedene Reichsorgane verteilt, ohne daß für eines derselben eine allgemeine Zuständigkeitsvermutung spräche. Solche Vermutungen bestehen nur für einzelne Gebiete. Sie spricht z. B. im Verhältnis zwischen Kaiser und Bundesrat, für den letzteren nur auf dem Gebiete der Gesetzgebung, für den Kaiser dagegen auf dem Gebiete der Regierung.[5]) Aus seiner rechtlichen Stellung im Geltungsbereiche der Reichsverfassung konnte der Bundesrat aber kein Recht der allgemeinen Ausübung der Reichsgewalt in den deutschen Schutzgebieten herleiten. Wenn er es dennoch in einer amtlichen Erklärung tat,[6]) so war dies der Ausfluß einer politischen Anschauung, welche in der Rechtsordnung keine Grundlage hatte. Vielleicht geschah das Hervorkehren dieser Auffassung auch mehr zum Schein, denn im Zusammenhange mit jener Erklärung verzichtete der Bundesrat sofort auf alle in Anspruch genommenen Rechte zugunsten des Kaisers, den er bei dieser Gelegenheit übrigens selbst als den erblichen Vertreter der Gesamtheit der verbündeten Regierungen bezeichnet, so daß er also schließlich doch nicht das Recht der Vertretung für sich allein in Anspruch nahm. Man darf vielleicht dem ersten Teile der Erklärung mehr rhetorischen als staatsrechtlichen Wert beilegen. Er sichert dem Bundesrat gewissermaßen einen guten Abgang.

Wie dem Bundesrate so fehlte aber auch dem Kaiser die förmliche Legitimation zur Ausübung der Schutzgewalt. Nach Artikel 11 der Reichsverfassung, welcher ihm die völkerrechtliche Vertretung des Reiches zuweist, ist der Kaiser nur berechtigt, für das Reich Land zu erwerben. Zur Ausübung der Staatsgewalt auch bloß in dem beschränkten Umfange, wie im Geltungsbereiche der Reichsverfassung, war er den Schutzgebieten gegenüber nicht berechtigt. Indessen es mußte notwendig von seiten des Reiches in die inneren Angelegenheiten eingegriffen werden, und zu diesem Eingriffe entschloß sich der Kaiser. Er willigte in die Einsetzung eines

---

[4]) Sassen, S. 21.

[5]) Laband, Staatsrecht des D. Reiches, 3. Aufl. I, 222 und die dort in Anmerkung 1 Zitierten sowie neuerdings noch in v. Stengel-Fleischmann, Wörterbuch des Verwaltungsrechts s. v. „Bundesrat“; dies darf ich wohl Sassen S. 20 f. entgegenhalten.

[6]) Sten.-Ber. des Reichst. 6. Leg.-Per. 2. Sess. S. 2028.

mit allgemeinen Regierungsbefugnissen ausgerüsteten Kommissars ein, der am 19. Mai 1884 die nötigen Vollmachten erhielt. So drängte die Lage dazu, daß die Lücke, welche durch das Fehlen formell berechtigter Regierungsorgane verursacht war, durch tatsächliche Übernahme der Regierung seitens des Kaisers ausgefüllt wurde. Die Reichsregierung empfand allerdings den Gegensatz, der zwischen den mutterländischen Zuständen und denen in den Besitzungen bestand, von deren Regierung der Bundesrat durch das kaiserliche Vorgehen ausgeschlossen war. Indessen hielten die verbündeten Regierungen das Geschehene für zweckmäßig und erteilten ihm ihre Sanktion durch das Reichsgesetz vom 17. April 1886, durch welches bestimmt wurde, daß der Kaiser im Namen des Reiches die Schutzgewalt in den deutschen Schutzgebieten ausübt; damit war durch Gesetz ein Organ für die Schutzgebiete zuständig gemacht worden. Die betreffende Norm hat nun nicht blos Bedeutung für die bis zum Inkrafttreten des Reichsgesetzes erworbenen Besitzungen, sondern für jedes Gebiet, welches der Kaiser unter die Schutzgebiete aufnimmt, unter seinen kaiserlichen Schutz nimmt, wie die Formel lautet.

Die Rechtsstellung des Kaisers gegenüber den Schutzgebieten beruht auf Kolonialrecht und nur auf diesem. Es kann daher ihm gegenüber weder mutterländisches Recht in Anspruch genommen werden, noch kann er selbst sich darauf stützen, „die Kolonialverfassung ist nirgends und in keiner Hinsicht etwas durch die Reichsverfassung gegebenes, sondern steht in allen Teilen außerhalb derselben."[7])

Die auf dem Schutzgebietsgesetze beruhende Gewalt des Kaisers ist eine solche, welche ihm gegen seinen Willen nicht entzogen werden kann; sie ist u n e n t z i e h b a r,[8]) denn, wie später noch nachzuweisen ist, jenes Gesetz kann nicht gegen den kaiserlichen Willen geändert werden. — Die Gewalt des Kaisers ist auch eine e r b l i c h e. Das Kolonialrecht ordnet die Erblichkeit zwar nicht unmittelbar an, daß sie aber ein Rechtssatz der deutschen Kolonialverfassung ist, ergibt sich aus Folgendem. Die Schutzgewalt ist übertragen dem Kaiser. Wer dies ist, bestimmt nicht das Kolonial-, sondern das Reichsrecht; die Kolonialverfassung nimmt hier, indem sie die Schutzgewalt dem Kaiser zuspricht, Bezug auf eine fremde Rechtsordnung, sie macht sie sich, soweit es die Bestimmung der Person des Herrschers angeht, zu eigen. Da die Reichsverfassung aber den Träger der Krone Preußen als den Kaiser betrachtet und dieser durch Erbfolge bestimmt ist, so ist auch die Schutzgewalt erblich. — Die Gewalt des Kaisers in den Schutzgebieten ist auch die h ö c h s t e, es gibt kein ihm übergeordnetes Organ, gegen seinen Willen können weder Regierung noch Gesetzgebung gestaltet werden, wie dies hinsichtlich der letzteren noch nachzuweisen ist,[8]) während es für die erstere eines Nachweises nicht bedarf.

---

[7]) So treffend Sassen S. 40; a. M. Gerstmeyer S. 17f; auch Kennel, Die rechtliche Stellung der deutschen Kolonialgouverneure 1908; gegen ihn treffend Sassen in Ztschr. f. Kol.-Pol. XII, 252 ff.

[8]) Vgl. unten S. 36 ff.

Wer aber kraft Erbrechts das unentziehbare Recht hat, die höchste Gewalt über Land und Leute auszuüben, ist Monarch. Es tut dabei nichts zur Sache, daß die ganze kaiserliche Gewalt eine auf dem Gesetze allein beruhende delegierte, im Namen des Reiches ausgeübte ist, als deren eigentlichen Inhaber die politische Anschauung die Gesamtheit der deutschen Regierungen betrachtet. Auch die Gewalt anderer Monarchen, z. B. des Königs der Belgier, beruht auf einer gesetzlichen Delegation der Staatsgewalt, als deren eigentlichen Inhaber die politische Auffassung in demokratisch gerichteten Monarchien das Volk ansieht. In den Schutzgebieten ist der Kaiser also wahrer und erblicher Monarch, welches auch seine Stellung im Reiche sein mag. Während er im Reichsgebiete Deutscher Kaiser, also nicht Landesherr ist, ist er in den überseeischen Besitzungen Landesherr, er ist Kaiser der deutschen Schutzgebiete.

Der Kaiser ist aber in der Ausübung seiner Gewalt beschränkt, er ist nicht absoluter, sondern konstitutioneller Monarch.[9]) Grundsätzlich steht ihm zwar die Fülle der seitens des Reiches in den Schutzgebieten erworbenen Gewalt zu, so daß stets eine Vermutung für ihn spricht, aber bei manchen Handlungen ist er gebunden an andere Staatsorgane. Bei einigen gesetzgeberischen Akten und bei gewissen Akten der Finanzverwaltung ist er an die Mitwirkung von Bundesrat und Reichstag gebunden.[10]) Er ist weiter ausgeschlossen von der Rechtsprechung über Weiße.[11]) Es besteht endlich für ihn eine allgemeine Beschränkung, nämlich die, daß seine Erlasse zu ihrer Gültigkeit der Gegenzeichnung des Reichskanzlers, oder in seiner Vertretung des Kolonialstaatssekretärs und für Kiautschou des Staatssekretärs des Reichsmarineamts bedürfen. Dieser Satz ist nicht Gesetzesrecht der Kolonialverfassung, gewohnheitsrechtlich, durch ständige Übung in der Überzeugung, daß dies Rechtens sei, sind aber die für die Schutzgebiete an sich nicht geltenden Vorschriften des Artikels 17 der Reichsverfassung und des Stellvertretungsgesetzes vom 17. März 1878 in Kraft getreten.[12])

§ 3.

Das Gebiet.

I. Die Grenzen.

Der äußere Umfang der deutschen Schutzgebiete wird durch eine Reihe von völkerrechtlichen Verträgen mit den Staaten, deren Besitzungen

---

[9]) Vgl. besonders unten S. 91.

[10]) Vgl. unten § 20.

[11]) Vgl. unten S. 69 f.

[12]) Vgl. v. Hoffmann, Kolonialregierung und Kolonialgesetzgebung (Ztschr. für Kolonialpolitik VII, 372 f.); jetzt auch Sassen S. 51 f., auf dessen Ausführungen ich besonders gegenüber Thoma in der Dtsch. Literatzeitung 1909 S. 1144 hinweisen möchte; a. M. Gerstmeyer S. 19.

an die deutschen angrenzen, bestimmt.[13]) Die Schutzgebiete als Gesamtheit bilden nicht eine Gebietseinheit, sondern jetzt im ganzen sieben nach außen und gegeneinander abgeschlossene deutsche Herrschaftsbezirke. Bei Südwest- und Ostafrika, Samoa und Kiautschou bestand diese Abschließung von Anfang an. Bei anderen fand eine Entwickelung statt. Kamerun und Togo bildeten Anfangs eine Verwaltungseinheit, insofern als für sie nur e i n Gouverneur vorhanden war. Dieser Zusammenhang wurde aber nach und nach gelöst, nur auf dem Gebiete der Gerichtsverfassung besteht er noch, da beide Schutzgebiete e i n Obergericht haben.[14]) Das jetzige Schutzgebiet Deutsch-Neuguinea ist erst allmählich zu einer Einheit geworden. Es waren ursprünglich drei Schutzgebiete, nämlich das jetzt so genannte alte Schutzgebiet von Neuguinea, welches 1885 bis 1889 und 1892 bis 1899 unter der Landeshoheit der Neuguineakompanie stand, ferner das Schutzgebiet der Marschallinseln unter unmittelbarer Herrschaft des Reiches, die aber bis 1906 durch die Mitwirkung der Jaluitgesellschaft eingeschränkt wurde, und endlich das Schutzgebiet der 1899 von Spanien erworbenen Karolinen, Palau und Marianen. Dieses letztere Schutzgebiet war zwar selbständig, aber wie es als spanische Besitzung nicht unmittelbar der Zentralregierung, sondern dem Generalkapitanat der Philippinen unterstellt war, so nun dem Gouverneur von Deutsch-Neuguinea. An der Spitze des Inselgebietes allein stand, wie früher ein spanischer Gouverneur, so jetzt ein deutscher Vizegouverneur. 1906 wurden die Marschallinseln dem Inselgebiet eingefügt.[15]) Das Verhältnis zwischen Inselgebiet und dem alten Schutzgebiete war zunächst nur das einer Personalunion. Indessen ganz allmählich vollzieht sich eine Verschmelzung. 1907 wird das Vizegouvernement aufgehoben,[16]) in steigendem Umfange wird die Gesetzgebung für das ganze Gebiet eine einheitliche, wenn auch der Eigenart des Inselgebietes durch teilweise Belassung seines geltenden oder Schaffung von neuem Sonderrecht Rechnung getragen wird und den örtlichen Verwaltungsbeamten ein Verordnungsrecht delegiert ist, sodaß sie selbständiger dastehen als in der Regel Beamte der gleichen Kategorie in andern Schutzgebieten.[17]) Der Abschluß der Entwickelung ist darin zu erblicken, daß mit dem Etat von 1910/11 das Inselgebiet keinen eigenen Etat mehr hat, sondern daß nur ein einheitlicher Etat für ganz Neuguinea aufgestellt wird.

Die inneren Grenzen der Schutzgebiete werden auf dem Wege der Verordnung gezogen. Soweit es sich um Grenzen der Verwaltungsbezirke handelt, ist der Reichskanzler und mit seiner Ermächtigung der Gouverneur befugt, Bestimmungen zu treffen.[18]) Die Bezirke von Kommunal-

[13]) Von einer Aufzählung dieser Verträge darf hier abgesehen werden. Sie sind aus den Registern der Deutschen Kolonialgesetzgebung ersichtlich.
[14]) v. Hoffmann, Verwaltungs- und Gerichtsverfassung S. 50 und 61.
[15]) v. Hoffmann, daselbst S. 93 ff, 98 ff.
[16]) V. v. 27. Febr. 1907 XI, 120.
[17]) V. v. 27. Sept. 1903 § 5 VII, 214.
[18]) V. v. 3. Juni 1908 XII, 201; dies Recht folgt aus der Befugnis die „Einrichtung der Verwaltung“ zu bestimmen.

verbänden bestimmt der Reichskanzler, soweit er sein Recht nicht an den Gouverneur delegiert.[19]) Ebenso auch werden die Bezirke für die Europäergerichtsbarkeit durch ihn abgegrenzt und verändert.[20])

II. Die rechtliche Lage des Gebietes.

Der räumliche Bereich der Schutzgewalt ist nach drei Richtungen hin zu prüfen, nämlich auf seine Bedeutung für die inneren Angelegenheiten des Schutzgebietes, auf sein Verhältnis zum Mutterlande und anderen Schutzgebieten und endlich auf sein Verhältnis zu anderen Staaten.

1. Schutzgebiet und Schutzgewalt. Das innere Verhältnis der Ausdehnung der Schutzgebiete zur Schutzgewalt ist ins Auge zu fassen ganz ohne Rücksicht darauf, wie das Völkerrecht das Verhältnis zwischen Gewalt und Gebiet ansieht. Der Staat ist z. B. in der Lage, ein Gebiet, welches das Völkerrecht als unmittelbar unterworfenes ansieht, als Protektoratsgebiet aufzufassen und umgekehrt, und diese seiner Auffassung entsprechende Rechtsregeln für das innere Verhältnis in dem seiner Gewalt unterworfenen Gebiete zu erlassen.[21]) Bei den inneren Beziehungen zwischen Staat und Gebiet muß man ververschiedene Abstufungen unterscheiden. Die engsten Beziehungen bestehen zu dem Gebiete, welches Kolonialcharakter hat. Dies ist wirkliches Staatsgebiet und hat daher diejenigen Eigenschaften, welche dem Staatsgebiete zukommen. Es ist aber nicht Reichsgebiet im Sinne der Reichsverfassung; um diesen Charakter zu erhalten, müßte es durch Reichsgesetz in das Reichsgebiet aufgenommen sein. Die besonderen, auf das Reichsgebiet Bezug nehmenden Normen finden auf es keine Anwendung, die Rechtstatsache Reichsgebiet wird durch das Kolonialgebiet nicht verwirklicht. Ein Angriff auf das letztere würde daher dem Kaiser, soweit es das Mutterland angeht, nicht das Recht geben, ohne Zustimmung des Bundesrates dem Angreifer den Krieg zu erklären, wie er es darf, falls das Reichsgebiet angegriffen ist (Artikel 11). Nur für die Schutzgebiete könnte er ohne Verletzung des Staatsrechtes dieser Gebiete und unter Beschränkung der Teilnahme am Kriege auf sie allein den Krieg erklären — ein in der Praxis unter den heutigen Verhältnissen schwer anzunehmender Fall. — Loser sind die Beziehungen zu dem Protektoratsgebiete. Hier ist die Herrschaft grundsätztlich nur eine mittelbare; wie weit sie teilweise zur unmittelbaren wird, das richtet sich ganz nach den unendlich verschiedenen politischen Zuständen, nach der Machtstellung, welche die deutsche Regierung dort besitzt; auch von Fall zu Fall wird die Behandlung eine nach Zweckmäßigkeitsgründen verschiedene sein. — Kolonialgebiet und Protektoratsgebiet sind zusammen das Schutzgebiet. Den Gegensatz hierzu bildet das angrenzende, noch nicht der deutschen

[19]) V. v. 3. Juli 1899 IV, 78.

[20]) § 15 Sch.-G.-G. und V. v. 25. Dez. 1900 V, 173 und 8. Mai 1908 XII, 175 § 1 Ziffer 7 am Ende.

[21]) Vgl. oben S. 7.

Regierung irgendwie unterworfene Gebiet, in welchem durch völkerrechtliche Abmachungen der deutschen Regierung ein freies Feld politischer Betätigung gesichert ist. Es wird amtlich als Interessensphäre bezeichnet.[22]) Als der deutschen Herrschaft vollkommen unterworfenes Gebiet ist Kiautschou zu betrachten. Die Verpachtung durch den Vertrag vom 27. April 1898 [23]) kann praktisch nur als eine Abtretung aufgefaßt werden.

2. Schutzgebiet und Mutterland. Der zweite Punkt der Erörterung ist das Verhältnis des Schutzgebietes zum mutterländischen Gebiete. Um die rechtswissenschaftliche Charakterisierung dieses Verhältnisses ist ein langdauernder Streit geführt worden,[24]) der jetzt im wesentlichen als entschieden zu betrachten ist. Indessen in Rücksicht auf die hier vorangegangenen Darlegungen muß die Lösung noch in einem Punkte revidiert werden, indem man das Verhältnis zu den Gebieten mit kolonialem Charakter von dem zu den Protektoratsgebieten unterscheidet.

Über das Verhältnis zwischen Mutterland und Kolonien bestehen drei Theorien. Die erste geht dahin: Kolonien sind völkerrechtlich beherrschte Gemeinwesen ohne Staatscharakter, sie sind Nebenländer. Im Verhältnis zum Mutterlande ist also ihr Gebiet Ausland. Nun wird aber innerhalb der einzelnen Kolonie von der mutterländischen Staatsgewalt eine Regierung und Verwaltung ausgeübt genau so wie im Mutterlande, wenn beide auch den besonderen Verhältnissen der Kolonie entsprechend ihre eigene Rechtsordnung haben, eine Abweichung, die ja dann, wie gezeigt, gerade die Grundlage des Unterschiedes zwischen Kolonie und Mutterland wird. Diese innere Regierung und Verwaltung der Kolonie, welche im Mutterlande durch die Regeln des Staatsrechts beherrscht wird, den Normen des Völkerrechts einzufügen, welche die äußeren Beziehungen zwischen zwei Staaten regeln, ist eine völlige Unmöglichkeit. Das Herrschaftsverhältnis ist also ein staatsrechtliches, kein völkerrechtliches. Vom Standpunkte des Völkerrechtes aus kann es sich nur um Inland handeln. Rechtlich unbestimmbar ist der von der hier verworfenen Theorie gebrauchte Ausdruck Nebenland. Nur für die politische Betrachtung ist er brauchbar, entweder wenn man die allgemeine politische Bedeutung von Mutterland und Kolonie gegeneinander abwägt und dem ersteren die überwiegende zuerkennen muß, oder wenn die Kolonie durch die Gesetzgebung und Verwaltung zugunsten des Mutterlands benachteiligt wird.

Die zweite Theorie lautet: Kolonien sind zwar völkerrechtlich Inland, staatsrechtlich aber Ausland. Auch diese Theorie ist unrichtig. Gegenüber einem Staate kann Ausland immer nur ein Gebiet sein, welches nicht unter derselben Staatsgewalt steht. Kolonie und Mutterland

---

[22]) Weißmüller S. 37.

[23]) IV, 163.

[24]) Es kann hier nicht die ganze umfangreiche Literatur angeführt werden, es sei hier auf v. Poser und Giese verwiesen.

aber stehen begrifflich und tatsächlich unter ein und derselben. Die Formel: „Kolonien sind staatsrechtlich Ausland" beruht auf einem Denkfehler. Wie oben festgestellt, weicht das Recht von Mutterland und Kolonie zum größeren Teile voneinander ab, nur teilweise stimmt es überein. Ebenso ist zu sagen: das Recht des Auslandes weicht von dem des Inlandes in der Regel ab, daneben aber kommt auch eine teilweise Übereinstimmung vor, man denke z. B. an die Übereinstimmung in der Geltung des Allgemeinen Landrechtes im Königreich Preußen und in Teilen des Königreichs Hannover. Die Ähnlichkeit zwischen Kolonie und Ausland im Verhältnisse zum Mutterlande liegt in der überwiegenden Rechtsungleichheit. Es ist nun aber durchaus unrichtig, aus diesem einen, sie verbindenden Vergleichspunkte eine völlige Gleichheit von Kolonie und Ausland auf staatsrechtlichem Gebiete herleiten zu wollen, wie dies geschehen ist.

Richtig ist allein die dritte Theorie: Kolonien sind völkerrechtlich und staatsrechtlich Inland. Man wird dieser Auffassung der Kolonien als Staatsinland entgegenhalten, daß z. B. die deutschen Schutzgebiete für das Gebiet der Rechtspflege als Ausland behandelt werden. Dieser Hinweis wäre aber durchaus verfehlt, denn gerade in solchen Beziehungen, für welche die mutterländische Gesetzgebung Bestimmungen hat, die aus der Berücksichtigung des Umstandes zu erklären sind, daß nicht die deutsche Staatsgewalt auf Rechtsbeziehungen Einfluß hat, gelten im Verhältnis zwischen Mutterland und Kolonie diese besonderen Normen nicht, so sind Urteile der Kolonialgerichte wie die der mutterländischen ohne die besonderen für ausländische Urteile geschaffenen Kautelen zu vollstrecken.[25]) Will man auf die Fälle hinweisen, in denen wirklich die Kolonie wie Ausland behandelt wird, besonders wo es sich um Fristen handelt, so ist auch dieser Hinweis kraftlos. Die längere Fristbemessung hat an sich mit In- und Ausland nichts zu tun, sondern ist gegeben wegen wirklich vorhandener oder vermuteter größerer Schwierigkeit der Nachrichtenübermittelung. Aus gleichen Gründen kommt die längere Fristabmessung auch innerhalb ein- und desselben Staatsgebietes vor, wie z. B. in Preußen auf Grund des Gesetzes vom 3. April 1846 früher die Gesetze in den einzelnen Landesteilen zu verschiedener Zeit in Kraft traten, und zwar um so später, je weiter der betreffende Landesteil von der Hauptstadt entfernt war.

Sind so die kolonialen Teile der Schutzgebiete als Inland in jeder Beziehung — in staatsrechtlicher, privat-, straf-[26]) und prozeßrechtlicher — zu betrachten, so liegt die Sache mit den protektoratischen zunächst anders. Maßgebend ist ja, wie oben gesagt, für die Auffassung des Verhältnisses zum Mutterlande die Anschauung und Stellung der Schutzgewalt. Soweit diese ein Eingeborenengemeinwesen wie ein völkerrechtliches Protektorat behandelt, läßt es zwischen sich und dem Eingeborenenstaat in erster

---

[25]) Vgl. auch Verf. des Pr. Justizmin. v. 6. März 1902 Gerstmeyer 118 ff.
[26]) Kraus, Reichsstrafrecht und deutsche Schutzgebiete 1911 S. 48 ff.

Linie die völkerrechtlichen Regeln gelten. So behandelt z. B. das britische Recht diese Kolonialprotektorate bei der Jurisdiktion völlig wie völkerrechtliche und wie Staaten, in welchen eine Konsulargerichtsbarkeit ausgeübt wird. Indessen auf Grund der Verträge oder der tatsächlichen Machtverhältnisse erlangt die Schutzmacht doch in mehr oder weniger großem Umfange eine unmittelbare Regierung auch im Protektoratsgebiete, so daß die Ausübung der Staatsgewalt zwischen Schutzstaat und Schützer geteilt wird. Soweit aber in dieser Weise unmittelbare Rechtsbeziehungen zwischen der europäischen Herrschergewalt und Land und Leuten im Protektorate hergestellt sind, besteht eine Übereinstimmung der Staatsgewalt im Mutterlande und dem Protektorate und in diesen Beziehungen hat dann auch das Protektoratsland als Inland zu gelten. Dies gilt besonders, wie noch nachzuweisen sein wird, soweit es sich um die Gewalt über Europäer handelt, so daß also die im Protektoratslande ansässigen Weißen vom Standpunkte des Mutterlandes aus so anzusehen sind, als ob sie im Kolonialgebiete ansässig wären.[27])

Was nun im Verhältnisse vom Mutterland zum Schutzgebiet gilt, hat auch Geltung im Verhältnis von Schutzgebiet zu Mutterland und Schutzgebiet zu Schutzgebiet. Soweit in beiden Teilen die gleiche Staatsgewalt herrscht, haben sie sich gegenseitig staatsrechtlich als Inland anzusehen. Solche in dem einen Gebiete geltende Normen, die deshalb zwischen Inland und Ausland unterscheiden, weil im Auslande eine fremde Staatsgewalt herrscht, sind in ihrem gegenseitigen Verhältnis keinesfalls anwendbar; wohl aber können solche Normen angewendet werden, welche aus anderen Gründen eine derartige Unterscheidung machen, falls diese Gründe auch auf ihr Verhältnis zutreffen.[28]) Das Kolonialrecht sieht auch einen Weg vor, auf dem durch Rechtssatz eine Regelung der Anwendbarkeit jener In- und Auslandsbestimmungen getroffen werden kann. Der Kaiser kann durch Verordnung bestimmen, inwieweit die Schutzgebiete im Sinne des Bürgerlichen, des Straf-, des Prozeß-, des Urheberrechtes u. a. m. als Inland oder Ausland zu betrachten sind. Eine solche Verordnung ist aber noch nicht ergangen. Daher wird es in jedem einzelnen Falle hier einer besonderen Untersuchung über die Geltung solcher Normen bedürfen.[29]) Es ist dies ein unbefriedigender, vielen Zweifeln Raum gebender Zustand.

3. Schutzgebiet und fremde Staaten. Die Gebietsfrage ist schließlich noch vom völkerrechtlichen Standpunkte aus zu beleuchten. Als was sieht das Völkerrecht die deutschen Schutzgebiete an?

Nach der negativen Seite hin ist zu bemerken, daß das Völkerrecht die Schutzgebiete nicht als besondere Staaten betrachtet, mit welchen ein völkerrechtlicher Verkehr stattfindet, unbeschadet etwaiger

---

[27]) Vgl. unten S. 23 f.
[28]) Sch.-G.-G. § 3 und K.-G.-G. § 26.
[29]) Eine solche Untersuchung hat unternommen S a b e r s k y , Der koloniale Inlands- und Auslandsbegriff 1907.

Ermächtigungen der Verwaltung eines Schutzgebietes, Abmachungen mit den Behörden eines anderen Staates zu treffen. Träger aller Verantwortlichkeit gegenüber dem Auslande kann allein das Reich sein.[30])

Wie werden aber die Schutzgebiete positiv zu charakterisieren sein? Ganz allgemein gesprochen, betrachtet das Völkerrecht die deutschen Schutzgebiete als deutsches Gebiet, soweit sie nach völkerrechtlichen Grundsätzen als von Deutschland erworben anzusehen sind, d. h. durch völkerrechtlich gültige Verträge mit einem anerkannten Staate oder durch Herstellung einer originären Staatsgewalt durch effektive Okkupation oder durch Debellation. Die Schutzverträge mit den Eingeborenen begründen ja keinen völkerrechtlich anerkannten Erwerb. Ob die in den Protektoratsgebieten getroffenen Verwaltungseinrichtungen dem Erfordernis der Effektivität der Okkupation genügen, sodaß im völkerrechtlichen Sinne ein unmittelbar unterworfenes Gebiet vorläge, wenn auch der betreffende Staat es als Protektorat behandelte, dies kann nur von Fall zu Fall beurteilt werden. Legt man nur die allgemeine Lehre des Völkerrechtes über den Gebietserwerb zugrunde, so würde im Verhältnis zum Auslande die Rechtslage in den einzelnen Teilen der Schutzgebiete verschieden sein. Während das eigentliche Kolonialgebiet durch das Völkerrecht geschützt wäre, könnte das Protektoratsgebiet, soweit es nicht als effektiv okkupiert anzusehen ist, durch den fremden Staat in Besitz genommen werden, ohne daß dadurch eine formelle Rechtsverletzung begangen würde.

Die allgemeinen Regeln des Völkerrechts sind aber zur Beurteilung der Rechtslage nicht ausreichend. Mehrfach hat Deutschland mit anderen Mächten über abgegrenzte Gebiete in Afrika und der Südsee Verträge abgeschlossen, durch welche es in die Lage versetzt wurde, seine politischen Beziehungen zu diesen Gebieten ganz nach Bedürfnis zu gestalten, ohne fürchten zu müssen, daß ein anderer Staat ihm in den Weg tritt.[31]) Der Inhalt der verschiedenen Verträge ist, wenn auch der Wortlaut nicht der gleiche ist, der, daß der fremde Staat alle auf Erwerbung von Gebiet oder auf die Verhinderung des Gebietserwerbes seitens des Vertragsgegners gerichtete Tätigkeit in dem durch Vertrag begrenzten Gebiete zu unterlassen hat. Alle Handlungen, welche diese Verpflichtung nicht verletzen, sind ihm erlaubt, z. B. die Verfolgung von Verbrechern, von Aufständischen u. s. w. Die vertragsmäßig abgegrenzten Gebiete werden Interessensphären genannt. Diese Bezeichnung begegnete uns schon früher. Es war damit, im Gegensatze zum eigentlichen Schutzgebiete das diesem zunächstliegende herrenlose Gebiet gemeint, über welches die deutsche Herrschaft erst herzustellen ist. Es tritt uns hier eine doppelte Bedeutung des Wortes entgegen. Im Sinne jener

[30]) Vgl. dazu unten § 21.

[31]) Vgl. zum Folgenden v. Hoffmann, Interkoloniale Rechtshilfe (Zeitschrift f. Kol.-Pol. Jahrg. VII); Fleischmann, Auslieferung und Nacheile, 1906; Weißmüller, Interessensphäre 1908.

völkerrechtlichen Verträge gehört zur Interessensphäre das eigentliche Schutzgebiet und das herrenlose Gebiet. Es werden also durch die Verträge gedeckt das letztgenannte, das protektoratische und das koloniale Gebiet. Im Sinne des innern Verhältnisses von Staat und Gebiet wird dagegen amtlich als Interessensphäre nur das herrenlose bezeichnet. Man muß sich aber wohl hüten beide Begriffe der Interessensphäre einander gleichzusetzen und die auf die Interessensphäre bezüglichen Verträge als blos noch für diejenigen Gebiete geltend anzusehen, welche amtlich als Interessensphären im Gegensatze zum Schutzgebiete bezeichnet werden. Täte man es, so wäre die Rechtslage die folgende. Das Kolonialgebiet wäre in der Regel kraft effektiver Okkupation für andere Staaten unverletzlich, die Interessensphäre im engern Sinne kraft der besonderen Verträge wenigstens beschränkt unverletzlich, für die Protektoratsgebiete dagegen fehlte der völkerrechtliche Schutz. Demgegenüber ist daran festzuhalten, daß die vertragsmäßigen Verpflichtungen der fremden Staaten sich dauernd auch auf das Schutzgebiet erstrecken, unbekümmert um die innerpolitische Lage in dem abgegrenzten Gebiete. Diese Lage kann noch weitere Verpflichtungen hinsichtlich des Unterlassens von Eingriffen auferlegen, so, wenn Teile des Gebietes zu wirklichem Kolonialgebiete werden. Die geringere vertragsmäßige Verpflichtung verschwindet damit aber keineswegs, sondern besteht dauernd nebenher. — Der Interessensphärenvertrag wirkt bloß für die Vertragschließenden, für andere Mächte nur, wenn sie auf die an sie ergangene Notifikation des Vertrages hin keine Einwendung erhoben haben.

Zur Erwerbung und Abtretung der Schutzgebiete und zum Abschlusse der Interessensphärenverträge für das Reich ist allein der Kaiser befugt.[32]) Innerhalb der Grenzen der Interessensphäre wird die Ausdehnung der deutschen Gewalt nach Gelegenheit durch die örtlichen Behörden vorgenommen, und zwar bedient man sich dazu der Schutz- oder der Polizeitruppen, welche die ersten Organisationen schaffen.[33])

§ 4.

Die Bevölkerung.

Die Bevölkerung der deutschen Schutzgebiete ist nach ihrer Rechtsstellung in Klassen geschieden. Die unterscheidenden Merkmale sind die **Hautfarbe** und die **Staatsangehörigkeit**.

Literatur zu § 4: Hesse, Gibt es eine unmittelbare Reichsangehörigkeit? 1903; Hauschild, Die Staatsangehörigkeit in den Kolonien. 1906; Peters, Begriff sowie staats- und völkerrechtliche Stellung der Eingeborenen u. s. w. 1906; v. Stengel, Die Eingeborenenfrage und die Regelung der Rechtsverhältnisse der Eingeborenen in den deutschen Schutzgebieten (Zeitschr. f. Kol.-Pol. XII, 183).

[32]) Vgl. unten § 21.

[33]) Vgl. Radlauer, Finanzielle Selbstverwaltung S. 130 f.

I. Unterscheidung nach der Hautfarbe.

Nach der Hautfarbe unterscheidet man Weiße und Farbige.

1. Weiße. Für die Weißen ist charakteristisch, daß die Ordnung des bürgerlichen, des Straf- und Prozeßrechts, sowie die Gerichtsverfassung, unter welcher sie leben, grundsätzlich durch Gesetz festgelegt ist und daß die Regelung dieser Angelegenheiten den Ansprüchen genügen muß, welche das europäische Rechtsbewußtsein an die Rechtsordnung stellt.

2. Farbige. Farbige dagegen sind von der Teilnahme an der Rechtsordnung der Weißen ausgeschlossen, und zwar sowohl die Eingeborenen der Schutzgebiete, wie auch fremde Farbige.[34]) Für die Entscheidung, ob der einzelne als Farbiger anzusehen ist, fehlt es an Normen. Die Praxis hat daher hier zu bestimmen und zwar ist dabei von dem Grund at e auszugehen, daß jede Beimischung vom Blute einer farbigen Rasse zum Farbigen macht — so z. B. sind als Farbige die Bastards in Südwest frika anzusehen[35]) — und daß Weißer nur derjenige ist, welcher nur Blut von Weißen oder diesen rechtlich gleichgestellten Farbigen hat. Eine reine Durchführung dieses Grundsatzes wird nun aber zur Ungerechtigkeit in solchen Fällen, in denen der Betreffende nur einen geringen Bruchteil farbigen Blutes hat. Es wäre dann vielleicht der in dem früheren spanischen Südamerika geltende Rechtssatz anzuwenden, daß, wer nicht mehr als ein Sechstel Blut von Farbigen hat, vor der Rechtsordnung Weißer ist. — Abgesehen von diesen Fällen können aber auch Vollblutfarbige an der Rechtsordnung der Weißen teilnehmen. Dies wird stets dann gelten, wenn der Farbige die Reichsangehörigkeit oder die Staatsangehörigkeit in einem andern zivilisierten christlichen Staate besitzt und in diesem auf dem Gebiete des bürgerlichen, des Straf- und des Prozeßrechtes die gleiche Rechtsstellung besitzt, wie die Weißen. Nicht als Farbige gelten kraft besonderer, für alle Schutzgebiete maßgebender Vorschrift die Japaner. Mit Geltung nur für das betreffende Schutzgebiet kann der Gouverneur unter Genehmigung des Reichskanzlers Angehörigen fremder farbiger Stämme die Stellung von Weißen erteilen.[36]) In Ostafrika sind die Goanesen und Parsen der Europäergerichtsbarkeit unterstellt worden.[37]) Teilweise unter Europäerrecht treten solche Farbige, deren Grundstücke dem Rechte der Weißen unterstehen.[38])

II. Unterscheidung nach der Staatsangehörigkeit.

Die Stellung der Bevölkerung der Schutzgebiete ist weiter verschieden, je nachdem ob der Einzelne Inländer ist, also dauernde Rechtsbeziehungen zur Schutzgewalt ohne Rücksicht auf seinen Aufenthalt hat, oder ob er Ausländer ist und nur während seines Aufenthaltes im Schutzgebiete tatsächlich der deutschen Schutzgewalt untersteht.

---

[34]) Sch.-G.-G. §§ 4 u. 7; Kais. Ver. v. 9. Nov. 1900 § 2.
[35]) Gerstmeyer S. 25.
[36]) Kaiserl. V. v. 9. Nov. 1900 § 2.
[37]) V. v. 3. Okt. 1904 VIII, 234.
[38]) Vgl. unten § 24.

1. Inländer. Die Gruppe der Inländer teilt sich in Reichsangehörige und Schutzgebietsangehörige. Der Begriff der Reichsangehörigkeit wird durch das Staatsangehörigkeitsgesetz vom 1. Juni 1870 bestimmt, dessen Geltung auf die Schutzgebiete aber nicht ausgedehnt ist. Die gesamten Rechtssätze des Gesetzes haben zunächst nur Geltung in Beziehung auf das eigentliche Reichsgebiet und die in ihm ausgeübte Reichsstaatsgewalt. Die Rechte und Pflichten ferner, welche sonstige Reichsgesetze an die Reichsangehörigkeit knüpfen, bestehen im Verhältnis zur Schutzgewalt für die Reichsangehörigen nicht, so nicht das Wahlrecht, die Dienstpflicht. Das Kolonialrecht aber übernimmt dann die Rechtstatsache der Reichsangehörigkeit in sein Gebiet und knüpft daran Rechtsfolgen für die Inhaber derselben, indem z. B. gelegentlich das Wahlrecht zu Selbstverwaltungskörpern, die Zulassung zur Rechtsanwaltschaft u. a. m. vom Besitze der Reichsangehörigkeit abhängig gemacht und dadurch den Reichsangehörigen eine bevorzugte Stellung gegeben wird.

Erwerb und Verlust der Reichsangehörigkeit vollziehen sich nach den Regeln des Staatsangehörigkeitsgesetzes, zu welchem ergänzende, den Zusammenhang von Mutterland und Schutzgebiet berücksichtigende Normen des Schutzgebietsgesetzes treten.

Der Erwerb der Reichsangehörigkeit knüpft an die familienrechtlichen Gründe der Abstammung, Legitimation und Verheiratung, oder an den Staatsakt der Verleihung an. Die familienrechtlichen Tatsachen können sich an beliebigem Orte ereignen, innerhalb oder außerhalb des von der Reichsgewalt beherrschten Gebietes. Unter der Voraussetzung, daß sie rechtsgültig sind, ist mit ihnen der Erwerb der Reichsangehörigkeit verbunden. Eine auf die Rechtsgültigkeit jener familienrechtlichen Tatsachen sich beziehende Frage muß hier erwähnt werden, da sie in den Schutzgebieten besonders auftritt, wenn ihr Vorkommen im Mutterlande und vor allem in den Konsulargerichtsbezirken auch nicht ausgeschlossen ist. Es ist dies die Frage der Gültigkeit von Ehen zwischen Weißen und Farbigen. Bejaht man diese Frage, dann erwerben Mischlinge die Reichsangehörigkeit des weißen Vaters, sie können sie auch durch Legitimation auf dem Wege der Eheschließung der Eltern erhalten, endlich wird auch die farbige Frau Reichsangehörige. Die Gültigkeit dieser Ehen ist aber, wie später nachzuweisen ist, zu verneinen. Die Farbige oder der Bastard erlangt also infolge der Eheschließung die Reichsangehörigkeit nicht.

Das Staatsangehörigkeitsgesetz kennt als Erwerbsgrund auch die Verleihung, die Naturalisation. Eine ihrer Vorbedingungen ist die Niederlassung im Reichsgebiete. Da die Schutzgebiete nicht Reichsgebiet sind, so würde in ihnen eine Naturalisation nicht möglich sein, wenn nicht das Schutzgebietsgesetz die Niederlassung im Schutzgebiete der im Reichsgebiete gleichgestellt hätte.[39]) Es ermächtigt den Reichskanzler, der sein Recht an einen anderen kaiserlichen Beamten übertragen kann, sowohl

[39]) Sch.-G.-G. § 9.

Ausländern, die im Schutzgebiete ansässig sind, wie auch Eingeborenen die Naturalisation zu erteilen. Sie wird auch vorgenommen durch Anstellung als Beamter im Staats- oder Kommunaldienste in den Schutzgebieten.[40]) Die durch Naturalisation in einem Schutzgebiete erworbene Reichsangehörigkeit unterscheidet sich inhaltlich nicht von der auf andere Weise gewonnenen. Für diese Reichsangehörigen gilt auch das gemeinsame Indigenat des Artikels 3 der Reichsverfassung, sie erlangen auch das passive Reichstagswahlrecht [41]) und selbstverständlich ebenso das aktive, welches sie ausüben können, wenn sie ihren Wohnsitz ins Mutterland verlegen.

Die Regeln des Reichsrechtes, welche sich auf den Verlust der Reichsangehörigkeit beziehen, haben einen Zusatz erfahren. Im Sinne der Bestimmung, daß durch zehnjähriges ununterbrochenes Verweilen außerhalb des Reichsgebietes die Staatsangehörigkeit verloren geht, gelten die Schutzgebiete als Inland, d. h. als Reichsgebiet.[42])

Wie ist nun die Herrschaft beschaffen, welche die Schutzgewalt in den Schutzgebieten über die Reichsangehörigen ausübt? Die Herrschaft des Staates über seine Angehörigen ist stets eine rechtliche, es besteht ein Rechtsband, welches den Untertanen fesselt, mag er im Inland oder Ausland sein. Die Herrschaft kann gleichzeitig auch eine tatsächliche sein, nämlich dann, wenn der Untertan sich im unmittelbaren Machtbereiche des Staates befindet.

Es ist selbstverständlich, daß die Reichsangehörigen im ganzen Schutzgebiete rechtlich der Schutzgewalt unterstehen. Nicht so einfach liegt es mit ihrer tatsächlichen Untertanenschaft. Die Beziehungen, welche zwischen Regierung und Eingeborenen bestehen, sind in gewisser Weise die Grundlage derjenigen zwischen ihr und den Weißen, denn da, wo die Regierung die volle unmittelbare Staatsgewalt erlangt hat, ist Kolonialalso Staatsgebiet. Dieser Gewalt aber sind dann auch tatsächlich alle Weißen, welcher Staatsangehörigkeit sie sein mögen, unterworfen. Hier unterliegen also die Reichsangehörigen rechtlich und tatsächlich der Staatsgewalt. In den Protektoratsgebieten steht es nicht ohne weiteres ebenso. Gegenüber dem Protektoratsstaate muß der Protektor die tatsächliche Gewalt über seine Untertanen erst besonders erwerben, da der Schutzvertrag an sich die vom Protektoratsstaate nach innen hin ausgeübte Herrschaft über die Europäer noch nicht aufhebt. Zur Erlangung der Gewalt bedarf es besonderer Abmachungen, wie sie z. B. in den älteren deutschen Schutzverträgen mit den südwestafrikanischen Häuptlingen geschlossen wurden. Die deutsche Regierung sicherte sich in diesen Verträgen die Gerichtsgewalt über die Weißen innerhalb des Gebietes der geschützten Stämme, aber nicht durchweg, so behielten sich mehrere Häuptlinge in Prozessen zwischen Weißen und Farbigen die Gerichtsbarkeit vor, ferner blieben nach einigen Verträgen die Weißen auch der Gesetzgebung

[40]) Hauschild S. 47 ff.
[41]) Sch.-G.-G. § 9 Abs. 2.
[42]) Sch.-G.-G. § 9 Abs. 3.

in noch häufigeren Fällen der Finanzgewalt der Häuptlinge unterworfen.[43]) Im Protektorate muß also die tatsächliche Gewalt auch über die Reichsangehörigen erst besonders erworben werden und die Erwerbung kann, wie das angeführte Beispiel zeigt, sich auch einmal blos auf einen Teil der staatlichen Machtentfaltung erstrecken. Außer auf dem Wege der Vertragsschließung kann die unmittelbare Gewalt über die eigenen Untertanen sich auch im Wege der Verwaltungspraxis gestützt auf die politische Macht der Regierung herausbilden.

Die zweite Klasse der Inländer bilden die Schutzgebietsangehörigen. Es sind die Untertanen der Schutzgewalt, soweit sie nicht Reichsangehörige sind. Sie sind fast ausschließlich Eingeborene. Unter Eingeborenen hat man die nach Stammesrecht einheimischen farbigen Stämmen Angehörigen zu verstehen, soweit sie nicht Reichsangehörige geworden sind, sowie die Angehörigen fremder farbiger Stämme, denen die Staatsgewalt die Stellung einheimischer Farbiger verleiht. Außer den Eingeborenen kommen als Schutzgebietsangehörige aber auch Weiße, insbesondere Buren, vor. Über Erwerb und Verlust der Schutzgebietsangehörigkeit bestehen bisher keine umfassenden Vorschriften, da bei der noch fehlenden allgemeinen Personenstandsaufnahme die nötigen Grundlagen zur Schaffung und Durchführung solcher Bestimmungen nicht gegeben sind; nur in Ostafrika gibt es wenigstens ein geregeltes Verfahren, nach welchem die ostafrikanische Landesangehörigkeit erworben werden kann.[44]) Voraussetzungen sind die Niederlassung des Betreffenden im Schutzgebiete und ein Antrag auf Verleihung, über den der Gouverneur entscheidet. Die Verleihung erfolgt durch Eintragung in eine Matrikel. Der Gouverneur hat dabei zu bestimmen, ob der Beliehene für das Gebiet der Rechtspflege, der Eheschließung und der Beurkundung des Personenstandes als Farbiger oder Weißer anzusehen ist. Die Verleihung begründet im übrigen alle Rechte und Pflichten eines dem Schutzgebiete durch Abstammung Angehörenden. Diese Wirkung erstreckt sich auf die Ehefrau, sofern die Ehe nach der Verleihung geschlossen ist, sowie die ehelichen Kinder, soweit sie nach der Verleihung geboren sind. Die Begriffe Ehe und Ehelichkeit bestimmen sich dabei nach dem Rechte unter dem der Beliehene lebt. Der Verlust der Landesangehörigkeit tritt für die Beliehenen durch Löschung in der Matrikel ein. Sie kann vom Gouverneur verfügt werden, wenn der Betreffende das Schutzgebiet verläßt, sie muß erfolgen auf Antrag.

Das Verhältnis der Schutzgebietsangehörigen zur Schutzgewalt ist nicht ein gleichmäßiges. Da, wo die Gewalt reinen Kolonialcharakter hat, sind sie unmittelbar zum Gehorsam verpflichtet, in den Protektoratsgebieten dagegen besteht grundsätzlich keine unmittelbare Gehorsamspflicht gegen die deutsche Regierung, sondern nur gegen den eigenen Herrscher. Soweit dieser der Schutzgewalt zu gehorchen hat, sind seine

[43]) Vgl. hierzu Hesse, Die Schutzverträge in Südwestafrika 1905.
[44]) V. v. 29. Okt. 1903 VII, 227.

Untertanen wenigstens mittelbar unterworfen. Wo es aber der deutschen Regierung gelungen ist, teilweise selbst die innere Regierung des Protektorates zu führen, da stehen für den Untertanen die Pflicht gegen Herrscher und Schutzgewalt nebeneinander.

Der Pflicht zum unmittelbaren oder mittelbaren Gehorsam steht eine wenigstens moralische Pflicht der Regierung gegenüber, dem Schutzgebietsangehörigen Schutz zu verleihen. Sie erfüllt diese Pflicht in verschiedenster Weise, so durch Regelung der Rechtspflege, durch Gewährung von Beschwerderechten gegen Verwaltungsanordnungen, durch Schutz gegen Übergriffe des eigenen Herrschers, durch Versagung der Auslieferung an fremde Staaten u. a. m. In einer Beziehung können auch Schutzgebietsangehörige den Reichsangehörigen gleichgestellt werden. Es kann ihnen durch kaiserliche Verordnung oder — wie es in der Praxis gehandhabt wird — durch Verordnung des hierzu ermächtigten Gouverneurs das Recht zur Führung der Reichsflagge (Ges. betr. das Flaggenrecht der Kauffahrteischiffe vom 22. Juni 1899, Ges. v. 29. Mai 1901 und Kaiserl. V. v. 5. Juli 1903) auf ihren Kauffahrteischiffen verliehen werden. Das betreffende Schiff ist aber nicht als ein deutsches Seefahrzeug im Sinne des Seeunfallversicherungsgesetzes zu betrachten,[45]) so daß die Schiffsbesatzung nicht gegen Betriebsunfälle zu versichern ist. Das Recht, die Reichsflagge zu führen, kann in Ostafrika einheimischen Schiffen verliehen werden; solche Personen, denen die Landesangehörigkeit verliehen ist, sind ohne weiteres berechtigt.[46]) Das Flaggenrecht kann auch Eingeborenen der Marschallinseln unter gewissen Bedingungen gegeben werden.[47])

2. *Ausländer.* Den Inländern in den deutschen Schutzgebieten stehen die Ausländer gegenüber. Sie sind teils Weiße, teils Farbige, oder, wie der Kolonialgesetzgeber die letzteren im Gegensatze zu den Eingeborenen nennt, Angehörige fremder farbiger Stämme. Sie unterstehen rein tatsächlich der deutschen Schutzgewalt, aber nicht in einem höheren Grade, als auch die Inländer der entsprechenden Hautfarbe ihr tatsächlich unterstehen. Dagegen ist es möglich, daß sie in einem minderen Grade unterworfen sind, daß ihnen gegenüber eine Gewalt nicht besteht, der Inländer unterstehen. Dies ist denkbar bei den weißen Ausländern. Diese unterliegen ja in Gebieten von zweifellos kolonialem Charakter, wie jeder, der sich im Staatsgebiete befindet, der Schutzgewalt. Wie aber steht es in den Protektoratsgebieten, in welchem das Reich die Gewalt über die Weißen erst durch Herstellung eines besonderen Rechtsverhältnisses zu dem Protektorate erlangt hat? Da das Völkerrecht die kolonialen Protektorate und demgemäß die zwischen Schützer und geschütztem Gemeinwesen bestehenden Rechtsverhältnisse nicht anerkennt, so haben sie für andere Staaten keine Kraft. Das Reich würde also etwa durch

[45]) Sch.-G.-G. § 10, Gerstmeyer S. 38 f.
[46]) Kaiserl. V. v. 28. Juli 1891 I, 431; V. v. 1. März 1893 § 2 II, 6; V. v. 24. Okt. 1903 VII, 227.
[47]) V. v. 19. Sept. 1893 II, 38; V. v. 1. März 1895 II, 145.

einen Schutzvertrag die Jurisdiktion über weiße Ausländer im Verhältnisse zum Mutterstaate des Ausländers nicht erlangt haben, trotz Vertrag unterläge der Ausländer nicht der Gewalt des Reiches. Über diesen sich aus dem Völkerrechte ergebenden Satz kann sich der Kolonialstaat nicht so ohne weiteres hinwegsetzen.

Sehen wir, wie sich das englische und das deutsche Recht hierzu verhalten.[48]) Das englische Recht hat diesem Umstande zunächst vollkommen Rechnung getragen. In den Protectorates wurde die Jurisdiktion nur über britische Untertanen in Anspruch genommen, weiße Ausländer wurden ihr nur mit ihrer eigenen oder der Zustimmung ihrer Regierung unterworfen. Indessen auf diesem korrekten Standpunkte blieb man doch nicht stehen. Ebenso wie für die Schutzgebiete, so auch für die Protectorates ist die Strenge des Völkerrechtes durch die Interessensphärenverträge gemildert worden. Diese Milderung hat sich das englische Recht auch in dem Sinne zunutze gemacht, daß es seine Beziehungen zu den Ausländern änderte. Man hat seit 1891 allmählich die Jurisdiktion über alle Weißen in den Protectorates gleichmäßig gestaltet, ohne noch Rücksicht darauf zu nehmen, ob sie Engländer oder Fremde sind.[49]) — In den Schutzgebieten war die Entwickelung ganz die gleiche. Das Gesetz vom 17. April 1886 übernahm die Jurisdiktion des Reiches nur über solche Personen, welche der Konsulargerichtsbarkeit unterlagen, d. h. die Reichsangehörigen und die Schutzgenossen. Das gleiche Gesetz aber ermächtigte schon den Kaiser, die Jurisdiktion weiter auszudehnen. Durch das Gesetz vom 25. Juli 1900 hat man dann das Beispiel des englichen Gesetzgebers nachgeahmt und die Gerichtsbarkeit über alle Weißen gleichmäßig in Anspruch genommen.

---

[48]) v. Hoffmann, Les protectorats etc.; derselbe, Die Rechtsstellung der britischen Herrschaftsgebiete.

[49]) Vgl. Jenkyns, British Rule an Jurisdiction beyond the seas 1902 S. 165 f.

Zweiter Abschnitt.

Die Organisation.

§ 5.

Allgemeines.

Die dem Reiche zustehende Schutzgewalt wird jetzt durch Reichsorgane ausgeübt. Im Zeitpunkte der ersten Erwerbung von Schutzgebieten gab es solche auf Grund der Rechtsordnung zur Regierung der Schutzgebiete befugte Organe noch nicht.[50]) Das Recht, die Organisation zu bestimmen, war in der Schutzgewalt enthalten. Dieses Bestimmungsrecht konnte sie aber wiederum nur durch das Mittel von Organen ausüben. Aus der Notwendigkeit, daß organisationsberechtigte Organe vorhanden sein mußten, ehe die Organisation geschaffen werden konnte, folgt, daß die organisationsberechtigten Organe selbst nicht auf einem rechtlich geregelten Wege entstehen konnten, ihre Entstehung konnte sich nicht auf dem formellen Wege der Delegation des Organisationsrechtes durch die Schutzgewalt vollziehen, sie konnte nur so geschehen, daß Personen oder Personenmehrheiten die Ausübung der Gewalt tatsächlich an sich nahmen. Nun war die Sachlage die, daß durch die Erwerbung der Schutzgebiete zwei verschiedenartige Länder in Zusammenhang gebracht wurden, das eine, das Reichsgebiet, mit einer reich entwickelten Organisation, das andere, die Schutzgebiete, ohne jede Organisation der neuen Herrschaft. Da war es ein ganz natürlicher und häufig vorkommender Vorgang, daß man die in der letztgenannten Gebietsklasse vorhandene Leere dadurch ausfüllte, daß wenigstens einige der im Reichsgebiete wirkenden Organe ihre Tätigkeit auf die Schutzgebiete erstreckten. Man ist auf falschem Wege, wenn man um jeden Preis eine formell gesetzliche Legitimation für dieses Tun finden will; bei der für die Schutzgebiete damals und noch jetzt bestehenden Nichtgeltung der Reichsverfassung kann man sie nur auf dem Wege der künstlichsten Gesetzesauslegung entdecken.[51]) Wie überhaupt auf verschiedenen

[50]) Vgl. oben S. 11; Giese, Zur Geltung der Reichsverfassung in den deutschen Kolonien (Festgabe für Paul Krüger, 1911 S. 415—446, v. Stengel, Zur Reform der Kolonialgesetzgebung (Zeitschr. f. Kol.-Pol. XIII, 233), dessen gegen meine Auffassung vorgebrachten Gründe ich bedaure, nicht als durchschlagend anerkennen zu können.

[51]) Die Vorgänge in den Schutzgebieten geben treffende Beispiele zu den Ausführungen Hatscheks im Jahrbuch des Öffentl. Rechts III, 1 ff.,; hier ist auch eine Konventionalregel in der Form des Organisationsparallelismus angewendet worden. — Mit unseren obenstehenden Ausführungen stimmt Giese, Zur Geltung der Reichsverfassung usw. tatsächlich überein, wenn er es auch versucht, S. 429 ff. eine formale Basis für die Anwendbarkeit der R.-V. zu finden.

Gebieten der Regierung, so auch auf dem der Organisation treten Kaiser, Bundesrat und Reichstag auf. Der Kaiser organisierte die Schutzgebiete durch Ernennung von Gouverneuren, Kommissaren u. s. w. Bundesrat und Reichstag organisieren in dem Gesetze vom 17. April 1886 die Ausübung der Schutzgewalt, indem sie sie dem Kaiser übertragen, sie organisieren die Rechtspflege, die Eheschließung und die Beurkundung des Personenstandes für Reichsangehörige und Schutzgenossen, endlich auch teilweise die Ausübung der Verordnungsgewalt der Behörden. Indem in diesem Gesetze die ganze Schutzgewalt auf den Kaiser übertragen wurde, wurde zugleich eine gesetzliche Regelung des Organisationsrechtes vorgenommen, welches ja nur einen Teil der gesamten Schutzgewalt bildet. Das volle Recht der Organisation hat jetzt der Kaiser. Er ist in dieser Hinsicht nur beschränkt, soweit die Organisation durch förmliches Gesetz in den oben genannten Punkten festgelegt ist. Ferner ist er auch budgetrechtlich beschränkt, da bei jeder Organisationsmaßregel, welche den Haushalt der Schutzgebiete belastet, diese Belastung der Bewilligung durch die gesetzgebenden Organe unterliegt. Sein Organisationsrecht kann der Kaiser an untere Stellen delegieren und er hat das zunächst für einzelne Schutzgebiete oder einzelne Angelegenheiten getan. Außer dem Kaiser und seinen Delegaten haben aber auch die Verwaltungsbehörden in den Schutzgebieten oft organisatorische Maßregeln getroffen, für welche ihnen bei mangelnder Delegation die rechtliche Zuständigkeit fehlte.[52]) Durch die Kaiserliche Verordnung vom 3. Juni 1908 [53]) ist dann eine allgemeinere Regelung des Organisationsrechtes vorgenommen worden. Soweit nicht gesetzliche oder in Kaiserlichen Verordnungen enthaltene Bestimmungen Platz greifen, wird für Afrika und die Südsee der Reichskanzler und in seiner Vertretung der Kolonialstaatssekretär ermächtigt, Vorschriften und Anordnungen zu erlassen, welche die Einrichtung der Verwaltung und die Gerichtsbarkeit über die Eingeborenen, auch soweit Nichteingeborene beteiligt sind, betreffen. Diese Befugnisse können mit Ermächtigung oder Zustimmung des Reichskanzlers auch von den Gouverneuren wahrgenommen werden.[54]) Die Anordnungen, welche bisher von den Gouverneuren, Landeshauptleuten, Kaiserlichen Kommissaren und ihren Stellvertretern erlassen sind, bleiben aber, bis eine Aufhebung oder Abänderung auf dem hier vorgeschriebenen Wege erfolgt, in Kraft.

Organisation bedeutet auf der einen Seite Einrichtung eines Organes, andererseits auch Abgrenzung seines Tätigkeitskreises, Bestimmung seiner Zuständigkeit. Die Zuständigkeitsverteilung, welche im einzelnen bei der Darstellung der verschiedenen Organe zu erwähnen ist, muß hier im Allgemeinen und zwar hinsichtlich des Maßes der Vollmachten, die der örtlichen Schutzgebietsregierung zu erteilen sind, erörtert werden.[55]) Auf diese

[52]) Sassen, Gesetzgebungsrecht u. s. w. S. 81 f.

[53]) XII, 201 und Runderlaß v. 15. Aug. 1908. XII, 353.

[54]) Vgl. die Ermächtigungen für die Gouverneure von Südwestafrika, Kamerun und Neuguinea, unten S. 107 Anm. 2 zitiert.

[55]) Vgl. hierzu v. Hoffmann, Das Vizekönigtum des Kolumbus und seiner Erben (Zeitschrift f. Kolpol. X, 242; dort auch Literatur).

Erteilung ist von Einfluß die für alle Staatstätigkeit mehr oder minder bestehende Untunlichkeit oder Schwierigkeit, vom Mutterlande, dem Sitze der Zentralregierung, aus die Regierung zu führen. Handlungen, welche sonst von der Zentralregierung vorgenommen werden, muß sie für die Kolonie einer anderen Stelle überlassen, da sie wegen der Entfernung von dem Orte, an dem oder für den jene Akte vorzunehmen sind, nicht in sachdienlicher und schneller Weise einzugreifen vermag. Es liegt dann die Notwendigkeit vor, dasjenige einzurichten, was die englische Rechtswissenschaft als subordinate government, als Unterregierung bezeichnet. Lewis bestimmt den Begriff der Unterregierung folgendermaßen: a subordinate government is a government which acts by delegated powers applicable to every purpose of government. Diese Definition ist insofern nicht richtig, als eine Unvollständigkeit hinsichtlich der Verwaltung der auswärtigen Angelegenheiten in der Regel besteht. Der Begriff der Unterregierung wird doch nur relativ bestimmbar sein. Man wird von einer solchen sprechen können, wenn einer Stelle im Regierungskörper so umfassende Vollmachten übertragen sind, daß ihre Tätigkeit Ähnlichkeit mit derjenigen der höchsten Stellen im Staate hat, ohne daß doch die staatsrechtliche Abhängigkeit von den letzteren bezweifelt werden kann. Die Begriffsbestimmung von Lewis wäre nach Allem dahin richtig zu stellen: die Unterregierung ist ein untergeordnetes Regierungsorgan, welches wegen der Untunlichkeit, vom Sitze der obersten Regierung aus einen Landesteil mit zu regieren, so umfassende Vollmachten übertragen erhielt, daß es mit jener obersten Regierung Ähnlichkeit bekommt. — Die Unterregierung ist nicht mit der Selbstverwaltung zu verwechseln. Ob der Landesteil eine solche besitzt oder nicht, ist gleichgültig für das Vorhandensein einer Unterregierung. Die Unterregierungsvollmacht kann einem Organe der Selbstverwaltung übertragen sein, sie kann ebenso wohl einem Organe der reinen Staatsverwaltung zukommen.

Die Unterregierung ist nicht eine der Neuzeit eigentümliche Erscheinung. Das gleiche Bedürfnis, welches sie heutzutage hervorruft, war schon früher vorhanden. Umfassende Gewalten besaßen im Altertume die persischen, karthagischen und römischen Provinzialstatthalter, im Mittelalter die örtlichen Regierungen der genuesischen und venezianischen Besitzungen im östlichen Mittelmeer und am Schwarzen Meer. In ausgedehntem Maße entstehen dann Unterregierungen mit dem Beginne der Neuzeit in den überseeischen Besitzungen der europäischen Mächte und ihre Zahl ist ständig gewachsen. Sie sind eine allen Kolonialmächten notwendige Einrichtung. Es entsteht aber für sie die Frage: In welchem Umfange soll der Unterregierung Gewalt verliehen werden? Ist sie nicht bedeutend genug, so funktioniert der Regierungsapparat nicht zufriedenstellend; ist sie zu groß, so kann die Selbständigkeit der Kolonie zu beträchtlich werden und die Interessen der Kolonialmacht gefährden. Die Antwort wird, unter vergleichender Heranziehung des fremden Rechtes, für die drei Gebiete der staatlichen Tätigkeit: Gesetzgebung, Verwaltung und Rechtsprechung gesondert zu erwägen sein.

Eine Richtung, welche dahin geht, die Ausübung der Gesetzgebung vorwiegend der Zentralregierung vorzubehalten, sei es dem Parlamente, sei es den mit Verordnungsgewalt ausgestatteten Zentralbehörden, besteht teilweise in der Kolonialgesetzgebung Frankreichs.[56]) — In Deutschland läßt sich aus dem geltenden Rechte keine feste Tendenz nachweisen, hier kommt es auf die Praxis an. Von den Zentralstellen wird meist von dem Gesetzgebungrechte nur Gebrauch gemacht, wenn Angelegenheiten für mehrere Schutzgebiete gleichmäßig geregelt werden müssen. Wo es sich um Angelegenheiten eines einzelnen Schutzgebietes handelt, wird die Regelung in der großen Mehrzahl der Fälle von den, in ihren gesetzgeberischen Befugnissen allerdings nicht unumschränkten örtlichen Behörden vorgenommen. — Wenn so schon die deutsche Praxis wohl mehr als die französische die Neigung zeigt, der kolonialen Unterregierung die Ausübung gesetzgeberischer Vollmachten in weiterem Maße zu überlassen, so ist diese Neigung noch weit ausgesprochener in der englischen Praxis vorhanden. Hier ist es völlig die Regel, daß die Gesetzgebung innerhalb der Kolonie entsteht. Wenn die Zentralinstanz einen bestimmten gesetzgeberischen Schritt getan zu sehen wünscht, so erläßt sie meist nicht selbst die nötigen Normen, sondern gibt der Unterregierung Anweisung, auf das Inslebentreten der betreffenden Rechtssätze hinzuwirken,[57]) so daß dann der formelle Gesetzgebungsakt, falls er erfolgt, doch in der Kolonie und nach den für die örtliche Gesetzgebung maßgebenden Normen stattfindet. Um Irrtümer auszuschließen sei noch einmal darauf hingewiesen, daß Unterregierung und Selbstverwaltung nicht identisch sind, und daß die eben dargelegten Grundsätze wie in den Selbstverwaltungskolonien so auch in denjenigen Kolonien gelten, in denen die Gesetzgebung durch bloße Verordnung des Gouverneurs geschaffen wird.

Wie auf dem Gebiete der Gesetzgebung, so auch auf dem der Verwaltung läßt die englische Regierung den kolonialen Unterregierungen freie Hand, während in den Schutzgebieten bisweilen über die allzu große Abhängigkeit der Unterregierung in Detailfragen von der Zentralregierung geklagt wird.[58])

Auf dem Gebiete der Rechtspflege besteht für die Kolonien durchgehends Dezentralisation für die Eingeborenenrechtspflege. Für die Rechtspflege der Weißen interessiert die Frage, ob die höchste Entscheidung durch einen obersten Gerichtshof im Mutterlande zu fällen ist. Für die englischen Kolonien ist das Judicial Committee des Privy Council ein solches Gericht. Die große Entfernung, die beträchtlichen Kosten und die Ungewißheit des Prozeßausganges sind aber die Ursache, daß der Gerichtshof verhältnismäßig nicht oft angerufen wird, so daß er seinen Zweck, nämlich durch seine Praxis ständig die Kolonialjurisprudenz im Sinne einer einheitlichen Rechtsprechung zu beeinflussen, nur ungenügend

[56]) Reinsch, Colonial Government 1905, S. 296 ff.
[57]) Reinsch a. a. O. 306; v. Hoffmann, Die Rechtsstellung der britischen Herrschaftsgebiete (Zeitschr. für Kolonialpolitik X, 836—856; 900—918).
[58]) Vgl. z. B. Leutwein, Elf Jahre Gouverneur 1908, S. 223.

erreicht. In den deutschen Schutzgebieten ist die höchste Instanz der Weißenrechtspflege lange eine örtliche gewesen. Erst neuerdings hat sich die Regierung zur Schaffung eines obersten Kolonialgerichtshofes entschlossen.

§ 6.

Die Organisation und das Verfahren der Gesetzgebung.

Mit den ersten kolonialen Erwerbungen hatte der Kaiser in den Schutzgebieten die Gewalt übernommen. Über den Umfang, in welchem er es tat, kann man im Zweifel sein, insbesondere, ob er die höchste Rechtssetzung für sich in Anspruch nahm, ob er bei ihrer Ausübung unbeschränkt sein wollte. Die Ansicht der Regierung ist nicht mit völliger Klarheit ersichtlich. Sie ging zwar von der Anschauung aus, daß die gesamte Rechtsordnung auf dem Verordnungswege geschaffen werden dürfe, es wurde aber nicht ausgesprochen, ob das grundsätzlich unbeschränkte Verordnungsrecht für den Kaiser in Anspruch genommen werde, oder ob es als ein von vorne herein durch die Zustimmung des Bundesrats beschränktes aufgefaßt werde, wie dies der Regierungsentwurf zu dem Gesetz vom 17. April 1886 für gewisse Rechtsmaterien vorsah. Eine Klärung der Rechtslage brachte erst das genannte Gesetz. Der Kaiser wird dadurch als Inhaber der gesamten Schutzgewalt, also auch der in ihr enthaltenen Rechtssetzungsgewalt anerkannt. Neben den Kaiser treten aber Bundesrat und Reichstag, welche bei der Schaffung von Gesetzen mitwirken. Zu diesen höchsten rechtschaffenden Organen treten der Reichskanzler und die Staatssekretäre des Kolonial- und des Marineamtes. Alle diese Organe kann man als die Zentrallegislatur bezeichnen. Den Gegensatz hierzu bildet die örtliche, die Schutzgebietslegislatur der Unterregierungen, deren Rechte allein auf Akten der Zentrallegislatur beruhen. Es sind hier die einzelnen Organe der Rechtssetzung ins Auge zu fassen, und zwar zunächst diejenigen, welche die Gesetzgebung handhaben.

Die erste Frage ist die nach dem Rechtstitel von Bundesrat und Reichstag, an der Gesetzgebung teilzunehmen. An einem formellen Rechtstitel dazu fehlt es vollkommen, da die Geltung der Reichsverfassung nicht auf die Schutzgebiete ausgedehnt ist, Bundesrat und Reichstag sind formell für die Schutzgebiete nicht vorhanden. Da sie also kein Gesetz legitimiert, sie aber tatsächlich an der Gesetzgebung teilnehmen, so kann ihr Rechtstitel nur die Gewohnheit sein, d. h. es müssen die Erfordernisse des Gewohnheitsrechtes erfüllt sein, eine auf Rechtsüberzeugung beruhende Übung des Gesetzgebungsrechtes.

Literatur zu §§ 6 u. 7: v. Hoffmann, Kolonialregierung und Kolonialgesetzgebung (Zeitschr. f. Kolpol. VII, 362 ff.); Gierke, Gesetzgebungs- und Verordnungsrecht (Zeitschr. f. Kolpol. IX, 420 ff.); Backhaus, Das Verordnungsrecht in den deutschen Kolonien, 1909; v. Stengel, Gesetzgebungs- und Verordnungsrecht (Zeitschr. f. Kolpol. XI, 258 ff.); Sassen.

Eine gleichförmige Übung liegt ohne Zweifel vor, denn seit 1886 ist von Bundesrat und Reichstag mehrfach die Gesetzgebung ausgeübt worden.

Das zweite Erfordernis ist, daß die Übung auf einer Überzeugung beruhe, daß sie eine Anwendung des geltenden Rechtes ist. Reichstag und Regierung haben in dieser Beziehung etwas geschwankt.

Der Entwurf eines Gesetzes betreffend die Rechtspflege in den deutschen Schutzgebieten sah eine gesetzliche Ermächtigung für den Kaiser vor, mit Zustimmung des Bundesrates durch Verordnung die Ausübung der Gerichtsbarkeit in den deutschen Schutzgebieten, sowie die Mitwirkung der deutschen Behörden bei der Ausübung dieser Gerichtsbarkeit und der hierbei zur Anwendung kommenden Vorschriften des bürgerlichen und des Strafrechts zu regeln. Aus diesem Entwurfe kann man, wenn man zunächst von den Motiven absieht, die Anschauung entnehmen, daß das bürgerliche Recht, das Prozeßrecht, das Strafrecht und die Gerichtsbarkeit in den Schutzgebieten nicht auf dem Wege der selbständigen Verordnung, sondern grundsätzlich nur durch formelles Gesetz geregelt werden dürfen, und daß es einer besonderen Ermächtigung durch die gesetzgebenden Faktoren des Reiches bedürfe, wenn der Verordnungsweg zulässig werden solle.

Berücksichtigt man die damalige Parteistärke und sieht man die von den Rednern bei der ersten Lesung ausgesprochenen Anschauungen auch als die der betreffenden Partei an, so hatte die Reichstagsmehrheit diese Auffassung. Einer der damaligen Redner [59]) verlieh ihr später Ausdruck, indem er schrieb: „Eine Regelung durch Gesetz ist stets notwendig, wenn es sich nicht blos um Organisation und Tätigkeit der Behörden, sondern um Feststellung des Rechtszustandes der Reichsangehörigen handelt. Allgemeine Rechte und Pflichten der Reichsangehörigen — ganz einerlei, ob dieselben sich im Inlande oder Auslande befinden — können nur durch Gesetz begründet werden. Zu den Gegenständen, welche zweifellos einer Ordnung im Wege der Gesetzgebung bedürfen, gehören daher Privatrecht, Strafrecht und gerichtliches Verfahren.“ Eine Mitwirkung der gesetzgebenden Organe wurde also hier grundsätzlich gefordert, und zwar zunächst nur für diese Materien, nicht für das Verfassungs- und Verwaltungsrecht. Von den Rednern einer beträchtlichen Minderheit aber wurde eine umfassendere Zuständigkeit in Anspruch genommen. Einer von ihnen äußerte die Ansicht, daß alles, was in den Kolonien des deutschen Reiches geschieht und auf das Rechtsleben, auf staatsrechtliche und privatrechtliche Verhältnisse Bezug hat, lediglich durch Gesetz festgestellt werden kann. Ein zweiter Redner stimmte dem zu. Hier findet sich also die Anschauung von einer grundsätzlichen, allumfassenden Zuständigkeit der Gesetzgebungsorgane des Reiches.

Die letztere Anschauung wurde dann auch in der Kommission vertreten, welcher der Entwurf zur Vorberatung überwiesen wurde. Ein

---

[59]) G. Meyer, Die staatsrechtliche Stellung der deutschen Schutzgebiete, S. 52.

Mitglied der Kommission führte in dieser Beziehung folgendes aus: Die Regierung habe in ihrer Vorlage lediglich ein beschränktes Rechtsgebiet der gesetzlichen Regelung unterworfen. Die Vorlage beschränke sich auf bürgerliches Recht, Strafrecht und gerichtliches Verfahren. Wünschenswerter erscheine es, sofort eine umfassende Ordnung der Rechtsverhältnisse der Schutzgebiete vorzunehmen. Dabei sei anzuerkennen, daß die Regierung in diesen noch unentwickelten und von der Kultur erst wenig berührten Gebieten eines hohen Maßes freier Bewegung bedürfe. Es erschiene daher zweckmäßig, bei der Ordnung der Verhältnisse der Schutzgebiete die Kaiserliche Gewalt in den Vordergrund zu stellen. Hier böten die Verhältnisse von Elsaß-Lothringen eine geeignete Analogie dar. Wie in Elsaß-Lothringen dem Kaiser die Befugnis zur Ausübung der Staatsgewalt beigelegt sei, so erscheine es wünschenswert, auch in den Schutzgebieten die Ausübung der Hoheitsrechte grundsätzlich in die Hände des Kaisers zu legen und an die Spitze der gesetzlichen Bestimmungen den Grundsatz zu stellen: Die Schutzgewalt in den deutschen Schutzgebieten übt der Kaiser aus. — Daß die wünschenswerte umfassende Regelung durch Bundesrat und Reichstag erfolgen könne und müsse, war offenbar dem Kommissionsmitgliede unzweifelhaft. Aus der Inanspruchnahme einer das gesamte Rechtsleben umschließenden Zuständigkeit entsprang danach der von ihm und auch noch von anderer Seite gestellte Antrag, die Ausübung der Schutzgewalt dem Kaiser zu übertragen. Wenn dieser Antrag Gesetz wurde, so hatten Bundesrat und Reichstag im Wege der formellen Gesetzgebung für die gesamten Rechtsverhältnisse der deutschen Schutzgebiete eine umfassende, wenn auch undetaillierte Regelung durch eine allgemeine Delegation getroffen. Die Kommission stimmte dem Antrage zu, beschloß auch, den Titel des Gesetzes zu fassen: „Gesetz, betreffend die Rechtsverhältnisse der deutschen Schutzgebiete", mit der ausdrücklichen Begründung: eine Änderung des Titels erscheine deshalb notwendig, weil der Gesetzentwurf nach der Gestalt, die er in der Kommission gewonnen habe, nicht blos die Rechtspflege in den Schutzgebieten, sondern die gesamten Rechtsverhältnisse derselben zum Gegenstande der Regelung gemacht habe.

Wie die Kommissionsmehrheit durch diese Beschlüsse sich zu der Rechtsüberzeugung bekannte, daß die gesetzgebenden Organe des Mutterlandes gleichzeitig dieselbe Rechtsstellung den Kolonien gegenüber haben, so auch die Reichstagsmehrheit, indem sie den § 1 des Entwurfes der Kommissionsvorlage annahm.

Beim Reichstage war also die zum Entstehen des Gewohnheitsrechtes notwendige opinio necessitatis vorhanden. Wie aber stand der Bundesrat zu der Frage? Als erste amtliche Äußerung sind hier die Motive zum Regierungsentwurfe zu beachten. Dort heißt es: „Im Hinblick auf den rechtlichen Inhalt der in der übernommenen Schutzherrschaft liegenden Befugnisse würde die Regelung der Gerichtsbarkeit wie der sonstigen inneren Verhältnisse lediglich im Verordnungswege erfolgen können, soweit nicht die Bewilligung von Geldmitteln des Reiches in Frage kommt."

Wenn die Regierung für gewisse Gebiete eine gesetzliche Delegation nachsuchte, so geschah dies nur wegen gewisser rechtlicher Beziehungen, welche zwischen der Rechtspflege der Schutzgebiete und der des Mutterlandes bestehen.

Von dieser in den Motiven ausgesprochenen Anschauung, daß die Form der Gesetzgebung nicht im Allgemeinen bei der Regelung der Rechtsordnung der Schutzgebiete anzuwenden sei, ist die Regierung dann aber abgegangen. Auf den, wie dargelegt, in der Kommissionsberatung gestellten, hochbedeutsamen Antrag, daß die Ausübung der Schutzgewalt auf den Kaiser übergehen solle, äußerte sich der Vertreter der Regierungen, wenn auch noch nicht bindend, folgendermaßen: „Sie glaubten anheimstellen zu können, daß an die Spitze der Grundsatz gestellt werde: Der Kaiser übt die Schutzgewalt in den Schutzgebieten aus, da verfassungsmäßig sich nichts dagegen erinnern lasse, wenn durch einen Akt der Gesetzgebung ausgesprochen werde, daß die dem Reiche über die Schutzgebiete zustehende Souveränität durch den Kaiser als Organ des Reiches auszuüben sei.“ Wenn die verbündeten Regierungen diese Äußerung gut hießen, so nahmen sie hinsichtlich der gesetzgeberischen Kompetenz vom Bundesrat und Reichstag die gleiche Stellung, wie der letztere, ein. Und wirklich taten sie dieses, in dem sie dem vom Reichstage angenommenen Kommissionsentwurfe, insbesondere dem § 1 die Sanktion erteilten.

Von der Anschauung über die gesetzgeberische Zuständigkeit von Bundesrat und Reichstag, sind beide Teile nicht abgegangen, es besteht also in den beteiligten Kreisen für diese Zuständigkeit sowohl eine lange Übung, wie auch eine Überzeugung, daß diese Übung eine rechtlich gebotene sei, sodaß der Satz von ihrer Zuständigkeit zweifelloses Gewohnheitsrecht ist. Die Stellung des Kaisers dagegen ist eine andere. Auch sie könnte auf Gewohnheitsrecht beruhen, indessen ehe sich ein solches auch für ihn bilden konnte, ist eine formell gesetzliche Regelung eingetreten, welche ihm seine Stellung gegenüber den Schutzgbieten, abweichend von der im Mutterlande zuwies.[60])

Daß nur Gewohnheitsrecht den Titel für das Recht von Bundesrat und Reichstag bildet, hat eine gewisse Schwäche ihrer Stellung zur Folge. Der § 1 des Gesetzes vom 17. April 1886, und des jetzigen Schutzgebietsgesetzes hat dem Kaiser die Ausübung der vollen Schutzgewalt, damit auch das Gesetzgebungsrecht für die gesamten Rechtsverhältnisse der Schutzgebiete übertragen. Eingeschränkt wird es nur durch die Zuständigkeit von Bundesrat und Reichstag. Diese geht dahin, daß alle formellen Gesetze nur im Wege der formellen Gesetzgebung aufgehoben oder geändert werden können, ferner nach dem Gesetze vom 30. März 1892 dahin, daß der Etat nur auf dem Wege der Gesetzgebung festgestellt, und nur auf dem gleichen Wege Anleihen aufgenommen und

---

[60]) Dies sei gegen Kraus, Reichsstrafrecht und deutsche Schutzgebiete S. 16 bemerkt.

Garantien übernommen werden können. Die Rechtsstellung von Bundesrat und Reichstag selbst ist dagegen für die Schutzgebiete, da sie nur auf Gewohnheitsrecht beruht, nicht durch formelles Gesetz geschützt. Eine Änderung oder völlige Beseitigung ihres Rechtes, an der Kolonialgesetzgebung teilzunehmen, braucht deshalb nicht durch einen Akt der formellen Gesetzgebung, also nicht unter ihrer Mitwirkung, vorgenommen zu werden. Eine kaiserliche Verordnung genügt. Dies hat weitere rechtliche Folgen. Wenn sie so durch Verordnung beseitigt sind, dann ist auch der Weg der formellen Gesetzgebung fortgefallen. Eine Änderung der früher gegebenen formellen Gesetze, z. B. des Schutzgebietsgesetzes, des Finanzgesetzes müßte dann in der einzigen Weise erfolgen, in der noch Rechtsnormen gegeben werden könnten, auf dem Wege der Verordnung. Der Kaiser könnte dann durch bloße Verordnung die genannten Gesetze ganz oder teilweise abändern oder aufheben.

Solange nicht durch Gesetz die Rechte von Bundesrat und Reichstag sichergestellt sind, entbehren formell sowohl das Schutzgebietsgesetz wie das Finanzgesetz derjenigen Garantien, welche ihnen die Regierung zweifellos hat geben wollen, als sie für die Regelung der in ihnen enthaltenen Materien den Weg der Gesetzgebung einschlug. — Diese Rechtslage regt die Frage der Schaffung einer förmlichen Schutzgebietsverfassung an, in welcher die jetzt bestehende Rechtsstellung von Bundesrat und Reichstag gesetzlich festgelegt wird. Die Lösung dieser Frage erscheint aber doch nicht als dringend. Eine Gefährdung der Rechte der beiden Kollegien kann wohl in keiner Weise in Betracht kommen. Bei der ausschlaggebenden Stellung, welche sie für das Mutterland einnehmen, ist eine ohne ihre Zustimmung erfolgende Aufhebung ihrer Befugnisse gegenüber den Schutzgebieten eine politische Unmöglichkeit. Eine förmliche Schutzgebietsverfassung erscheint auch darum zur Zeit nicht als angebracht, weil die gesetzgeberische Festlegung in der feierlichen Form der Verfassung bei den jetzigen, sich noch entwickelnden Verhältnissen verfrüht ist. Sobald z. B. die finanzielle Selbständigkeit der Schutzgebiete feststeht, würde zum mindesten für Südwestafrika das Etatsbewilligungsrecht von Bundesrat und Reichstag aufzuhören und auf die höchsten Organe im Schutzgebiete überzugehen haben. Für eine deutsche Schutzgebiets- oder Kolonialverfassung ist die Zeit noch nicht gekommen.

In welchen Fällen der Weg der Kolonialgesetzgebung einzuschlagen ist, wurde bereits erwähnt. Seine Gestalt bleibt noch darzulegen.

Indem gewohnheitsrechtlich Bundesrat und Reichstag als gesetzgebende Faktoren für die Schutzgebiete übernommen wurden, wurden auch die gesamten für das gesetzgeberische Verfahren von der Reichsverfassung gegebenen Normen übertragen. Indem man dies tat und diese Normen bei dem ersten Kolonialgesetze, dem Gesetze vom 17. April 1886 anwandte, machte man dieses Gesetz aber nicht zum Reichsgesetze, d. h. einem auf Grund der Reichsverfassung geschaffenen, für welches das Reichsverfassungsrecht dauernde Geltung hat, sondern es fand wie für die Gesetzgebungsorganisation, so auch hinsichtlich des gesetzgeberischen Verfahrens die Übertragung der mutterländischen Ordnung auf die Schutzgebiete statt. Beide Ordnungen stehen von Anfang an nebeneinander und die erste Anwendung des gesetzgeberischen Verfahrens für die Schutzgebiete durch das Gesetz vom 17. April 1886 erfolgte nach Kolonialrecht, nicht nach mutterländischem Rechte, sie ist daher ganz allein nach Kolonialrecht zu beurteilen.[61])

Das für die Schutzgebiete übernommene Verfahren der Reichsverfassung ist nun durch das Gesetz vom 17. April 1886 in einschneidender Weise abgeändert worden.

Nach dem Rechte der Reichsverfassung erfolgt die Gesetzgebung so, daß die Gesetzesvorlagen vom Bundesrat oder Reichstag geschaffen werden. Darauf wird der Gesetzesinhalt und der Gesetzesbefehl gleichzeitig in der Weise geschaffen, daß beide Teile übereinstimmende Beschlüsse fassen.[62]) Die Ausfertigung vollzieht der Kaiser unter Gegenzeichnung des Reichskanzlers, die Publikation erfolgt im Reichsgesetzblatt.

So waren die Vorgänge zunächst auch bei der Kolonialgesetzgebung. Äußerlich haben sie sich jetzt auch nicht geändert, aber ihre innere Bedeutung ist eine andere geworden. Die ursprüngliche hatten sie nur bei dem Gesetze vom 17. April 1886. Durch dieses selbst aber wird die innere Bedeutung des Gesetzgebungsvorganges eine andere und zwar infolge der Tatsache, daß nach § 1 für die Ausübung der Schutzgewalt also auch der Schutzgebietsgesetzgebung der Kaiser das einzig berechtigte Vertretungsorgan des Reiches geworden ist.

Die erste Folge ist die, daß auch der Kaiser das Recht der Gesetzesinitiative hat. Für das formelle Reichsrecht steht sie ihm nicht zu, wenn sie auch tatsächlich hier ebenfalls Übung ist.[63]) Für die Schutzgebiete hat der Kaiser die Initiative aber kraft Rechtssatzes, denn wer ein mit der grundsätzlich vollen höchsten Gewalt ausgestattetes Organ ist, kann von der Gesetzesinitiative nicht ausgeschlossen sein, es würde sonst der Stelle, welche berufen ist, die Staatstätigkeit in Gang zu halten gerade auf dem obersten Gebiete dieser Tätigkeit die Macht dazu fehlen.

Auch bei dem nächsten Akte, der Feststellung des Gesetzesinhaltes und Schaffung des Gesetzesbefehls, ist der Kaiser selbständig beteiligt. Auch von dieser Tätigkeit kann und darf der Reichssouverän, welchen er vertritt, nicht ausgeschlossen werden. Als ein besonderer äußerer Akt wird diese Teilnahme des Kaisers nicht erscheinen, sie wird schon in und mit der Ausfertigung des Gesetzes vorgenommen werden. — Während also für die Schaffung der Gesetze des Mutterlandes zwei Faktoren,

[61]) Dies sei gegenüber Sassen bemerkt, welcher S. 41 der Anschauung ist, das Sch.-G.-G. sei Reichsrecht; er hat hier seine richtige Auffassung, daß die Kolonialverfassung vollkommen außerhalb der Reichsverfassung stehe, nicht durchgeführt.

[62]) Ich schließe mich hinsichtlich des Gesetzgebungsvorgangs den Ausführungen von Lukas, Die rechtliche Stellung des Parlamentes u. s. w. an.

[63]) Laband im Jahrbuch des öffentlichen Rechts I, 16.

Bundesrat und Reichstag, vorhanden sind, gibt es für die Kolonialgesetzgebung als dritten noch den Kaiser. Der Kaiser steht gleichberechtigt neben ihnen, sie haben ihm gegenüber die Stellung wie eine erste und zweite Kammer neben dem Monarchen. Der Bundesrat kann dabei als erste, ständisch verfaßte betrachtet werden. Für die Feststellung eines Kolonialgesetzes bedarf es, nach konstitutionellen Grundsätzen, einer Übereinstimmung der drei Faktoren. Hieraus ergibt sich dann, daß ohne den Willen des Kaisers kein solches Gesetz geschaffen oder geändert werden kann. Wenn der König von Preußen bei der Beratung eines Kolonialgesetzes im Bundesrate überstimmt wird, so kann der Kaiser die Ausführung des Beschlusses hindern, indem er nicht zustimmt, eine Befugnis, die ihm bei Bundesratsbeschlüssen, die sich auf die Reichsgesetzgebung beziehen, nicht zusteht. Es ist unerheblich, daß die auf die Schutzgebiete bezüglichen Gesetzentwürfe ebenso wie die für das Reichsgebiet dem Bundesrat und Reichstag formell zur „verfassungsmäßigen" Beschlußnahme und dann dem Kaiser nur „zur Vollziehung" überreicht werden. Diese Formeln sind nebensächlich und berühren das Wesen der Sache nicht. Sonst würde man auch aus der Formel der Reichsgesetze, nach der der Kaiser „verordnet, wie folgt", schließen müssen, daß der Kaiser bei den Reichsgesetzen den Gesetzesbefehl gibt. Eine fehlerhafte Formel[64]) kann über das Wesen der Sache nicht entscheiden.[65])

An die Tatsache, daß alle Gesetze für die Schutzgebiete nur mit Zustimmung des Kaisers geändert werden können, ist eine wichtige staatsrechtliche Folge geknüpft. Auch das Schutzgebietsgesetz unterliegt hinsichtlich seiner Entstehung und Umänderung ausschließlich dem Kolonialrechte.[66]) Diese Vorgänge können sich also nur mit Zustimmung des Kaisers vollziehen. Es ist gleichgültig, daß vor der Schaffung des Gesetzes vom 17. April 1886 noch die gleiche Form der Gesetzgebung, wie im Reiche für die Schutzgebiete als anwendbar galt und der Kaiser kein Recht der Zustimmung zu den Kolonialgesetzen besaß. Durch das Gesetz vom 17. April 1886 ist das bisher geltende Verfahren beseitigt und ein neues eingeführt. Es kann jetzt bloß noch dieses neue angewandt werden. Ebenso konnte z. B. die auf dem Verordnungswege erlassene Preußische Verfassung vom 5. Dezember 1848 nicht nach dem Verfahren, durch welches sie selbst geschaffen war, wieder geändert werden, nachdem sie selbst eine neue Regel aufgestellt hatte, nach welcher Änderungen zu vollziehen waren. Alle Änderungen des Schutzgebietsgesetzes können also nur mit Zustimmung des Kaisers vorgenommen werden.

Wer die Tatsache anerkennt, daß die Reichsverfassung für die Schutzgebiete keine formelle Geltung besitzt, der muß zu diesen Folgerungen gelangen. Er muß noch weitere rechtliche Folgerungen ziehen, und zwar diese:

---

[64]) Vgl. über die fehlerhafte Fassung der Reichsgesetze Laband, Staatsrecht 3. Aufl. I, 518.

[65]) Dies sei gegen Gerstmeyer S. 18 bemerkt.

[66]) Oben S. 36.

Wie das Schutzgebietsgesetz überhaupt, so auch ist dessen § 1 nur mit Zustimmung des Kaisers abzuändern; das bedeutet, daß dem Kaiser die ihm übertragene höchste Gewalt nicht gegen seinen Willen durch Bundesrat und Reichstag genommen werden kann. Sein höchstes Recht ist ein unentziehbares und deshalb ist er, wie früher dargelegt wurde, in den Schutzgebieten Monarch. Die rechtliche Sicherheit seiner Stellung ist noch von einer ganz besonderen Bedeutung, wenn man den früher erörterten Umstand damit zusammenhält, daß der Kaiser berechtigt wäre, die Rechte von Bundesrat und Reichstag auf dem Verordnungswege aufzuheben. Wenn der Kaiser noch wie bis zum Gesetze vom 17. April 1886 von der Zustimmung zu Kolonialgesetzen ausgeschlossen wäre, dann könnten Bundesrat und Reichstag einem Angriffe auf ihre Rechte zuvorkommen, indem sie die Gewalt des Kaisers durch Gesetz beschränkten oder sie ihm entzögen. Dazu sind sie aber rechtlich nicht in der Lage. Daraus ergibt sich, daß ihre Rechte völlig im Belieben des Kaisers stehen, und daß der Kaiser formell rechtlich nicht daran gehindert werden kann, nach freiem Ermessen seine jetzige Stellung als konstitutioneller Monarch in die eines absoluten zu verwandeln.

Wir haben hier und früher[67]) die Stellung des Kaisers geprüft, wie sie sich formell rechtlich aus dem § 1 des Schutzgebietsgesetzes als dessen letzte logische Konsequenz ergibt. Wir müssen nun aber noch die kaiserlichen Rechte von einem anderen Standpunkte aus betrachten. Die rein juristische Auslegung des Gesetzes wird die erste Grundlage der Erkenntnis sein müssen. Dann aber wird man an die Frage heranzutreten haben, wie stellt sich das tatsächliche Verfassungsleben zu dem formellen Rechtssatze, wie verhalten sich „die politischen Kräfte, Prinzipien und Anschauungen, die erst den Sinn und Geist der geschriebenen Staatsverfassungen für jedes einzelne Volk lebendig und individuell gestalten",[68]) zu ihm. Nur soweit diese Anschauungen mit dem formellen Rechte übereinstimmen, ist das letztere wirklich in Kraft; soweit sie abweichen, ist es toter Buchstabe. Da ist nun stets zu bedenken, daß der Kaiser der Schutzgebiete und der Deutsche Kaiser eine untrennbare Einheit sind und daß das Schwergewicht beim Deutschen Kaiser liegt. Die allgemeinen politischen Tendenzen, welche im Kaisertum des Mutterlandes lebendig sind, ergreifen auch das koloniale Kaisertum. Bei diesen Tendenzen muß man unterscheiden das Verhältnis zu den deutschen Staaten und das zur Volksvertretung. Gegenüber den deutschen Staaten verläuft die Entwicklungslinie vom Bundespräsidium zum Monarchen. Der Vollendung dieser Entwickelung steht innerhalb des deutschen Reiches die monarchische Verfassung der von der Reichsgewalt beherrschten Gliedstaaten entgegen.[69]) In den Schutzgebieten fehlt dieses Hindernis und darum kann hier die Entwickelung zur Monarchenstellung statt-

[67]) Oben S. 11 ff.

[68]) Redlich, Das Wesen der österreichischen Kommunalverfassung S. 11.

[69]) Es sei hier im Allgemeinen auf Laband, Jahrbuch des öffentlichen Rechts I, 14 ff. verwiesen.

finden. Die Vollendung des Monarchenrechtes trat, wie wir sahen, dadurch ein, daß das dem Kaiser durch das Schutzgebietsgesetz verliehene Recht unentziehbar ist, da es nur auf dem Wege der Kolonialgesetzgebung, d. h. mit Zustimmung des Kaisers beseitigt werden kann. Auch dies stimmt mit der Tendenz einer steigenden kaiserlichen Gewalt überein. Selbst wenn man das Schutzgebietsgesetz nicht als Kolonial- sondern als Reichsgesetz ansehen wollte, dürfte man eine Abänderung des § 1 gegen den kaiserlichen Willen als eine politische Unmöglichkeit bezeichnen. — Die Unentziehbarkeit der kaiserlichen Rechte in den Schutzgebieten steht auch im Einklange mit den heimischen Zuständen. Auch die reichsverfassungsmäßigen kaiserlichen Rechte sind unentziehbar, da jede Verfassungsänderung durch die preußischen, dem Kaiser tatsächlich zur Verfügung stehenden Bundesratsstimmen verhindert werden kann. (R.-V. Art. 78 Abs. 1.)

Wir fassen die zweite Seite der Frage, das Verhältnis von Kaiser und Volksvertretung, ins Auge. Unsere Ausführungen ergaben, daß der Kaiser berechtigt ist, die Mitwirkung der Volksvertretung bei der Kolonialgesetzgebung auf dem Verordnungswege zu beseitigen. Wie verhält sich dieser Rechtszustand der Schutzgebiete zu der heimischen staatsrechtlichen Entwickelung? Er steht zu ihr im schärfsten Gegensatze, denn die deutsche Entwicklung ist dem Absolutismus abgewandt und auf das konstitutionelle System gerichtet. Das Ergebnis unserer formalrechtlichen Deduktion, soweit es den rechtlich möglichen kaiserlichen Absolutismus angeht, ist eine politische Unmöglichkeit und darum ist es praktisch tot und unbrauchbar.

Wir kommen also unter Berücksichtigung der rechtlichen und der politischen Momente wieder zu dem Urteil: der Kaiser ist konstitutioneller Monarch der Schutzgebiete.

Wenden wir uns wieder der Betrachtung des gesetzgeberischen Verfahrens zu. — An die Feststellung und die Sanktion hat sich die Ausfertigung und Verkündigung anzuschließen, welche nach der Reichsverfassung, deren Verfahren für die Schutzgebiete übernommen wurde, Sache des Kaisers ist. In den deutschen Monarchien fällt die Ausfertigung des Gesetzes äußerlich mit der Sanktion des Monarchen zusammen. Dadurch, daß der Landesherr die Gesetzesurkunde in der herkömmlichen Weise ausfertigt, erteilt er auch seine Sanktion. Bei der Reichsgesetzgebung ist dies anders, weil der Ausfertigende nicht auch an der Sanktion teilnimmt. Für Kolonialgesetze dagegen trifft beides in einer Person, der des Kaisers zusammen. Wie deshalb bei der Landesgesetzgebung die herkömmliche Ausfertigungsform als genügender Ausdruck des Sanktionswillens erscheint, so auch bei Kolonialgesetzen.

Zur Gültigkeit des Gesetzes bedarf es dann noch der Gegenzeichnung.[70])

Der letzte Teil der Gesetzgebung ist die Verkündung des Gesetzes durch den Kaiser. Da das gesamte Verfahren der Reichsgesetzgebung

[70]) Vgl. oben S. 13.

gewohnheitsrechtlich in das Kolonialrecht übernommen ist, so müssen auch die Kolonialgesetze im Reichsgesetzblatte veröffentlicht werden. Auch das Inkrafttreten würde sich in erster Linie nach den reichsrechtlichen Vorschriften richten. Indessen hinsichtlich der Frist enthält das Schutzgebietsgesetz, soweit es das Konsularrecht einführt,[71]) eine besondere Bestimmung. Die neuen, wegen ihrer Zugehörigkeit zum Konsularrecht geltenden Kolonialrechtssätze treten danach erst mit dem Ablauf von vier Monaten nach dem Tage in Kraft, an welchem das betreffende Stück des Reichsgesetzblattes oder der Preußischen Gesetzsammlung in Berlin ausgegeben worden ist,[72]) soweit nicht für das Inkrafttreten ein späterer Zeitpunkt festgesetzt ist oder für die Schutzgebiete reichsgesetzlich ein anderes vorgeschrieben wird.

§ 7.

Die Organisation der Verordnungsgewalt.

Dem Kaiser ist die gesamte Schutzgewalt übertragen und deshalb ist er grundsätzlich dasjenige Organ, welches eine jede staatliche Tätigkeit, folglich auch jede rechtssetzende vornehmen darf. Der Kaiser wird also in erster Linie berechtigt sein, die gesamte Rechtsordnung der Schutzgebiete auf dem Verordnungswege zu regeln. Diese Befugnis ist nur eingeschränkt, soweit bei der Rechtssetzung die Gesetzgebungsorganisation einzugreifen hat. Die gesetzgebenden Faktoren Bundesrat und Reichstag müssen ihr Recht zur Teilnahme an der Gesetzgebung dem Kaiser gegenüber beweisen können, die Rechtsvermutung spricht für die Freiheit des Kaisers. Die Gebiete, welche dem Kaiserlichen Verordnungsrechte jetzt entzogen sind, sind Gerichtsverfassung, Privat-, Straf-, Prozeß- und Eheschließungsrecht für Weiße, Gewissensfreiheit und religiöse Duldung der Angehörigen der im Deutschen Reiche anerkannten Religionsgemeinschaften,[73]) Feststellung des Etats, Aufnahme von Anleihen und Übernahme von Garantien,[74]) endlich auch das Beamtenrecht.[75])

Sein ihm allgemein mit der Schutzgewalt übertragenes Verordnungsrecht kann der Kaiser in beliebigem Umfange an untere Staatsorgane übertragen und er hat von dieser Möglichkeit in vielen Fällen insbesondere zugunsten des Reichskanzlers Gebrauch gemacht. Er kann seine Ermächtigungen aber jederzeit zurücknehmen, er kann auch Anordnungen der ermächtigten Behörden ausdrücklich oder auch unausgesprochen durch entgegenstehende Anordnungen aufheben oder abändern.

Zu diesem allgemeinen Verordnungsrechte des Kaisers tritt noch ein besonderes hinzu. Auf den Gebieten, welche grundsätzlich der Regelung durch die gesetzgebenden Organe unterliegen, macht sich vielfach das

---

[71]) § 3 Sch.-G.-G. in Verb. mit § 30 K.-G.-G.
[72]) Gerstmeyer S. 80.
[73]) Sch.-G.-G. §§ 2, 3, 7, 9, 11—13, 14.
[74]) Ges. v. 30. März 1892 I, 7.
[75]) Ges. v. 8. Juni 1910 XXI, 587.

Bedürfnis geltend, daß einzelne Teile der Rechtsordnung leicht je nach den örtlichen Verhältnissen in besonderer Weise ausgestaltet, daß auch Lücken der Gesetzgebung ausgefüllt werden können. Damit derartigen Erfordernissen schneller und besser, als es die verhältnismäßig schwerfälligen und sachunkundigen gesetzgebenden Körperschaften vermögen, nachgekommen werden kann, ist der Kaiser in einer Reihe von Fällen ermächtigt, das Nötige auf dem Wege der Verordnung zu bestimmen.[76]) Dieses besonders übertragene Verordnungsrecht kann der Kaiser aber nicht weiter übertragen, soweit vorgeschrieben ist, daß die fraglichen Gegenstände durch Kaiserliche Verordnung zu regeln sind.

Für das bei der Schaffung Kaiserlicher Verordnungen zu beobachtende Verfahren sind ausdrückliche Vorschriften nicht gegeben. Es kommt aber, wie auf alle kaiserlichen Erlasse, so auch auf diese die Regel zur Anwendung, daß es zu ihrer Gültigkeit der Gegenzeichnung des Reichskanzlers oder seines zuständigen Vertreters bedarf.[77]) Über die Art der Publikation Kaiserlicher Verordnungen ist nichts bestimmt. Tatsächlich erfolgt sie im Reichsgesetzblatt. Der Zeitpunkt des Inkrafttretens der einzelnen Verordnung wird in ihr selbst angegeben.

Außer dem Kaiser sind auch die Kolonialbehörden zum Erlasse von Verordnungen befugt.[78].)

In vollem Umfange haben sie das Recht, Verwaltungsverordnungen zu geben, d. h. allgemeine Anweisungen an die untergeordneten Verwaltungsbehörden, durch welche nur diese, nicht die Untertanen gebunden werden. Zum Erlasse dieser Verordnungen bedarf es niemals einer besonderen gesetzlichen Ermächtigung.

Anders ist es mit den Rechtsverordnungen, durch welche die Untertanen verpflichtet werden. Um sie gültig erlassen zu dürfen, müssen die Behörden eine Ermächtigung haben. Eine solche wird zum Teil durch den Kaiser erteilt. Sie kann nur für diejenigen Gegenstände gegeben werden, für welche der Kaiser selbst Verordnungen zu erlassen befugt ist und auch nur soweit der Kaiser berechtigt ist, sein Verordnungsrecht weiter zu übertragen.

Außer durch den Kaiser werden die Behörden auch durch Gesetz zum Erlasse von Verordnungen ermächtigt. Es kommt hier vor allem § 15 des Schutzgebietsgesetzes in Betracht. Danach hat der Reichskanzler die Ausführungsverordnungen zum Schutzgebietsgesetze zu erlassen. Weiter hat er das Recht, für die Schutzgebiete oder für einzelne Teile derselben polizeiliche und sonstige die Verwaltung betreffende Vorschriften zu erlassen. Hierunter sind zu verstehen nicht nur Verordnungen, welche polizeiliche Vorschriften im Sinne von § 10 II, 17 des Allgemeinen Landrechtes enthalten, sondern es wird den Behörden das Recht gegeben, das

[76]) So Sch.-G.-G. § 6; Schutztruppengesetz § 4; Kolonialbeamtengesetz §§ 42, 55, 57, 61.
[77]) Vgl. oben S. 29.
[78]) Vgl. zum Folgenden besonders Sassen S. 93.

ganze Gebiet der inneren Verwaltung zu regeln, also das Verwaltungsrecht zu schaffen.[79])

Die Praxis hat vielfach auch die Finanzverwaltung als mit den die Verwaltung betreffenden Vorschriften gemeint angesehen.[80]) Ob diese Auslegung zutrifft, ist besser beim Finanzwesen zu erörtern. Gegen die Nichtbefolgung kann der Reichskanzler Gefängnis bis zu drei Monaten, Haft, Geldstrafe und Einziehung einzelner Gegenstände androhen. Seine gesamten ihm durch § 15 des Schutzgebietsgesetzes übertragenen Verordnungsbefugnisse kann der Reichskanzler weiter übertragen. Die Übertragung kann stattfinden entweder an eine Kolonialgesellschaft, welche einen Kaiserlichen Schutzbrief für das betreffende Schutzgebiet hat; solche Gesellschaften waren früher die Deutsch-Ostafrikanische Gesellschaft und die Neuguinea-Kompanie. Da es derartige Gesellschaften zur Zeit nicht gibt, ist diese Bestimmung ohne Bedeutung. Oder aber die Übertragung kann an Beamte des betreffenden Schutzgebietes stattfinden. Diese Bestimmung könnte so aufgefaßt werden, als ob die Übertragung eine höchstpersönliche, nur auf den einzelnen Beamten lautende sei; in der Praxis aber wird die Übertragung auf Behörden, unabhängig von dem Wechsel der Inhaber vorgenommen.

Zum Erlaß von Verordnungen sind sämtliche Gouverneure und die Bezirksamtmänner des Inselgebietes ermächtigt.[81]) Regelmäßig sind für Afrika und Südsee alle Verordnungen der örtlichen Behörden im Entwurfe dem Reichskolonialamte zur Genehmigung vorzulegen.[82]) Die Verordnungen des Gouverneurs von Kiautschou sind ohne Verzug dem Reichs-Marineamt zur Genehmigung vorzulegen, jedoch erleidet die Gültigkeit der Anordnungen hierdurch keinen Aufschub.[83]) Die Verordnungen von allgemeiner Bedeutung sind auch dem Gouvernementsoder dem Landesrat vor dem Erlaß zur Beratung zu unterbreiten, die örtlichen Polizeiverordnungen für Gemeindebezirke sind in Südwest- und in Ostafrika dem Gemeinderat zur Äußerung vorzulegen.

Für die Form der Verordnungen bestehen keine Vorschriften, von deren Beobachtung ihre Gültigkeit abhinge. Indessen sind die in Preußen geltenden gesetzlichen Formvorschriften, wenn auch nicht immer, so doch meist angewendet worden. Ein Runderlaß des Reichskolonialamtes vom 4. Mai 1908 [84]) gibt dementsprechende Anweisungen. Die Verordnungen sollen danach mit diesem Ausdrucke bezeichnet werden, um sie von den lediglich an die Behörden gerichteten Vorschriften der vorgesetzten Stellen zu unterscheiden. Es soll im Eingange der Verordnung Bezug genommen werden auf die gesetzlichen oder sonstigen Bestimmungen, auf welche sie

---

[79]) Sassen 107.
[80]) Vgl. auch den Runderlaß vom 4. Mai 1908, XII, 168.
[81]) V. v. 27. Sept. 1903 VII, 203; V. v. 27. April 1898 IV, 167
[82]) Runderl. v. 14. März 1901 VI, 286.
[83]) Verf. v. 27. April 1898 IV, 167.
[84]) XII, 168; vgl. dazu Sassen in Zeitschr. f. Kolpol. XII, 252 ff.

sich stützen; die Strafandrohungen müssen sich in den Schranken der gesetzlichen und anderen Vorschriften halten, auf denen sie beruhen.

Die polizeilichen und sonstigen die Verwaltung betreffenden Verordnungen, welche auf Grund des § 15 Absatz 2 für Afrika und die Südsee ergehen, müssen — hier handelt es sich um eine zwingende Vorschrift, von der die Gültigkeit der Verordnung abhängt — im Deutschen Kolonialblatt verkündet werden. Beschränkt sich der Geltungsbereich der Verordnung auf ein einzelnes Schutzgebiet, so kann sie in dem vom Gouvernement für seine amtlichen Veröffentlichungen benutzten Blatte verkündet werden, doch soll ein nachträglicher Abdruck der Verordnung im Deutschen Kolonialblatt stattfinden.[85])

Die Verordnungen können nur von derjenigen Stelle, von der sie ausgegangen sind oder einer übergeordneten Stelle aufgehoben oder abgeändert werden, und zwar nur durch eine neue, förmliche und zu verkündende Verordnung.

§ 8.

Die Verwaltungsorganisation.

Bei der Verwaltungsorganisation der deutschen Schutzgebiete sind ins Auge zu fassen die allgemeinen Verwaltungsbehörden, gegliedert in obere, mittlere und untere, und die Selbstverwaltung.

I. Die oberen Verwaltungsorgane.

1. Der Bundesrat. Die durch die Reichsverfassung begründeten Verwaltungsbefugnisse stehen dem Bundesrate im Verhältnis zu den Schutzgebieten nicht zu. Er ist für sie ganz durch den Kaiser ersetzt. Nur einzelne Verwaltungsfunktionen, die ihm besonders zugewiesen sind, übt der Bundesrat aus. So verleiht er Kolonialgesellschaften [86]) und Vereinen [87]) die Rechtsfähigkeit, er hat auch in gewissen Fällen als Verwaltungsgericht tätig zu sein.[88])

2. Der Reichskanzler. Der Reichskanzler ist der Leiter der gesamten Reichsverwaltung. Er hat dann auch sogleich die Verwaltung der Schutzgebiete übernommen, ohne daß abgesehen von Kiautschou [89]) eine besondere Ermächtigung stattgefunden hätte. Die Stellung des Reichskanzler ist so zu bestimmen, daß er der oberste und verantwortliche [90]) Ratgeber des Kaisers auf dem Gebiete der Kolonialpolitik ist, daß er gegenüber den Schutzgebieten aber nicht als General-

[85]) V. d. Reichsk. v. 24. Dez. 1909 XIII, 658; V. v. 23. Sept. 1903 § 7, VII, 215.

Literatur zu § 8: v. Hoffmann, Verwaltungs- u. Gerichtsverfassung der deutschen Schutzgebiete S. 11—38.

[86]) Sch.-G.-G. § 11.

[87]) Sch.-G.-G. § 3, K.-G.-G. § 31 und B. G.-B. §§ 23 und 41 Abs. 2.

[88]) Sch.-G.-G. § 3 und K.-G.-G. § 23.

[89]) Allerh. Ordre v. 27. Januar 1898 IV, 160.

[90]) Oben S. 13.

bevollmächtigter des Kaisers mit vizeköniglicher Gewalt dasteht, sondern zu jeder Handlung eines besonderen Titels bedarf. Er besitzt solche in einer ganzen Reihe von Einzelfällen, so z. B. zur Ermächtigung von Standesbeamten, zur Naturalisation u. s. w.[91]) Dann aber sind ihm auch Befugnisse von größerer Ausdehnung gegeben, so auf dem Gebiete des Organisationsrechtes, der Eingeborenengerichtsbarkeit und des Eingeborenenrechtes,[92]) des Verordnungsrechtes,[93]) der Ernennung von Beamten,[94]) des militärischen Kommandos,[95]) endlich ist für ihn die allgemeine polizeiliche Befugnis zur Abwehr von Störungen für die gute Ordnung des Gemeinwesens in Anspruch zu nehmen.

3. *Das Kolonialamt und das Reichsmarineamt.* Die Tatsache, daß die Schutzgebiete nicht dem Geltungsbereiche des mutterländischen Rechtes eingefügt wurden, hatte unter anderem auch zur Folge, daß die obersten Reichsbehörden ihre Tätigkeit nicht auf sie erstreckten. Nur das Auswärtige Amt trat durch die diplomatischen Verhandlungen und völkerrechtlichen Akte, die zur Erwerbung führten, zu den Schutzgebieten in Beziehung. Diese Behörde übernahm dann auch die, sonst nicht in den Bereich ihrer Tätigkeit gehörende, innere Verwaltung, ähnlich wie in jener Zeit auch das englische Foreign Office mehrere afrikanische Protectorates verwaltete.[96]) Die Angelegenheiten der Schutzgebiete wurden in der politischen Abteilung erledigt. Mit der Zunahme der Geschäfte wurde die Bildung einer besonderen Kolonialabteilung am 1. April 1890 notwendig. Aber auch diese Organisation konnte nicht genügen, als der Bereich der Geschäfte sich mehr und mehr erweiterte. Die ganze Stellung der Abteilung befand sich nicht mehr in einem richtigen Verhältnisse zu dem Umfange und der Bedeutung der Kolonialangelegenheiten. Am 17. Mai 1907 bestimmte der Kaiser, daß die bisherige Kolonialabteilung nebst dem Oberkommando der Schutztruppen eine besondere, dem Reichskanzler unmittelbar unterstellte Zentralbehörde unter der Benennung Reichs-Kolonialamt zu bilden habe. Der Vorstand des Reichs-Kolonialamtes wurde gleichzeitig für den Geschäftskreis dieser Behörde mit der Vertretung des Reichskanzlers beauftragt.[97]) Das Reichskolonialamt ist seitdem die oberste besondere Reichskolonialbehörde, sie ist unter dem Reichskanzler die Spitze der Kolonialverwaltung. Vorstand des Reichskolonialamtes ist ein Staatssekretär, der durch einen Unterstaatssekretär vertreten wird, nötigenfalls wird die Vertretung durch den Reichskanzler besonders geregelt.[98]) Das Reichskolonialamt zerfällt in drei Abteilungen, welche die Zivilverwaltung, und eine, welche die

---

[91]) Sch.-G.-G. §§ 7 u. 9.
[92]) V. v. 3. Juni 1908 XII, 201.
[93]) Siehe oben S. 41 f.
[94]) Ausführungsverordn. z. Kol.-Beamtenges. v. 3. Okt. 1910 § 3. XXI, 849. XXI, 879.
[95]) V. v. 16. Juli 1896 II, 251.
[96]) Anson, Law and Custom of the Constitution, 3. ed. 1908 Vol II, p. II, 93.
[97]) Vgl. die beiden Kaiserl. Erlasse v. 17. Mai 1907 XI, 239.
[98]) Allerh. Ordre v. 23. Juni 1907 XI, 273.

Militärverwaltung besorgt. — Nicht dem Kolonial-, sondern dem Reichsmarineamt untersteht Kiautschou.[99])

4. Sachverständigenkommissionen. Der Kolonialabteilung des Auswärtigen Amtes wurde am 10. Oktober 1890 eine vom Reichskanzler periodisch zu berufende Körperschaft von Sachverständigen mit beratenden Befugnissen beigegeben. Da sich diese Einrichtung aber nicht bewährte, so wurde der sogen. Kolonialrat am 17. Februar 1908 aufgehoben. Gleichzeitig wurde der Reichskanzler ermächtigt, Anordnungen zu treffen, daß unter Hinzuziehung von Sachverständigen beim Reichskolonialamte Kommissionen gebildet werden, um das Amt bei der Verwaltung der Schutzgebiete in beratender Weise zu unterstützen, so besteht z. B. eine Landeskundliche Kommission für Zwecke der geographischen Erforschung der Schutzgebiete.[100])

5. Kolonialgesellschaften.[101]) Die Herrschaft über Ostafrika war durch Schutzbrief vom 27. Februar 1885 der späteren Deutsch-Ostafrikanischen Gesellschaft übertragen, deren oberste Organe — Direktorium, Direktionsrat und Generalversammlung — ihren Sitz in Berlin hatten. Am 1. Januar 1891 fielen die Hoheitsrechte an das Reich zurück. — In gleicher Weise hat über Neuguinea die Neuguineakompanie von 1885—1889 und 1892—1899 durch Direktion und Generalversammlung die Herrschaft geführt.

II. Die mittlere Verwaltung.

1. Der Gouverneur.[102]) Dem Reichskommissar, der Anfang 1884 mit einer politischen Erkundungsreise an der Küste Westafrikas beauftragt wurde, welche zu den ersten Erwerbungen in Kamerun und Togo führen sollten, wurden am 19. Mai 1884 nicht näher bestimmte Regierungsvollmachten erteilt. Nachdem es sich dann gezeigt hatte, daß die Reichsregierung in Westafrika, entgegen ihren ursprünglichen Absichten, nicht die Verwaltung kaufmännischen Gesellschaften überlassen konnte, sondern sie selbst übernehmen mußte, wurden die bisherigen provisorischen Maßnahmen in dauernde umgewandelt. Man setzte Unterregierungen[103]) ein, als deren Träger je ein einzelner Beamter erscheint. Für den Mitte 1885 in Kamerun eingesetzten wählte man den Titel Gouverneur. Dieser Amtstitel bezeichnet bei allen Kolonialvölkern in der Regel den Träger der kolonialen Unterregierung, mit dem Worte Gouverneur ist für das Kolonialstaatsrecht infolgedessen ein ganz bestimmter Rechtsbegriff verbunden, wie ähnlich auf dem Gebiete des sonstigen Staatsrechts mit Bezeichnungen wie König, Minister, Parlament. Gouverneur ist die mit der Unterregierung in einer Kolonie be-

---

[99]) Allerh. Ordre v. 27. Januar 1898 IV, 160.

[100]) Gerstmeyer S. 193.

[101]) v. Hoffmann, Verwaltung u. s. w. S. 82 u. 93.

[102]) v. Hoffmann, Verwaltung S. 15 ff.; Kennel, Die rechtliche Stellung der deutschen Kolonialgouverneure 1908; Gerstmeyer S. 19 f.

[103]) Über diesen Begriff vgl. oben S. 29.

traute Person. Unmittelbar mit der Erwerbung wurden Gouverneure auch in Samoa und Kiautschou eingesetzt. Für Ostafrika war erst der Generalbevollmächtigte der Deutsch-Ostafrikanischen Gesellschaft zuständig, zum 1. Januar 1891 wurde ein Gouverneur ernannt. In Neuguinea führte der oberste Verwaltungsbeamte der Kompanie den Titel Landeshauptmann. In den übrigen Schutzgebieten führten die kaiserlichen Beamten den Titel Kommissar, der 1893 in Landeshauptmann umgewandelt wurde, 1898 wird dann in Südwestafrika und in Togo, 1899 in Neuguinea der Titel Gouverneur eingeführt, nur auf den Marschallinseln blieb ein Landeshauptmann bis zur Umwandlung des Schutzgebietes in ein Bezirksamt am 1. April 1906. — In den deutschen Schutzgebieten hat also die landesrechtliche Entwicklung dahin geführt, daß überall ein Gouverneur an der Spitze steht. Eine wenigstens in den großen Zügen übereinstimmende Regelung der Zuständigkeit und der persönlichen Stellung[104]) des Gouverneurs ist gleichfalls eingetreten.

Die Zuständigkeit der Gouverneure wird nicht einheitlich und zusammenfassend bestimmt, der Gouverneur ist auch nicht Vizekönig, sondern die Zuständigkeit ergibt sich aus einer großen Anzahl von Einzelanordnungen. Der Gouverneur erläßt innerhalb des Verwaltungsorganismus Verwaltungsverordnungen und -verfügungen an die ihm unterstellten Organe, ferner hat er Aufsichts- und Disziplinarrechte, welche aber teilweise, z. B. in der Justizverwaltung, begrenzte sind. Eine eigentliche völkerrechtliche Vertretung seiner Kolonie hat er nicht. Auf dem Gebiete des Privatrechts sind seine Vertretungsbefugnisse nicht allgemeiner Natur, sondern sie stützen sich auf Einzelermächtigungen.[105]) Auf staatsrechtlichem Gebiete ist ihm vom Reichskanzler das Verordnungsrecht des § 15 Absatz 2 des Schutzgebietsgesetzes übertragen worden, in Kamerun, Südwestafrika, Ostafrika und Neuguinea hat der Gouverneur die Befugnis, dies Verordnungsrecht für bestimmte räumlich begrenzte Bezirke anderen Beamten des Schutzgebiets zu übertragen. Die Übertragung kann mit Einschränkungen stattfinden.[106]) Eine solche Übertragung hat in Südwestafrika auf die Bezirksamtmänner stattgefunden. Außer dem allgemeineren Verordnungsrechte erhält der Gouverneur auch in Einzelfällen derartige Verordnungsbefugnisse, so z. B. das Recht, Ausführungsbestimmungen oder abändernde Anordnungen zu erlassen. Seine Zuständigkeit endlich, auf den verschiedenen Gebieten der Staatstätigkeit Verfügungen und Entscheidungen zu treffen, ist eine ihm zum Teil unmittelbar von den höheren Regierungsstellen verliehene und eine besondere; eine allgemeine ist sie nur insofern, als er Inhaber der Polizeigewalt ist und darum die Befugnis zur Abwehr von Störungen für die gute Ordnung des Gemeinwesens hat.[107]) Er ist befugt, Anordnungen, die von

[104]) Über seinen Gerichtsstand vgl. unten S. 86, über den Rang die Allerh. Ordres v. 14. Nov. und 9. Dez. 1905, IX, 270 und v. 7. Juni 1909, XIII, 10.

[105]) Runderlaß d. Kolonialabteilung v. 8. April 1901, VI, 297.

[106]) Verf. d. Reichsk. v. 27. Sept. 1903 §§ 5 u. 6. VII, 214 und für Kiautschou v. 27. April 1898 IV, 167 auf Grund von Sch. G. G. § 15.

[107]) Vgl. das Kommissorium in der Denkschrift v. 22. Nov. 1885.

ihm oder nachgeordneten Behörden erlassen sind, zwangsweise durchzuführen, er kann Strafverfügungen und Strafbescheide erlassen. Auch kann er diese seine Befugnisse mit Zustimmung des Reichskanzlers in vollem oder beschränktem Umfang auf geeignete Verwaltungsbehörden mit Einschluß der Kommunalbehörden übertragen.[108]) Das Recht, die Verwaltung zu organisieren, das Eingebornenrecht und die Gerichtsbarkeit über Eingeborene, auch soweit Nichteingeborene beteiligt sind, zu regeln, kann dem Gouverneur vom Reichskanzler beigelegt werden. Dem Gouverneur von Südwestafrika, Kamerun und Neuguinea ist dementsprechend die Befugnis erteilt worden, Verwaltungsbehörden neu zu schaffen, zu verlegen und aufzuheben, sofern die erforderlichen Mittel durch die Etatsgesetze bewilligt sind oder besondere Mittel nicht erforderlich sind.[109]) Zum Teil beruht endlich die Zuständigkeit des Gouverneurs auf den Anordnungen, die er selbst kraft seiner Verordnungsgewalt erläßt, soweit er sich darin Entscheidungen vorbehält. — Bei der Ausübung seiner Rechtssetzungsbefugnisse und bei der Aufstellung des Etats ist er jetzt an die Mitwirkung des Gouvernementsrates gebunden. — Der Gouverneur wird durch höhere Beamte, insbesondere die Referenten unterstützt. Sein Stellvertreter ist in der Regel der Erste Referent. — In Kiautschou wird die Verwaltung unter dem dem Seeoffiziersstande zu entnehmenden Gouverneur von einem Zivilkommissar geführt. — Die Organisation des Gouvernements ist eine bürokratische.

2. Der Gouvernementsrat.[110]) Schon zu Beginn der deutschen Kolonialpolitik wurde gefordert, daß die Kolonialbevölkerung an der Regierung der einzelnen Kolonie einen gewissen Anteil erhielte. Das Landesrecht kam dieser Forderung auch zeit- und stellenweise nach. Eine allgemeine Regelung wurde dann durch eine Verordnung des Reichskanzlers vom 24. Dezember 1903, betreffend die Bildung von Gouvernementsräten, geschaffen. Die Geltung der Verordnung erstreckt sich auf Ostafrika, Kamerun, Togo, Neuguinea und Samoa, während in Südwestafrika (vergl. unter Ziffer 4) und Kiautschou (vergl. unter Ziffer 3) Landesrecht gilt. Die Gouverneure haben das Recht, Ausführungsbestimmungen zu erlassen. Die Einrichtung der Gouvernementsräte beruht auf englischem und französischem Vorbilde. Es entsprechen ihnen die sogen. Legislative Councils einiger englischen und das Conseil privé oder d'administration französischer Kolonien.

Bei der Zusammensetzung der Gouvernementsräte wird man drei Klassen von Mitgliedern unterscheiden müssen, nämlich den Gouverneur, die amtlichen und die außeramtlichen Mitglieder. Der Gouverneur ist kraft seines Amtes stets, gewissermaßen geborenes Mitglied. Die Bezeichnung amtliche Mitglieder für die zweite Klasse steht damit

[108]) Kais. V. v. 14. Juli 1905, §§ 8 u. 23. IX, 169.

[109]) Kais. V. v. 3. Juni 1908 XII, 201 und die Verf. d. Reichsk. vom 18. Jan. 1910 XXI, 117, vom 16. März 1909 XIII, 166 und 15. Mai 1909 XIII, 253.

[110]) Vgl. v. Hoffmann, Das Recht der Gouvernementsräte (Zeitschr. f. Kolpol. Jahrg. IX, 835 ff., X, 924 ff.).

im Zusammenhange, daß diese Personen dem Beamtenstande angehören müssen. Die außeramtlichen Mitglieder sind dadurch charakterisiert, daß sie im politischen Sinne Vertreter der Regierten sind, ebenso wie der Gouverneur und die amtlichen Mitglieder den Verwaltungsorganismus und seine gesamten oder besonderen Interessen vertreten. Für den Fall, daß die Mitglieder verhindert sind, an einer Sitzung teilzunehmen, ist eine Stellvertretung eingerichtet. Die Zahl der Mitglieder ist nicht ein für allemale bestimmt. Da aber der Gouverneur und mindestens drei außeramtliche Mitglieder zum Gouvernementsrat gehören müssen, auch das amtliche Element doch wenigstens durch eine Person vertreten sein muß, so ergibt sich eine Mindestzahl von fünf Mitgliedern, die aber tatsächlich immer überschritten wird.

Das Verhältnis der Beteiligung der verschiedenen Elemente ist dadurch bestimmt, daß die Zahl der amtlichen Mitglieder die der nichtamtlichen nicht übersteigen darf. Da sie ihr aber gleich sein kann und der Gouverneur nicht auf die Zahl der amtlichen Mitglieder in Anrechnung kommt, so ist doch die Möglichkeit gegeben, daß die Vertreter des Verwaltungsorganismus im Gouvernementsrate überwiegen. Von dieser, wohl nicht dem Sinne der ganzen Einrichtung entsprechenden Möglichkeit wird jetzt nicht mehr Gebrauch gemacht, während es zeitweise in einem Schutzgebiete noch der Fall war. Abgesehen von dem Gouverneur werden die Mitglieder berufen und zwar ist zur Berufung der Gouverneur berechtigt. Die amtlichen Mitglieder und ihre Stellvertreter ernennt der Gouverneur völlig frei, er bestimmt, welche Beamte dem Gouvernementsrate als amtliche Mitglieder angehören sollen und zwar handelt es sich hier um Beamte, die in dem betreffenden Schutzgebiete angestellt sind. Die Beamten können die Berufung nicht ausschlagen, der Gouverneur bestimmt, d. h. befiehlt, wer Mitglied sein soll. Die Art und Weise der Berufung ist verschieden. Sie kann durch Ernennung einer bestimmten Person geschehen oder aber, wie das auch vorgekommen ist, der Gouverneur bestimmt auf dem Wege der Ausführungsverordnung, daß ein für allemal der Inhaber eines bestimmten Amtes im Schutzgebiete, z. B. das des ersten Referenten oder des Kommandeurs der Schutztruppe u. s. w., unabhängig vom Wechsel der Personen, Mitglied ist.

Bei der Berufung der außeramtlichen Mitglieder und ihrer Stellvertreter ist der Gouverneur auf Weiße beschränkt. Die zu Berufenden müssen ferner Einwohner des Schutzgebietes sein und in ihm ihren Wohnsitz haben. Möglichst sind solche zu wählen, die am Sitze des Gouvernements oder in seiner Nähe wohnen. Es können nur Personen genommen werden, bei denen nicht Gründe vorliegen, die nach § 32 des Gerichtsverfassungsgesetzes zum Schöffenamte unfähig machen. Keine Voraussetzungen sind hinsichtlich Alter und Staatsangehörigkeit gemacht worden. Männliches Geschlecht wird zur Vorbedingung der Mitgliedschaft zu machen sein. Nicht berufbar sind Schutzgebietsbeamte, denn der Gouvernementsrat soll sich zusammensetzen aus einer Anzahl von Schutzgebietsbeamten (den amtlichen Mitgliedern) und einer Anzahl von weißen Einwohnern des Schutzgebietes (den außeramtlichen Mitgliedern); es werden also die Beamten in einen Gegensatz zu den Einwohnern gestellt, aus denen die außeramtlichen Mitglieder zu nehmen sind. Ein Zwang zur Annahme der Mitgliedschaft besteht nicht. Eine wiederholte Berufung ist zulässig, die außeramtlichen Mitglieder und ihre Vertreter erhalten eine Ernennungsurkunde. Bei der Berufung ist der Gouverneur gebunden. Nicht gegenüber höheren Stellen ist dies der Fall, wie in manchen französischen Kolonien. Es besteht vielmehr nur die Verpflichtung, die Namen der außeramtlichen Mitglieder und ihrer Stellvertreter dem Kolonialamte mitzuteilen. Ein Bestätigungs- oder Ernennungsrecht hat das Kolonialamt nicht. Gebunden ist der Gouverneur nur gegenüber den Regierten. „Der Gouverneur soll vorher Berufskreise gutachtlich hören.“ In diesem Satze spricht sich der Grundgedanke der Vertretungsordnung aus. Es sind die einzelnen Berufe, welche ihre Interessen geltend machen können. So wird der Gouvernementsrat, soweit es sich um die außeramtlichen Mitglieder handelt, zu einer berufsständischen Vertretung. Welches die zu hörenden Berufskreise sind, ist nicht allgemein geregelt und ist nach den örtlichen Verhältnissen verschieden; es kommen Landwirte, Kaufleute und Missionare in Betracht.

Die Dauer der Mitgliedschaft ist für die einzelnen Mitgliederkategorien verschieden. In allen Fällen, in denen jemand kraft seines Amtes Mitglied ist, erlischt mit dem Verluste des Amtes die Zugehörigkeit zum Gouvernementsrate. Bei den persönlich ernannten amtlichen Mitgliedern hört die Zugehörigkeit mit dem Verluste der Eigenschaft als Schutzgebietsbeamter auf, die ja die Voraussetzung für die Berufung war; ist die Ernennung auf Zeit erfolgt, dann auch mit Ablauf der Zeit. Verzicht wird nur mit Genehmigung des Gouverneurs als zulässig betrachtet werden können. Zulässig ist endlich noch die Enthebung. — Bei den außeramtlichen Mitgliedern sind die Verlustgründe anderer Art. Die Dauer ihrer Berufung wird durch den Gouverneur bestimmt. Sie muß mindestens ein Jahr betragen. Der Verlust der Mitgliedschaft tritt, abgesehen vom Ablaufe dieser Frist, in solchen Fällen ein, in denen gemäß § 32 des Gerichtsverfassungsgesetzes ein Schöffe zu seinem Amte unfähig wird. Ferner, da die außeramtlichen Mitglieder und ihre Stellvertreter ihren Wohnsitz im Schutzgebiete haben müssen, so ist sein Aufgeben als Verlustgrund anzusehen. Über den Verzicht bestehen keine Vorschriften. Es ist zwar bestimmt, daß sich die Mitglieder durch Annahme des Amtes verpflichten, den Sitzungen des Gouvernementsrates beizuwohnen; durch diese Verpflichtung ist aber nicht der Rechtssatz begründet, daß das Amt nicht einseitig aufgegeben werden kann, sondern ihre Dauer hat den Bestand der Mitgliedschaft zur Voraussetzung. Nichtsdestoweniger ist doch der einseitige Verzicht nicht als zulässig anzusehen, denn der Ehrenbeamte ist für die Zeit, auf die er ernannt ist, gebunden. Eine Absetzung der außeramtlichen Mitglieder und ihrer Stellvertreter ist unzulässig.

Die Rechtsstellung der Mitglieder wird durch die Verordnung des Reichskanzlers allgemein charakterisiert: das Amt der Mitglieder des Gouvernementsrates ist ein Ehrenamt. Dies bezieht sich auf jede Art von Mitgliedern, auf die geborenen und amtlichen, wie auf die außeramtlichen. Die Mitglieder sind als solche — unbeschadet ihrer sonstigen Lebensstellung — nicht Berufsbeamte, auf welche das Kolonialbeamtengesetz Anwendung fände. Sie sind andererseits auch nicht als Mitglieder einer gesetzgebenden Versammlung im Sinne des § 106 des Strafgesetzbuches zu betrachten.

Die Mitglieder des Gouvernementsrates sind verpflichtet, alle in den Kreis der ihnen angewiesenen Tätigkeit fallenden Geschäfte treulich zu verrichten. Ihre Pflichten werden teilweise besonders geregelt. Sie sind zur Geheimhaltung verpflichtet, sobald dies vom Gouverneur gewünscht wird. Die außeramtlichen Mitglieder und ihre Vertreter verpflichten sich durch Annahme ihres Amtes, den Sitzungen des Gouvernementsrates beizuwohnen, sofern sie nicht durch wichtige Gründe behindert sind. Ein Rechtszwang zur Beobachtung dieser Pflichten wird durch die Verordnung des Reichskanzlers nicht begründet. Die Mitglieder des Gouvernementsrates erhalten keine Entschädigung für ihre Tätigkeit. Soweit sie nicht am Orte der Verhandlungen wohnen, können ihnen aber Fahrkosten und Tagegelder bewilligt werden, deren Höhe der Gouverneur bestimmt.

Wenden wir uns der Zuständigkeit und der Tätigkeit des Gouvernementsrates zu.

Es gibt Angelegenheiten, bei welchen der Gouvernementsrat grundsätzlich beteiligt werden muß. Es sind ihm vor der Einreichung an das Kolonialamt zur Beratung die Vorschläge für den jährlichen Haushaltsanschlag vorzulegen, ferner die Entwürfe der von dem Gouverneur zu erlassenden oder der höheren Stelle in Vorschlag zu bringenden Verordnungen, soweit sie nicht lediglich örtliche Bedeutung haben. Glaubt der Gouverneur bei Gefahr im Verzuge oder aus anderen Gründen ausnahmsweise von der Vorlegung eines Verordnungsentwurfes absehen zu müssen, so hat er hierüber an das Kolonialamt zu berichten. Er ist nur der vorgesetzten Stelle für sein Abweichen von der Regel verantwortlich, dagegen besitzt der Gouvernementsrat als Ganzes nicht das Recht, vorstellig zu werden. Die Nichtbeachtung der Pflicht zur Vorlegung hat auch nicht Ungültigkeit des Etatsentwurfes oder der Verordnung zur Folge. Außer den notwendig vorzulegenden kann der Gouverneur auch alle anderen Angelegenheiten dem Gouvernementsrate unterbreiten. Selbständig zur Beratung können Gegenstände auch von den außeramtlichen Mitgliedern vorgelegt werden, denn sie haben das Recht, Anträge einzubringen, die einen selbständigen Gegenstand der Tagesordnung bilden sollen. Diese Anträge müssen schriftlich sein und von einem zweiten außeramtlichen Mitgliede unterstützt werden.

Die Gouvernementsräte haben über die ihnen vorgelegten Gegenstände lediglich zu beraten. Der Gouverneur ist an das Ergebnis der Beratung auch im Falle einer Abstimmung nicht gebunden. Der Gouverneur ist nicht verpflichtet, der vorgesetzten Stelle Mitteilung zu machen, wenn seine Anschauung von der Mehrheit des Gouvernementsrates abweicht, indessen ist doch für die Möglichkeit gesorgt, daß dieser Gegensatz zur Kenntnis des Kolonialamts kommt. Das Ergebnis von Abstimmungen ist nämlich im Protokoll zu verzeichnen, dessen Abschrift dem Amte einzureichen ist. — Das Recht des Gouvernementsrates ist nur ein Begutachtungsrecht. Der Gouvernementsrat hat nicht die Stellung einer mit dem Rechte der Beschlußfassung ausgestatteten Körperschaft, wie es die Volksvertretungen oder die Gemeindevertretungen sind. Sein Gegenstück findet er, wenn auch seine Zusammensetzung eine zum großen Teile anderweitige ist, in den in der Jetztzeit den Behörden vielfach zur Seite stehenden sachverständigen Beiräten, deren Gutachten in manchen Sachen gehört werden muß, in anderen gehört werden kann, so z. B. der Beirat für das Auswanderungswesen. Bei diesem Charakter kommt die Anwendbarkeit des § 105 des Strafgesetzbuches nicht in Frage, da die Gouvernementsräte nicht gesetzgebende Versammlungen sind.

Ein Recht, sich eine Geschäftsordnung zu geben, ist dem Gouvernementsrate nicht verliehen worden. Die Sitzungen werden vom Gouverneur anberaumt, der Gouvernementsrat hat also kein Recht, selbst den Termin anzusetzen. Die Verhandlungen sind zwar nicht öffentlich, andererseits aber auch nicht geheim, soweit nicht der Gouverneur für einzelne Gegenstände der Beratung die Geheimhaltung anordnet. Ein Privileg der Straffreiheit für wahrheitsgetreue Berichte besteht nicht. Eine Abstimmung findet nur dann statt, wenn der Gouverneur oder ein außeramtliches Mitglied es wünscht. Alle Mitglieder sind stimmberechtigt. Eine gesetzliche Zahl der Teilnehmer ist nicht festgestellt. Mangels besonderer Vorschrift hat die Mehrheit zu entscheiden. Der Gouverneur leitet die Sitzungen. Ein Protokollführer wird bestellt.

3. Der Gouvernementsrat in Kiautschou.[111]) In Kiautschou wurde schon 1899 die Zivilgemeinde durch einige Vertreter beratend an der Verwaltung des Schutzgebietes beteiligt. Diese Vertretung wurde 1907 neu geregelt.[112]) Von den Gouvernementsräten der anderen Schutzgebiete unterscheidet der in Kiautschou sich wesentlich nur durch die Art seiner Zusammensetzung.

Man kann zwei Klassen von Mitgliedern des Gouvernementsrates unterscheiden, nämlich geborene Mitglieder und Bürgerschaftsvertreter. Die geborenen Mitglieder vertreten das Element, welches in den anderen Gouvernementsräten durch den Gouverneur und die amtlichen Mitglieder dargestellt wird. Geborene Mitglieder sind der Gouverneur, der Chef des Admiralstabes, der Zivilkommissar, der Kommissar für chinesische An-

---

[111]) Ich verweise hier auf die eingehendere Darstellung in v. Hoffmann, Verwaltungs- und Gerichtsverfassung S. 199—131.

[112]) V. v. 14. März 1907 XI, 440.

gelegenheiten, der Gouvernementsintendant, der Gouvernementsarzt und der Baudirektor. Sie alle gehören kraft Rechtssatzes und ihres Amtes zum Gouvernementsrate und werden dabei durch ihre dienstlichen Vertreter im Behinderungsfalle ersetzt.

Den außeramtlichen Mitgliedern der anderen Gouvernementsräte entsprechen in Kiautschou die Bürgerschaftsvertreter. Es sind nur vier. Das außeramtliche Element befindet sich also gegenüber den sieben die Verwaltung repräsentierenden Mitgliedern in beträchtlicher Minderheit. Diese schwächere Vertretung der Bürgerschaft ist indessen kein besonderer Nachteil, solange der Gouvernementsrat kein Recht der Beschlußfassung hat.[113]) Die Bürgerschaftsvertreter sind auf je zwei Jahre bestellt. Sie erlangen ihr Amt auf ganz verschiedene Weise. Einen ernennt der Gouverneur, die anderen drei werden jeder von einer besondern Wählerklasse gewählt, nach deren Eigenart man sie als Firmen-, als Grundeigentümer- und als Handelskammervertreter bezeichnen kann. Für das aktive Wahlrecht ist allgemeine Voraussetzung, daß der Wähler nicht aktiver Angehöriger von Heer und Marine ist, im Übrigen sind die Voraussetzungen für jede Wählerklasse besondere.

Der Firmenvertreter wird von den Vertretern und Inhabern der im Handelsregister eingetragenen nichtchinesischen Firmen gewählt. Der Inhaber einer Firma ist aber nur dann als wahlberechtigt anzusehen, wenn er auch berechtigt ist, die Firma zu vertreten, also z. B. nicht derjenige, der etwa durch den Gesellschaftsvertrag von der Vertretung ausgeschlossen ist (H.-G.-B. § 125). Die Vertretungsbefugnis muß sich aus dem Handelsregister ergeben. Die Befugnis braucht nicht aus einer besonderen Benennung als Vertreter zu folgen, sondern sie braucht sich nur aus einem Rechtssatze zu ergeben, wie z. B. die des Prokuristen (§ 54 H.-G.-B.). Andererseits aber muß sich die Vertretungsbefugnis mindestens mittelbar aus dem Handelsregister ersehen lassen, Vormünder und Handlungsbevollmächtigte sind deshalb nicht wahlberechtigt. Die Vertretung bei der Wahl kann auch für den einzelnen Fall durch eine gerichtliche oder notarielle Vollmacht des eigentlich Berechtigten geregelt werden. Der Wähler muß geschäftsfähig sein, Frauen sind nicht ausgeschlossen. Die verschiedenen Vertreter einer Firma stehen gleichberechtigt nebeneinander, so schließt z. B. der Inhaber den Prokuristen nicht aus. Für jede Firma kann nur eine Stimme abgegeben werden. Mehrere Vertreter einer Firma müssen sich über die jedesmalige Stimmabgabe einigen. Sobald ein Berechtigter gestimmt hat, ist das Recht der Firma für die betreffende Wahl erschöpft.

Der Grundeigentümervertreter wird gewählt von den im Grundbuche eingetragenen Grundeigentümern, die jährlich mindestens 50 Dollar Grundsteuer zu entrichten haben. Es ist nicht nötig, daß der Steuer-

[113]) Die Bürgerschaft legt deshalb mit Recht keinen Wert auf die angebotene Vermehrung ihrer Vertreter, solange sie nicht ein wirkliches Mitbestimmungsrecht hat. Vgl. Gouvernementsratssitzung vom 10. Sept. 1910, Amtsbl. 262 ff.

betrag von einem einzigen Grundstücke zu entrichten ist, sondern die Leistung braucht nur für den gesamten Grundbesitz gemacht zu werden. Ist eine Firma Grundeigentümer, dann gilt dasjenige, was über das Firmenwahlrecht gesagt wurde. Unter mehreren Miteigentümern ist nur einer wahlberechtigt. Ein Miteigentümer, der außerhalb des Schutzgebietes weilt, kann sein Wahlrecht gerichtlich oder notariell auf einen Bevollmächtigten übertragen.

Den Handelskammervertreter wählt der Vorstand der Handelskammer, einer freien kaufmännischen Vereinigung.

Die Bürgerschaftsvertreter müssen gewisse Vorbedingungen erfüllen. Sie müssen Reichsangehörige sein und ihren Wohnsitz im Schutzgebiete haben. Beamte können Bürgerschaftsvertreter werden, jedoch muß es als unzulässig betrachtet werden, daß der Gouverneur den von ihm zu ernennenden aus dem Kreise der Beamten nimmt. Als ausgeschlossen von der Bürgerschaftsvertretung sind die aktiven Angehörigen von Heer und Marine sowie die Frauen zu betrachten, endlich auch Personen, die nach § 32 G.-V.-G. zum Schöffenamte unfähig sind. Für die drei gewählten Vertreter ist Voraussetzung ihrer Wählbarkeit, daß sie in der Wählerklasse, die sie wählt, selbst wahlberechtigt sind.

Während die Wahl des Handelskammervertreters ein reines Internum jener Korporation ist, ist für die beiden anderen Vertreter eine geheime Zettelwahl in weitgehendem Anschluß an das Reichstagswahlverfahren vorgeschrieben. Die Entscheidung wird durch die relative Mehrheit, bei Stimmengleichheit durch das Los getroffen. Der Gewählte wird vom Gouvernement über die Annahme der Wahl befragt, für die Annahme ist eine Frist von drei Tagen gegeben.

Die Vertretung der Bürgerschaftsvertreter wird auf Vorschlag des zu Vertretenden vom Gouverneur durch Ernennung geregelt, der Vertreter muß den Bedingungen für die Berufung des Vertretenen entsprechen.

Nach Gutdünken kann der Gouverneur nur zu einzelnen Sitzungen des Gouvernementsrates außerordentliche Mitglieder, insbesondere auch die chinesischen Vertrauensmänner [114]) heranziehen. Sie nehmen an den Erörterungen Teil, erstatten Bericht u. s. w., stimmen aber nicht mit ab.

4. *Der Landesrat von Südwestafrika.*[115]) In Südwestafrika trat die für die anderen afrikanischen und die Südseeschutzgebiete geltende Gouvernementsratsverfassung auch in Kraft. Indessen durch die Ausführungsverordnung des Gouverneurs empfing der Gouvernementsrat eine besondere Gestaltung seiner Zusammensetzung.[116]) Es wurde nämlich zur gleichmäßigen Vertretung der einzelnen Teile des Landes sieben Bezirken, in die das Land zerfiel, eine fest bestimmte Anzahl von außeramtlichen Mitgliedern als Vertreter zugeteilt. In jedem der Bezirke wählten die

---

[114]) Vgl. unten S. 60.

[115]) Külz, Die Selbstverwaltung für Deutsch-Südwestafrika 1909.

[116]) Vgl. diese ältere Gestaltung bei v. Hoffmann, Verwaltungs- und Gerichtsverfassung S. 73 ff.

gliedert, geeignete Personen in vierfacher Zahl der zu entsendenden Verwahlberechtigten Reichsangehörigen, und zwar nach Berufsständen getreter. Aus diesen Vorgeschlagenen nahm der Gouverneur dann die außeramtlichen Mitglieder. 1908 nahm der Gouvernementsrat den Namen Landesrat an. In seiner Zuständigkeit unterschied sich dieser Landesrat nicht von den Gouvernementsräten.

Eine Neuordnung des Landesrats trat durch die §§ 105—114 der Verordnung des Reichskanzlers, betreffend die Selbstverwaltung in Deutsch-Südwestafrika vom 28. Januar 1909 ein.[117]) Der neue Landesrat, der zum ersten Male vom 16. April bis 3. Mai 1910 tagte,[118]) unterscheidet sich in wesentlichen Punkten von den Gouvernementsräten und zwar vor Allem in der Zusammensetzung.

Übereinstimmung besteht nur insofern, als Vorsitzender der Gouverneur oder ein von ihm ernannter Beamter ist. Im übrigen aber hat der Landesrat nicht die Scheidung in amtliche und außeramtliche Mitglieder, sondern ein anderer Gegensatz ist hier vorhanden, den man durch die Bezeichnungen gewählte und ernannte Mitglieder ausdrücken kann. Die gewählten Mitglieder werden von den Bezirksverbänden,[119]) also von Kommunalverbänden bestellt; soweit Bezirksverbände nicht bestehen, wählen die zum Gemeinderate wahlberechtigten Einwohner des Verwaltungsbezirkes. Jeder Bezirksverband wird durch eine Person vertreten. Wählbar ist jeder Deutsche, der das 30. Lebensjahr zurückgelegt hat und mindestens zwei Jahre mit Grundeigentum im Schutzgebiete ansässig ist, oder seit zwei Jahren einen selbständigen Beruf im Schutzgebiete betreibt. Ausgeschlossen von der Wählbarkeit sind solche Personen, die vom Wahlrecht zum Gemeinderate ausgeschlossen sind.[120]) — Den gewählten stehen die ernannten Mitglieder gegenüber. Sie werden vom Gouverneur nach freiem Ermessen bestellt. Er ist in der Lage, durch Handhabung dieses Ernennungsrechtes dem amtlichen Elemente eine Vertretung im Landesrate zu geben. Für den ersten Landesrat ist dies in der Weise geschehen, daß der jeweilige Kommandeur der Schutztruppe, der jeweilige erste Referent und der jeweilige Oberrichter bezw. ihre Stellvertreter ernannt worden sind, sodaß Militär, Verwaltung und Justiz durch je ein Mitglied vertreten sind, die übrigen, in diesem Falle zwölf, ernannten Mitglieder gehören nicht der Beamtenschaft an. — Sämtliche Mitglieder sind auf fünf Jahre bestellt.

Der Landesrat ist eine periodische Versammlung, er tritt mindestens einmal im Jahre auf Einberufung des Gouverneurs zusammen.

Die Zuständigkeit des Landesrates hat verschiedenen Charakter. Überwiegend ist er nur beratendes Organ. Er ist geschaffen zur Unterstützung des Gouverneurs bei Wahrnehmung der Interessen des Schutz-

---

[117]) XIII, 19; dazu die Ausführungsverordnung des Gouverneurs v. 10. Nov. 1909 XIII, 626.

[118]) Vgl. den Bericht in Zeitschr. f. Kolpol. XII. 473 ff., 553 ff., 650 ff., 697 ff.

[119]) Vgl. unten S. 66.

[120]) Vgl. unten S. 64.

gebietes. In Ausübung dieser Tätigkeit berät er den Gouverneur bei der Aufstellung des Etatsentwurfes, bei dem Erlaß allgemeiner Verordnungen und bei der Regelung anderer Angelegenheiten, die ihm der Gouverneur vorlegt. Der Landesrat kann dem Gouverneur eigene Anträge unterbreiten. Er unterscheidet sich in seiner wesentlichsten Tätigkeit nicht von den Gouvernementsräten und ist deshalb wie diese nicht als ein Parlament, sondern nur als begutachtende Versammlung zu kennzeichnen. Die Neuregelung seiner Rechtsverhältnisse faßt aber eine Verstärkung seiner Rechte ins Auge, indem bestimmt wird, daß er beschließendes Organ in allen seiner Beschlußfassung vom Reichskanzler überwiesenen Angelegenheiten ist. Es bedarf hier jedoch stets einer ausdrücklichen Erweiterung seiner Befugnisse.

Daß es bei der jetzigen Verfassung des Landesrates nicht sein Bewenden haben kann, ist zweifellos. Die Entwickelung geht in der Richtung auf eine beschlußfassende Körperschaft. Allerdings wird die finanzielle Selbständigkeit des Schutzgebietes als Vorbedingung für die Vollendung der Entwickelung zu betrachten sein.

III. Die untere allgemeine Verwaltung.[121])

Unter dem Gouverneur wird die Verwaltung — außer in Samoa und Kiautschou — von örtlichen Behörden wahrgenommen. Ihre Entwickelung ist in den einzelnen Schutzgebieten verschieden gewesen, aber es sind doch gemeinsame Grundzüge vorhanden. Es gab zunächst nur eine Zentralbehörde, den Kommissar, Landeshauptmann oder Gouverneur. Als sich dann das Bedürfnis der Erschließung weiterer Gebiete zeigte, geschah das durch Expeditionen der Schutz- oder der Polizeitruppen. An geeigneten Punkten wird dann die deutsche Verwaltung durch Anlegung von Regierungs- oder Militärstationen oder selbständigen Distriktsämtern (Südwestafrika), oder bloßen Militärposten eingerichtet. Diese Organisationen sind aber nur als vorläufige gedacht, sie sind nur zur Vorbereitung einer dauernden geschaffen. Falls sich die Möglichkeit einer regelmäßigen deutschen Verwaltung zeigt, findet die Umwandelung in eine dauernde Organisation statt, nämlich entweder in ein Bezirksamt oder eine Residentur. Das Bezirksamt wird da eingerichtet, wo eine feste und unmittelbare Beherrschung der eingeborenen Bevölkerung möglich geworden ist. In Südwestafrika steht dem Bezirksamtmann oder selbständigen Distriktschef in den Angelegenheiten der Staatsverwaltung der Bezirksrat beratend zur Seite.[122]) Unter dem Bezirksamte sind dann mehrfach noch Hülfsbehörden vorhanden, welche einzelne Teile des Bezirks zu verwalten haben, ihre Namen sind in den einzelnen Schutzgebieten verschieden, Nebenstationen oder Stationen in Kamerun und Neuguinea, Nebenstellen in Togo und Ostafrika, Distriktsämter in

[121]) v. Hoffmann, Verwaltungs- und Gerichtsverfassung; Radlauer, Finanzielle Selbstverwaltung und Kommunalverwaltung der Schutzgebiete 1910, S. 126 ff.

[122]) Vgl. unten S. 66.

Südwestafrika. Einen anderen Charakter als die Bezirksämter tragen die ihnen nebengeordneten Residenturen. Nach ausländischem Vorbilde werden sie dort eingerichtet, wo zwar dauernde, feste Beziehungen zu dem betreffenden Landesteile hergestellt werden sollen, wo es aber die gesamten politischen Verhältnisse nicht gestatten, daß man wie im Bezirksamtgebiete eine unmittelbare Herrschaft über die Eingebornen ausübt. Es sind dies die Schutzgebietsteile von ausgesprochen protektoratischem Charakter, in denen es sich also im Verhältnis zu den Eingeborenen nur um eine Beeinflussung ihrer Verwaltung durch das Mittel ihrer Häupter und die Wahrung der Interessen des Kolonialstaates und seiner Angehörigen handeln kann; unter den Residenten stehen Offiziersposten oder Unterresidenten. In den deutschen Schutzgebieten bestehen Residenturen in Kamerun, Ost- und Südwestafrika.

IV. Die Eingeborenenverwaltung.

Mit den Bezirksämtern und den Residenturen ist die Verwaltungsorganisation noch nicht abgeschlossen. Es gibt in allen Schutzgebieten Staatsorgane, deren Zuständigkeit sich ganz ausschließlich auf Farbige erstreckt. Zum Teil wird diese Behördentätigkeit von weißen Beamten versehen, überwiegend aber bedient man sich hier der Farbigen. Diese sind dann teilweise wirkliche Beamte der deutschen Regierung, teilweise aber kann man ihnen diesen Charakter nicht zusprechen. Durch die Herstellung der deutschen Herrschaft sind, soweit vorher eingeborene Gewalten, insbesondere Häuptlings- oder Sultansherrschaften vorhanden gewesen waren, diese nicht etwa völlig beseitigt worden. Die Häuptlinge blieben für ihre Stämme Autoritäten, wenn sie auch rechtlich und tatsächlich mehr oder weniger von der deutschen Regierung abhängig wurden und diese teilweise auch unmittelbar den einzelnen Stammsangehörigen gegenüber ihre Staatsgewalt betätigen durfte und konnte. Es liegt in der Regel gar nicht im Interesse der Kolonialregierung, die alten Gewalten zu vernichten und damit zur alleinigen Autorität für die Eingeborenen zu werden. Es ist meist vorzuziehen, daß man die alte staatliche Gliederung bestehen läßt und sie nur zu einem Werkzeuge ausgestaltet, mittels dessen man die Eingeborenen beherrscht. Eine rechtliche Kennzeichnung der benützten Eingeborenenorgane wird im einzelnen Falle sehr schwer sein. In den zweifellos protektoratischen Gebieten sind sie nicht als deutsche Behörden aufzufassen, sondern nur als Häupter selbständiger, geschützter Gemeinwesen. Dagegen in denjenigen Gebieten, wo die deutsche Herrschaft nicht entweder entschieden Staats-, noch auch sicher Protektoratsgewalt ist, kann eine Bestimmung des Rechtscharakters dieser Organe nicht mit Sicherheit eintreten. Man wird im ganzen drei Systeme unterscheiden können: protektoratische, Staats- und Eingeborenenselbstverwaltung. — Den bei der Verwaltung Verwendung findenden Eingeborenenorganen werden für ihre Mühewaltung regelmäßig Vorteile als Entgelt zugewiesen, so erhalten sie insbesondere von den Steuerbeträgen, welche sie beitreiben, Prozente ausgezahlt.[123]) Die Organisation der nur für die Herrschaft über die Farbigen bestimmten Organe ist nicht durch Rechtssätze von allgemeiner Geltung, sondern nur durch das Landesrecht und die Praxis des einzelnen Schutzgebietes bestimmt.

1. Ostafrika.[124]) Als allgemeiner Grundsatz der Verwaltung in Ostafrika gilt, daß sich die weißen Behörden im Verkehr mit der farbigen Bevölkerung möglichst der Mitwirkung angesehener Eingeborener zu bedienen haben. Die meist arabischen Walis, die Vorsteher städtischer Gemeinwesen, sind vielfach die Gehilfen der Verwaltung am Sitze der Behörden. In den Küstenbezirken fehlt es an angesehenen Häuptlingen; infolgedessen wurden hier als farbige Beamte Akiden oder auch Groß- oder Oberjumben über ganze Distrikte gesetzt. Man nimmt zu diesen Ämtern möglichst angestammte Häuptlinge. Walis und Akiden werden besoldet. Unter den Akiden stehen die Ältesten kleiner Landschaften oder Dörfer, welche Ehrenbeamte sind. Das Bezirksamt versammelt vielfach die ihm unterstellten Akiden und Jumben, um ihnen Vorschriften und Mitteilungen zu machen. In den inneren Bezirken verfolgt man den Grundsatz, dort, wo organisierte Sultanate oder Jumbenschaften bestehen, eine unmittelbare Einwirkung auf die Eingeborenen zu vermeiden, sich vielmehr der Vermittelung der einheimischen, von seiten der deutschen Regierung zu stützenden Obrigkeiten zu bedienen. Neigt diese Form der Beherrschung schon dem Protektorate zu, so ist ganz ausgesprochen diese Herrschaftsform im Verhältnis zu den Sultanaten von Bukoba und den Königreichen von Ruanda und Urundi gegeben. Für den durch die deutschen Residenten gewährten Schutz haben diese Staaten Tributarbeiter für öffentliche Arbeiten zu stellen oder Tribut zu zahlen.

2. Kamerun.[125]) In den in intensivere Verwaltung genommenen Gebieten von Kamerun hat die Regierung die vorhandenen Häuptlingsorganisationen bestehen lassen und bedient sich ihrer zu Verwaltungszwecken. Sie erteilt oder versagt den Häuptlingen oder Oberhäuptlingen die Anerkennung. Sie macht sie für Ruhe und Ordnung in ihren Gebieten verantwortlich, sie üben Polizei aus. Gelegentlich finden Häuptlingsversammlungen statt, in denen beraten wird und in denen die Häuptlinge allgemeine Anweisungen erhalten. Die Verhältnisse im Innern gestalten sich ähnlich, wie in Ostafrika. Vorwiegend protektoratischen Charakter hat die deutsche Herrschaft in Adamaua und dem deutschen Teil von Bornu am Tschadsee. In Bornu sind mehrere Sultanate vorhanden, die sich aus dem alten Reiche von Bornu entwickelt haben, ebenso hat sich die früher zu dem Fulbereiche Sokoto gehörige Provinz Adamaua in kleinere Staaten unter Lamidos aufgelöst. Neben diesen mohammedanischen sind auch kleinere heidnische Gemeinschaften

---

[123]) Ostafrika: V. v. 22. III. 1905 IX, 93 ff.; Kamerun: V. v. 20. X. 1908 XII, 443; Togo: V. v. 20. IX. 1907 XI, 375; Neu-Guinea: V. v. 18. III. 1907 XI, 145; Inselgebiet: V. v. 17. X. 1910 XXII, 4.

[124]) v. Hoffmann a. a. O. 88 ff.; Radlauer S. 72 f.

[125]) v. Hoffmann 55 ff.; Radlauer S. 137.

vorhanden, welche die deutsche Regierung zur Bildung selbständiger und lebensfähiger Staaten zu veranlassen sucht. All diesen Gemeinwesen gegenüber beschränkt sich die Regierung grundsätzlich auf eine äußere Einwirkung, wenn auch ein Eingreifen in die inneren Angelegenheiten, besonders bei der Rechtspflege,[126]) dadurch nicht ausgeschlossen wird.

3. Togo.[127]) Auch in Togo hat die deutsche Regierung die bestehende Häuptlingsorganisation nicht zerstört. Sie sucht vielmehr die Häuptlinge möglichst zur Mitwirkung bei der Verwaltung heranzuziehen. Um sie für die Zwecke der Verwaltung besser zu erziehen, sind im Hinterlande vielfach die vermutlichen Erben der Machthaber zeitweise auf den Stationen zurückbehalten worden, damit sie mit den Anschauungen und Zwecken der Regierung vertraut werden. Vielfach werden auch Eingeborene, meist Angehörige der Häuptlinge, einige Zeit auf den Hauptstationen eingestellt und erzogen, sie werden dann zur Unterstützung der Häuptlinge in ihre Heimatsorte geschickt. Sie dürfen aber nichts ohne Wissen und Mitwirkung der Häuptlinge tun, andererseits sind sie auch den Stationen verantwortlich. Oft ist aber das Ansehen und die Macht der Häuptlinge nur sehr gering, besonders an der Küste, wo jedes Dorf seinen Häuptling hat. Im Inneren, besonders in den Bezirken Sokode-Bassari und Mangu-Jendi, sind einige bedeutendere, teilweise mohammedanische Gemeinwesen vorhanden, denen gegenüber die deutsche Regierung sich eine gewisse Reserve auferlegt, wenn auch das ganze Verhältnis nicht so protektoratischen Charakter trägt, wie das zu den Lamidaten und Sultanaten in Kamerun.

4. Südwestafrika.[128]) In Südwestafrika war die deutsche Herrschaft zuerst rein protektoratischer Natur. In den sogen. Schutzverträgen [129]) begaben sich die Häuptlinge zwar unter den Schutz des Reiches, aber Eingriffe in die inneren Stammesangelegenheiten waren der deutschen Regierung nicht gestattet, ja es war sogar den Häuptlingen ein Recht zugestanden, von Reichsangehörigen die üblichen Abgaben und Steuern zu erheben. Da Südwestafrika, anders als die übrigen deutschen Schutzgebiete eine Siedelungskolonie ist und es hier mehr und mehr zu einer Zurückdrängung der farbigen Bevölkerung durch die weißen Ansiedler kommen mußte, so war der anfängliche Zustand auf die Dauer unhaltbar und der Konfliktsstoff gegeben. Der Eingeborenenaufstand von 1904—1906 und seine Niederwerfung veränderte die ganze politische Lage, die Macht der Eingeborenenorganisationen war gebrochen. Es wurde nunmehr eine neue, die unmittelbare Beherrschung der Eingeborenen zum Ausdruck bringende Neuregelung durch eine Verordnung vom 18. August 1907 getroffen.[130])

---

[126]) Vgl. unten S. 75.
[127]) v. Hoffmann S. 65; Radlauer S. 142.
[128]) v. Hoffmann S. 79 ff.; Radlauer S. 148 ff.
[129]) Vgl. Hesse, Die Schutzverträge in Südwestafrika 1905.
[130]) XI, 345.

Als besondere Eingeborenenbehörden sind ihrzufolge Eingeborenenkommissare einzusetzen, soweit sie fehlen, treten die allgemeinen Verwaltungsbehörden ein. Für die Wahrnehmung der kommunalen Interessen der Farbigen kann, wenn in dem betr. Bezirke ein Kommissar von der Regierung nicht eingesetzt ist, für den einzelnen Gemeindebezirk der Gemeinderat unter Genehmigung der Aufsichtsbehörde einen Kommissar wählen.[131]) Die Regierungsorgane üben die örtliche Aufsicht über die Eingeborenenwerften aus, soweit aber die Eingeborenen auf besiedeltem Privatland, in sogen. Privatwerften, ansässig sind, führt der auf dem Grundstücke ansässige Dienstherr oder sein Stellvertreter die Aufsicht. Der Aufsichtführende soll sich im Verkehr mit den Eingeborenen der Vermittelung eines Vormannes bedienen, den er aus der Zahl der Eingeborenen, möglichst nach deren Wünschen, bestellt und der für das Verhalten seiner Werft verantwortlich ist. Diese Organisation erstreckt sich nicht über das ganze Schutzgebiet — ganz abgesehen von solchen Fällen, in denen sie tatsächlich noch nicht hat durchgeführt werden können. Eine nur protektoratische Herrschaft besteht im äußersten Norden des Schutzgebietes, im Ambolande, mit dessen Häuptlingen 1908 Schutzverträge geschlossen wurden. Ein bloßes Residenturgebiet ferner stellt seit 1909 der sogen. Caprivizipfel dar.[132]) Endlich ist zu erwähnen, daß der Mischlingsstamm der Bastards von Rehoboth für seine eigenen Angelegenheiten unter Kontrolle der Regierung Selbstverwaltung genießt, die durch einen Gemeindevorsteher und einen Gemeinderat ausgeübt wird.

5. *Neuguinea.*[133]) Die Durchführung des in anderen Schutzgebieten befolgten Grundsatzes, sich der Eingeborenenorganisationen zu Verwaltungszwecken zu bedienen, stieß im alten Schutzgebiete von Neuguinea auf Schwierigkeiten, da es an größeren staatlichen Gebilden hier fehlte, vielfach den Eingeborenen sogar die Dorfhäuptlingsschaft unbekannt war. Die Regierung sah sich dadurch veranlaßt, selbst die Eingeborenen zu organisieren. Sie hat einzelne Dorfschafts- oder Landschaftsverbände geschaffen, denen je ein Häuptling mit beschränkten Verwaltungs- und Polizeibefugnissen vorgesetzt wird. Diese Organisation wird je nach Möglichkeit immer weiter über das alte Schutzgebiet ausgedehnt. In den nichtorganisierten Gebieten beschränkt sich die Regierung auf gelegentliche Eingriffe. Bei der ganzen Sachlage sind natürlich die Häuptlinge völlig von der Regierung abhängig. — Im Inselgebiete war teilweise eine Eingeborenenorganisation vorhanden, deren sich die Regierung bedienen konnte, so auf den Palauinseln, auf Ponape, den Marianen und den Marschallinseln, in anderen Gebieten mußte sie erst geschaffen werden.

---

[131]) V. v. 28. Januar 1909 § 69 XIII, 28.

[132]) Denkschrift 1908/9 S. 3.

[133]) v. Hoffmann S. 95 ff.; Radlauer S. 185 ff.; Wolff, Der farbige Ortsvorsteher in Neu-Guinea (Ztschr. f. Kol. pol. VI).

6. *Samoa.*[134]) Das Schutzgebiet Samoa hatte früher einen Eingeborenenstaat gebildet, der zeitweilig unter einem Protektorate des Deutschen Reiches, Großbritanniens und der Vereinigten Staaten stand. 1900 schieden die beiden letztgenannten Mächte aus. Die Frage war, wie das Verhältnis Deutschlands zu Samoa zu gestalten sei. Die deutsche Regierung wünschte das protektoratische Verhältnis in eine unmittelbare Herrschaft umzuwandeln. Demgemäß wurde das altsamoanische Königtum beseitigt. Andererseits aber wurde doch nicht eine das ganze Dasein der Eingeborenen berührende Staatsverwaltung eingeführt, sondern es wurde dem ganzen samoanischen Gemeinwesen eine Selbstverwaltung garantiert. Es traten 1908/09 unter den Samoanern Bestrebungen auf, die auf Wiederherstellung des Königtums mit seinen gesetzgebenden Körperschaften, Tumua und Pule,[135]) den Kartellverbänden eingeborener Machthaber und auf Umwandlung der Stellung des Reiches in eine protektoratische zielte. Sie wurden indessen unterdrückt.[136])

An der Spitze der Selbstverwaltung steht der höchste Häuptling (Le Alii Sili). Er ist die Vermittelungsinstanz zwischen Regierung und Eingeborenen. Außer ihm besteht eine Zentralvertretung der Samoaner (Faipule), die zu Beratungen zweimal im Jahre einberufen wird. Die örtliche Verwaltung führt der von der Regierung eingesetzte Dorfschulze (Pule nuu). Ihm unterstehen farbige Polizisten (Leo leo).

7. *Kiautschou.*[137]) Während es für die allgemeine Landesverwaltung von Kiautschou, abgesehen von dem Polizeiamt der Stadt Tsingtau, keine Scheidung zwischen oberen und örtlichen Behörden gibt, ist für die chinesischen Angelegenheiten diese Scheidung vorhanden. Obere Behörde ist unter dem Gouverneur der Kommissar für chinesische Angelegenheiten. Außerdem wurde 1902 ein aus Chinesen zusammengesetztes Chinesisches Komitee gebildet, welches dem Gouverneur beratend zur Seite stand und auch Verwaltungsbefugnisse besaß. Dieses Komitee ist aber 1910 aufgelöst worden.[138]) An seine Stelle trat ein Ausschuß von vier chinesischen Vertrauensleuten zur Beratung des Gouvernements und zur Anbahnung einer Vertretung der chinesischen Kaufmannschaft im Gouvernementsrat. Die Ernennung der Vertrauensleute erfolgt jährlich durch den Gouverneur auf Vorschlag der chinesischen Gilden.[139])

Für die örtliche staatliche Verwaltung der Chinesenangelegenheiten ist das Schutzgebiet in zwei Bezirksämter unter je einem europäischen Bezirksamtmann eingeteilt. Im übrigen besteht eine örtliche chinesische Gemeindeselbstverwaltung, die in Land und Stadt verschieden ist. Die

---

[134]) v. Hoffmann S. 106; Radlauer S. 192 f.

[135]) So wörtlich Denkschrift 1908/9 S. 3; wie da Radlauer S. 192 es mir zum Vorwurfe machen kann, daß ich — ebenfalls in Übereinstimmung mit der Denkschrift von 1900 — sie als Verfassungsbegriffe oder -einrichtungen bezeichnet habe, ist mir unverständlich.

[136]) Daselbst.

[137]) v. Hoffmann S. 134 ff.; Radlauer S. 194 ff.

[138]) V. v. 18. August 1910 (Amtsblatt S. 227).

[139]) Bekanntmachung v. 18. August 1910 (Amtsblatt S. 228).

chinesischen Dörfer stehen unter der patriarchalischen Gewalt der Versammlung der Ältesten und des Ortsvorstehers, die von den Einwohnern frei gewählt werden. Von dieser Dorfgemeinde werden Wald-, Hafen- und Nachtwächterdienste geregelt. Die Familienangelegenheiten werden durch Familienverbände mit gewählten Ältesten geordnet. Die deutsche Regierung greift in die innere Leitung der Chinesengemeinden nur soweit ein, als öffentliche Ordnung und Sicherheit des Gebietes und der persönliche Wunsch der Beteiligten es verlangen. Das Bezirksamt bestellt Vertrauensleute, die für die Übermittelung der amtlichen Bekanntmachungen zu sorgen haben und die Durchführung der Anweisungen des Bezirksamtes überwachen. — Für das städtische Gebiet von Tsingtau und Vororten erging eine Chinesenordnung.[140]) Es zerfällt in Distrikte unter je einem vom Gouverneur ernannten Distriktsvorsteher, welcher Vertrauensmann der Gemeinde ist; auch ein Steuererheber wird nötigenfalls ernannt. Innerhalb des Distriktes ernennt das Gouvernement aus der Zahl der von den Hauseigentümern empfohlenen Personen Ortsaufseher. In der Gemeinde Tai hsi tschen ernennt der Chinesenkommissar auf Vorschlag den Ortsvorsteher.[141])

§ 9.

Die Selbstverwaltung.

Im modernen Staate werden die dem Gemeinwesen obliegenden Aufgaben in weitem Umfange durch die Selbstverwaltung gelöst. Die Übertragung dieses Systems auf die Schutzgebiete ist wieder und wieder gefordert und in gewissem Umfange durchgeführt worden.

Den einzelnen Schutzgebieten als Ganzes wurde schon zu Beginn der neuen, 1906 einsetzenden Ära der deutschen Kolonialpolitik eine gewisse, besonders finanzielle Selbstverwaltung verheißen.[142]) Die Regierung verstand hierunter die Verwaltung der lokalen Angelegenheiten eines jeden Schutzgebietes durch Organe, die ihren Sitz im Schutzgebiete haben.[143]) Eine solche Maßnahme bedeutet zunächst Dezentralisierung, Verstärkung der Gewalt der örtlichen Organe, Ausbau der Unterregierung in der Kolonie,[144]) mehr noch nicht. Diese Machtübertragung kann zugleich Verleihung der Selbstverwaltung bedeuten, wenn die Organe, zu deren Gunsten sie eintritt, ihrer Verfassung und Rechtsstellung nach als Selbstverwaltungsorgane angesprochen werden können. Unter Selbstverwaltung versteht man bekanntlich zweierlei, nämlich entweder eine genossenschaft-

[140]) V. v. 14. Juni 1900 V, 207; V. v. 9. Juli 1900 V, 215; Bekm. v. 15. Aug. 1904 VIII, 298.

[141]) Bekm. v. 25. Mai 1906 X, 355.

[142]) Radlauer, Finanzielle Selbstverwaltung und Kommunalverwaltung, 1910, S. 1.

[143]) Daselbst S. 2 f.

[144]) Vgl. oben S. 29 ff.

lich-bürgerliche Verwaltung, d. h. eine Verwaltung unter Beteiligung nicht berufsmäßiger Beamter, oder eine Verwaltung durch ein dem Staate eingeordnetes Gemeinwesen oder Korporation, der das Recht zur eigenen Willensbildung zusteht. Entsprechen die Organe, auf welche die Unterregierung in ihrem erweiterten Umfange übertragen werden sollte, diesen Anforderungen? Es kommen zunächst der Gouverneur und die Beamten der örtlichen Zentralverwaltung in Frage. Daß auf sie der Begriff der genossenschaftlichen Selbstverwaltung nicht anwendbar ist, ist ohne weiteres klar. Sie sind aber auch nicht Organe des körperschaftlich verfaßten Schutzgebietes und vertreten nicht dessen Willen, sondern sie sind Organe der Zentralregierung und an ihre Weisungen gebunden. Es kommen dann weiter die Gouvernements- und Landesräte in Betracht, die sowohl bei der Ausübung der Verordnungsgewalt wie der Finanzverwaltung beteiligt sind.[145]) Sie zeigen gewisse Merkmale eines Selbstverwaltungsorganes, einerseits darin, daß sie teilweise aus Nichtbeamten bestehen, andererseits darin, daß sie berufen erscheinen, ein Gemeinwesen und seine Interessen zu vertreten. Zu einem wirklichen Selbstverwaltungsorgane fehlt ihnen aber ein wichtiges Stück. Sie führen keine eigentliche Verwaltung, ihre Beschlüsse bestimmen nicht rechtlich die Angelegenheiten des Schutzgebietes, sie sind nicht mehr als ein Gutachten,[146]) eine solche Funktion aber mit dem Namen der Selbstverwaltung zu belegen, heißt doch diesen Begriff zu weit fassen. Solange die Gouvernements- und Landesräte nicht das Recht der Beschlußfassung haben, bedeutet die Verstärkung der örtlichen Regierungsgewalt nur Erweiterung der Unterregierung und es werden völlig falsche Vorstellungen und Erwartungen erweckt, wenn man solche Maßnahmen als Verleihung der Selbstverwaltung bezeichnet.[147])

Das Schutzgebiet als Ganzes hat zur Zeit keine Selbstverwaltung, wohl aber in einigen Fällen Schutzgebietsteile. Die Verleihung wurde schon 1899 ins Auge gefaßt. Der Reichskanzler wurde damals vom Kaiser ermächtigt, Wohnplätze in den Schutzgebieten zu kommunalen Verbänden zu vereinigen. Die so geschaffenen Verbände haben Rechtsfähigkeit. Die näheren Bestimmungen über die Organisation erläßt auch der Reichskanzler.[148]) Falls ihnen obrigkeitliche Gewalt übertragen wird, können ihnen auch Zwangsbefugnisse vom Reichskanzler oder mit seiner Genehmigung vom Gouverneur beigelegt werden.[149]) Auf Grund dieser Ermächtigung sind in Südwest- und Ostafrika wirkliche Kommunalverbände geschaffen worden. Außerdem ist in mehreren Schutzgebieten eine gewisse Eingeborenenselbstverwaltung vorhanden.[150])

---

[145]) Vgl. oben S. 47 ff.

[146]) Vgl. oben S. 51.

[147]) Als verfehlt ist es daher auch zu bezeichnen, wenn Radlauer S. 10 f. dafür einen neuen Begriff einer kolonialen Selbstverwaltung schaffen will.

[148]) V. v. 3. Juli 1899. IV, 78.

[149]) V. v. 14. Juli 1905 § 8. IX, 169.

[150]) Vgl. oben S. 56 ff.

I. Die Selbstverwaltung in Südwestafrika.[151])

Südwestafrika ist eine Siedelungskolonie, d. h. eine Kolonie, in der sich Weiße in größerer Zahl dauernd niederlassen und Ackerbau und Viehzucht treiben können. Mit Zunahme der Besiedelung machte sich unter der weißen Bevölkerung das Streben nach einer Beteiligung an der Verwaltung geltend. Für das gesamte Schutzgebiet wurde diese Beteiligung, wenn auch in einer noch nicht vollkommen genügenden Form, durch die Einrichtung des Landesrates erreicht. Nach verschiedenen, ergebnislosen Ansätzen zur Heranziehung der Bevölkerung zu der mehr örtlichen Verwaltung wurde dann für diese durch die Verordnung des Reichskanzlers vom 28. Januar 1909,[152]) abgeändert durch die Verordnungen vom 14. Mai 1909 [153]) und 16. März 1910 [154]) eine Selbstverwaltung geschaffen. Die Ausführungsbestimmungen erläßt der Gouverneur. Die südwestafrikanische Selbstverwaltung gliedert sich in Gemeindeverbände und Bezirksverbände.

1. Gemeindeverbände.[155]) In Südwestafrika hat man nicht die im Mutterlande regelmäßige Scheidung in Stadt- und Landgemeinden, denn die vorhandenen Siedelungen unterscheiden sich von einander nicht in der ausgesprochenen Weise, wie es die beiden Arten der mutterländischen Gemeinden tun.

Die natürliche Grundlage der Entstehung einer Gemeinde ist das Vorhandensein einer bedeutenderen Zahl von Wohnplätzen, welche zusammen wirtschaftlich und geographisch eine gewisse Einheit darstellen. Ob diese Voraussetzungen gegeben sind, ist nach der Lage des einzelnen Falles zu beurteilen. Auf Grund der günstig ausfallenden Prüfung wird vom Reichskanzler die rechtliche Grundlage geschaffen, indem er die Wohnplätze zu kommunalen Gemeindeverbänden vereinigt.[156]) Die Gemeinde stellt dann eine Gebietskörperschaft dar, deren Kennzeichen Gebiet, Bevölkerung und Gemeindegewalt sind.

Der Gemeindebezirk, d. h. die Gesamtheit der Wohnplätze mit den dazugehörigen Grundstücken, wird durch den Gouverneur abgegrenzt. Eine Veränderung der Grenzen kann dann aber nur nach Anhörung der beteiligten Kommunalverbände und mit Zustimmung des Reichskolonialamtes vorgenommen werden.

Bei der Gemeindebevölkerung kann man wie im Mutterlande von einander scheiden, die Einwohner und die Bürger. Gemeindeangehörige sind, mit Ausnahme des Gouverneurs alle Personen, die

[151]) Külz, Die Selbstverwaltung für Deutsch-Südwestafrika 1909.
[152]) XIII, 19.
[153]) XIII, 248.
[154]) XXI, 261.
[155]) §§ 2—85 der Verordnung; Ausführungsbestimmungen des Gouverneurs: V. v. 15. Mai 1909 XIII, 250; V. v. 16. August 1909 XIII, 409; V. v. 23. Juni 1910 XXI, 717.
[156]) Derartige Verfügungen des Reichskanzlers in den V. v. 5. Februar 1909 XIII, 53; V. v. 25. Februar 1909 XIII, 95; dazu die in der vorigen Anm. genannten Ausführungsbestimmungen des Gouverneurs.

innerhalb des Gemeindebezirkes durch ständige Niederlassung einen Wohnsitz haben. Alter, Geschlecht, Hautfarbe und Staatsangehörigkeit sind für die Gemeindeangehörigkeit unerheblich. Die Gemeindeangehörigen sind Träger von Rechten und Pflichten. Sie haben gleichmäßig das Recht auf Mitbenutzung der Gemeindeeinrichtungen und der Gemeindenutzungen bei Erfüllung der dafür aufgestellten Bedingungen. Sie haben ferner einen öffentlich-rechtlichen Anspruch gegenüber der Gemeindevertretung auf Schutz und Wahrung der Gemeindeinteressen. Zur Verfolgung dieses Anspruches kann sich ein jeder unmittelbar an die Vertretung wenden, die Interessen der Farbigen werden von dem Eingeborenenkommissar [157]) nach seinem Ermessen wahrgenommen. Gegen die Entscheidung ist Beschwerde an die Aufsichtsbehörde gegeben. Die Pflichten der Gemeindeangehörigen bestehen in persönlichen Diensten, die von Weißen aber nur in Fällen der Gefahr und Not in Anspruch genommen werden können, und in Leistung von Abgaben. — Aus der Zahl der Gemeindeangehörigen heben sich hervor die Gemeindebürger,[158]) wenn sich auch die Verordnung dieses Wortes nicht bedient. Die Bürger zeichnen sich vor den anderen Gemeindeangehörigen durch ihre politischen Rechte, besonders das Wahlrecht zum Gemeinderate und ihre politische Pflicht zur Annahme von Ehrenämtern aus. Wahlberechtigt sind alle über 25 Jahre alten, nicht der Schutztruppe angehörigen deutschen Gemeindeangehörigen männlichen Geschlechts, die wirtschaftlich selbständig sind und zwei Jahre ihren Wohnsitz im Gemeindebezirke haben. Auch nichtdeutschen derartigen Personen kann in Anerkennung besonderer Verdienste oder besonderer wirtschaftlicher Leistungsfähigkeit vom Gemeinderat das Wahlrecht verliehen werden. Das Recht kann zeitweise ruhen, nämlich für diejenigen, welche sich im Konkurs, in Straf- oder Untersuchungshaft oder unter Polizeiaufsicht befinden, für die, welchen die bürgerlichen Ehrenrechte fehlen, für die, welche mehr als einen Monat mit den Gemeindeleistungen im Rückstande sind, für die, welche aus öffentlichen Mitteln Unterstützung empfangen und endlich für solche, die mit einer Eingeborenen verheiratet sind oder mit ihr im Konkubinat leben. Das Wahlrecht geht verloren, wenn die Voraussetzungen für den Erwerb fortfallen.

Die Gemeindegewalt ist organisiert im Gemeinderat, im Gemeindevorsteher oder Bürgermeister und den Gemeindebeamten und Angestellten.

Der Gemeinderat beschließt über alle Angelegenheiten der Gemeindeverwaltung, soweit sie nicht ausschließlich dem Vorsteher überwiesen sind. Er besteht aus dem Vorsteher und mindestens vier Mitgliedern, die Zahl wird durch den Gouverneur, später durch Ortsgesetz festgelegt. Die Mitglieder werden nach einem ortsgesetzlich festzulegen-

---

[157]) Vgl. oben S. 59.

[158]) Külz bestreitet das Vorhandensein einer Bürgerschaft, indessen wenn man den sich aus der preußischen Städteordnung § 5 ergebenden Begriff des Bürgerrechtes als Maßstab anlegt, so gibt es in Südwestafrika auch eine durch den Besitz des Bürgerrechtes ausgezeichnete Personenklasse.

den Wahlverfahren, wo dieses fehlt, nach einem in der Verordnung des Reichskanzlers festgelegten gewählt. Wählbar sind die wahlberechtigten Gemeindeangehörigen, mit Ausnahme der die unmittelbare Aufsicht über die Gemeinden führenden, der besoldeten Gemeinde- und der polizeilichen Exekutivbeamten. Die Wählbaren sind zur Annahme verpflichtet, so weit ihnen nicht gesetzliche Entschuldigungsgründe zur Seite stehen. Auch Ersatzmänner sind zu wählen. Die Wahl gilt für vier Jahre, alle zwei Jahre scheidet die Hälfte aus. Der Gemeinderat kann bei fortgesetzt pflichtwidrigem Verhalten aufgelöst werden.

Der Gemeindevorsteher kann ein Ehren- oder ein Berufsbeamter sein. Er wird vom Gemeinderat auf je drei Jahre gewählt, ist er Berufsbeamter, so kann die Wiederwahl auf Lebenszeit erfolgen. Der Gemeindevorsteher oder sein Stellvertreter ist die Obrigkeit der Gemeinde. Er hat auf die Befolgung der Gesetze zu achten und sie auszuführen. Er vertritt die Gemeinde. Er leitet und beaufsichtigt die ganze Gemeindeverwaltung.

Soweit notwendig, werden vom Gemeinderate Hülfskräfte angenommen. Dies sind entweder Gemeindebeamte, zu denen auch der Vorsteher gehört. Sie erhalten eine Urkunde, die ihre Beamteneigenschaft ausweist. Ihre Rechtsverhältnisse bestimmen sich nach ihrer Anstellungsurkunde. In disziplinarischer Hinsicht gelten für sie die Vorschriften für die Kolonialbeamten. Oder die Hülfskräfte sind Angestellte, deren Rechtsverhältnisse sich nach bürgerlichem Rechte richten.

Der Inhalt der Gemeindebefugnisse läßt sich in Gesetzgebung und Verwaltung scheiden.

Eine Gesetzgebung in weiterem Sinne, d. h. eine Aufstellung von Sätzen mit allgemeiner, nicht den einzelnen Fall erschöpfender Kraft, steht den Gemeinden in doppelter Form zu. — Die Gemeinden sind befugt, in dem gesetzlich zugelassenen oder zugewiesenen Umfange auf den ihrer Verwaltung unterstehenden Gebieten Ortsgesetze, d. h. Bestimmungen mit allgemeiner, öffentlich rechtlicher Kraft zu erlassen. Diese weitgehende Autonomie geht auf das Vorbild des britischen Südafrika zurück. Die Entwürfe der Ortsgesetze sind bekannt zu machen, sodaß die Gemeindeangehörigen Einspruch erheben können, über den der Gemeinderat beschließt. Das Ortsgesetz bedarf der Genehmigung der Aufsichtsbehörde und der Bekanntmachung. — Soweit nicht ortsgesetzliche Regelung verlangt ist, werden die Gemeindeangelegenheiten durch Gemeindeverordnungen des Gemeinderates bestimmt.

Als Gemeindeangelegenheiten, die der Gesetzgebung und Verwaltung der Gemeinde unterliegen, sind bezeichnet: Wege-, Wasser-, Abfuhr-Markt-, Feuerlöschwesen, Gesundheits- und Armenfürsorge, Schutz und Förderung von Wohlfahrt und Wirtschaft. Es gehört hierher auch die Finanzverwaltung. Die Kosten der Gemeindeverwaltung sind in erster Linie aus den Erträgnissen des Gemeindevermögens, aus den eigenen Einnahmen der Gemeinde und aus Mitteln, die der Gouverneur bereitstellt, zu decken. In letzter Linie sind Abgaben zu erheben. Die Abgabenpflicht wird durch das Ortsgesetz geregelt. — Außer der regelmäßigen Gemeindezuständigkeit kann noch eine erweiterte bestehen. Soweit nicht Gouvernement oder Schulgemeinden für das Schulwesen sorgen, ist die Gemeinde zuständig. Es kann ihr auch durch Verfügung des Gouverneurs die Ortspolizeiverwaltung übertragen werden. — Der Gemeindevorsteher ist befugt, die von ihm in rechtmäßiger Ausübung der obrigkeitlichen Gewalt getroffenen Anordnungen, sowie die Erfüllung der Gemeindeleistungen und Gemeindedienste durch Zwangsmittel durchzusetzen.[159])

Die Aufsicht über die Gemeindeverwaltung übt der Gouverneur oder in seinem Auftrage das Bezirks- oder Distriktsamt. In manchen Fällen bedarf die Gemeindeverwaltung einer Genehmigung, nämlich bei Aufnahme von Darlehen auf längere Zeit, zu Ortsgesetzen, zur Verminderung des Gemeindevermögens, zur Veräußerung größerer Grundstücke. Der Gouverneur hat das Recht der Zwangsetatisierung.

2. Bezirksverbände.[160]) Über der Gemeinde erhebt sich als Kommunalverband höherer Ordnung der Bezirksverband. Er entsteht als Rechtspersönlichkeit dadurch, daß der Gouverneur das Inkrafttreten der Selbstverwaltungsordnung anordnet. Wie die Gemeinde, so ist der Bezirksverband eine Gebietskörperschaft.

Sein Gebiet ist der räumliche Dienstbereich einer Bezirks- oder selbständigen Distriktsverwaltung, staatliche und kommunale Grenzen fallen hier also zusammen. Angehörige sind teils Körperschaften, nämlich die im Gebiete liegenden Gemeinden, teils einzelne Personen, nämlich die außerhalb der Gemeindebezirke Ansässigen.

Organe des Bezirksverbandes sind der Bezirksamtmann bezw. Distriktschef, der Bezirksrat und die Bezirksratsmitglieder.

Der Bezirksamtmann hat eine Doppelstellung; er steht einerseits innerhalb der reinen Staatsverwaltung, andererseits innerhalb der Selbstverwaltung; seine Stellung ähnelt hierin der des Landrates.

Der Bezirksrat wird von den Bezirksangehörigen nach den für die Gemeinderatswahl geltenden Grundsätzen gewählt. Die Gemeindevertreter wählt der Gemeinderat. Vorsitzender ist der Bezirksamtmann.

Die Bezirksratsmitglieder sind verpflichtet, den Bezirksamtmann bei der gesamten, sowohl kommunalen, wie staatlichen Verwaltung zu unterstützen.

Der Bezirksverband hat gesetzgeberische Befugnisse. Die nötigen öffentlich rechtlichen Vorschriften im Rahmen der Zuständigkeit des Bezirksverbandes erläßt der Bezirksamtmann nach Beschlußfassung durch den Bezirksrat. Sind Bezirksamtmann und die übrigen Mitglieder des Bezirksrates hinsichtlich derartiger Vorschriften in Meinungsverschiedenheit, so ist die Entscheidung des Gouverneurs einzuholen.

---

[159]) Vgl. unten S. 92.

[160]) §§ 86—104 der V. v. 28. Jan. 1909 XIII, 30; V. v. 10. Nov. 1909 XIII, 626.

Die Verwaltung des Verbandes erstreckt sich auf Wegebau und Wasserversorgung, soweit nicht diese Arbeiten vom Gouverneur den Gemeinden überwiesen sind, ferner auf die Gesundheitspflege, Armenfürsorge, Wohlfahrts- und Wirtschaftsförderung in den nicht zu einem Gemeindebezirk gehörenden Gebieten. Auch das Schulwesen kann, ebenso wie den Gemeinden, der Verbandsfürsorge zufallen. Der Verband kann von seinen Angehörigen Abgaben erheben. Die Entscheidung über die Finanzverwaltung hat der Bezirksrat.

Die Aufsicht führt der Gouverneur nach den für die Aufsicht über den Gemeinderat gültigen Vorschriften.

Der Bezirksrat ist nun nicht bloß Organ der Kommunalverwaltung, er ist, wie der Kreisausschuß, auch ein Glied in der Staatsverwaltung. Er hat hier für den Bezirk etwa die Bedeutung, welche der Gouvernementsrat für die Verwaltung eines Schutzgebietes hat. Er steht der Bezirksverwaltung dann aber auch lediglich beratend zur Seite. Er ist vom Bezirksamtmann hinzuzuziehen bei allgemeinen, das Interesse des Bezirkes betreffenden grundlegenden Maßnahmen, soweit nicht Gefahr im Verzuge ist, und bei Aufstellung des Bezirkshaushaltsplanes.

II. Die Selbstverwaltung in Ostafrika.[161])

In Ostafrika wurden nach einer Verordnung des Reichskanzlers vom 23. März 1901 [162]) in den Jahren 1903—1907 mehrere kommunale Verbände, die je einen Verwaltungsbezirk umfaßten, geschaffen. Wirklich lebenskräftig waren diese mit nur geringen Rechten ausgestatteten Verbände aber nicht, sie wurden daher beseitigt und sodann neue Verbände, deren natürliche Grundlage die Ansiedelung ist, geschaffen.[163]) Ihre Gestaltung wird jetzt durch die „Deutsch-ostafrikanische Städteordnung" vom 18. Juli 1910 [164]) bestimmt.

Für die durch den Reichskanzler geschaffenen ostafrikanischen Stadtgemeinden gelten in manchen Beziehungen ähnliche Bestimmungen wie für die südwestafrikanischen Gemeinden, so im wesentlichen hinsichtlich der Grenzen, der Gemeindeangehörigkeit und des Gemeindebürgerrechtes, jedoch ist hervorzuheben, daß hier geschlechtliche Beziehungen zu Eingeborenen nicht das Ruhen des Wahlrechtes verursachen und daß wahlberechtigt auch die Erwerbsgesellschaften deutschen Rechtes sind.

Die Organe der Gemeindeverwaltung sind der städtische Rat, der Vorsitzende und die Beamten.

Der Rat besteht aus dem Vorsitzenden und vier Mitgliedern. Von diesen wird je einer von den Häusersteuer zahlenden Hausbesitzern, den Abgaben entrichtenden Gewerbetreibenden und von den übrigen Wählern auf zwei Jahre gewählt. Die Wählbarkeit ist ähnlich wie in Südwest-

[161]) Perels, Grundzüge des deutsch-ostafrikanischen Städterechtes (Kol.-Ztg. XXVII), 611).

[162]) VI, 292.

[163]) V. v. 31. März 1909 XIII, 216.

[164]) XXI, 679.

afrika gestaltet. Das vierte Mitglied ernennt der Gouverneur. Es hat die Verpflichtung, sich der nicht wahlberechtigten Ortseingesessenen, d. h. besonders der Farbigen, bei seiner Tätigkeit anzunehmen, und zu diesem Zwecke persönlich mit ihnen Fühlung zu nehmen.

Vorsitzender, Vertreter und Leiter der städtischen Verwaltung ist der Vorsteher des Bezirksamtes, es besteht hier also Vereinigung von Staats- und Kommunalamt in der untersten, in Ostafrika auch einzigen, Gliederung der Kommunalverfassung. Er ist Vorgesetzter der Beamten, er hat die Vorbereitung und Ausführung der Beschlüsse des Rates, er kann sie auch wegen Gesetzwidrigkeit oder Schädlichkeit beanstanden.

Die ostafrikanische Gemeinde hat die Befugnis, Ortssatzungen in den ihrer Verwaltung unterstellten Dingen sowie Gebühren- und Steuerordnungen mit Genehmigung des Gouverneurs zu erlassen.

Die Gegenstände, welche der Verwaltung unterliegen können, sind mit Ausnahme der Ortspolizei, die gleichen wie die, welche den südwestafrikanischen Gemeinden zugeteilt sind, nur mit dem Unterschiede, daß der Gouverneur der einzelnen Gemeinde aus dem Kreise der möglichen Zuständigkeiten die einzelnen Aufgaben erst besonders zuweist. Unter Berücksichtigung dieser Tatsache muß man sagen, daß die Selbstverwaltung der ostafrikanischen Städte einstweilen noch auf schwachen Füßen steht.

Die Aufsicht und das Recht der vielfach notwendigen Genehmigung hat der Gouverneur. Er hat auch ein Recht der Zwangsetatisierung.

§ 10.

Die Gerichtsorganisation.

Nachdem der Kaiser die Herrschaft über die Schutzgebiete übernommen hatte, wurde eine Gerichtsverfassung, soweit nötig, auf dem Wege der Verordnung oder der einfachen Beauftragung von Beamten mit richterlichen Geschäften geschaffen.[165]) In Kamerun war es der Gouverneur, der die Gerichtsbarkeit schuf, in Togo, Südwest- und Ostafrika wurde sie durch die Zentralregierung bestimmt. Diese Freiheit in der Gestaltung der Gerichtsverfassung kam der kaiserlichen Regierung zu und sie betonte es auch ausdrücklich, daß die Regelung der Gerichtsbarkeit lediglich im Verordnungswege erfolgen könne, soweit nicht die Bewilligung von Geldmitteln des Reiches in Frage komme. Die Regierung war aber geneigt, auf dieses Recht zu verzichten und wenigstens der Gerichtsbarkeit über die Weißen in einem formellen, durch Zusammenwirken von Bundesrat und Reichstag geschaffenen Gesetze eine Grundlage zu geben. Der Grund für dieses Vorgehen war hauptsächlich, daß man glaubte, den in den Schutzgebieten ergehenden Akten der Gerichte nur auf diese Weise inner-

Literatur zu § 10: v. Hoffmann, Verwaltungs- und Gerichtsverfassung der deutschen Schutzgebiete 1908.

[165]) Sten. Ber. d. Reichst., 6. Leg.-Per., 2. Sess., Anlagen S. 411.

halb des Reichsgebietes und der Konsulargerichtsbezirke dieselbe Wirkung wie den Akten deutscher Gerichte sichern zu können.[166]) Eine diesen Beweggründen entsprechende Regelung der Gerichtsverfassung nahm dann das Reichsgesetz vom 17. April 1886 vor.

Der Rechtszustand ist jetzt so, daß die Rechtspflege für Weiße durch Gesetz bestimmt wird, soweit nicht dem Kaiser das Recht eingeräumt worden ist, eine Regelung durch Verordnung vorzunehmen. Die Rechtspflege für Farbige dagegen wird grundsätzlich auf dem Verordnungswege geregelt.

Es sind hier also gesondert zu betrachten: die Gerichte für die Weißen und die Gerichte für die Farbigen, während der gemischte Gerichtsstand später zu behandeln sein wird.[167])

I. Gerichte für die Weißen.

Die Organisation des Reichsgesetzes vom 17. April 1886 trat nicht sofort in allen Schutzgebieten ins Leben, sondern erst nach Maßgabe kaiserlicher Verordnungen. Bis dahin blieb es bei der ersten provisorischen Regelung. Die Normen des Gesetzes von 1886 sind durch die Gesetze vom 15. März 1888 und 25. Juli 1900 abgeändert worden, sie haben seit dem 1. Januar 1901 nicht blos personelle, sondern territoriale Geltung.[168]) Den Abschluß der Gerichtsverfassung soll ein Gesetz betr. die Errichtung eines Kolonial- und Konsulargerichtshofs bringen. Von Bedeutung für die Gerichtsverfassung ist auch die das jetzige Schutzgebietsgesetz ergänzende Kaiserliche Verordnung vom 9. November 1900. Zur Ausführung der Vorschriften über die Ausübung der Gerichtsbarkeit in den Schutzgebieten Afrikas und der Südsee ergingen die Verfügungen des Reichskanzlers vom 25. Dezember 1900 und 8. Mai 1908,[169]) für Kiautschou kommt die Dienstanweisung vom 23. Oktober 1907 in Betracht.[170])

Die koloniale Gerichtsverfassung ist im Jahre 1886 in der Weise geschaffen worden, daß man die konsulare auf die Schutzgebiete übertrug, indem man an die Stelle des Konsuls einen vom Reichskanzler ermächtigten Beamten, an die Stelle des Konsulargerichts das nach Maßgabe der Vorschriften über das letztere zusammengesetzte Schutzgebietsgericht treten ließ. Seit 1888 wurde dann eine zweite Instanz außerhalb des Reichsgebietes geschaffen, indem durch kaiserliche Verordnung an die Stelle des nach Konsularrecht zuständigen Reichsgerichtes in den Schutzgebieten Obergerichte oder Konsulargerichte gesetzt wurden.[171]) Die letzteren wurden bis 1908 durch Obergerichte ersetzt.

[166]) Über das Recht zur Organisation vgl. oben S. 32 ff.

[167]) Vgl. unten S. 175.

[168]) Vgl. oben S. 26.

[169]) V, 173 und XII, 175, dazu die Erläuterung v. 15. Aug. 1908 XII, 356.

[170]) XI, 459.

[171]) Sch.-G.-G. § 2, K.-G.-G. § 14, Sch.-G.-G. § 6 Z. 6, Kais. V. v. 9. Nov. 1900 § 8.

1. Das Gericht erster Instanz. Die Gerichtsbarkeit wird in erster Instanz durch den Kaiserlichen Bezirksrichter und das Kaiserliche Bezirksgericht ausgeübt. — Der Bezirksrichter, in Kiautschou der Kaiserliche Richter, ist zuständig für die durch das Gerichtsverfassungsgesetz, die Prozeßordnungen, die Konkursordnung den Amtsgerichten zugewiesenen Sachen und für die Angelegenheiten der freiwilligen Gerichtsbarkeit, die im Reiche und Preußen zur Zuständigkeit der Amtsgerichte gehören. In Strafsachen ist er, außer in Kiautschou, zuständig bei Schöffengerichtssachen und Vergehen der in den §§ 74 und 75 G.-V.-G. bezeichneten Art. Er kann, außer in Kiautschou, Sühneversuche in Privatklagesachen selbst oder durch einen Beauftragten vornehmen.[172]) — Das Bezirksgericht besteht aus dem Bezirksrichter und zwei oder vier Beisitzern. In der Besetzung mit zwei Beisitzern entscheidet es in den bürgerlichen Rechtsstreitigkeiten, für die im Mutterlande das Landgericht in erster Instanz zuständig ist. In Strafsachen ist es für Beschwerden gegen Entscheidungen des Bezirksrichters zuständig. in Kiautschou auch in Schöffensachen und den in §§ 74 und 75 G.-V.-G. bezeichneten Sachen. Ist in bürgerlichen Sachen die Zuziehung von zwei Beisitzern nicht ausführbar, so entscheidet der Bezirksrichter.[173]) Mit vier Beisitzern entscheidet das Bezirksgericht in den Strafsachen, in denen das Landgericht in erster Instanz zuständig ist und in Schwurgerichtssachen. Ist die Zuziehung von vier Beisitzern nicht möglich, so genügen zwei.[174])

2. Das Gericht zweiter Instanz. Die Gerichtsbarkeit zweiter Instanz übt das Obergericht und der Oberrichter aus. Ein jedes Schutzgebiet hat seine eigene zweite Instanz mit Ausnahme von Kamerun und Togo, die ein gemeinschaftliches Obergericht in Kamerun haben. — Der Oberrichter entscheidet in bürgerlichen Streitigkeiten, in Konkurssachen, in Sachen der freiwilligen Gerichtsbarkeit über das Rechtsmittel der Beschwerde, falls die angefochtene Entscheidung nicht unter Mitwirkung von Beisitzern ergangen ist. In Kiautschou ist er auch in Sühnesachen zuständig.[175]) — Das Obergericht besteht aus dem Oberrichter und vier Beisitzern. Es ist zuständig für Beschwerden und Berufungen gegen die vom Bezirksrichter oder Bezirksgerichte entschiedenen bürgerlichen und Konkurssachen, es ist ferner Beschwerde- und Berufungsinstanz in den vom kollegialen Bezirksgerichte entschiedenen Strafsachen, es ist Beschwerdeinstanz gegen die Entscheidungen in Sachen der freiwilligen Gerichtsbarkeit.[176]) Erkennendes Gericht erster und letzter Instanz ist es für Ansprüche auf Entschädigung der im Wiederaufnahmeverfahren frei-

[172]) Sch.-G.-G. § 2, K.-G.-G. § 8, Sch.-G.-G. § 6 Z. 3, Kais. V. § 6, Ausführungsbest. §§ 1 und 6; Kiautschou § 8.

[173]) Sch.-G.-G. § 2, K.-G.-G. §§ 7—10.

[174]) Sch.-G.-G. § 2, K.-G.-G. § 8 Abs. 2, Sch.-G.-G. § 6 Z. 4, Kaiserl. V. v. Nov. 1900 § 7.

[175]) Kais. V. v. 9. Dez. 1900 § 8 Abs. 4.

[176]) § 2 Sch.-G.-G., § 14 K.-G.-G., Kais. V. § 8.

gesprochenen Personen (R.-Ges. v. 20. Mai 1898) und auf Entschädigung für unschuldig erlittene Untersuchungshaft (R.-Ges. v 14. Juli 1904, jedoch hat der § 11 dieses Gesetzes keine Geltung).[177])

3. Das Gericht dritter Instanz.[178]) In der Session 1909/10 wurde dem Reichstage von der Regierung der Entwurf eines Gesetzes über die Errichtung eines Kolonial- und Konsulargerichtshofes vorgelegt, über den zur Zeit (Pfingsten 1911) der Reichstag noch nicht einen Beschluß gefaßt hat.[179]) Der Gerichtshof soll seinen Sitz in Berlin haben, wogegen von anderer Seite Hamburg gewünscht wird. Der Gerichtshof ist besetzt mit einem Präsidenten und mindestens neun Mitgliedern, die der Kaiser auf Vorschlag des Bundesrates ernennt. Die Mitglieder müssen die Befähigung zum Richteramt erlangt und das 35. Lebensjahr vollendet haben. Die Mitglieder werden hauptamtlich auf Lebenszeit, nebenamtlich auf die Dauer ihres von ihnen sonst bekleideten Amtes ernannt. Die Mehrzahl mit Einschluß des Präsidenten muß auf Lebenszeit ernannt sein oder einem Oberlandesgericht oder einem sonstigen höheren Gerichte angehören, demgemäß die Garantieen richterlicher Unabhängigkeit besitzen. Für die andern ist das nicht erforderlich, sie können also Verwaltungsbeamte sein, die einer derartigen Garantie sich nicht erfreuen. Diese teilweise Besetzung eines Gerichtshofes, der über Zivil- und Strafsachen zu entscheiden hat, mit Verwaltungsbeamten wird scharf kritisiert. Es ist zuzugestehen, daß das Verfahren ein ungewöhnliches ist; daß man es darum verwerfen muß ist aber nicht gesagt. Das verwaltungsrechtliche Moment, insbesondere die Frage der Gültigkeit von Verordnungen spielt überall stark auch in das bürgerliche und in das Strafrecht der Schutzgebiete hinein und die Kenntnis des richterlichen Beamten wird oft eine im Interesse der Sachgemäßheit der Entscheidung wünschenswerte Ergänzung durch die aus der Verwaltung hervorgehenden Mitglieder erfahren können.[180]) — Die Entscheidungen werden durch den Vorsitzenden und vier Mitgliedern getroffen. Bei der Entscheidung müssen mindestens drei richterliche Mitglieder mitwirken. Es bestehen bei dem Gerichtshof eine Staatsanwaltschaft und eine Gerichtsschreiberei. Die Zuständigkeit wird durch besondere Kaiserliche Verordnung für bestimmte Schutzgebiete und in bestimmten Umfang begründet, und zwar kann die nach dem Schutzgebietsgesetz begründete Zuständigkeit des Reichsgerichts

---

[177]) § 2 Sch.-G.-G., § 71 K.-G.-G., Runderlaß v. 3. Dez. 1904 VIII, 258; Gerstmeyer 96 f.

[178]) Perels, Die Errichtung eines Kolonial- u. Konsulargerichtshofs 1910.

[179]) Das vorliegende Werk war bereits seit längerer Zeit druckreif, seine Drucklegung wurde aber in Rücksicht auf den Entwurf bis jetzt verzögert. Da nach den mir aus parlamentarischen Kreisen freundlichst gemachten Mitteilungen es nicht sicher ist, ob überhaupt der jetzige Reichstag noch Beschluß fassen wird, oder vielleicht wegen der erheblichen Differenz zwischen Reichstag und Regierung das Gesetz unerledigt bleiben wird, so sehe ich mich genötigt, mich auf eine Skizzierung des Entwurfes zu beschränken.

[180]) Vgl. die Ausführungen von Niedner in der Täglichen Rundschau XXX, No. 571.

übertragen werden. Es kann ferner, unter Begründung der Zuständigkeit des Gerichtshofes die Revision gegen die Berufungsurteile und die weitere Beschwerde gegen die Entscheidungen der Obergerichte eingeführt werden. Revisionssumme sind 5000 Mark, in Strafsachen soll die Revision in Schwurgerichtssachen zulässig sein. Diese Bestimmungen des Entwurfes haben in der Reichstagskommission erhebliche Änderungen erfahren, insbesondere ist die Teilnahme nicht richterlicher Beamter eingeschränkt worden.

4. Die Richter. Die Richter sind teils Berufs-, teils Laienrichter.

Für den Eintritt in den Berufsstand der Schutzgebietsrichter bedarf es der erworbenen Fähigkeit zum Richteramt im Mutterlande. Nur eine derartige Persönlichkeit kann als etatsmäßiger Richter angestellt werden.[181]) Die etatsmäßig angestellten Richter erhalten eine kaiserliche Bestallung, die übrigen eine solche des Reichskanzlers (Kolonial- oder Reichsmarineamt).[182]) Im allgemeinen unterstehen die Richter dem Kolonialbeamtenrechte,[183]) indessen es bestehen gewisse Aussnahmen, die ihnen die gleiche Unabhängigkeit wie im Mutterlande sichern. Sie üben ihr Amt als unabhängige, nur dem Gesetz unterworfene Richter aus. Ordnungsstrafen kann nur der Reichskanzler verhängen.[184]) Die etatsmäßigen Richter haben einen Rechtsanspruch auf Gehaltszulage, sie brauchen sich die Versetzung in ein anderes Amt nicht gefallen zu lassen, in den einstweiligen Ruhestand können sie nur dann versetzt werden, wenn ihr Amt infolge einer Umgestaltung aufhört.[185]) — In einigen Bezirken von Ostafrika und Neuguinea werden richterliche Geschäfte im Nebenamte von Verwaltungsbeamten versehen. — Die Richter leisten einen Eid, soweit sie nicht schon als Verwaltungsbeamte vereidigt sind.

Die Laienrichter, die Beisitzer, und zwar vier sowie mindestens zwei Hilfsbeisitzer, ernennt der Bezirksrichter, mit Zustimmung der Dienstaufsichtsbehörde, für das Bezirksgericht, der Oberrichter für das Obergericht auf je ein Geschäftsjahr. Sie müssen der Berufung Folge leisten. Es haben die für Schöffen geltenden Bestimmungen der §§ 53, 55, 56 G.-V.-G. Kraft. Sie werden beeidigt.[186]) In Kiautschou ernennt stets der Oberrichter, hier müssen die Laienrichter Reichsangehörige sein.[187])

5. Die Staatsanwaltschaft. Die Mitwirkung einer Staatsanwaltschaft in Strafsachen findet bei der Hauptverhandlung erster Instanz, bei der Einlegung von Rechtsmitteln und im Verfahren zweiter Instanz statt. Der Gouverneur bestellt den Staatsanwalt aus den Beamten oder sonst geeigneten Personen.[188]) In bürgerlichen Sachen wirkt ein vom Bezirksrichter besonders bestellter Staatsanwalt, möglichst ein Rechtsanwalt oder

[181]) Kolonialbeamtengesetz § 49.
[182]) Kais. V. v. 3. Okt. 1910 § 3 XXI, 850.
[183]) Vgl. unten § 12.
[184]) Kolonialbeamtengesetz § 48.
[185]) daselbst §§ 50, 51, 52.
[186]) § 2 Sch.-G.-G.; §§ 12 u. 13 K.-G.-G.; Verf. v. 25. Dez. 1900 § 2.
[187]) Dienstanw. v. 23. Okt. 1907 § 8.
[188]) Kais. V. v. 9. Nov. 1900 § 5.

ein anderer achtbarer Gerichtseingesessener, mit. Es handelt sich hier um Rechtsstreitigkeiten, die die Nichtigkeit einer Ehe zum Gegenstande haben, um Entmündigungssachen und Aufgebot zum Zwecke der Todeserklärung.[189])

6. Gerichtsschreiber. Die Gerichtsschreiber ernennt der Gouverneur oder für ihn der Richter,[190]) in Kiautschou der Reichskanzler oder, zu nebenamtlicher Verrichtung, der Oberrichter.[191])

7. Vertretung und Delegation richterlicher Befugnisse. Den Richtern wird, soweit ihnen ein allgemeiner Vertreter fehlt, ein außerordentlicher Vertreter durch den Gouverneur oder — beim Oberrichter — Reichskanzler bestellt. Die Richter sind befugt, unter gewissen Beschränkungen die Erledigung bestimmter Geschäfte geeigneten Personen dauernd oder für einzelne Fälle zu übertragen.[192])

8. Dienstaufsicht und Justizverwaltung. Die höchste Dienstaufsichtsstelle ist der Reichskanzler (Kolonial- und Marineamt). Er ist unmittelbare Instanz für die Richter in Kiautschou, während in anderen Schutzgebieten die Aufsicht über den Oberrichter und in Togo die Bezirksrichter der Gouverneur, über die Bezirksrichter der Oberrichter führt. Der Oberrichter ist befugt, allgemeine Anordnungen für die Justizverwaltung zu erlassen.[193])

9. Rechtsanwälte und Notare. Die Rechtsanwälte läßt auf Widerruf der Richter, in Kiautschou nur der Oberrichter zu. Nur in Kiautschou ist regelmäßig Reichsangehörigkeit und Befähigung zum Richteramte Voraussetzung.[194]) — Notare ernennt der Reichskanzler auf Widerruf, sie unterstehen der gleichen Dienstaufsicht wie die Bezirksrichter.[195])

II. Gerichte für die Farbigen.

Die Gerichtsorganisation für die Farbigen wird ganz ausschließlich durch Landesrecht bestimmt, nur für die Strafgerichtsbarkeit in Ostafrika, Kamerun und Togo gilt eine gemeinsame Regelung, die Verfügung des Reichskanzlers vom 22. April 1896. Als allgemeiner Grundsatz für ihre Ausgestaltung gilt aber, daß zur Beteiligung an der Rechtspflege Farbige heranzuziehen sind.

Die Erledigung von Streitigkeiten der Eingeborenen untereinander überläßt man besonders im Innern möglichst ganz ihren eigenen Obrigkeiten, und auch wo weiße Beamte regelmäßig die Gerichtsbarkeit ausüben, übertragen sie oft farbigen Beamten eine gewisse Rechtsprechung. Die Strafgerichstbarkeit beschrankt sich naturgemäß auf solche Personen

[189]) § 3 Sch.-G.-G.; § 42 K.-G.-G.
[190]) Allerh. Verf. v. 25. Dez. 1900 § 1.
[191]) Dienstanweisung § 7.
[192]) Allerh. Verf. § 1; Dienstanw. §§ 2 u. 3.
[193]) Allerh. Verf. § 1; Dienstanw. § 1.
[194]) § 2 Sch.-G.-G.; § 17 K.-G.-G.; Allerh. Verf. § 3; Dienstanw. § 5.
[195]) Kaiserl. V. v. 9. Nov. 1900 § 11; Allerh. Verf. § 3a; Dienstanw. § 5.

oder Strecken, über welche die Gewalt der deutschen Behörden eine intensivere ist.

1. Ostafrika.[196]) Die bürgerliche Gerichtsbarkeit[197]) erster Instanz übt der Bezirksamtmann oder sein Beauftragter im Schauri aus. Es steht ihm ein Wali zur Seite, auch kann er zur Beratung angesehene Farbige zuziehen. In schwierigen Fällen kann er auch ein Gutachten des gelehrten Richters des Bezirks oder des Gouverneurs einholen. Seine Zuständigkeit ist unbegrenzt. — Außer der streitigen übt der Bezirksamtmann auch freiwillige Gerichtsbarkeit aus. Er nimmt die Beurkundung von Rechtsgeschäften Farbiger vor.[198]) Auf Verlangen nimmt er die Regelung von Hinterlassenschaften in die Hand mit Unterstützung von drei oder vier Angehörigen der in Frage kommenden Sekte.[199]) Mindestens einmal wöchentlich ist den Farbigen Gelegenheit zu geben, ihre Rechtsangelegenheiten vor den Bezirksamtmann zu bringen. Bei Streitigkeiten, deren Gegenstand den Wert von 1000 Rupien übersteigt, ist Berufung zulässig.

Für die Strafgerichtsbarkeit gelten die erwähnten den drei tropischen afrikanischen Schutzgebieten gemeinsamen Bestimmungen.[200]) Strafrichter ist der Bezirksamtmann oder sein Vertreter, für die selbständigen Stationen und die amtlichen Expeditionen im Inneren tritt an seine Stelle der Stationsvorsteher oder der Expeditionsführer. Der Gouverneur ist Strafrichter, falls die Todesstrafe zu verhängen ist, insofern als in Ostafrika der von ihm beauftragte Oberrichter das Todesurteil nachzuprüfen hat.[201]) Nur im Falle eines Aufruhrs, eines Überfalls oder eines sonstigen Notstandes im Innern oder wenn der Kriegszustand erklärt ist, bedarf es der Nachprüfung nicht. Eine Genehmigung des Gouverneurs ist bei Verhängung schwerer Geld- oder Freiheitsstrafen notwendig. Der Strafrichter soll den Dorfältesten, bei schwereren Verbrechen mehrere angesehene Eingeborene als Berater hinzuziehen. Bei der Verhängung der Todesstrafe haben möglichst zwei Beisitzer bei der Urteilsfällung mitzuwirken.

Die gesamte Eingeborenengerichtsbarkeit zweiter Instanz, d. h. die Entscheidung auf Berufungen, die Nachprüfung und Bestätigung von Strafurteilen, hat der Gouverneur auf den Oberrichter übertragen. Die Vollstreckung eines Todesurteils ist jedoch nur dann zulässig, wenn der Gouverneur erklärt hat, von seinem Begnadigungsrechte nicht Gebrauch machen zu wollen.[202])

2. Kamerun.[203]) Die Eingeborenengerichtsbarkeit richtet sich in ihrer Gestaltung ganz nach den gegebenen politischen Verhältnissen.

[196]) v. Hoffmann, Verwaltungs- und Gerichtsverfassung S. 91 f.
[197]) V. v. 14. Mai 1891 VI, 33.
[198]) V. v. 23. Sept. 1893 II, 40.
[199]) V. v. 4. Nov. 1893 II, 47.
[200]) V. v. 22. April 1896 II, 215.
[201]) Runderl. v. 26. Mai 1898 VI, 155.
[202]) V. v. 26. Mai 1898 VI, 155 und V. v. 9. Aug. 1904 VIII, 209.
[203]) v. Hoffmann a. a. O. S. 54 ff.

Sowohl in bürgerlichen wie, auf Grund der schon erwähnten Verfügung des Reichskanzlers, in Strafsachen ist grundsätzlich die untere Verwaltungsbehörde entscheidende Instanz, abgesehen von den Fällen, wo in Strafsachen der Gouverneur Verfügungen zu treffen hat. Im Inneren üben die Behörden vielfach nur eine schiedsrichterliche Tätigkeit aus. In den Küstenbezirken wird die grundsätzliche Zuständigkeit der europäischen Behörden durch eine besondere, vom Gouverneur organisierte Häuptlingsgerichtsbarkeit durchbrochen. Diese Gerichtsverfassung gilt aber nur personal, d. h. je für einen Stamm oder eine Mehrheit von Stämmen. Nur die Streitigkeiten zwischen und Verfahren gegen die Angehörigen der betreffenden Gemeinschaft unterliegen der Gerichtsbarkeit. Sie ist nun bei diesen Stämmen die folgende. Richter erster Instanz ist der Häuptling des Beklagten, wenn in bürgerlichen Sachen der Wert 100 Mark nicht überschreitet, in Strafsachen wenn keine höhere Strafe als 300 Mark oder sechs Monate Gefängnis zu verhängen ist. Außer dem Häuptlingsgericht besteht das Eingeborenenschiedsgericht. Es ist erste Instanz in denjenigen Sachen, welche die Zuständigkeit der Häuptlingsgerichte überschreiten. Nicht ihrer Beurteilung unterliegen Mord und Totschlag, sie können auch nicht auf Todesstrafe oder Freiheitsstrafe von mehr als zwei Jahren erkennen. Die Eingeborenenschiedsgerichte sind Berufungsgerichte gegenüber den Häuptlingsgerichten. Die Mitglieder ernennt der Gouverneur auf Widerruf. Höchste Instanz über den Eingeborenengerichten ist der Gouverneur oder der ihn vertretende Oberrichter. — Grundsätzlich in vollem Umfange ist den Eingeborenen die Rechtspflege in dem protektoratischen Residenturgebiet überlassen. Da sich aber in Adamaua die Eingeborenen gelegentlich mit Klagen gegen die dortigen Herrscher an den Residenten wandten, so hat man hier ein Machthaberschiedsgericht eingesetzt, welches Recht spricht und unter Bestätigung des Urteils durch die deutsche Regierung sogar einen Machthaber absetzen kann.

3. Togo.[204]) In Togo weist die Eingeborenengerichtsbarkeit keine Besonderheiten auf. Grundsätzlich liegen bürgerliche und Strafgerichtsbarkeit, soweit die deutsche Herrschaft reicht, in der Hand der unteren Verwaltungsstellen. Aber auch hier läßt man die Entscheidung durch die eingeborenen Häuptlinge ergehen, soweit nicht ein öffentliches Interesse im Spiele ist, oder soweit sich beide Parteien dem Häuptling unterwerfen.

4. Südwestafrika.[205]) In Südwestafrika wurden für die Strafgerichtsbarkeit Normen in Kraft gesetzt, die im Wesentlichen mit den in den anderen afrikanischen Schutzgebieten geltenden übereinstimmen.[206]) Wie hiernach in Straf-, so auch in bürgerlichen Sachen ist der Bezirks-

[204]) v. Hoffmann, S. 65 ff.
[205]) v. Hoffmann, S. 81 f.
[206]) V. v. 8. Nov. 1896 II, 294.

amtmann oder selbständige Distriktschef Richter. Zweite Instanz in bürgerlichen Sachen ist der Oberrichter.[207])

5. *Neuguinea.*[208]) Für die Strafgerichtsbarkeit bestehen im alten Schutzgebiete[209]) und gleichlautend auf den Marschallinseln[210]) organisatorische Vorschriften. Zur Verhandlung und Entscheidung der Strafsachen sind Stationsgerichte zuständig, die aus dem Bezirksamtmann oder Stationsleiter als Gerichtsvorsteher und einem Gerichtsschreiber bestehen, bei schweren Verbrechen sind zwei weiße Beisitzer hinzuzuziehen. Im übrigen wird in Neuguinea die Eingeborenenrechtspflege durch die untern Verwaltungsstellen oder die eingeborenen Machthaber oder die Regierungshäuptlinge unter Kontrolle der deutschen Regierung ausgeübt. Durch Bezirksamtmann oder Station wird der Nachlaß angeworbener farbiger Arbeiter[211]) und sonstiger fremder Farbiger reguliert, bei Einheimischen nur auf Antrag.[212])

6. *Samoa.*[213]) In allen bürgerlichen Streitigkeiten über Grundeigentum und bei Verbrechen und Vergehen gegen Weiße ist der Bezirksrichter zuständig, ferner in den Sachen, welche die Samoaner ihm freiwillig unterbreiten. Beschränkte richterliche Befugnisse sind dem Verwaltungsbeamten auf Sawaii übertragen.[214]) Im übrigen fällt die Rechtspflege samoanischen Richtern, Faamasino, zu, welche die Regierung überwacht. Zur Entscheidung samoanischer Land- und Titelstreitigkeiten tritt vorübergehend eine Kommission unter dem Vorsitz des Bezirksrichters zusammen.[215])

7. *Kiautschou.*[216]) Die Gerichtsbarkeit über Chinesen wird ausschließlich durch europäische Organe ausgeübt, und zwar ganz allgemein die Europäergerichte, wenn Weiße an einer Sache beteiligt sind.[217]) Richter ist im übrigen der Bezirksamtmann. Er kann auf Freiheitsstrafe bis zu drei Monaten, Prügelstrafe und Geldstrafe bis zu 500 Dollar sowie Ausweisung erkennen; in bürgerlichen Sachen geht die Zuständigkeit bis zu 250 Dollars. Soweit der Bezirksamtmann nicht zuständig ist, tritt der kaiserliche Richter ein. In bedeutenderen bürgerlichen und Strafsachen ist gegen das Urteil des Bezirksamtmanns Berufung an den Oberrichter gegeben. Todesurteile bedürfen der Bestätigung durch den Gouverneur.[218])

---

[207]) V. v. 23. Juli 1903 VII, 163.
[208]) v. Hoffmann, S. 96 f., 99 f., 103 f.
[209]) V. v. 21. Okt. 1888 I, 555; v. 7. April 1899 IV, 56; v. 28. Okt. 1908 XII, 468.
[210]) V. v. 10. März 1890 I, 627; v. 28. Okt. 1908 XII, 468.
[211]) V. v. 31. Juli 1901.
[212]) Anweisung v. 22. Juli 1904 VIII, 162.
[213]) v. Hoffmann, S. 107.
[214]) V. v. 1. März 1900 V, 33.
[215]) V. v. 25. Febr. 1903 VII, 48.
[216]) v. Hoffmann, S. 136 ff.
[217]) Vgl. unten S. 175.
[218]) V. v. 15. April 1899 IV, 191

§ 11.

Das Verhältnis der Behörden zueinander.

Eine wirksame den staatlichen Interessen dienliche Tätigkeit der bisher dargestellten Organe ist blos dann denkbar, wenn sie zusammenwirken. Die Unterstützung der oberen Behörden durch die nachgeordneten ist durch das Disziplinarrecht gesichert. Es bedarf dann aber der besonderen Vorschriften, um das Zusammenarbeiten nebengeordneter Behörden gleicher oder verschiedener Art zu sichern, es muß die Rechtshilfe gesichert sein, und zwar innerhalb der Schutzgebiete, von Schutzgebiet zu Schutzgbiet und im Verhältnis vom Schutzgebiet zum Mutterlande.

Man wird die Rechtshilfe in Rechtspflege- und die in Verwaltungssachen von einander zu trennen haben.

I. *Rechtshilfe in Rechtspflegesachen.*[219]) Für die Europäergerichtsbarkeit gelten die Vorschriften des Gerichtsverfassungsgesetzes §§ 157 bis 169 und des § 2 des Reichsgestzes über die Angelegenheiten der freiwilligen Gerichtsbarkeit und danach sind zur gegenseitigen Rechtshilfe verpflichtet die bei der Ausübung der Gerichtsbarkeit mitwirkenden Behörden der Schutzgebiete untereinander, diese Behörden und die des Reichsgebietes, und endlich sie und die Gerichtsbezirke der Konsulate.[220]) In gleicher Weise sind die genannten Organe zum Beistande bei der Erhebung und Beitreibung der Gerichtskosten verpflichtet.[221]) Bei Verweigerung der Rechtshilfe entscheidet in den Schutzgebieten das Obergericht, für den Konsulargerichtsbezirk das Reichsgericht. Die mutterländischen und die Schutzgebietsgerichte stehen miteinander in direktem Verkehr, nur ist der Sicherheit der Erledigung wegen das Ersuchen durch das Gouvernement zu übermitteln.[222]) — Rechtshilfe ist den heimischen Gerichten auch durch Vollstreckung von Entscheidungen gegen Eingeborene in den Schutzgebieten zu leisten.[223])

II. *Rechtshilfe in Verwaltungssachen.* Die Behörden desselben Schutzgebietes einschließlich der Gerichte haben einander bei Bekanntmachungen und Vollstreckungshandlungen Rechtshilfe zu leisten, auch kann die Rechtshilfe der Gerichte von den Verwaltungsbehörden zum Zwecke der eidlichen Vernehmung von Zeugen und Sachverständigen in Anspruch genommen werden. Um Rechtshilfe können auch Behörden anderer Schutzgebiete ersucht werden. Zur Erledigung ist dann aber ausschließlich der Bezirksrichter zuständig. Das Ersuchen geht an den Gouverneur, und in eiligen Fällen direkt an den Richter.[224]) Diese der Kaiserlichen Verordnung betr. die Zwangs- und Strafbefugnisse der Ver-

---

[219]) Sassen, Zwangsvollstreckung und Rechtshilfe in den deutschen Kolonien (Ztschr. f. Kol.-Pol. XII, 685 ff.).

[220]) Sch.-G.-G. § 2 in Verb. m. K.-G.-G. § 18.

[221]) Sch.-G.-G. § 3 und K.-G.-G. § 75.

[222]) Vgl. die einschlägigen Runderlasse bei Gerstmeyer S. 113 ff., dazu jetzt die Allg. Verf. des Justizmin. v. 16. Juni 1910.

[223]) Verf. d. Preuß. Justizmin. v. 6. März 1902 bei Gerstmeyer S. 118 ff.

[224]) Kaiserl. V. v. 14. Juli 1905 § 30.

waltungsbehörden in Afrika und der Südsee angehörende Bestimmung hat formell keine Gültigkeit, soweit es sich um Eingeborene handelt (§ 34), indessen wird die Praxis auch in solchen Fällen ihr entsprechend verfahren, jedoch wird man hier nicht notwendig auch den Richter als zuständig ansehen müssen, sondern die untere Verwaltungsbehörde wird eingreifen dürfen.

Im Verhältnis zwischen den Schutzgebieten und dem Mutterlande ist eine gegenseitige Vollstreckung in Verwaltungssachen nicht förmlich geregelt, aber es ist doch, wenigstens auf der Seite des Kolonialrechts eine gewisse Grundlage für eine solche Regelung gegeben.[225]) Der Reichskanzler kann nämlich vorschreiben, daß die Bezirksrichter deutschen Verwaltungsbehörden, die außerhalb der afrikanischen und Südseegebiete ihren Sitz haben, bei der Zwangsvollstreckung wegen Geldforderungen und zur Erwirkung der Herausgabe von Sachen, sowie bei Zustellungen oder Vernehmungen unter gewissen Bedingungen Rechtshilfe zu leisten haben. Solche allgemeinen Bestimmungen sind bisher noch nicht ergangen, es wird im Einzelfalle, wenn die Gegenseitigkeit gewährleistet ist, die Gewährung der Rechtshilfe vom Kolonialamte angeordnet.[226])

Es fragt sich nun, welches Verfahren hat die Rechtshilfe leistende Behörde anzuwenden? Die ersuchte koloniale Verwaltungsbehörde wendet ja naturgemäß das Verwaltungsverfahren an. Würde nicht auch die Gerichtsbehörde, wo sie eine Verwaltungsfunktion ausübt, dieses anzuwenden haben? Die Frage wird von der Gesetzgebung positiv verneint.[227]) Wo der Bezirksrichter auf Veranlassung einer Verwaltungsbehörde tätig wird, richtet sich das Verfahren mit Einschluß der Rechtsmittel nach den Vorschriften, die für die gleichartigen richterlichen Geschäfte in bürgerlichen Rechtsstreitigkeiten und in Strafsachen gelten.

§ 12.

Die Beamten.

In Kolonien mit einer beträchtlichen farbigen Bevölkerung bedarf es einer ganz besonderen Auswahl der Beamtenschaft, die in der Richtung erfolgen muß, daß möglichst nur solche Männer genommen werden, die den Schwierigkeiten voll gewachsen sind, welche sich aus dem Vorhandensein von zwei, verschieden zu behandelnden Rassen ergeben. Es ist weiter die Notwendigkeit gegeben, unter Berücksichtigung der besondern in den Kolonien gegebenen Verhältnisse, eine eigene Regelung der Rechtsstellung der Kolonialbeamten vorzunehmen.

---

[225]) Daselbst § 31.

[226]) Gerstmeyer, S. 220 Anm. 1.

[227]) Kais. V. v. 14. Juli 1905 § 32.

Literatur: Tesch, Die Laufbahn der Kolonialbeamten; Doerr, Kolonialbeamtengesetz 1910; Sassen, Deutsches Kolonialbeamtenrecht (Ztschr. f. Kol.-Pol. XII, 487 ff.); Rathgen, Beamtentum und Kolonialunterricht 1908; Romberg, Kolonialbeamtengesetz 1911; Geller, Deutsches Kolonialbeamtenrecht 1911 (Zorn u. Stier-Somlo, Abhandlgn. u. s. w. Bd. VII, Heft 4).

I. Die Vorbildung der Kolonialbeamten.

Bei der Vorbildung für den Kolonialdienst sind verschiedene Möglichkeiten gegeben. Man kann sich mit der für den mutterländischen Staatsdienst geforderten Vorbildung begnügen. Dieser Weg ist der am wenigsten empfehlenswerte. Der für die besonderen kolonialen Verhältnisse nicht vorbereitete Beamte wird vielfach in beträchtlichem Maße die nötigen Erfahrungen erst auf seine und der Regierten Kosten machen. Die zweite Möglichkeit ist, die Auswahl nach der kolonialen Erfahrung des Betreffenden ohne Rücksicht auf eine besondere Beamtenvorbildung zu treffen, z. B. aus in den Kolonien ansässigen Pflanzern, Kaufleuten, Ärzten u. s. w. Dies Verfahren kann bisweilen wohl empfehlenswert sein, es wird aber doch nur ganz ausnahmsweise, wie dies z. B. in englischen Kolonien der Fall ist, eingeschlagen werden können. Der beste und z. B. in den englischen und niederländischen indischen Besitzungen regelmäßige Weg ist der einer besonderen theoretischen und praktischen Vorbildung für den Kolonialdienst.

In Deutschland hat man in der ersten Zeit die höheren Beamten der allgemeinen Verwaltung und der Gerichte, ohne eine besondere Vorbildung zu fordern, aus der entsprechenden Beamtenschaft des Mutterlandes oder auch aus anderen Berufskreisen, insbesondere aus dem Stande der Offiziere und Ärzte, genommen. Erst seit 1905 begann man mit der besonderen Ausbildung von Kolonialbeamten. Seit 1908 nimmt sie festere Formen an. Der theoretische Teil findet am Orientalischen Seminar und der Handelshochschule in Berlin oder am Kolonialinstitut in Hamburg statt, der praktische in den Schutzgebieten selbst. Im Anschluß an die Vollendung des praktischen Vorbereitungsdienstes kann dann die Anstellung als Kolonialbeamter erfolgen.

Zum Kolonialdienste werden nur Personen zugelassen, wenn sie die notwendige körperliche Widerstandskraft besitzen.[228])

II. Kolonialbeamtenrecht.

Die Rechtsverhältnisse der deutschen Kolonialbeamten bestimmten sich ursprünglich nach dem Reichsbeamtengesetze, denn man betrachtete sie als Reichsbeamte, die außerhalb des Mutterlandes verwendet wurden. Nur wenige besondere gesetzliche Bestimmungen wurden für sie getroffen. Eine Änderung trat dann ein, als 1892 die Schutzgebiete als selbständige vermögensrechtliche Personen anerkannt wurden. Die Beamten bezogen nunmehr ihre Besoldung vom Fiskus des Schutzgebietes; in diesem Falle wurden sie dann nicht mehr als Reichsbeamte angesehen, sondern als Landesbeamte ihres Schutzgebietes. Die Regelung ihrer Rechtsverhältnisse lag nunmehr im Bereiche des kaiserlichen Verordnungsrechtes und dementsprechend wurde verfahren. Im Laufe der Zeit wurde der Rechtszustand durch verschiedene ergänzende, dem Etat einverleibte Einzelvorschriften unklar und unübersichtlich, so daß eine Neuordnung wünschens-

[228]) Bemerkungen vom 23. Juni 1902 VI, 475.

wert wurde. Ferner erschien es im Interesse der Sicherstellung der Beamten als notwendig, eine gesetzliche Regelung zu treffen. Dementsprechend wurde dann das Kolonialbeamtengesetz vom 8. Juni 1910 geschaffen, zu welchem eine Kaiserliche Ausführungsverordnung vom 3. Oktober 1910 ergangen ist. Das Gesetz gilt für Beamte, die für den Dienst eines Schutzgebietes angestellt sind (Kolonialbeamte) und ihre Hinterbliebenen (§ 1). Also nicht für die Beamten der Zentralverwaltung, für welche das Reichsbeamtenrecht maßgebend ist. Ferner gilt es, kraft besonderer Ausnahme, nicht für koloniale Kommunalbeamte, Ehrenbeamte und Notare, auch nicht für farbige Beamte (§§ 57, 58), indessen können sie durch Kaiserliche Verordnung ganz oder teilweise dem Gesetze unterstellt werden. Nur teilweise anwendbar ist das Gesetz auf Schutztruppen- und Polizeibeamte (§§ 52—56). Besondere Vorschriften gelten für die richterlichen Beamten (§§ 48—51).[229])

Leitender Grundsatz des Kolonialbeamtengesetzes ist, daß auf die Kolonialbeamten die Vorschriften des Reichsbeamten- und des Beamten-Hinterbliebenengesetzes anzuwenden sind. Falls die Normen dieser mutterländischen Gesetze Veränderungen erleiden, treten sie auch für die Schutzgebiete in Kraft. Die Geltung der mutterländischen Gesetze ist also die Regel, welche in zwei Richtungen Ausnahmen erfährt. Auf der einen Seite war es notwendig, der Trennung der Organisation von Mutterland und Schutzgebieten Rechnung zu tragen. Deshalb treten für die Kolonialbeamten in den Bestimmungen jener Gesetze an die Stelle des Reiches und seiner Einrichtungen in der Regel das Schutzgebiet und die seinigen. Höchste Reichsbehörden im Sinne des Kolonialbeamtenrechts sind für Afrika und die Südsee das Kolonialamt, für Kiautschou das Marineamt. Eine Kaiserliche Bestallung erhalten die Gouverneure, die Ersten Referenten, der Zivilkommissar in Kiautschou und die etatsmäßigen Richter. Die Anstellungsurkunden der übrigen Kolonialbeamten werden vom Reichskanzler (Kolonial- oder Marineamt) oder den von ihm ermächtigten Behörden erteilt.[230]) Der Reichsdienst oder der Dienst in einem anderen Schutzgebiete steht gleich dem Dienste in einem Bundesstaate, d. h. er wird so behandelt, wie jene Gesetze den Dienst in einem Bundesstaate behandeln. Endlich hat der Reichskanzler die dem Bundesrate vorbehaltenen Bestimmungen und Entscheidungen zu treffen. -- Auf der anderen Seite muß dann bei der Regelung des Kolonialbeamtenrechtes darauf Rücksicht genommen werden, daß der Kolonialbeamte unter anderen Verhältnissen tätig ist, als der mutterländische. Diese besonderen Verhältnisse machen auch eine vom mutterländischen Beamtenrechte abweichende Normierung notwendig und so wird denn die allgemeine Regel des Reichsbeamten- und des Beamtenhinterbliebenengesetzes durch zahlreiche Ausnahmen durchbrochen, welche hier zu schildern sein werden (§ 1).

---

[229]) Vgl. oben S. 72.
[230]) Ausführungsverordn. §§ 1 u. 3.

1. Pflichten und Beschränkungen der Kolonialbeamten. Der Beamte bedarf, wenn er zeitweilig sein Amt verlassen will, des Urlaubes und regelmäßig muß für ihn eine Stellvertretung eingerichtet werden. Die nötigen Vorschriften hierüber und über die Gebührnisse, welche den Kolonialbeamten in solchen Fällen zukommen, erläßt der Reichskanzler (§ 4). Es ist hier bestimmt, daß die Kolonialbeamten während des regelmäßigen Heimatsurlaubes ihre besonderen Bezüge, welche sie in Rücksicht auf ihren Aufenthalt in den Tropen erhalten, weiter bekommen. Diese Vergünstigung ist deshalb notwendig, weil die Kolonialbeamten zur Herstellung ihrer Gesundheit für sich und gegebenen Falles für ihre Angehörigen besondere Aufwendungen machen müssen.[231])

Der Kolonialbeamte darf innerhalb des Schutzgebietes nur mit Erlaubnis des Reichskanzlers oder des von diesem ermächtigten Gouverneurs Grundeigentum erwerben oder sich an Erwerbsunternehmungen beteiligen (§ 6). Es würden, wenn hier für den Beamten volle Freiheit bestände, Verhältnisse entstehen können, unter denen die Autorität der Beamten leidet und das Privatinteresse des Beamten zu dem dienstlichen in Widerspruch tritt. Da es aber andererseits häufig vom kolonialpolitischen Standpunkte aus erwünscht sein wird, daß ein Beamter sich in einem Schutzgebiete seßhaft macht oder sein Privatvermögen in den Dienst eines solchen stellt, so ist zugelassen, daß im einzelnen Fall Ausnahmen gemacht werden. — Den Gouvernementsangestellten ist es verboten, unerwachsene weibliche Eingeborene als Dienerinnen zu halten. Bei Verwendung erwachsener farbiger Frauen und Mädchen als Hauspersonal soll nicht Anlaß zu Anstoß und Ärgernis gegeben werden.[232]) In Kamerun dürfen weibliche Missionszöglinge an Europäer überhaupt nur mit Zustimmung des Gouverneurs zu Dienstleistungen vermietet werden.[233]) Dem Beamten ist es untersagt, Geschenke von den Eingeborenen anzunehmen. Nun ist es aber möglich, daß in einer Gegend das Darbringen von Geschenken ein Herkommen ist und die Verweigerung der Annahme eine Verletzung des Gebers sein würde. In diesem Falle ist die Annahme zwar gestattet, aber das Geschenk ist an das Gouvernement abzuliefern, wenn nicht eine anderweite Verwertung im fiskalischen Interesse angebracht erscheint.[234])

Das Verhalten eines Beamten kann eine Pflichtverletzung bedeuten, gegen die auf dem Wege des Disziplinarverfahrens einzuschreiten ist. Während gegen mutterländische Reichsbeamte Geldstrafen bis zum höchsten Betrage nur von den obersten Reichsbehörden verhängt werden dürfen, ist für die Kolonialbeamten diese Befugnis auch dem Gouverneur und für die Beamten der Justizverwaltung dem Oberrichter beigelegt worden. Geldstrafen bis zu dreißig Mark können auch die Bezirksamtmänner und die Vorstände der sonstigen dem Gouverneur unmittelbar unterstellten Behörden und der Bezirksgerichte, endlich auch der Vor-

[231]) Verf. v. 31. Mai 1901 VI, 331.
[232]) Runderl. v. 19. Jan. 1907 XI, 57.
[233]) V. v. 7. Dez. 1896 VI, 138.
[234]) Runderl. v. 1. März 1902 VI, 463.

steher einer Intendantur und der dienstälteste Kriegsgerichtsrat einer Schutztruppe gegen die unterstellten Beamten verhängen (§ 40). — Handelt es sich nicht um bloße Verhängung von Ordnungsstrafen, sondern um ein förmliches Disziplinarverfahren, so sind die Instanzen andere. Ist hier Gefahr im Verzuge, so kann an Stelle der höchsten Reichsbehörde der Gouverneur oder Oberrichter vorläufig die Einleitung des Verfahrens veranlassen (§ 41). Die Entscheidung fällt in erster Instanz die Disziplinarkammer für die Schutzgebiete in Potsdam,[235]) sie hat sieben Mitglieder, Präsident und mindestens drei Beisitzer müssen eine richterliche Stellung innehaben. Die Entscheidung fällen fünf Mitglieder, von denen Vorsitzender und zwei Beisitzer Richter sein müssen. — Zweite Instanz ist der Disziplinarhof für die Schutzgebiete in Berlin,[236]) der aus elf Mitgliedern besteht, von welchen Präsident und Beisitzer Richter sein müssen; die Entscheidung fällen sieben, unter denen mindestens der Vorsitzende und drei Beisitzer richterliche Beamte sind (§ 42).

Ein Nachteil erwächst dem Beamten aus der disziplinarischen Bestrafung, er kann ihm auch auf andere Weise durch Handlungen der vorgesetzten Behörden entstehen, nämlich dadurch, daß ihm ungünstige Eintragungen in seine Personalakten gemacht werden und seine Laufbahn dadurch ungünstig beeinflußt wird. Gegen diese Nachteile wird der Kolonialbeamte in gewissem Umfange geschützt, nämlich soweit es sich um Eintragung von Vorkommnissen, die ihm nachteilig sind, handelt; ungünstige Urteile werden nicht durch die gesetzliche Bestimmung getroffen. Hat eine Eintragung der genannten Art stattgefunden, so kann eine Entscheidung über den Beamten, z. B. Ausschluß der Beförderung, auf die eingetragene Tatsache nur dann gestützt werden, nachdem dem Beamten Gelegenheit zur Äußerung gegeben ist und — so muß das Gesetz ergänzt werden — er nicht in der Lage gewesen ist, die ihm ungünstigen Angaben zu entkräften. Etwaige Gegenerklärungen zur Sache sind den Personalakten beizufügen (§ 10).

2. *Rechte der Kolonialbeamten.* Der Kolonialbeamte erfährt wie der mutterländische Schutz bei seinen Amtsverrichtungen. Die einschlägigen Vorschriften des Reichsstrafrechts sind als eingeführt anzusehen,[237]) insbesondere die §§ 113, 114, 196 Str.-G.-B.

Die Kolonialbeamten haben Anspruch auf Ersatz ihrer Auslagen und Verwendungen. Die Regelung der Tagegelder und Fahrkosten bei Dienstreisen außerhalb des Schutzgebietes und Umzugskosten bei der Aus- und Heimreise und bei Versetzungen aus einem Schutzgebiete bestimmt ein Gesetz.[238]) In anderen Fällen trifft der Reichskanzler die Bestimmungen. Die Kolonialbeamten genießen teilweise noch besondere Vergünstigungen. Den Beamten wird zwar grundsätzlich die Beschaffung der Verpflegung selbst überlassen. Auf den Innenstationen sind aber die

---

[235]) Ausführungsverordn. § 5.
[236]) Daselbst.
[237]) Vgl. unten S. 216.
[238]) Vom Reichstag angenommen am 31. Mai 1911.

Kosten, welche der Transport der Lebensmittel verursacht, zum Teil noch sehr hoch. Würden die Beamten hier gezwungen sein, ihren Unterhalt in vollem Umfange selbst zu bestreiten, so wären sie gegenüber den an der Küste tätigen Beamten unverhältnismäßig im Nachteil. So können denn in solchen Fällen zu Lasten des Staats Vergünstigungen hinsichtlich der Verpflegung eingeführt werden. Ferner nötigen die Wohnungsverhältnisse häufig dazu, daß die Beamten ihre Mahlzeiten ähnlich wie die Besatzungen der Kriegsschiffe gemeinsam einnehmen. Die nötigen Vorschriften über Verpflegung und Messeeinrichtungen erläßt der Reichskanzler (§ 5).

Der Kolonialbeamte hat Anspruch auf Lebensunterhalt und zwar erhält er als Diensteinkommen ein festes Gehalt, eine Kolonialzulage und freie Dienstwohnung mit oder ohne Ausstattung oder Wohnungsgeld (§ 32). Der Reichskanzler bestimmt ferner, wieweit Kolonialbeamten und ihren Frauen und Kindern im Schutzgebiete bei Erkrankung freie ärztliche Behandlung, freie Arzneimittel, freier Aufenthalt sowie Ersatz der aus Anlaß der Erkrankung erwachsenen Reisekosten gewährt werden können (§ 3). Diese sich auf die Gesundheitspflege beziehenden Vergünstigungen sind in den Tropen notwendig sowohl wegen der häufigen durch das Klima verursachten Erkrankungen, als auch wegen des Mangels an Privatärzten sowie an privaten Apotheken und Krankenhäusern.

Der Kolonialbeamte hat weiter Anspruch auf Pension und Wartegeld. Es werden hinsichtlich der Entstehung der Pensionsfähigkeit aber zwei Klassen von Beamten unterschieden. Für solche, welche aus dem heimischen in den Kolonialdienst übernommen sind, gelten die Regeln des Reichsbeamtengesetzes, d. h. nach zehnjähriger Dienstzeit, bei der die mutterländische mit eingerechnet wird, sind sie pensionsfähig. Anders steht es mit denjenigen, welche aus einem anderen als dem heimischen Beamtenberufe hervorgegangen sind, also z. B. aus dem kaufmännischen oder sonst einem praktischen Berufe, oder die eine Privatpraxis als Ärzte, Tierärzte oder Techniker ausgeübt haben. Für sie fällt das Erfordernis der zehnjährigen Dienstzeit bis zum Beginn der Pensionsfähigkeit fort. Für sie ist vielmehr Vorbedingung Erwerbs- und Kolonialdienstunfähigkeit. Der Beamte erhält Pension, wenn und solange seine Erwerbsfähigkeit aufgehoben oder um wenigstens zehn Hundertstel vermindert ist. Bei Teilunfähigkeit erhält der Beamte eine entsprechende Teilpension (§§ 14—21.)

Die sonstigen Vorschriften über die Pensionen gelten für beide Kategorien gemeinsam. Während im Allgemeinen ein Beamter nur dann einen Pensionsanspruch hat, wenn er dienst- oder erwerbsunfähig ist, entsteht auch ohne dieses der Anspruch, wenn der Kolonialdienst eine bestimmte Zeit gedauert hat. Beamte, welche längere Zeit in den Kolonien zugebracht haben, pflegen im allgemeinen derart verbraucht zu sein, daß sie für den Beamtendienst nicht mehr in Betracht kommen und ihre Erwerbsfähigkeit zum größten Teile eingebüßt haben. Wer in Ostafrika, Kamerun, Togo oder Neuguinea mit Ausschluß des sogen. Inselgebietes zwölf, oder in den übrigen Schutzgebieten fünfzehn Jahre dem Kolonialdienst angehört hat, hat ohne weiteres Anspruch auf lebenslängliche Pension (§ 22).

Bei der Berechnung der Pension kommt die in den Schutzgebieten oder auf Seereisen außerhalb Ost- und Nordsee zugebrachte Dienstzeit doppelt in Anrechnung, wenn sie mindestens sechs Monate ununterbrochen gedauert hat (§ 24). Für die Berechnung des Pensionsbetrages kommen nur das Diensteinkommen und ein Wohnungsgeldzuschuß wie er einem in gleichartiger Dienststelle befindlichen Reichsbeamten zukommen würde in Betracht. Nicht anrechnungsfähig ist die Kolonialzulage (§ 23). Es ist nun bei den Kolonialbeamten zu berücksichtigen, daß der Kolonialdienst wegen der damit verbundenen Strapazen und Entbehrungen sowie der Einflüsse des Tropenklimas die körperlichen und geistigen Kräfte stärker abnutzt, als der Beamtendienst im Mutterlande. Infolge dieser Verhältnisse müssen die Kolonialbeamten vielfach in einem weit früheren Alter pensioniert werden, als die heimischen Beamten und dementsprechend mit einem weit geringeren Betrage der Pension abgefunden werden, obwohl ihre wirtschaftliche Lage sich noch dadurch ungünstiger zu stellen pflegt, daß sie wegen der Nachwirkungen des Tropenklimas zu Aufwendungen verschiedener Art im Interesse ihrer Gesundheit genötigt sind. Auf Grund dieser Erwägungen verfügt das Gesetz, daß Kolonialbeamte, die durch besondere Fährlichkeiten oder durch das Klima während eines dienstlichen Aufenthaltes in den Schutzgebieten pensionsberechtigt geworden sind, für die Dauer des Pensionsbezuges auf eine nach ihrer Höhe im Gesetze bestimmte Tropenzulage Anspruch haben, falls sie nicht die Dienstunfähigkeit oder Verminderung ihrer Erwerbsfähigkeit vorsätzlich herbeigeführt haben (§§ 25—28).

Nicht immer hat die völlige oder zeitweilige Unfähigkeit zum Kolonialdienste den Anspruch auf Pensionierung zur Folge. Ist der Beamte noch zum heimischen Dienste fähig, so muß er sich die weitere Verwendung in diesem gefallen lassen, indessen ist Fürsorge getroffen, daß er hinsichtlich Gehalt und Pension dadurch nicht benachteiligt wird, auch verliert er seinen Anspruch auf Tropenzulage nicht (§§ 29 u. 30).

Für die Hinterbliebenen der Kolonialbeamten wird Sorge getragen durch Gewährung eines Witwen- und Waisengeldes, zu welchem eine Zulage kommt, falls der Tod des Beamten entweder infolge außerordentlicher Einflüsse des Klimas während eines dienstlichen Aufenthaltes in den Schutzgebieten oder infolge der besonderen Fährlichkeiten des Dienstes in den Schutzgebieten erfolgt ist (§§ 32—36). Unter den eben genannten Voraussetzungen wird auch jedem Verwandten des Verstorbenen in aufsteigender Linie für die Dauer der Bedürftigkeit ein sogen. Elterngeld zugestanden, wenn der Verstorbene ganz oder überwiegend der Ernährer dieser Verwandten gewesen war (§§ 37, 38). Hinterbliebene, d. h. Verwandte jeder Art, welche mit dem Kolonialbeamten einen Hausstand bildeten, haben Anspruch auf freie Beförderung in ihre Heimat innerhalb eines Jahres nach dem Tode des Beamten (§ 39).

Der Aufenthalt in einem Schutzgebiete hat, wie sich aus dem Bisherigen ergab, vielfach wichtige Rechtsfolgen für den Beamten. Mitunter kommt es nun vor, daß ein Kolonialbeamter dienstlich außerhalb des Schutzgebietes aber unter ähnlichen klimatischen Verhältnissen beschäftigt wird, so z. B. Kolonialbeamte von Kiautschou in den Nachbargebieten in China. Es wäre unbillig, wenn der Beamte in diesen Fällen nicht dieselben Vorteile genießen sollte, welche der Aufenthalt im Schutzgebiete für ihn zur Folge hat. Deshalb kann der Reichskanzler bestimmen, daß unter solchen Verhältnissen der Aufenthalt außerhalb des Schutzgebietes dem in ihm gleich zu erachten ist (§ 47).

Nach den für die Kolonialbeamten geltenden Bestimmungen des Reichsbeamtengesetzes findet über ihre vermögensrechtlichen Ansprüche der Rechtsweg statt. Grundsätzlich unterliegen die für die Entscheidung in Betracht kommenden Fragen der richterlichen Feststellung und Beurteilung. Das Gesetz (§ 45 Abs. 1) macht aber einige Ausnahmen. Einige Fragen dieser Art unterliegen nur der Entscheidung der obersten Reichsbehörden, also des Reichskolonialamtes und für Kiautschou des Reichsmarineamtes. Es sind die Fragen der Dienst- und Erwerbsunfähigkeit, ihrer Verursachung oder der des Todes des Beamten durch den Kolonialdienst, die Beurteilung der Voraussetzungen für Gewährung der Tropenzulage an den Beamten oder der Zulage an die Hinterbliebenen, und endlich die Entscheidung darüber, ob bei der Entlassung eines auf Widerruf oder Kündigung angestellten Kolonialbeamten zutreffend der Fall grober Verletzung der Dienstpflichten angenommen ist. Wo aber über all diese Dinge zu entscheiden ist, da wird dem Beamten eine gewisse Garantie für eine gerechte Feststellung gegeben. Die Entscheidung wird nicht bureaukratisch, sondern durch ein innerhalb der obersten Reichsbehörde gebildetes Kollegium gefällt (§ 45 Abs. 2). Dadurch, daß das Gesetz von einem gebildeten, nicht einem zu bildenden Kollegium spricht, ist es als festgelegt zu betrachten, daß das Kollegium nicht zur Entscheidung des einzelnen Falles, sondern für alle vorhandenen Fälle zu bestehen hat. Das Kollegium hat drei Mitglieder.

3. Gerichtsstand. Die Kolonialbeamten haben grundsätzlich ihren Gerichtsstand in dem Schutzgebiete, in welchem sie angestellt sind; maßgebend ist der Wohnsitz. Daneben haben sie einen Gerichtsstand in der Heimat nur soweit, als es durch Reichsgesetz ausdrücklich bestimmt ist (§ 7). In fremden Kolonien gelten für die strafrechtliche Verantwortlichkeit der Gouverneure wegen Amtsmißbrauchs besondere Vorschriften, so kann z. B. der Generalgouverneur von Niederländisch-Indien von der zweiten Kammer strafrechtlich verfolgt werden, in England wird ein Gouverneur in solchem Falle durch den King's Bench Gerichtshof oder eine vom Könige bezeichnete Behörde abgeurteilt. Das deutsche Recht hat keine besonderen Vorschriften für die strafrechtliche Verfolgung der Gouverneure in der Heimat. Der § 2 Abs. 3 des dem Reichstage vorliegenden Entwurfes einer Strafprozeßordnung läßt dagegen ganz allgemein eine solche gegen alle Kolonialbeamten zu. Sie sollen danach in

Strafsachen einen Gerichtsstand nicht nur in dem Schutzgebiete, sondern auch bei dem Gerichte des letzten Wohnsitzes in der Heimat oder des Ortes, der als solcher gilt, haben. Für die strafrechtliche Verfolgung der Kolonialbeamten ist dann noch eine Bestimmung von Bedeutung, welche den Fall ins Auge faßt, daß ein Beamter, nachdem ein Strafverfahren gegen ihn anhängig geworden ist, seinen Wohnsitz gewechselt hat, indem er dauernd aus dem Schutzgebiet in das Reichsgebiet, oder aus dem Reichsgebiet in ein Schutzgebiet, oder von einem Schutzgebiete in ein anderes verzieht. Nach der geltenden Strafprozeßordnung ist es unzulässig, das Verfahren wegen dieses Wohnsitzwechsels an das Gericht des neuen Wohnsitzes zu verlegen. Für den Kolonialbeamten, der nicht in der Wahl seines Wohnsitzes frei ist, ist dieser Grundsatz in jeglicher Hinsicht nachteilig. Soweit das Verfahren in seiner Abwesenheit fortgeführt werden kann, ist ihm die Geltendmachung seiner Rechte wesentlich erschwert, soweit aber das Verfahren seine Anwesenheit voraussetzt, ist es oft nur mit unverhältnismäßigen Opfern von seiten des Beschuldigten, bisweilen aber überhaupt nicht zu Ende zu führen. Aus diesen Erwägungen heraus macht das Gesetz für die Kolonialbeamten eine Ausnahme von der Regel der Strafprozeßordnung. Das Gericht, welches mit der Strafsache befaßt ist, kann die Sache an das sachlich zuständige Gericht des neuen Aufenthaltsortes des Beschuldigten verweisen, und zwar entweder auf Antrag oder von Amts wegen. Vor der Entscheidung sind die Staatsanwaltschaft und der Beschuldigte tunlichst zu hören. Gegen die Entscheidung findet Beschwerde und weitere Beschwerde statt. Bei dem Gericht, an welches die Sache verwiesen ist, wird das Verfahren in der Lage fortgesetzt, in der es sich befindet (§ 9).

Von dem Grundsatze, daß der Gerichtsstand des Kolonialbeamten nur im Schutzgebiete ist, macht das Kolonialbeamtengesetz (§ 8), soweit es sich um bürgerliche Rechtsstreitigkeiten handelt, eine allgemeine Ausnahme bei den Gouverneuren und den richterlichen Beamten, bei den sonstigen Kolonialbeamten in beschränktem Umfange. In den Schutzgebieten ist bei der Bevölkerung mehrfach die Auffassung zutage getreten, daß es nicht möglich sei, gegen Gouverneur oder Richter Recht zu erlangen. In der Tat fällt es auch schwer, falls sie beteiligt sind, das Gericht aus dem im Schutzgebiete verfügbaren Personal angemessen zu besetzen. Deshalb ist für diese Beamten neben ihrem allgemeinen Gerichtsstande noch ein solcher in der Heimat begründet, er bestimmt sich in ähnlicher Weise, wie nach § 15 der Zivilprozeßordnung der Heimatgerichtsstand der im Auslande tätigen Reichsbeamten. Der gleiche doppelte Gerichtsstand ist für die übrigen Kolonialbeamten insoweit begründet, als es sich um Klagen wegen vermögensrechtlicher Ansprüche handelt, die gegen die Beamten während ihres Aufenthaltes in der Heimat entstanden sind.

4. Versetzung in ein anderes Amt und Versetzung in den Ruhestand. Kolonialbeamte müssen sich, wenn das dienstliche Bedürfnis es erfordert, die Versetzung in ein Amt desselben oder eines anderen Schutzgebietes oder in ein Reichsamt gefallen lassen, wenn das neue Amt mit einem nicht geringeren Range und pensionsfähigen Diensteinkommen verbunden ist und die vorschriftsmäßigen Umzugskosten vergütet werden (§ 11). Kolonialbeamte können, wenn sie eine Kaiserliche Bestallung erhalten haben, durch Verfügung des Kaisers, anderenfalls durch Verfügung des Reichskanzlers jederzeit mit Gewährung des gesetzlichen Wartegeldes einstweilig bis zu drei Jahren in den Ruhestand versetzt werden. Diese in ihrer Ausdehnung beschränkte einstweilige Versetzung in den Ruhestand ist durch die besonderen Bedürfnisse der Kolonialverwaltung motiviert. Außerdem gibt es aber auch eine zeitlich nicht in dieser Weise begrenzte. Es handelt sich da um Beamte, die sich in einer leitenden Stellung oder doch in einer Stellung befinden, die eine fortdauernde Übereinstimmung ihrer prinzipiellen Ansichten mit der leitenden Autorität zur Voraussetzung hat. Es sind dies Gouverneure, erste Referenten und Referenten beim Gouvernement. Sie können vom Kaiser einstweilig in den Ruhestand versetzt werden (§ 12). Die endgültige Versetzung in den Ruhestand schließlich geschieht durch den Kaiser bei solchen Beamten, die eine Kaiserliche Bestallung empfangen. Bei anderen hat die oberste Reichsbehörde die Entscheidung (§ 13).

Dritter Abschnitt.

Die Verwaltung.

§ 13.

Allgemeines.

I. Koloniales und mutterländisches Verwaltungsrecht.

Das Verwaltungsrecht ist derjenige Teil der Rechtsordnung, welcher auch in den alten Gebieten europäischer Kultur, im Mutterlande, am häufigsten Veränderungen unterworfen ist, je nachdem sich die gesellschaftlichen, wirtschaftlichen und sonstigen Zustände verändern, auf welche sich die Verwaltungsrechtsordnung bezieht. In den Kolonien ist nun aber die Veränderlichkeit eine weit stärkere, da hier jene Zustände weit größeren Verschiebungen als im Mutterlande unterliegen. Auf dem Gebiete des heimischen Verwaltungsrechtes bestehen ferner größere partikulare Verschiedenheiten als z. B. im bürgerlichen, im Straf- und Prozeßrecht. Ebenso ist das koloniale Verwaltungsrecht in starkem Maße ein partikulares, da hier auf große Verschiedenheiten der zu regelnden Zustände Rücksicht genommen werden muß. Indessen ist es doch auf der anderen Seite in steigendem Maße möglich geworden, auf Grund der gemachten Erfahrungen gemeinschaftliche Normen zu schaffen. In seltenen Fällen gelten sie für alle Schutzgebiete. Meist sind sie nur für bestimmte Gruppen in Kraft. Am häufigsten ist von den allgemeinen Maßregeln Kiautschou ausgeschlossen, da hier die ganzen Verhältnisse stark von den in anderen Schutzgebieten herrschenden abweichen. In einigen Fällen, so z. B. beim Gouvernementsrat und beim Bergrecht sind die tropischen Kolonien Gebiete gleichen Rechtes; dann wieder z. B. für die internationalen Normen über Waffen- und Alkoholpolizei bilden die afrikanischen Schutzgebiete in gewissem Sinne eine Einheit u. s. w.

Der Umfang der Verwaltung in den Schutzgebieten ist teils enger teils weiter als im Mutterlande. Enger insofern als man es hier noch nicht mit so fein verzweigten Verhältnissen und Zuständen zu tun hat, wie im Mutterlande, und es daher auch nicht der gleichen Menge von Verwaltungsrechtsnormen bedarf. Weiter aber ist er, weil hier noch die besondere Berücksichtigung der Eingeborenen und ihrer Verhältnisse hinzukommt.

Beim kolonialen Verwaltungsrecht kann man die gleichen Zweige wie beim mutterländischen unterscheiden, nämlich die innere, die Justiz-,[239]) Militär-, Finanz- und äußere Verwaltung.

II. Verwaltung und Justiz.

Verwaltung und Justiz sind neben der Gesetzgebung die Kategorien der staatlichen Tätigkeit. Nur im Allgemeinen lassen sich Merkmale aufstellen, welche die Besonderheiten dieser beiden Tätigkeiten darstellen. Die Justiz ist die auf Aufrechterhaltung der Rechtsordnung gerichtete Tätigkeit, Verwaltung die Sorge für die Staats- und Volksinteressen. Im Mutterlande ist der Grundsatz der Trennung von Justiz und Verwaltung maßgebend, d. h. es findet die Zuweisung der Justiz- und der Verwaltungssachen an von einander verschiedene auch nicht mit den gleichen Personen besetzte Staatsorgane statt. Dieser Grundsatz der Trennung von Justiz und Verwaltung hat in den Schutzgebieten in beschränktem Maße Geltung.

Soweit die Eingeborenenverwaltung und -gerichtsbarkeit in Frage kommt, besteht vielfach eine getrennte Organisation für beide, so z. B. in Ostafrika, in Kiautschou. Nach der persönlichen Seite aber ist die Trennung nicht ein stets durchzuführender Grundsatz. Andererseits würde man aber doch zu weit gehen, wenn man die Geltung dieser Norm für die Eingeborenenangelegenheiten völlig leugnen wollte. Dem widerspricht es, wenn z. B. in Ostafrika die höchste Eingeborenengerichtsbarkeit nicht durch den höchsten Verwaltungs- sondern den höchsten richterlichen Beamten ausgeübt wird.[240])

Ausgesprochenermaßen das Ziel ist die Trennung, soweit es sich um die Europäergerichtsbarkeit handelt. Durchgeführt ist der Grundsatz jedoch nur hinsichtlich der Organisation, nicht der Person der Amtsträger. Zwar bei den meisten Schutzgebietsgerichten ist auch in dieser Beziehung die Trennung eingetreten, aber vielfach, z. B. in einzelnen Bezirken von Ostafrika und Neuguinea, ist die weiße Bevölkerung nicht so zahlreich, daß eine genügende Beschäftigung für einen Richter im Hauptamte vorhanden wäre. Aus Ersparnisrücksichten sind in solchen Fällen Richter- und Verwaltungsamt noch persönlich miteinander verbunden.[241])

Da die Gebiete von Verwaltung und Justiz sich niemals scharf von einander trennen lassen, so sind Zuständigkeitsstreitigkeiten, positive und negative Kompetenzkonflikte, zwischen ihnen möglich. Im Mutterlande werden die positiven Kompetenzkonflikte geschlichtet in erster Linie dadurch, daß ein Gericht kraft § 17 des Gerichtsverfassungsgesetzes den Rechtsweg für zulässig erklärt, oder aber auf Veranlassung der Verwaltungsbehörde entscheidet in Preußen der Kompetenzgerichtshof, der auch

[239]) Vgl. oben § 10.
[240]) Vgl. oben S. 74.
[241]) Entwurf des Kolonialbeamtengesetzes S. 44 f. (Drucks. d. Reichstags, 12. Legisl.-Per., II. Session, No. 387).

die Entscheidung in Fällen des negativen Kompetenzkonfliktes zu fällen hat. Für die Schutzgebiete hat weder der § 17 des Gerichtsverfassungsgesetzes Geltung, noch auch gibt es eine besondere Behörde zur Schlichtung der Konflikte. In diesem Falle kann die Entscheidung nur durch die nächsthöhere, den beiden Streitteilen gemeinsame vorgesetzte Stelle erfolgen. Wo es sich um den Streit zwischen einem Europäergericht und einer Verwaltungsbehörde handelt, ist das einzige über beiden stehende Organ der Kaiser in seiner Eigenschaft als Träger der Schutzgewalt; der Reichskanzler kann als gemeinsames höchstes Organ nicht betrachtet werden, aus seiner Stellung als Haupt auch der Justizverwaltung wird man nicht eine Entscheidungsbefugnis in solchen Fällen herleiten dürfen, bei denen die eigentliche Rechtsprechung der eine der streitenden Teile ist.

III. Das Verwaltungsverfahren.

Das Verfahren der Verwaltungsbehörden wird nicht durch eine umfassende Regelung bestimmt, nur einzelne Teile, z. B. das Zwangsverfahren gegenüber Weißen, haben allgemeinere Normierungen erfahren.

Die Tätigkeit der Verwaltungsbehörden ist teilweise pfleglicher Natur, wie Wegebau, Belehrung über Gesundheitspflege in den Tropen u. s. w., zum Teil handelt es sich um Ausübung des staatlichen Herrschaftsrechtes. Sie äußert sich in der Form der Verwaltungsrecht schaffenden Verordnung,[242]) der Polizeiverfügung und des polizeilichen Zwanges.

Die Kaiserliche Verordnung betreffend die Zwangs- und Strafbefugnisse der Verwaltungsbehörden vom 14. Juli 1905 spricht von Anordnungen die die Behörden in rechtmäßiger Ausübung der obrigkeitlichen Gewalt treffen (§ 8).[243]) Dieser Wortlaut umfaßt nicht nur die polizeilichen Gebote und Verbote, sondern auch die Polizeierlaubnis. Die Ausführungsbestimmungen der Gouverneure, welche auf ein einheitliches im Reichskolonialamt festgelegtes Schema zurückgehen, unterscheiden Anordnungen polizeilicher Art, d. h. Polizeiverfügungen und obrigkeitliche Anordnungen nicht polizeilicher Art. Sie enthalten auch die Formvorschrift, daß die Polizeiverfügungen stets ausdrücklich als solche bezeichnet werden sollen.[244]) — Gegen die polizeilichen Anordnungen sind Rechtsmittel gegeben.[245])

Der Verwaltungszwang ist nicht für die ganze Verwaltung gleichmäßig geregelt. Einzelne Tätigkeiten der Verwaltung, insbesondere der Zoll- und Steuerverwaltung haben eigene Vorschriften.[246])

Unter den Begriff des allgemeinen Verwaltungsverfahrens kann man die Enteignung bringen. Auch sie ist, wie im Mutterlande, nicht in

[242]) Vgl. oben S. 41.
[243]) IX, 169.
[244]) DO X, 238; SW XII, 552; K XII, 402; T XXI, 209; NG XII, 378; S XI, 90; Gerstmeyer S. 206 Anm. 1.
[245]) Unten S. 94.
[246]) Kais. V. v. 14. Juli 1905 § 36. IX, 169.

ihrem ganzen Umfange durch eine zusammenfassende Regelung bestimmt worden. Nur soweit es sich um den Grundbesitz handelt, gibt es umfassendere Bestimmungen, welche aber im Zusammenhang mit der Landpolitik stehen und daher besser beim Landwesen erörtert werden.[247])

§ 14.

Polizei und Verwaltungszwang.

I. Die Polizei.

Das Kolonialrecht hat den Begriff der Polizei in der Gestalt, wie ihn das preußische Recht im Allgemeinen Landrecht Teil II Titel 17 § 10 festgelegt hat.[248]) Auch in den Schutzgebieten ist es das Amt der Polizei, die nötigen Anstalten zur Erhaltung der öffentlichen Ruhe, Sicherheit und Ordnung und zur Abwendung der dem Publikum oder einzelnen Mitgliedern desselben bevorstehenden Gefahren zu treffen. Ist so der Begriff des preußischen Rechtes übernommen worden, so hat auch die Entfaltung dieses Begriffes, wie sie Wissenschaft und Praxis des preußischen Rechtes vorgenommen haben, ihre Bedeutung für das Kolonialrecht. — In Kiautschou ist die allgemeine polizeiliche Aufgabe etwas weiter gefaßt worden. Das Polizeiamt für das Stadtgebiet von Tsingtau hat danach die Aufgabe, die nötigen Anstalten zur Erhaltung der Sicherheit, Bequemlichkeit, Reinlichkeit, Gesundheit und Ruhe und zur Abwendung dem Publikum drohender Gefahren zu treffen.[249])

II. Der Verwaltungszwang.

Die Behörden können auf Grund ihrer allgemeinen polizeilichen Befugnisse und sodann über diese hinausgehend auf Grund besonderer Ermächtigungen polizeiliche Verfügungen treffen. Zur Durchführung dieser Anordnungen bedarf es oft des Zwanges. Eine allgemeine Regelung hat diese Maßregel durch die Kaiserliche Verordnung vom 14. Juli 1905, betr. Zwangs- und Strafbefugnisse der Verwaltungsbehörden in Afrika und der Südsee gefunden. Sie kommt auf Eingeborene aber nur in Anwendung, soweit dies der Gouverneur bestimmt (§ 39). Für Kiautschou darf man ihr die Verordnung des Gouverneurs betr. Ordnung des Polizeiwesens in Tsingtau vom 14. Juni 1900 [250]) zur Seite stellen.

Man hat bei dem polizeilichen Zwange drei Arten zu unterscheiden:

1. *Das Zwangsverfahren wegen Geldforderung und zur Erwirkung der Herausgabe von Sachen* (§§ 1—7) wird, nachdem die zuständige Verwaltungsbehörde diese Ansprüche festgestellt hat, bewirkt teils durch Verwaltungsbehörden, teils durch gerichtliche. Im Zweifel geschieht die Voll-

---

[247]) Vgl. unten S. 206.

[248]) Ausführungsbest. zur Kaiserl. V. v. 14. Juli 1905, wie oben S. 90 zitiert.

[249]) V. v. 14. Juni 1900 § 3 V, 211.

[250]) V, 211.

streckung durch die Verwaltungsbehörde und zwar in erster Linie die, welche nach bestehenden Vorschriften dazu zuständig sind, in Ermangelung solcher durch Behörden, die der Gouverneur ermächtigt. Diese Ermächtigung ist in den Ausführungsverordnungen vorgenommen worden.[251]) Es sind ermächtigt: in Ostafrika und Samoa die Vorsteher der Behörden, welche für die Feststellung des Anspruches zuständig sind; in Südwestafrika Bezirksamtmann und Distriktschef; in Kamerun und Neuguinea Bezirksamtmann und Stationsleiter; in Togo Bezirksamtmann und Bezirksleiter; der Gouverneur kann aber im Einzelfalle eine bestimmte Person beauftragen oder selbst die Vollstreckung übernehmen. In einigen Fällen sind Bezirksrichter oder Bezirksgericht zuständig. Es sind die, in welchen ein Dritter berechtigt ist, auf dem Wege der Klage bei der Vollstreckung zu intervenieren (§§ 771—774, 805, 856 C.-P.-O.) und solche, bei denen es sich um Abnahme des Offenbarungseides handelt (§§ 807, 883 C.-P.-O.).

Der Beginn der Vollstreckung hat zur Voraussetzung, daß ihre Anordnung dem Verpflichteten bekannt gemacht ist. Er hat dann noch eine mindestens dreitägige Frist, es sei denn, daß Gefahr im Verzuge obwaltet. Das Verfahren richtet sich nach den Vorschriften über die zivilprozessuale Zwangsvollstreckung.

2. *Das Zwangsverfahren zur Erzwingung von Handlungen und Unterlassungen.* Das kolonialrechtliche Zwangsverfahren stimmt in weitgehendem Maße mit dem preußischen Recht des Landesverwaltungsgesetzes (§§ 132—134) überein, doch sind die Normen der Form und dem Inhalte nach andererseits oft auch ganz selbständig.

Welche Behörden zur Ausübung des Zwanges berechtigt sein sollen, bestimmt der Reichskanzler und mit seiner Zustimmung der Gouverneur. Es können Verwaltungs- und auch Kommunalbehörden ermächtigt werden. Der Kreis der Berechtigten ist also hier nicht, wie im preußischen Rechte, ein für allemale festgelegt, sondern, den örtlichen Besonderheiten und dem Entwickelungsstadium der Behörden entsprechend, sind nach Ort und Zeit Verschiedenheiten zulässig und angebracht. Dem entspricht es auch, daß nicht wie im preußischen Rechte eine teilweise Abstufung in der Berechtigung zur Anwendung der Zwangsmittel festgestellt ist, sondern eine Abstufung von Fall zu Fall stattfinden kann. Zu Zwangsmaßregeln berechtigt ist stets der Gouverneur (§ 8) und der Bezirksamtmann.[252]) Ferner auch in Ostafrika die Residenten, Verwalter von Bezirksnebenstellen, Chefs der Militärstationen, Offiziere als Führer selbständiger Posten, und andere vom Gouverneur namentlich benannte Beamte; in Südwestafrika die Distriktschefs und die Gemeindevorsteher;[253]) in Kamerun und Neuguinea die Stationsleiter; in Togo die Bezirksleiter; in Samoa die vom Gouverneur in jedem Falle nament-

[251]) Oben Anm. 244 zitiert; Gerstmeyer S. 207 Anm. 2.
[252]) Vgl. zum Folgenden die oben S. 90 Anm. 244 zitierten Ausführungsbestimmungen. Gerstmeyer 211
[253]) Vgl. oben S. 65.

lich benannten Beamten. Die speziellen Polizeiorgane, d. h. die der Hafen-, Schiffahrts-, Eisenbahn-, Jagd- und Forstpolizei können nach den Ausführungsbestimmungen in den afrikanischen Schutzgebieten nicht selbst Zwang anwenden, sondern haben die dazu berechtigten allgemeinen Polizeiorgane darum zu ersuchen. Dagegen haben die Bergpolizeibehörden in den gleichen Schutzgebieten sowie in Neuguinea das Recht der Zwangsanwendung. — Diese Ermächtigungen beziehen sich nun auf Anordnungen polizeilicher Art. Verschieden hiervon sind Anordnungen zwar obrigkeitlicher, aber nicht polizeilicher Natur. Zur Anwendung von Zwang in diesen Fällen findet eine besondere namentliche Ermächtigung statt, in Neuguinea ist sie an die Bezirksämter ergangen (§ 8 Ziffer 3 der Ausführungsbestimmungen).

Der Zwang ist anwendbar zur Durchführung von Anordnungen, welche die zwingende Behörde selbst oder die ihr vorgesetzte Instanz getroffen hat, der Gouverneur kann auch die Anordnungen der nachgeordneten Behörden zwangsweise durchsetzen. Voraussetzung der Zulässigkeit des Zwanges ist, daß die Anordnung in rechtmäßiger Ausübung der obrigkeitlichen Gewalt getroffen wurde.

Das Kolonialrecht stimmt mit dem preußischen überein in den Zwangsmitteln, nämlich der Ersatzvornahme, der Ungehorsamsstrafe und dem unmittelbaren Zwange. Das Verhältnis der Mittel untereinander ist so zu bestimmen, daß in erster Linie die Anwendung eines der beiden ersten ins Auge zu fassen ist. Erst dann kommt das dritte in Frage. Das gleiche Verhältnis besteht auch nach preußischem Rechte, wo der Satz gilt: Unmittelbarer Zwang darf nur angewendet werden, wenn die Anordnung ohne einen solchen unausführbar ist (L.-V.-G. § 132 Z. 3). Diese Formulierung scheint die Grenzen der Anwendbarkeit des unmittelbaren Zwanges ziemlich eng zu ziehen und auf den Fall zu beschränken, daß andere Zwangsmittel überhaupt nicht gegeben sind. Die Praxis hat aber eine weitere Auffassung und hält den unmittelbaren Zwang schon dann für zulässig, wenn nach den Umständen des einzelnen Falles erwartet werden muß, daß andere Zwangsmittel erfolglos sind.[254]) Dieser in Preußen herrschenden, weiteren Spielraum gewährenden Anschauung der Praxis entsprechend hat der Kolonialgesetzgeber von vorne herein die Anwendbarkeit des unmittelbaren Zwanges geregelt, indem er bestimmt: Soweit eine Anordnung mit sonstigen Zwangsmitteln nicht durchführbar ist, kann auch unmittelbarer Zwang gebraucht werden (§ 15). Das ausschließende „darf nur" des preußischen Rechtes ist also nicht übernommen worden. Der subsidiäre Charakter des unmittelbaren Zwanges wird dadurch indessen auch für das Kolonialrecht nicht berührt.

Für die beiden in erster Linie anzuwendenden Zwangsmittel gilt als gemeinschaftlicher Grundsatz, daß ihre Festsetzung durch eine schriftliche Verfügung zu geschehen hat, die dem Betroffenen bekannt gemacht werden muß. Sie soll auch eine Belehrung über den Beschwerdeweg ent-

[254]) O. V. G. E. v. 9. Januar 1896.

halten (§ 13). Zur Verhütung eines mit Strafe bedrohten Verhaltens darf von den Behörden die Ungehorsamsstrafe nicht angewendet werden (§ 14). Die im preußischen Rechte streitige Frage, ob allgemeine Polizeivorschriften und das genannte Zwangsmittel gleichzeitig anwendbar sind, ist hier zu ungunsten des letzteren, jedoch nicht des unmittelbaren Zwanges verneint worden. — Das Kolonialrecht unterscheidet wie das preußische, ob es sich bei dem Zwange um Handlungen oder Unterlassungen handelt.[255])

Ist eine Handlung zu erzwingen, so hat die Behörde den Zwang schriftlich anzudrohen und eine angemessene Frist zu gewähren, innerhalb deren der Verpflichtete die Handlung noch rechtzeitig vornehmen kann. Mit der Androhung soll eine Belehrung über den Beschwerdeweg verbunden sein (§§ 9 u. 10). Hat die Drohung nicht gefruchtet, so wird das Zwangsmittel festgesetzt (§ 13). Dann tritt, wenn es tunlich ist, die Ersatzvornahme ein, d. h. die Behörde führt die Handlung selbst oder durch einen Dritten aus und zieht die Kosten von dem Verpflichteten ein (§ 9). Ist aber die Handlung eine solche, welche nicht durch Dritte, sondern nur durch den Schuldigen vorgenommen werden kann, oder steht es fest, daß der letztere nicht imstande ist, die Kosten einer Ersatzvornahme zu zahlen, dann wird die Ungehorsamsstrafe gewählt. Sie besteht in einer Geldstrafe bis zu dreihundert Mark (§§ 10 u. 11). Kann sie nicht beigetrieben werden, so ist sie nach Maßgabe der §§ 28, 29 R.-Str.-G.-B. in Haft bis zu vier Wochen umzuwandeln. Während in Preußen die Dauer der Haft von der Verwaltungsbehörde festgesetzt wird, ist die Kolonialbehörde hierzu nicht befugt, sondern die Kolonialbevölkerung genießt hier den Schutz der ordentlichen Gerichte. Die Behörde muß den Bezirksrichter ersuchen, die Umwandelung vorzunehmen. Dieser ist auch zuständig zur Vollstreckung der Haftstrafe (§ 22).

Soll ein Unterlassen erzwungen werden, so ist die Verhängung einer Ungehorsamsstrafe für den Fall der Zuwiderhandlung gegen das Verbot schriftlich anzuordnen. Eine Frist ist hier nicht zu gewähren (§ 12).

An Stelle der Ersatzvornahme wie der Ungehorsamsstrafe tritt, wie oben erwähnt, wenn erforderlich, der unmittelbare Zwang (§ 15).

Gegen das hier geschilderte Verwaltungsverfahren sind in allen Stadien Rechtsmittel gegeben, nämlich zunächst gegen die obrigkeitlichen Anordnungen, welche die Behörden erlassen. Sodann bei Ersatzvornahme und Ungehorsamsstrafe gegen die Androhung dieser Zwangsmittel, gegen ihre Festsetzung und gegen ihre Ausführung; endlich auch gegen den Gebrauch unmittelbaren Zwanges. (§ 16 Abs. 1.)

Das Rechtsmittel ist die Beschwerde. — Nicht zulässig ist den polizeilichen Verfügungen gegenüber der Rechtsweg. Das preußische Gesetz vom 11. Mai 1842 ist nicht in den Schutzgebieten eingeführt.[256])

[255]) Die Disposition der §§ 9—12 erscheint mir jedoch besser als die von L.-V.-G. § 132 Z. 1 u. 2.

[256]) Gerstmeyer 73 f.

Zur Einlegung der Beschwerde ist jeder berechtigt, dessen Person oder Vermögen durch die Maßnahmen betroffen ist (§ 16 Abs. 2). Es ist also nicht erforderlich, daß sich die staatlichen Maßnahmen unmittelbar und bewußt gegen den Beschwerdeführer gerichtet haben.

Beschwerdeinstanz ist gegenüber den Handlungen der unteren Verwaltungsorgane der Gouverneur. Er kann sich bei der Entscheidung aber durch den Oberrichter vertreten lassen (§ 16 Abs. 1). Es liegt also in der Hand des Gouverneurs, im einzelnen Falle eine Art von Verwaltungsgerichtsbarkeit eintreten zu lassen. Er ist indessen nur tatsächlich eine solche, rechtlich muß die Entscheidung als eine Gouvernementsentscheidung angesehen werden, bei der der Gouverneur sich nur hat vertreten lassen. Gegen die Gouvernementsentscheidung ist als Rechtsmittel die weitere Beschwerde an den Reichskanzler gegeben. — Ist die anzufechtende Entscheidung vom Gouverneur ausgegangen, so ist der Reichskanzler erste und letzte Beschwerdeinstanz.

Das Verfahren wird dadurch eingeleitet, daß der Berechtigte die Beschwerde bei der Behörde einreicht, gegen deren Maßnahmen sie sich richtet. Diese Behörde kann dann, nach ausdrücklicher Vorschrift, der Beschwerde stattgeben (§ 17 Abs. 1). Diese Norm ist aber nicht als Gewährung eines Rechtsmittels anzusehen, denn die Behörde ist nicht zu einer Entscheidung verpflichtet; daß man ihr aber die Abänderung ausdrücklich freistellt, und sie so auf eine Nachprüfung ihrer Entscheidung hinweist, ist eine im Interesse der Beschleunigung des Verfahrens, wünschenswerte Norm, besonders wenn man bedenkt, daß bei einer Übersendung an die vielleicht sehr entfernte Beschwerdeinstanz ein großer Zeitverlust zu erwarten ist. Für die Beschwerde sind Fristen gegeben (§ 17), nämlich wenn es sich um Polizeiverfügungen handelt. Es ist also keine Frist gesetzt, soweit Anordnungen nichtpolizeilicher Art vorliegen. Die Frist besteht ferner gegenüber der Durchführung der obrigkeitlichen Anordnungen polizeilicher und nichtpolizeilicher Art. Sie beginnt, nach dem Wortlaute der Verordnung, mit der Bekanntmachung an den Beschwerdeführer. Da nun aber beschwerdeberechtigt auch andere Personen sind, als die unmittelbar von der Behörde in Anspruch genommenen, denen allein in der Regel eine Bekanntmachung zu Teil werden wird, so wird man für die sonst Beschwerdeberechtigten an die Stelle der amtlichen Bekanntmachung das Bekanntwerden setzen müssen. Die Frist ist gewahrt, auch wenn die Beschwerde bei einer anderen Behörde als derjenigen eingebracht wird, gegen deren Maßnahmen sie sich richtet. Die Beschwerde wird dann an die zuständige Behörde weitergegeben. Die Beschwerdefrist beträgt zwei Wochen, jedoch kann der Gouverneur diese sowie alle anderen für das Beschwerdeverfahren normierten Fristen allgemein oder für einzelne Teile des Schutzgebietes verlängern (§ 20). Dies ist auch in den Ausführungsbestimmungen geschehen. Gegen die Versäumung der Frist ist Wiedereinsetzung in den vorigen Stand zulässig (§ 19). Die Fristversäumung oder Nichteinlegung der Beschwerde hat nicht die Folge, daß die Maßnahme der Behörde durchgeführt werden muß. Die Behörde selbst oder eine ihr vorgesetzte kann sie vielmehr aufheben, abändern oder ihre Vollziehung einstweilen aussetzen (§ 21). Die Erhebung der Beschwerde oder der weiteren Beschwerde hat keine aufschiebende Wirkung. Jedoch kann die Behörde, deren Maßnahme angefochten wird, oder auch die Beschwerdebehörde die Vollziehung aussetzen (§ 18). Haftstrafen können aber stets nur dann vollstreckt werden, wenn die Anordnung, deren Befolgung erzwungen werden soll, nicht mehr mit der Beschwerde angefochten werden kann (§ 22 Abs. 3).

Einfacher als in den afrikanischen und in den Südseeschutzgebieten ist in Kiautschou für das Polizeiamt von Tsingtau durch die Verordnung vom 14. Juli 1900 das Verfahren geregelt. Die Verordnung gilt auch für die Eingeborenen. Die Polizeiverfügungen müssen schriftlich zugestellt oder mündlich zu Protokoll eröffnet werden. Beschwerdeweg und Beschwerdefrist sind bekannt zu geben. Zur Durchführung der Polizeiverfügungen stehen dem Polizeiamte folgende Zwangsbefugnisse zu: die Ausführung der zu erzwingenden Handlung ist auf Kosten des Verpflichteten durch einen Dritten vorzunehmen; persönliche Leistungen und Unterlassungen sind durch Androhung und Festsetzung von Strafen zu erzwingen und zwar gibt es Geldstrafen bis zu 100 Dollar, bei Chinesen auch Prügelstrafe bis zu 15 Hieben, endlich Haft bis zu einer Woche. Nur im äußersten Falle soll unmittelbarer Zwang angewendet werden. Sowohl gegen die Polizeiverfügung wie die Androhung des Zwanges ist schriftliche Beschwerde binnen einer Woche vom Tage der Zustellung oder Eröffnung an gegeben. Einzige Beschwerdeinstanz ist der Gouverneur. Die Beschwerde hat keine aufschiebende Wirkung. — Im Verhältnis zu der Regelung für die anderen Schutzgebiete ist die in Tsingtau sehr lückenhaft und bietet den Interessen der weißen Untertanen einen geringeren Schutz.

3. Unmittelbare Gewaltanwendung. Zur Überwindung des Ungehorsams des Untertanen gegenüber Anordnungen der Behörden kann, wie dargelegt wurde, nötigenfalls, statt zur Ersatzvornahme oder zur Ungehorsamsstrafe, zum unmittelbaren Zwange gegriffen werden, wenn ein Handeln oder Unterlassen erzwungen werden soll. Durch die Regelung, welche der unmittelbare Zwang in der Kaiserlichen Verordnung vom 14. Juli 1905 empfangen hat, ist seine Anwendbarkeit aber nicht etwa ausschließend bestimmt, ebensowenig wie die unmittelbare Gewaltanwendung sich bloß auf die Normen des preußischen Landesverwaltungsgesetzes stützen kann. Es sind Fälle, in welchen die Anwendung der Gewalt nicht den Ungehorsam des Betroffenen zur notwendigen Voraussetzung hat, es sind die drei Fälle der verwaltungsrechtlichen Selbstverteidigung, der Notwehr und des Notstandes.[257])

Die Selbstverteidigung besteht in der Abwehr unrechtmäßiger Angriffe auf Einrichtungen oder Geschäfte der Verwaltung, in der Beseitigung von Verkehrshindernissen, im Verhindern des Entstehens und der

[257]) Vgl. Otto Mayer, Deutsches Verwaltungsrecht I, 348 ff.

Fortsetzung solcher Zustände.[258]) Die Notwehr ist die gewaltsame Verhinderung strafbarer Handlungen. Beim Notstande wird zur Bewahrung der guten Ordnung oder der öffentlichen Sicherheit bei dringender Gefahr Freiheit oder Eigentum der Person verletzt, sei es, daß durch diese Person selbst oder ihr Eigentum, z. B. ihr brennendes Haus, Ordnung und Sicherheit gefährdet sind, sei es, daß die zu verletzende Person, z. B. ein Betrunkener selbst gefährdet ist. Die Ausführungsbestimmungen zur Kaiserlichen Verordnung [259]) erklären es für zulässig, in solchen Fällen Personen in polizeiliche Verwahrung zu nehmen.[260]) Es wird ferner als zulässig das Eindringen in die Wohnung erklärt, z. B. wenn deren Beschaffenheit gefahrdrohend ist oder es sich darum handelt, ein Verbrechen zu verhüten.

4. Organe. Zur Ausführung des Polizeizwanges dienen die regelmäßigen Polizeiorgane der einzelnen Schutzgebiete, insbesondere die Polizeitruppen in den drei tropischen Schutzgebieten Afrikas und in Neuguinea, bei denen die Gemeinen und teilweise auch die Unteroffiziere Farbige sind. In Samoa ist die Fita fita eine Art Polizeitruppe. In Südwestafrika besteht eine militärisch organisierte Landespolizei.[261]) Wo Schutztruppen vorhanden sind, können auch diese zu Zwecken der Zivilverwaltung verwendet werden. Zur Verwendung befugt ist der Gouverneur, jedoch darf er von seinem Rechte nur so weit Gebrauch machen, als die militärischen Rücksichten dem nicht entgegenstehen. Über diese hat er vorher den Kommandeur der Schutztruppe zu hören.[262]) Angehörige der Schutztruppe, die zu Zwecken der Zivilverwaltung verwendet werden, haben für diese Zwecke den Anordnungen des Chefs der betreffenden Zivilverwaltung Folge zu leisten.

§ 15.

Sicherheits-, Bevölkerungs- und Gesundheitswesen, Bildung und Religion, Sittenpolizei.

I. Sicherheitspolizei.

Die Maßregeln, welche im sicherheitspolizeilichen Interesse getroffen werden können, sind im Wesentlichen durch das Landesrecht der einzelnen Schutzgebiete bestimmt, indessen sind auch allgemeine Normen vorhanden.

1. Verhaftungen. Abgesehen von der Verhaftung zum Zwecke der Strafverfolgung, welche sich für Weiße nach den Vorschriften der Strafprozeßordnung richtet, ist auch die verwaltungspolizeiliche Verwahrung zulässig. Sie ist nicht, wie z. B. in Preußen, gesetzlich geregelt, sondern ihre Voraussetzung und Begrenzung ergibt sich für Weiße jetzt aus den

[258]) Gerstmeyer 212 Anm. 1.
[259]) Anlage II, 3.
[260]) Vgl. unten S. 98.
[261]) Kais. V. v. 4. Okt. 1907 XI, 395; V. v. 1. März 1905 IX, 64.
[262]) Schutztruppenordnung § 2 XII, 310.

Ausführungsbestimmungen der Gouverneure zur Kaiserlichen Verordnung vom 14. Juli 1905.[263]) Die Verwahrung ist danach zulässig zum Schutz des zu Verhaftenden oder zur Aufrechterhaltung der öffentlichen Sicherheit oder Ordnung, falls eine dringende Notwendigkeit vorliegt.[264]) In solchen Fällen muß aber die Freilassung spätestens im Laufe des folgenden Tages erfolgen, sofern nicht die Voraussetzungen für eine Verhaftung im Wege der Strafverfolgung gegeben sind. Farbigen gegenüber ist die Polizei durch diese Vorschriften nicht förmlich gebunden, wird sie aber doch nach Möglichkeit ebenfalls anzuwenden, insbesondere die nicht unbedingt notwendige Freiheitsentziehung zu vermeiden haben.

2. *Aufruhrpolizei.* Die Polizei hat das Recht, gegen Zusammenrottungen, Aufläufe und Aufruhr mit unmittelbarer Gewaltanwendung einzuschreiten. Der Ungehorsam gegen den dreimal erteilten Befehl, sich zu entfernen, ist strafbar.[265]) — In Preußen wird durch das Gesetz vom 11. März 1850 eine bürgerlichrechtliche Haftung der Gemeinden für den in ihrem Gebiete durch öffentliche Aufläufe entstandenen Schaden begründet. Dies Gesetz hat neben dem Bürgerlichen Gesetzbuch Geltung behalten (E. G. B. G. B. Art. 108), es gehört zu den allgemeinen Gesetzen, die innerhalb Preußens im früheren Geltungsbereiche des Allgemeinen Landrechts in Kraft geblieben sind. Normen dieser Art haben aber in den deutschen Schutzgebieten Geltung erlangt.[266]) Die in Südwestafrika und Ostafrika bestehenden Gemeinden entsprechen in ihrer Struktur den preußischen Gemeinden und sind daher als Träger der Entschädigungspflicht in dem durch das Gesetz vom 11. März 1850 gegebenen Umfange anzusehen.

3. *Waffen- und Sprengstoffpolizei.* Im Interesse der Erhaltung der Eingeborenen, unter denen früher Sklavenhandel und innere Kriege stark aufräumten, hat die Brüsseler Antisklavereikonferenz für die afrikanischen Gebiete zwischen dem 20. Grad nördlicher und dem 22. Grad südlicher Breite und die beim Festlande innerhalb von 100 Seemeilen liegenden Inseln waffenpolizeiliche Bestimmungen getroffen.[267]) Diese internationalen Normen haben Kraft für Togo, Kamerun, Ostafrika und den größeren, nördlichen Teil von Südwestafrika. Die Einführung von Feuerwaffen und Munition ist nur unter einschränkenden Bedingungen gestattet, welche indessen nur ein Minimum darstellen, über welches der Kolonialgesetzgeber hinauszugehen befugt ist. Feuerwaffen und Munition, die eingeführt sind, müssen in einem öffentlichen oder von der Regierung beaufsichtigten Lagerhause niedergelegt, nur mit Regierungserlaubnis dürfen sie herausgegeben werden. Präzisionswaffen dürfen nur

---

[263]) Anlage II Ziffer 3.

[264]) Vgl. oben S. 97.

[265]) § 3 Sch.-G.-G. in Verb. mit § 19 Z. 2 K.-G.-G. u. § 116 Str.-G.-B.

[266]) § 3 Sch.-G.-G. in Verb. mit § 19 Z. 1 K.-G.-G.; v. Hoffmann, Zur Entschädigungsfrage (Ztschr. f. Kol.-Pol. VI, 483 ff.).

[267]) Generalakte der Brüsseler Antisklavereikonferenz v. 2. Juli 1890 Art. 8—14. I, 127 ff.

zum persönlichen Gebrauche an vertrauenswürdige Personen, insbesondere Reisende vergeben werden. Für den Handel dürfen nur nicht gezogene Feuersteingewehre und sogen. „Handelspulver" herausgegeben werden, es ist noch von der Polizei zu bestimmen, in welchen Bezirken diese Gegenstände verkauft werden dürfen. Noch strengere Bestimmungen sind für ein Gebiet getroffen, welches Kamerun mit umfaßt. Hier ist die Einfuhr von Feuerwaffen, Munition und Schießpulver jeder Art, sofern sie zum Verkauf an Eingeborene bestimmt sind und nicht blos durchgeführt werden, sowie auch der Verkauf und die Überlassung an Eingeborene bis zum 15. Februar 1913 verboten.[268]) — Zur Ausführung und in Ergänzung der internationalen Vorschriften sind in den einzelnen Schutzgebieten — auch soweit jene Vorschriften nicht gelten, aber doch in ihrem Sinne — Verordnungen ergangen.[269]) — Außer diesen internationalen Bestimmungen ist in gewissem Umfange auch das Reichssprengstoffgesetz vom 9. Juni 1889 von Bedeutung, da seine strafrechtlichen, nicht aber seine verwaltungsrechtlichen Teile in den Schutzgebieten Kraft erlangt haben.[270])

4. Stellung unter Polizeiaufsicht. Im Reichsgebiete wird die Zulässigkeit der Polizeiaufsicht als Nebenstrafe[271]) von den ordentlichen Gerichten ausgesprochen (§§ 38 und 39 St. G. B.) Die diese Nebenstrafe regelnden Bestimmungen des Reichsstrafgesetzbuches sind als dem Strafrecht angehörende anzusehen und gelten daher für die Weißenrechtspflege.[272]) Für die Farbigen ist keine allgemeine Regelung vorhanden, die grundsätzliche Zulässigkeit einer polizeilichen Beaufsichtigung ist aber auf Grund der allgemeinen sicherheitspolizeilichen Befugnisse der Behörden zu behaupten.

5. Zwangsarbeit. Die Bestimmungen des Reichsstrafgesetzbuches über die Bestrafung der Bettler, Landstreicher u. s. w. (§ 361 Ziffer 3—8) sind als eingeführt zu erachten. Ob aber auch die gegen solche Personen zulässige korrektionelle Nachhaft (§ 362 Abs. 2) von den Schutzgebietsgerichten ausgesprochen werden darf, das hängt von dem Rechtscharakter[273]) dieser Haft ab. Betrachtet man sie als rein polizeiliche Präventivmaßregel, wie dies von manchen Schriftstellern geschieht, so würde man es bei den betreffenden Vorschriften mit verwaltungsrechtlichen Bestimmungen zu tun haben, welche nicht in den Schutzgebieten eingeführt sind. Richtiger wird man sich aber doch wohl der herrschenden und auch vom Reichsgericht vertretenen Ansicht anschließen und die korrektionelle Nachhaft als eine Nebenstrafe ansehen, die als solche in das System des in den Schutzgebieten eingeführten deutschen Strafrechts

[268]) Vereinbarung v. 22. Juli 1908 XII, 430.
[269]) v. Hoffmann, Das deutsche Kolonialgewerberecht S. 21, 50 ff.
[270]) Daselbst S. 44.
[271]) Entsch. d. R.-G. in Strs. XVII, 193.
[272]) § 3 Sch.-G.-G. in Verb. mit § 19 Z. 2 K.-G.-G.
[273]) Vgl. über die verschiedenen Auffassungen die Begründung zum Vorentwurf zu einem deutschen Strafgesetzbuch S. 147 f.

gehört. In Togo hat man neuerdings begonnen, das arbeitscheue Proletariat, Landstreicher und gewerbsmäßige Prostituierte, sowie gewerbs- und gewohnheitsmäßige Verbrecher in sogen. Besserungssiedelungen anzusiedeln, in denen sie unter Aufsicht der Behörden als selbständige Bauern und Handwerker sich zu betätigen haben.[274]) Über den Arbeitszwang, der gegenüber Farbigen auszuüben ist, wird im übrigen später zu sprechen sein.

6. *Ausweisung, Aufenthaltsbeschränkung und Verkehrssperre.*[275]) Ob die sicherheitspolizeiliche Maßregel der Ausweisung anwendbar ist, bemißt sich nach dem Verhältnis des Auszuweisenden zur Reichsgewalt. Faßt man zunächst die Reichsangehörigen ins Auge, welche nicht ihre Reichsangehörigkeit auf Grund ihrer Niederlassung in einem Schutzgebiete durch Naturalisation erworben haben, so ist zu bemerken, daß sie aus jedem Schutzgebiete oder aus einzelnen Orten und Bezirken ausgewiesen werden können. Reichsangehörige, welche in einem Schutzgebiete auf Grund § 9 Sch.-G.-G. naturalisiert worden sind und damit ein Wohnrecht erworben haben, können aus diesem Schutzgebiete nicht, wohl aber aus anderen Schutzgebieten ausgewiesen werden. Nicht ausgewiesen werden können die Schutzgebietsangehörigen aus ihrem Schutzgebiete. Sie haben ein Wohnrecht im Schutzgebiete, jedoch nicht ein unbeschränktes Recht der Freizügigkeit innerhalb desselben. Vielmehr kann gegen sie aus sicherheitspolizeilichen wie aus anderen Gründen sowohl die Ausweisung aus bestimmten Orten und Bezirken des Schutzgebietes als auch die Verweisung an einen bestimmten Wohnort, die Verstrickung, angeordnet werden. Eine grundsätzlich freie Ausweisungs- und Aufenthaltsbeschränkungsbefugnis besteht gegenüber den Ausländern. Durch Verträge mit einigen Staaten wird sie in gewisser Weise eingeschränkt. Es sind dies die deutsch-englischen Abkommen vom 10. April 1886 für die Besitzungen im westlichen Stillen Ozean[276]) und vom 14. November 1899 betreffend Samoa, der deutsch-portugiesische Vertrag vom 30. Dezember 1886, die deutsch-englischen, sich auf Afrika beziehenden Abkommen vom 29. April 1885 und 1. Juli 1890 und Artikel 5 und 6 der Kongoakte.[277]) Alle diese Verträge räumen den Angehörigen des fremden Staates das gleiche Niederlassungsrecht wie denen des eigenen ein. Da aber weder Reichsangehörige noch Schutzgebietsangehörige ein unbeschränktes Recht der Aufenthalts- und Niederlassungsfreiheit besitzen, so steht sie auch den Ausländern nicht zu.

---

[274]) Runderl. v. 23. Okt. 1909 XIII, 498.

[275]) Fleischmann, Ausweisung von Reichsangehörigen aus den deutschen Schutzgebieten (Kolon. Rundschau 1909 S. 645 ff., 1910 S. 238 ff.); Fuchs, Zur Frage der Ausweisung u. s. w., daselbst 1910 S. 50/51; besonders aber: Reimer, Die Freizügigkeit in den deutschen Schutzgebieten 1910, dem wir uns hier anschließen.

[276]) Jedoch nicht für Karolinen, Palau und Marianen geltend, vgl. v. Hoffmann, Kolonialgewerberecht S. 18.

[277]) I, 87; IV, 129 ff.; I, 89, 215, 219, 92, 108.

Die landesrechtlichen sicherheitspolizeilichen Beschränkungen der Bewegungsfreiheit kann man einteilen in die Verkehrssperren und die Beschränkungen der Bewegungs- und Niederlassungsfreiheit.

Aus den Eingeborenenaufständen der Jahre 1904—6 zog man die Lehre, daß man nicht zu hastig mit der Erschließung der Schutzgebiete vorangehen dürfe, daß insbesondere eine Zulassung des Handels in Gebieten, in denen eine ausreichende Machtentwickelung noch nicht stattgefunden hat, zu Unruhen und Aufständen führen kann.[278]) Es ist daher wenigstens eine Beaufsichtigung des Handels mit solchen nicht verkehrsreifen Gebieten insbesondere eine Beschränkung des Wanderhandels am Platze,[279]) wenn nicht sogar eine völlige Verkehrssperre, die in Ostafrika,[280]) Südwestafrika,[281]) Kamerun[282]) und Togo[283]) vorkommt. In den wesentlichen Grundzügen sind die Maßregeln in allen afrikanischen Schutzgebieten die gleichen. Durch den Gouverneur werden bestimmte Teile des Schutzgebietes als gesperrtes Gebiet erklärt. Dies hat dann zur Folge, daß Weiße nur mit besonderer Erlaubnis das Gebiet betreten dürfen, auch stammesfremde Farbige sind vielfach in dieser Weise ausgeschlossen oder werden nur beschränkt zugelassen.

Die Bewegungs- und Niederlassungsfreiheit der Eingeborenen wird im sicherheitspolizeilichen Interesse in allgemeinerer Weise in zwei Schutzgebieten beschränkt. In Kamerun dürfen die Weyleute, welche vielfach vagabundierten und Straßenraub trieben, sich nicht außerhalb der Küstenorte aufhalten und im Schutzgebiete umherziehen, wenn sie sich nicht in Begleitung von Weißen befinden.[284]) In Südwestafrika ist die Kontrolle der Eingeborenen eine ganz allgemeine. Herumstreichende Eingeborene ohne Unterhalt werden bestraft.[285]) Für alle Eingeborenen, mit Ausnahme der Kinder unter sieben Jahren und teilweise der Bastards, besteht eine Paßpflicht. Sie müssen eine Paßmarke aus Metall sichtbar tragen, auf der der Name des Bezirks und eine laufende Nummer sich befindet; sie müssen sie stets bei sich haben und auf Verlangen den Polizeiorganen und jedem Weißen vorzeigen. Wollen sie den Bezirk verlassen, so müssen sie einen Reisepaß haben, der ihnen aus wichtigen Gründen verweigert werden kann.[286]) Sie sind auch in ihrer Niederlassung beschränkt. Mehr als zehn Familien oder Arbeitern ist das Wohnen in einer Werft nicht gestattet.[287])

7. *Meldewesen.* In den afrikanischen Schutzgebieten außer Ostafrika und in Neuguinea ist für die sich niederlassenden oder ihren

[278]) Runderl. v. 18. April 1907 XI, 227.
[279]) So z. B. nach der V. v. 20. Okt. 1906 für den Bezirk Ebolova X, 327.
[280]) V. v. 7. März 1906 X, 124.
[281]) V. v. 25. Januar 1906 X, 25 und V. v. 16. Okt. 1908. XII, 436.
[282]) V. v. 13. April 1907 XI, 218 und v. 19. Nov. 1907 XI, 417.
[283]) V. v. 20. Sept. 1907 XI, 376.
[284]) V. v. 22. Mai 1895 VI, 86.
[285]) V. v. 18. Aug. 1907 § 4 XI, 346.
[286]) V. v. 18. Aug. 1907 XI, 347.
[287]) V. v. 18. Aug. 1907 § 7 XI, 346.

Wohnsitz wechselnden Nichteingeborenen eine An- und Abmeldepflicht begründet.[288])

8. Preß-, Vereins- und Versammlungspolizei. Die sich auf Preß-, Vereins- und Versammlungswesen beziehenden strafrechtlichen Normen gelten nach § 3 Sch. G. G. für die Europäer in den Schutzgebieten, so die §§ 21 und 22 des Reichspreßgesetzes, die §§ 128 und 129 des Strafgesetzbuches. Dagegen haben die polizeilichen Normen des Reichsrechtes nicht Eingang gefunden. Soweit nicht das Landesrecht Einschränkungen macht, ist in den Schutzgebieten Preß-, Vereins- und Versammlungsfreiheit in dem Sinne, daß eine Betätigung auf einem dieser Gebiete nicht etwa generell von einer Polizeierlaubnis abhängig gemacht ist. Ein gesetzlich verbrieftes Freiheitsrecht dagegen besteht nicht, daher kann durch Verordnung die Bewegungsfreiheit auf jenen Gebieten jederzeit eingeschränkt werden. — In Ostafrika hat der Gouverneur das Reichspreßgesetz mit einigen geringfügigen Veränderungen durch Verordnung eingeführt.[289]) In dem städtischen Gebiete von Kiautschou müssen Versammlungen und Beratungen der Chinesen zu anderen als religiösen Zwecken ausdrücklich genehmigt werden, ebenso öffentliche Durchzüge durch die Straßen des Stadtgebietes, mit Ausnahme von Hochzeits- und Leichenzügen.[290])

9. Verhängung des Belagerungszustandes. In Zeiten besonderer Gefahr müssen die Staatsorgane berechtigt sein, mit schärferen Maßregeln als gewöhnlich in die Rechtssphäre des Einzelnen einzugreifen. Die gesetzlichen Hindernisse, welche diesem Eingreifen entgegenstehen, müssen dann zeitweise beseitigt oder wenigstens verringert werden. Diese Abschwächung der Wirkung des gesetzlichen Schutzes der bürgerlichen Freiheit durch die Verhängung des Kriegs- oder Belagerungszustandes vorzunehmen ist der Kaiser durch Art. 68 R.-V. ermächtigt. Diese Ermächtigung hat natürlich nur Kraft innerhalb des Geltungsgebietes der Reichsverfassung, also nicht für die Schutzgebiete. Für sie fehlt es dem Kaiser an der Legitimation, die auf dem Wege der Gesetzgebung geschaffenen Normen zum Schutze der persönlichen Freiheit, insbesondere die Vorschriften der Strafprozeßordnung über Beschlagnahme und Durchsuchung, über Verhaftung und vorläufige Festnahme außer Kraft zu setzen. Anders liegt es da, wo den vollziehenden Organen keine formell gesetzlichen Schranken entgegenstehen, sondern der zeitweise zu ändernde Rechtszustand auf dem Wege der Verordnung geschaffen ist. Hier wird jede verordnende Behörde in der Lage sein, nach Bedürfnis neue Bestimmungen an die Stelle der von ihr früher erlassenen zu setzen; die höheren, zu abändernden Verordnungen befugten Stellen können ebenfalls eine Veränderung des geltenden Rechtszustandes eintreten lassen. Es kann auch ein für allemal eine Maßregel für den Fall des eintreten-

[288]) V. v. 4. Febr. 1891 (5. Sept. 1900) I. 227 (V. 143): v. 1. Sept. 1906 X. 306: v. 24. April 1895 II. 155: v. 21. Nov. 1908 XII, 503.

[289]) V. v. 25. März 1899 VIII. 210.

[290]) V. v. 14. Juni 1900 V, 207 und v. 9. Juli 1900 V, 215

den Kriegszustandes im voraus angeordnet sein. Dies ist hinsichtlich des strafgerichtlichen Verfahrens gegen Farbige in den afrikanischen Schutzgebieten geschehen. Es tritt, wenn in einem Teil oder an einem Ort des Schutzgebietes der Kriegszustand erklärt ist, für diesen Bezirk ein summarisches Verfahren ein.[291]) — Zur Verhängung des Kriegszustandes ist an erster Stelle der Kaiser berechtigt, er kann auch einen Beamten mit dem Erlaß der Kriegszustandsbestimmungen beauftragen.[292]) Als berechtigt zur Erklärung des Kriegszustandes sind außerdem für die afrikanischen Schutzgebiete der Kaiserliche Gouverneur oder sein Stellvertreter oder in Fällen dringender Gefahr ein selbständiger Gouvernementsbeamter oder ein selbständiger Militärbefehlshaber bezeichnet worden.[293])

II. Bevölkerungswesen.

1. Personenstand.[294]) Für die Beurkundung des Personenstandes sind in allen deutschen Schutzgebieten die §§ 2, 9, 11, 12, 14 des Bundesgesetzes betreffend die Eheschließung und die Beurkundung des Personenstandes von Bundesangehörigen im Auslande vom 4. Mai 1870 in Kraft getreten. Die Eingeborenen und die ihnen durch Kaiserliche Verordnung gleichgestellten Bevölkerungsteile unterliegen diesen Vorschriften nur, soweit eine Kaiserliche Verordnung dies bestimmt.[295])

Die standesamtliche Organisation wird durch den Reichskanzler geordnet, der auf Grund des Sch.-G.-G. berechtigt ist, die Ermächtigung zur Beurkundung des Personenstandes zu erteilen.[296]) Hierin liegt nicht nur die Befugnis, die Standesbeamten zu bestellen, sondern auch die, ihre Amtsbezirke abzugrenzen. Dementsprechend verfährt die Verfügung vom 27. März 1908 für Afrika und die Südsee.[297]) In erster Linie werden sämtliche Bezirksrichter innerhalb ihrer Gerichtsbezirke ermächtigt. Es werden dann aber aus diesen großen Bezirken Teile in der Weise herausgeschnitten, daß einem Teil der örtlichen Verwaltungsbeamten (Bezirksamtmännern, Residenten, Distrikts- und Stationschefs, Stationsleitern) die standesamtliche Befugnis für ihren Amtsbezirk zugewiesen wird, der damit aus dem Standesamtsbezirk des Gerichtsbeamten ausscheidet. Der allgemeine Vertreter des ermächtigten Beamten vertritt ihn auch in der standesamtlichen Tätigkeit. Wenn die Vornahme der standesamtlichen Handlung durch den örtlich zuständigen Beamten nicht möglich oder wesentlich erschwert ist, so ist jeder andere Standesbeamte des Schutz-

---

[291]) V. d. Reichsk. v. 22. April 1896 § 16 II, 215; V. für Südwestafrika v. 8. Nov. 1896 § 16 II, 294.

[292]) Vgl. die Kriegszustandsbestimmungen f. Südwestafrika v. 11. Juni 1904 VIII, 124, aufgeh. 6. März 1907 XI, 124.

[293]) Vgl. die in Anm. 291 zitierten Verordnungen.

[294]) Sassen, Personenstandsrecht in den Schutzgebieten (Ztschr. f. Kol.-Pol. XII, 297 ff.).

[295]) § 7 Abs. 1 u. 3 Sch.-G.-G.

[296]) Daselbst Abs. 1.

[297]) XII, 112 und die ergänzende Verfügung des Reichsk. v. 21. April 1910 XXI, 409.

gebietes ermächtigt und auf Anordnung des Gouverneurs verpflichtet, für ihn einzutreten. — In Kiautschou ist Standesbeamter der Zivilkommissar, er wird in erster Linie durch den ihm beigegebenen ständigen Hilfsarbeiter, sodann den Oberrichter, endlich einen kaiserlichen Richter vertreten.[298]) — Die ermächtigten Beamten sind stets nur zuständig, solche Geburts- und Sterbefälle zu beurkunden, die sich in ihrem Amtsbezirk oder dem Amtsbezirke eines von ihnen vertretenen Beamten ereignet haben.[299])

Die Beurkundung der Eheschließung nimmt der Beamte von Amts wegen vor. Was die Beurkundung der Geburten und Sterbefälle angeht, so besteht hier keine Anzeigepflicht und auch keine Anzeigefrist, jedoch hat eine längere Verzögerung der Anmeldung einer Geburt eingehendere Beweiserhebungen über die Richtigkeit der gemeldeten Tatsache zur Folge.[300]) Die Beurkundung einer Geburt erfolgt nach Vernehmung des Vaters oder anderer Personen, die eines Todesfalles auf Grund der Erklärung von zwei Zeugen.

Der Beamte führt, wie im Mutterlande, drei getrennte Register und zwar jedes in zwei Originalen, von denen das eine am Jahresschluß dem Reichskanzler übersandt wird.

Für Farbige kommt eine Beurkundung des Personenstandes nur ausnahmsweise vor. In Kamerun werden Standesregister für Eingeborene geführt, die einer Missionsgesellschaft angehören und in christlicher Ehe leben oder leben wollen. In Ostafrika können Register geführt werden, in welche die Eingeborenen berechtigt sind, Eheschließungen eintragen zu lassen.[301])

2. *Freizügigkeit.*[302]) Das Recht der Freizügigkeit begreift in sich die Freiheit, sich innerhalb des Staatsgebietes beliebig niederzulassen oder auszuwandern. Für das Reichsgebiet wird die Freizügigkeit durch das Freizügigkeitsgesetz vom 1. November 1867 geregelt. Für die Schutzgebiete hat es keine Geltung. Nichtsdestoweniger gilt in den Schutzgebieten Freizügigkeit, jedoch ist sie nicht wie im Mutterlande durch Gesetz festgelegt und verbrieft, es gibt kein allgemeines R e c h t der Freizügigkeit,[303]) auf welches sich der Einzelne den Behörden gegenüber stützen kann. Aber es kann sich ein jeder der Freizügigkeit erfreuen als einer bloßen Befugnis, soweit er nicht durch besondere Maßnahmen der Behörde in ihr beschränkt wird. Es bedarf aber einer besonderen Beschränkung der Freizügigkeit auch gegenüber den Eingeborenen, den Schutzgebiets-

---

[298]) Erlaß v. 24. März 1910 im Amtsblatt S. 95.

[299]) Erlaß v. 11. Dez. 1885 § 2; Gerstmeyer S. 161 Anm. 1.

[300]) V. v. 7. Dez. 1896 VI, 138.

[301]) V. v. 25. Juli 1905 IX, 179.

[302]) R e i m e r. Die Freizügigkeit in den deutschen Schutzgebieten 1910; dort auch weitere Literatur.

[303]) Ich habe dies Kolonialrecht S. 62 auch nicht behaupten wollen, wie Reimer S. 14 annimmt; die durch die Grundsätze der Sammlung Göschen notwendig gemachte äußerst knappe Fassung hat hier und an einigen anderen Stellen leider zu Mißverständnissen über meine Anschauungen geführt.

angehörigen; soll z. B. ihre Auswanderung verhindert werden, so bedarf es dazu einer staatlichen Maßnahme, ein aus ihrem Untertanenverhältnis folgendes allgemeines Auswanderungsverbot ist nicht anzunehmen.[304]) Bestände dieses, so bedürfte ein jeder Eingeborene, der das Schutzgbiet verläßt, einer besonderen Erlaubnis der Behörde. Da die Freizügigkeit nicht durch Gesetz, nicht einmal durch Verordnung der Zentrallegislatur festgelegt ist, so kann sie in ihren verschiedenen Teilen — Einwanderungs-, Auswanderungs- und Niederlassungsfreiheit — grundsätzlich durch die örtlichen Behörden beschränkt werden, sei es auf dem Wege der formellen Rechtssetzung, d. h. durch Verordnung, sei es auf Grund der allgemeinen polizeilichen Befugnisse durch polizeiliche Verfügung.[305]) Solche Beschränkungen sind in weitestem Umfange in Rücksicht auf die Arbeiterverhältnisse getroffen worden.[306]) Es werden ferner in den afrikanischen Schutzgebieten und in Neuguinea mittellose nicht angestellte Weiße nicht zur Einwanderung zugelassen.[307]) Die früher erwähnten sicherheitspolizeilichen Beschränkungen kommen auch in Betracht.[308]) Es erhebt sich die Frage: kann Reichsangehörigen durch Verordnung die Auswanderung untersagt werden? Es ist zunächst festzustellen, daß ein Recht der Auswanderung weder für Mutterland noch Schutzgebiete gesetzlich sanktioniert ist.[309]) Es ist also dem Verordnungsrechte der Behörden in dieser Beziehung keine gesetzliche Schranke gezogen. Ist aber nicht doch die Möglichkeit eines Konfliktes mit dem Staatsangehörigkeitsgesetze gegeben? Es darf grundsätzlich den Reichsangehörigen, also auch den in den Schutzgebieten ansässigen die Entlassung nicht verweigert werden (§ 17). Sie müssen aber binnen sechs Monaten ihren Wohnsitz außerhalb des Reichsgebietes, dem das Schutzgebiet in dieser Beziehung gleichzuachten ist, verlegt haben, sonst wird die Entlassung unwirksam (§ 18 Abs. 2). Wenn nun eine Verordnung dem Reichsangehörigen die Auswanderung verbietet, dann ist er nicht in der Lage, das Inland zu verlassen, es wird ihm also durch Maßnahmen der Behörden unmöglich gemacht, seine Reichsangehörigkeit aufzugeben. Es wäre das gewiß ein den Tendenzen des Staatsangehörigkeitsgesetzes widersprechender Zustand, gesetzwidrig wäre er aber nicht, denn es ständen nicht zwei Rechtsnormen in ein und demselben, sondern in zwei verschiedenen Rechtsgebieten im Widerspruch zu einander. Das Staatsangehörigkeitsgesetz gilt nur für das Reichsgebiet und die in ihm ausgeübte Reichsstaatsgewalt, soweit das Kolonialrecht nicht die Rechtstat-

[304]) A. A. Reimer S. 45 f., Hauschild, Staatsangehörigkeit S. 29, stellt sich nicht auf Reimers Standpunkt, wie dieser annimmt, sondern hat die besonderen Auswanderungsverbote ins Auge gefaßt.

[305]) Vgl. oben S. 92 ff.

[306]) Vgl. unten § 18.

[307]) Ostafrika: V. v. 27. II. 09 XIII. 111; Kamerun: V. v. 8. I. 00 VI, 232; Togo: V. v. 15. VI. 09 XIII, 282; Südwestafrika: V. v. 15. XII. 05 IX, 278 u. 12. VI. 09 XIII, 295.

[308]) Oben S. 100.

[309]) Hauschild 68 ff.

sache der Reichsangehörigkeit in sein Gebiet übernimmt;[310]) die Verordnung gilt dagegen nur im Schutzgebiete. Die Beschränkung der Auswanderung Reichsangehöriger ist also zulässig. — Soweit die Reichsangehörigen Freizügigkeit genießen, ist auch Angehörigen einiger fremder Staaten Niederlassungsfreiheit vertragsmäßig gewährt worden.[311])

III. Gesundheitswesen.

Die gesundheitspolizeilichen Maßregeln sind überwiegend landesrechtlicher Natur, jedoch gibt es auch einige allgemeinere Normen.

1. Sanitätswesen. Man kann beim Sanitätswesen der Schutzgebiete verschiedene Kategorien von polizeilichen Maßregeln unterscheiden.

Der Einschleppung von Seuchen begegnen Einfuhrverbote und Quarantäneverordnungen, die je nach Bedarf zeitweilig erlassen werden, und Vorschriften über Beförderung von Leichen.[312]) Die Erkrankung an ansteckenden gemeingefährlichen Krankheiten ist in bestimmten Orten Togos und in Kiautschou anzuzeigen,[313]) ebenso Erkrankungen an Lepra in Samoa.[314]) In Togo ist auch für bestimmte Plätze eine Anzeigepflicht für alle Todesfälle eingeführt. Die Beerdigungen dürfen nur auf Friedhöfen stattfinden.[315]) Im Interesse der wirksamen Bekämpfung der Schlafkrankheit ist für Reisende, die zu Schiff oder mit einer Karawane auf einer Kontrollstation in den Bezirken am Tanganjika eintreffen, eine Meldepflicht begründet, die sich aber nicht auf Weiße, ihnen gleichstehende Farbige und die farbige Dampferbesatzung erstreckt. Die von der Schlafkrankheit befallenen Personen können von der Weiterreise ausgeschlossen und in die Heilanstalten überführt werden.[316]) In Togo wird zur Bekämpfung der Stechmückengefahr das längere Stehenlassen von Wasser in Gefäßen u. dergl., in dem sich Mückenlarven entwickeln können, verboten, es wird auch Buschwerk, welches den Stechmücken als Zufluchtsort dienen kann, vernichtet.[317]) Ein Impfzwang besteht für einzelne Bezirke von Kamerun und Togo in der Weise, daß farbige Arbeiter[318]) oder Farbige überhaupt[319]) zwangsweise geimpft werden können. In Kiautschou ist eine nur für Weiße geltende, dem heimischen Rechte entsprechende Impfordnung gegeben.[320]) Zur Förderung des Gesundheits-

---

[310]) Vgl. oben S. 22.

[311]) Vgl. oben S. 100.

[312]) Vgl. z. B. Togo: V. v. 20. Sept. 1892 I, 269; Ostafrika: V. v. 3. April 1897 II, 344; Kamerun: 23. Nov. 1890 I, 237 u. s. w.; Vorschrift des Bundesrates v. 18. Januar 1906 X, 151 und 154.

[313]) V. v. 29. Mai 1909 XIII, 271; V. v. 24. Juli 1906 X, 370 und V. v. 31. Januar 1911 (Amtsbl. f. Kiautschou XII, 35).

[314]) V. v. 24. Dez. 1907 XI, 433 u. XII, 536.

[315]) V. v. 20. Okt. 1909 XIII, 497.

[316]) V. v. 5. Okt. 1908 XII, 423. Vgl. auch das deutsch-englische Abkommen v. 27. Oktober 1908 XII, 464.

[317]) V. v. 10. Mai 1910 XXI, 619.

[318]) V. v. 10. Juni 1900 VI, 247; V. v. 28. Dez. 1900 VI, 267; V. v. 30. Jan. 1904 VIII, 38.

[319]) V. v. 21. Jan. 1898 III, 19.

[320]) V. v. 17. Juni 1902 VI, 644.

wesens dienen auch die örtlichen Vorschriften über Straßenreinigung und Reinhaltung bestimmter Plätze.[321]) Als allgemeine gesundheitsfördernde Maßnahme erscheinen die von der Zentralverwaltung aufgestellten Grundsätze für den Bau von Häusern in den Tropen;[322]) die in die Schutzgebiete ausreisenden und sich dort aufhaltenden Beamten sind über die im tropischen Klima zweckmäßige Lebensweise amtlich zu belehren.[323])

Eine Reihe von gesundheitspolizeilichen Maßnahmen bezieht sich auf die Nahrungs- und Genußmittel, so die mehrfach vorkommenden Vorschriften über Schlachthauszwang und Trichinenschau.[324]) Von ganz besonderer Wichtigkeit sind diejenigen Normen, welche den Alkoholkonsum der Eingeborenen beschränken. In erster Linie ist eine internationale Vereinbarung der Brüsseler Antisklavereiakte zu erwähnen,[325]) welche für die Teile Afrikas gilt, die zwischen dem 20. Grad nördlicher und dem 22. Grad südlicher Breite liegen. Es gehören dazu auch die vorgelagerten Inseln bis zu einer Entfernung von 100 Seemeilen. In denjenigen Teilen dieser Zone, in denen erweislich, sei es aus religiösen oder aus anderen Gründen, keine Spirituosen konsumiert werden, oder der Genuß derselben sich nicht eingebürgert hat, sollen die Mächte die Einfuhr verhindern, die Fabrikation von Spirituosen soll untersagt sein. Ausnahmen sind nur für geringe Quantitäten erlaubt, wenn sie zum Gebrauche für Nichteingeborene bestimmt sind. Für die Gebiete, welche diesem Verbote nicht unterliegen, sind gewisse hochbemessene Einfuhrzölle und für die im Inlande hergestellten und zum Verbrauch im Innern bestimmten Spirituosen eine Steuer vertragsmäßig festgelegt. Den Tendenzen dieser Abmachungen entsprechen auch die landesrechtlichen Bestimmungen über den Handel mit Spirituosen. Es ist in allen Schutzgebieten eine Konzessionspflicht für ihn, sowie das Gast- und Schankwirtschaftsgewerbe begründet; ferner wird die Verabfolgung von Spirituosen an Farbige ohne besondere Erlaubnis unter Strafe untersagt.[326]) Im Interesse der Farbigen bestehen weiter Beschränkungen für Einfuhr und Handel mit Opium, Morphium [327]) und mit Kokain [328]) besonders in Kiautschou, Neuguinea und Samoa.

[321]) Z. B. Togo: V. v. 23. Juni 1907 XI, 274; Kamerun: V. v. 27. Aug, 1900 VI, 257.

[322]) Runderlaß v. 8. Mai 1899 VI. 207.

[323]) Belehrung v. 23. Juni 1902 VI, 477.

[324]) Togo: V. v. 20. März 1908 XII, 108 und V. v. 7. Mai 1908 XII, 174; Ostafrika: V. v. 9. Nov. 1899 II, 118 u. v. 10. April 1899 IV, 56 u. v. 12. Dez. 1903 VIII, 281; Kiautschou: V. v. 24. Juli 1906 X, 363.

[325]) Generalakte Art. 90—95 I, 166; Vertrag v. 8. Juni 1899 V, 1; Konvention v. 3. Nov. 1906 XI, 40.

[326]) Ostafrika: V. v. 7. Dez. 1907; Südwestafrika: V. v. 16. Aug. 1907; V. v. 30. April 1908; Togo: V. v. 28. März 1900 V, 43; Kamerun: V. v. 20. Dez. 1900 VI, 625; v. 4. Nov. 1904 VIII. 249; Neuguinea: V. v. 14. März 1903 VII, 62; Samoa: V. v. 2. März 1903 VII. 54; Kiautschou: V. v. 15. April 1899 IV, 195 und v. 1. Nov. 1904 VIII, 305. Vgl. auch v. Hoffmann, Deutsches Kolonialgewerberecht.

[327]) Vgl. unten S. 122.

[328]) V. v. 4. Mai 1911 Amtsbl. f. Kiautschou XII, 155.

2. Medizinalwesen.[329]) Das Medizinalwesen der afrikanischen und der Südseeschutzgebiete untersteht dem Medizinalreferenten im Kolonialamte. Es ist dem Amte über den Gesundheitszustand der einzelnen Schutzgebiete Bericht zu erstatten.[330]) In einigen Schutzgebieten gibt es bei den Gouvernements Referenten für Sanitätswesen. In Südwest- und Ostafrika ist die örtliche Gesundheitspflege Sache der Kommunalverbände.[331]) Der ärztliche Dienst wird vorwiegend von beamteten Ärzten ausgeführt, nämlich von Regierungsärzten, denen in Togo zur Bekämpfung der Mückengefahr Gesundheitsaufseher unterstehen,[332]) und von Schutztruppenärzten. Geringer ist die Zahl der Privatärzte, die teilweise Regierungs- oder Missionsunterstützung haben. — Das Apothekenwesen ist für die Schutzgebiete in Afrika außer Südwestafrika und in der Südsee einheitlich, in Kiautschou ähnlich geregelt. Zum Betriebe einer Apotheke bedarf es der Approbation, die im Deutschen Reiche erlangt sein muß, ferner der Konzession, welche der Gouverneur erteilt. Die Kaiserliche Verordnung vom 22. Oktober 1901, betreffend den Verkehr mit Arzneimitteln und die zugehörigen Bundesratsvorschriften finden Anwendung.[333]) Als ärztliches Hilfspersonal sind besonders Schwestern vom Roten Kreuz, Lazarettgehilfen und Sanitätsunteroffiziere tätig.

IV. Geistige Kultur.

1. Bildungswesen. Das Bildungswesen in den deutschen Schutzgebieten hat keine allgemeine rechtliche Regelung empfangen, sondern hat seine Grundlage in landesrechtlichen Bestimmungen. Lediglich angeregt wurde durch den früheren Kolonialrat, die Regierung möge darauf hinwirken, daß, wenn in den Schulen neben der Sprache der Eingeborenen noch eine andere gelehrt würde, die deutsche in den Lehrplan aufgenommen wird.[334]) Eine Bestimmung des Schutzgebietsgesetzes, die über die Freiheit der Missionen, welche gleich näher zu erwähnen sein wird, hat auch für das Schulwesen Bedeutung. Die Missionsfreiheit schließt in sich die Freiheit des religiösen Unterrichts der Kinder. Die Landesgesetzgebung ist nicht in der Lage, soweit nicht sicherheits- oder unfallpolizeiliche Befugnisse sie zum Einschreiten berechtigen, diesen Unterricht zu untersagen. Anders dagegen steht es mit dem Unterricht in anderen Fächern, der in den Missionsschulen erteilt wird. Man wird hier unterscheiden müssen, ob Anstalten ohne Missionscharakter bestehen, in welchen ein Unterricht in solchen Kenntnissen gegeben wird, deren Besitz zum ausreichenden Verständnis der religiösen Lehren unbedingt nötig ist, etwa im Lesen, Schreiben und im Deutschen, oder ob das nicht der Fall ist. Wird er erteilt, dann kann der örtliche Gesetzgeber auf

[329]) Kolonialblatt 1909 S. 921 und 965.
[330]) Anweisung vom 10. Aug. 1901 VI, 374.
[331]) Oben S. 65, 68.
[332]) V. v. 5. Sept. 1907 XI, 363.
[333]) V. v. 12. Jan. 1911 XXII, 41; V. v. 7. Nov. 1900 V, 218 und V. v. 30. Jan. 1902 VI, 601.
[334]) Runderlaß v. 27. Februar 1897 VI, 141.

dem Verordnungswege die Erteilung des Unterrichts in diesen Fächern den Missionsschulen untersagen. Anders ist es dann, wenn keine weltliche Anstalt einen solchen Unterricht spendet, oder wenn infolge ihrer örtlichen Entfernung oder durch Erhebung eines Schulgeldes oder durch andere Belastungen der Besuch der weltlichen Schule eines Ortes, an dem eine Missionsschule besteht, schwächer ist, als der der letzteren infolge Nichtbestehens jener Erschwerungen voraussichtlich sein würde. Ein Verbot der Erteilung des Unterrichtes in jenen Fächern, die den religiösen Unterricht unterstützen, würde in diesen Fällen gegen die gesetzlich gewährte Missionsfreiheit verstoßen. Ein solches Verbot würde den religiösen Unterricht unwirksam machen oder einen wirksamen Unterricht auf eine geringe Personenzahl beschränken, während das Schutzgebietsgesetz eine Beschränkung auf bestimmte Personen nicht kennt und auch — dem Geiste der Bestimmung des § 14 entsprechend — ausschließt.

Die Schulen in den Schutzgebieten sind teils Schulen für Weiße, teils für Farbige. Sie werden geschaffen von der Regierung, von den Missionen oder sonstigen Privatpersonen. An allgemeineren Maßregeln fehlt es noch, das Schulrecht ist wenig ausgebildet. Die innere Einrichtung der Regierungsschulen wird naturgemäß allein durch Reglements bestimmt.[335]) An rechtlichen Bestimmungen kommen in den Schutzgebieten die folgenden in Betracht. — In Togo ist in allen Schulen als Gegenstand des Sprachunterrichtes außer der Landessprache keine andere lebende Sprache zugelassen als die deutsche.[336]) Für die Missionsschulen, welche Beihilfe vom Gouvernement erhalten, bestimmt die Regierung den Lehrplan und führt auch die Schulaufsicht.[337]) — In Südwestafrika ist für weiße Kinder vom vollendeten 6. bis vollendeten 14. Lebensjahr die Pflicht, die Regierungsschulen zu besuchen, eingeführt. Sie bezieht sich auf die Kinder, die am Sitze der Regierungsschule oder in einem Umkreis von 4 Kilometern sich aufhalten. Von der Pflicht befreit sind solche Kinder, die außerhalb der Regierungsschulen einen gleichwertigen Unterricht erhalten. Die Errichtung von Privatschulen, deren Besuch von der Schulpflicht befreien soll, bedarf der Genehmigung des Gouvernements, die aus triftigen Gründen zurückgenommen werden kann. Es dürfen an ihnen nur Lehrer angestellt werden, die die Schulaufsichtsbehörde nach Kenntnissen und Sittlichkeit für befähigt hält. Aufsichtsbehörde ist der Bezirksamtmann, der die Schulverwaltung regelt. Soweit sich Schulvorstände bilden, hat er sie gutachtlich zu hören und zur Mitverwaltung heranzuziehen.[338]) — Auch in Ostafrika ist das Bezirksamt Schulaufsichtsbehörde.[339]) — Besonders ausgebildet ist das Schulwesen in

---

[335]) Vgl. z. B. Samoa: Schulordn. v. 14. Febr. 1904 VIII, 46 und 6. März 1905 IX. 70.
[336]) V. v. 9. Jan. 1905 IX. 23.
[337]) V. v. 2. Febr. 1906 X, 30.
[338]) V. v. 20. Okt. 1906 X. 326 ff.
[339]) V. v. 28. März 1898 III, 25.

Kiautschou. Es gibt hier vom Gouvernement eingerichtete chinesische Volksschulen, in denen der Unterricht frei ist;[340]) weiter eine deutsch-chinesische „Hochschule für Spezialwissenschaften mit besonderm Charakter", deren Einrichtung auf einer Vereinbarung zwischen der deutschen und der chinesischen Regierung beruht,[341]) und eine Gouvernementsschule für Europäer,[342]) an der ein Schulausschuß zum Meinungsaustausch zwischen Eltern und Schule besteht.[343])

2. Schutzgewalt und Religion.[344]) Nach zwei Richtungen kommt das Verhältnis der Schutzgewalt zu den religiösen Zuständen in den Schutzgebieten in Betracht, nach der Seite des Regimentes, d. h. der Eingliederung der öffentlichen Gewalt in eine Kultusgemeinschaft, des ius in sacra, und nach der Seite der Hoheit, des ius circa sacra.

Die Frage des Regimentes muß, wie die sämtlichen Fragen des Kolonialrechtes in erster Linie auf Grund des letzteren, nicht auf Grund des mutterländischen Rechtes beantwortet werden. Es ist daher unerheblich, daß nach Reichsrecht die Reichsgewalt nicht das Kirchenregiment besitzt. Die Bestimmung der Reichskompetenz durch Artikel 4 R.-V. ist für das Verhältnis zwischen Reich und Einzelstaat, nicht aber für das Verhältnis zwischen Reich und Schutzgebiet von Bedeutung. Ergibt nun das Kolonialrecht ein Regiment? An irgendwelchen ausdrücklichen Normen fehlt es, nur aus der Schutzgewalt selbst könnte man Schlüsse ziehen. Das Regiment hat zur Grundlage die Auffassung von der Einheit des staatlichen und des religiösen Gemeinwesens, wie sie in Europa im Mittelalter und zu Beginn der Neuzeit herrschte. Diese Auffassung beherrscht die heutige Rechtsordnung in Deutschland jedoch nicht mehr, wenn sie auch noch ihre starken Nachwirkungen besonders im landesherrlichen Kirchenregiment zeigt. Aus unserem heutigen Begriffe der staatlichen Gewalt können wir jedenfalls ein Recht der Staatsgewalt, die innere Regierung religiöser Gemeinschaften zu führen, nicht ableiten und so können wir dies auch nicht, wo es sich um die Schutzgewalt handelt. Indessen soll damit nicht gesagt sein, daß die Begründung eines Regimentes ausgeschlossen wäre. Ein Wechsel in der Auffassung des Verhältnisses von Staat und Kirche im Sinne einer Annäherung beider würde die Herstellung eines Kirchenregimentes in den Schutzgebieten zur Folge haben können. Das ist allerdings ein wenig wahrscheinlicher Fall. Man darf sich aber nicht auf die Beziehungen zwischen Schutzgewalt und christlichen Religionsgemeinschaften beschränken, sondern muß auch die zu den heidnischen und mohammedanischen ins Auge fassen. Zunächst zwar scheint der Charakter der Schutz-

---

[340]) V. v. 2. Januar 1905 IX, 288 und v. 11. März 1907 XI, 440.
[341]) Statut XIII, 668.
[342]) Bekanntm. v. 24. Juli 1909 XIII, 666.
[343]) Bekanntmachung v. 12. Dezember 1910 Amtsbl. XI, 335.
[344]) v. Hoffmann, Fragen des protestantischen Kolonialkirchenrechts (Zeitschr. f. Kolpol. VI, 492 ff.); Freytag, Religion und Mission im deutschen Kolonialrecht (daselbst X, 300 ff. und 342 ff.)

gewalt, den man in Rücksicht auf ihren Träger als christlichen bezeichnen muß, die Übernahme der Herrschaft in einer nichtchristlichen Religionsgemeinschaft auszuschließen. Indessen so schroff ist das doch nicht abzulehnen. Es sei auf Folgendes hingewiesen. Das Emirat von Adamaua war ein Lehensstaat unter dem Sultan von Yola. Dieser Sultan war nicht nur Lehensherr sondern in gewissem Grade auch geistliches Oberhaupt seiner Lehensmannen, der Lamidos, deren politische Verpflichtung daher wirksam durch eine religiöse verstärkt wurde.[345]) Nach Vertreibung des Sultans von Yola durch die Engländer trat der Gouverneur von Kamerun an die Stelle des Sultans, von ihm sind die Lamidos seitdem abhängig. Der Rechtscharakter der Beziehungen in diesem besonderen Falle soll nicht geprüft werden. Die allgemein politische Frage ist nur an der Hand dieses Beispiels zu erörtern. Wenn die deutsche Regierung, wie hier, in ein Herrschaftsverhältnis mit zugleich politischer und religiöser Grundlage einzutreten in der Lage ist, so ist es m. E. unangebracht, wenn sie, wegen ihres christlichen Charakters, das religiöse Band von sich weist, welches das politische verstärkt und so zur Erhaltung des Friedens beiträgt. Es ist dabei aber selbstverständlich, daß den christlichen Beamten nicht etwa die Vollziehung nichtchristlicher Religionsbräuche auferlegt werden darf, es würde aber wohl möglich sein, einen Angehörigen der betreffenden Religionsgemeinschaft zu solchen Zwecken zu bestellen, vorausgesetzt natürlich daß es sich um Gebräuche handelt, welche geduldet werden können und nicht, wie z. B. Menschenopfer, zu bekämpfen sind.

Den Regiments- stehen die Hoheitsrechte gegenüber. Alle religiösen Gemeinschaften unterliegen grundsätzlich den allgemeinen sicherheits- und ordnungspolizeilichen Vorschriften. Die Beziehungen der Schutzgewalt zu den Gemeinschaften werden dann aber durch eine Reihe von Einzelvorschriften, zu denen jedoch die hier nicht geltenden staatskirchenrechtlichen Normen des Mutterlandes nicht gehören, geregelt.

Die allgemeinste Bedeutung hat der § 14 des Schutzgebietsgesetzes: „Den Angehörigen der im Deutschen Reiche anerkannten Religionsgemeinschaften werden in den Schutzgebieten Gewissensfreiheit und religiöse Duldung gewährleistet. Die freie und öffentliche Ausübung dieser Kulte, das Recht der Erbauung gottesdienstlicher Gebäude und der Einrichtung von Missionen der bezeichneten Religionsgemeinschaften unterliegen keinerlei gesetzlicher Beschränkung noch Hinderung.“ Es wird in dieser Bestimmung die weitestgehende Kultusfreiheit gewährt, indessen nicht einem jeden Kultus. Sie ist nur den Angehörigen der im Deutschen Reiche anerkannten Religionsgemeinschaften gegeben. Die Anerkennung muß durch einen deutschen Staat geschehen sein. Es kommen hier in Betracht die evangelischen Landeskirchen, die katholische Kirche, Herrenhuter, Altlutheraner, Niederländisch-Reformierte, niedersächsische Gemeinden, Deutsch- und Altkatholiken, Mennoniten, Baptisten und Juden.

[345]) Meyer, Das deutsche Kolonialreich I, S. 474.

Unter Angehörigen dieser Religionsgemeinschaften sind nicht solche zu verstehen, welche Mitglieder einer im Reichsgebiete bestehenden Gemeinschaft sind. Würde man das Gesetz in diesem Sinne auslegen, so würde die Kultusfreiheit den Evangelischen, die ihren Wohnsitz im Schutzgebiete haben, nicht zukommen, da sie durch Aufgeben des Wohnsitzes im Bezirke der Landeskirche ihre Zugehörigkeit zu dieser verlieren. Unter Angehörigen sind vielmehr solche Personen zu verstehen, welche Anhänger des Bekenntnisses einer jener Religionsgemeinschaften sind. Nicht von Bedeutung ist die Staatsangehörigkeit, das Vorrecht ist auch nicht auf die Weißen beschränkt, sondern gilt ohne Einschränkung auch für die Farbigen.

Aus der Kultus- und Missionsfreiheit des § 14 Sch.-G.-G. ergibt sich nicht die Korporationseigenschaft der Kultusgemeinschaften, welche die entsprechenden Religionsgesellschaften im Mutterlande besitzen. Können die Gemeinschaften in den Schutzgebieten Rechtspersönlichkeit erlangen und auf welche Weise? Zunächst käme in Betracht das für alle Vereine gegebene Verfahren, d. h. die Verleihung der Rechtsfähigkeit durch den Bundesrat.[346]) Im Mutterlande besteht nun für Religions- und geistliche Gesellschaften die Besonderheit, daß landesgesetzliche Vorschriften, die ein Gesetz zur Erlangung der Rechtsfähigkeit für notwendig erklären nicht durch das Reichsrecht berührt werden (E.-G.-B.-G.-B. Art. 84), sodaß z. B. für Preußen die dahingehende Bestimmung der preußischen Verfassung (Art. 13) in Kraft geblieben ist. Es ist hier also eine neben den Reichsgesetzen in Preußen in Kraft stehende allgemeine Gesetzesvorschrift vorhanden. Solche Vorschriften haben in den Schutzgebieten Geltung, soweit sie dem bürgerlichen Rechte angehören oder sich auf Verfahren und Kosten in bürgerlichen Rechtsstreitigkeiten, in Konkurssachen und in Angelegenheiten der freiwilligen Gerichtsbarkeit beziehen. Als Teil des bürgerlichen Rechtes kann man jene Bestimmung der Verfassung nicht auffassen.[347]) Es handelt sich hier um eine Verfahrensvorschrift, die man höchstens unter den Begriff der freiwilligen Gerichtsbarkeit bringen könnte und die unter diesem Gesichtspunkt als in den Schutzgebieten eingeführt betrachtet würde. Indessen auch bei dieser Annahme ist ein Bedenken hinsichtlich der Geltung vorhanden. In den Schutzgebieten sind zwar materielle und prozessuale Vorschriften des heimischen Rechtes eingeführt. Es genügt dies aber nicht, zu ihrer Durchführbarkeit bedarf es der Zuweisung ihrer Handhabung an die Organe der Schutzgebiete, wie dies durch § 2 Sch.-G.-G. geschehen ist. Für den hier vorliegenden Fall ist das aber versäumt. Wenn der Art. 13 der Preußischen Verfassung die Verleihung der Korporationsrechte durch besondere Gesetze verlangt, so meint er damit Gesetze, welche nach Art. 62 gemeinschaftlich durch den König von Preußen und den Landtag geschaffen werden. Diese Organe sind für die Schutzgebiete nicht zuständig gemacht worden. Andererseits fehlt es auch an einer Übertragung der

[346]) Vgl. unten S. 350.
[347]) Wie Gerstmeyer S. 44 annimmt.

Zuständigkeit an die gesetzgebenden Organe der Schutzgebiete. Daraus folgt nun aber nicht, daß das Erfordernis des gesetzgeberischen Aktes fortfiele und etwa der Bundesrat, oder der Kaiser als das grundsätzlich als zuständig zu vermutende Organ, berechtigt wären, Korporationsrechte an religiöse Gemeinschaften zu verleihen. Die strenge Vorschrift, daß Gesetzesform notwendig ist, schließt sie aus. Wenn nun auch eine Übertragung der Zuständigkeit an die gesetzgebenden Organe des Reiches fehlt, so verhindert dies doch nicht die Wirksamkeit der Vorschrift, da diese Organe jederzeit in der Lage sind, sich für zuständig zu erklären, es würde hierzu auch ein erstes Gesetz genügen, welches in einem praktischen Falle das Korporationsrecht verleiht.

Abgesehen von der Frage der Kultusfreiheit und der Rechtsfähigkeit kommt für die Kultusgemeinschaften die positive Förderung der Entwickelung in Betracht. Durch landesrechtliche Bestimmungen sind Missionen oder Religionsgesellschaften durch Zoll- und Steuernachlässe stark privilegiert worden.[348]) Durch Rücksichten auf sie sind auch die in verschiedenen Schutzgebieten geltenden Vorschriften über Sonntags- und Feiertagsruhe mitbestimmt, welche ihrerseits auf eine Anregung durch einen Runderlaß der Zentralverwaltung vom 12. Mai 1896 zurückgehen.[349])

Neben die für alle Schutzgebiete geltenden allgemeinen Grundsätze über das Verhältnis des Staates zu den Religionsgemeinschaften treten Normen mit beschränkterem Geltungsgebiete. Sie ergeben sich aus internationalen Verträgen.

Die Generalakte der Kongokonferenz (Art. 6) verpflichtet die im Kongobecken Gewalt und Einfluß ausübenden Mächte ohne Unterschied der Nationalität oder des Kultus, alle religiösen Einrichtungen und Unternehmungen zu schützen und zu begünstigen, welche im Interesse der Eingeborenen geschaffen und organisiert sind. Christliche Missionare und ihre Habe bilden den Gegenstand besonderen Schutzes. Gewissensfreiheit und religiöse Duldung werden sowohl den Eingeborenen wie den Landesangehörigen und Fremden ausdrücklich gewährleistet. Die freie und öffentliche Ausübung aller Kulte, das Recht der Erbauung gottesdienstlicher Gebäude und der Errichtung von Missionen, welcher Art dieselben angehören mögen, soll keinerlei Beschränkung und Hinderung unterliegen. Diese Bestimmungen enthalten eine weit ausgedehntere Gewährung der Kultusfreiheit, als der § 14 Sch.-G.-G., sie kommt einer jeden Art von Kultus und Mission zu, auch den mohammedanischen und den heidnischen, die hier den christlichen gleichgestellt werden. Von den deutschen Schutzgebieten werden durch diese Bestimmungen der südliche und östliche Teil von Kamerun und Ostafrika mit Ausnahme des Küstengebietes betroffen. — Die Antisklavereiakte vom 2. Juli 1890 hat dann weiter für die Mächte die Verpflichtung begründet, die eingeborenen

---

[348]) Vgl. hierüber Freytag 354 ff.

[349]) II, 299.

Völker zur Zivilisation zu erziehen, sowie die Ausrottung barbarischer Bräuche, wie des Kannibalismus und der Menschenopfer, herbeizuführen. Hier werden also die Mächte verpflichtet, die Kultusfreiheit der Eingeborenen in gewissem Umfange einzuschränken. Sie werden weiter verpflichtet, ohne Unterschied des Kultus die bereits bestehenden oder noch zu begründenden Missionen zu schützen, d. h. die Missionen, die 1890 bestanden, wenn sie vielleicht auch jetzt nach dem Sch.-G.-G. keinen Anspruch auf Duldung mehr haben, und die nach 1890 zulässiger Weise begründeten. Die Verpflichtungen der Antisklavereiakte gelten für alle afrikanischen Schutzgebiete des Reiches.

Zu den bisher erwähnten Abmachungen, welche die Kultusangelegenheiten ohne Rücksicht auf die Staatsangehörigkeit der Kultusgenossen regeln, kommen andere, welche nur die Angehörigen bestimmter Nationen betreffen. Abgesehen von einem in dieser Beziehung nicht mehr praktischen Vertrage mit Sansibar vom 20. Dezember 1885, kommen Verträge mit England und Spanien in Betracht. Den Engländern gewähren die Erklärung vom 10. April 1886 [350]) und das Abkommen vom 14. November 1899 [351]) die gleiche Freiheit des religiösen Bekenntnisses wie den Reichsangehörigen in Neuguinea, mit Ausnahme der Karolinen, Palau und Marianen,[352]) und in Samoa. Für alle afrikanischen Schutzgebiete sichert das Abkommen vom 1. Juli 1890 [353]) den englischen Missionaren vollen Schutz zu, ferner den Engländern religiöse Duldung und Freiheit für alle Formen des Gottesdienstes und für geistlichen Unterricht. Der Vertrag vom 12. Februar 1899 [354]) gewährt auf den Karolinen, Palau und Marianen den spanischen religiösen Ordensgesellschaften die gleichen Rechte und die gleichen Freiheiten, wie den deutschen religiösen Ordensgesellschaften.

V. Sittenpolizei.

Für die Weißen gelten die Strafrechtssätze des Mutterlandes, die sich auf das Gebiet der Unsittlichkeit beziehen. Die Schutzgebiete sind dem internationalen Abkommen vom 18. Mai 1904 über Verwaltungsmaßregeln zur Gewährung wirksamen Schutzes gegen den Mädchenhandel beigetreten.[355]) In Südwestafrika kann die Einwanderung Personen untersagt werden, welche die Unzucht gewerbsmäßig betreiben oder der gewerbsmäßigen Unzucht Vorschub leisten.[356]) Von sittenpolizeilicher Bedeutung sind auch die Vorschriften, welche sich auf den Spirituosenhandel und das Gast- und Schankwirtschaftgewerbe beziehen.[357])

---

[350]) II, 299.
[351]) IV, 132.
[352]) Unzutreffend nimmt Freytag S. 351 nur die nördlichen Marianen aus. vgl. v. Hoffmann, Kolonialgewerberecht S. 17 f.
[353]) I, 130.
[354]) VI, 77.
[355]) Bekanntm. v. 28. Aug. 1907 XI, 13.
[356]) V. v. 15. Dez. 1905 IX, 278.
[357]) Vgl. oben S. 107.

§ 16.

Die Rohstoffgewinnung.

Für die Rohstoffgewinnung ist von einschneidendster Bedeutung die Regelung des Land-, Berg- und Arbeiterwesens: Von diesen wird an anderer Stelle die Rede sein.[358]) Nur die sonstigen die Landwirtschaft, Viehzucht, das Forst-, Jagd- und Fischereiwesen betreffenden Bestimmungen sollen hier Platz finden. Zugunsten der Rohstoffgewinnung in den Schutzgebieten wirken als Zentralorgane die Botanische Zentralstelle, das Kolonialwirtschaftliche Komitee der Deutschen Kolonialgesellschaft und die Kolonialabteilung der Deutschen Landwirtschaftsgesellschaft. Die Aufgabe dieser zentralen Organisationen besteht in der Anstellung von Versuchen zur Ermittelung derjenigen Wirtschaftsbetriebe und Pflanzen, die sich am besten für die Schutzgebiete eignen, in der Versorgung der Schutzgebiete mit solchen Pflanzen u. s. w. Im selben Sinne wirken auch Institute in den Schutzgebieten, so besonders das Biologisch-Landwirtschaftliche Institut Amani (Ostafrika), die Versuchsanstalt für Landeskultur in Victoria (Kamerun) und die Versuchsgärten des Kaiserlichen Gouvernements von Togo und Südwestafrika und die einzelnen Behörden beigegebenen landwirtschaftlichen Beamten. Zugunsten auch der tropischen Landwirtschaft wirkt das Internationale Landwirtschaftliche Institut in Rom, welchem die Schutzgebiete beitreten können.[359]) Der allgemeinen Förderung der Landwirtschaft dienen auch die Kolonialschulen Wilhelmshof zu Witzenhausen und Engelport bei Treis, welche für die Ausbildung von Kolonisten, Pflanzungsbeamten u. s. w. bestimmt sind.

I. Landwirtschaft.

Die Landwirtschaft in den Schutzgebieten wird durch die bereits erwähnten allgemeinen, der Rohstoffgewinnung dienenden Maßnahmen gefördert. Es ist noch hervorzuheben, daß sie speziell auch durch landwirtschaftlichen Unterricht, der teils von Anstalten der Regierung, z. B. einer Ackerbauschule in Togo,[360]) teils von den Missionen erteilt wird, ihre Förderung empfängt. Zur Förderung der Palmkultur wurde z. B. in Ostafrika den Grundbesitzern auferlegt, jährlich eine bestimmte Zahl von Kokospalmen zu pflanzen.[361])

Auf der anderen Seite erhält sie auch einen gesetzgeberischen Schutz. In Samoa müssen zum Schutze gegen die Einschleppung pflanzlicher und tierischer Schädlinge alle eingeführten Pflanzen und Sämereien amtlich untersucht werden.[362]) In der Regel richten sich die Maßnahmen nur gegen bestimmte Schädlinge, so die Reblaus in Ost-[363]) und Südwest-

[358]) Vgl. unten §§ 18, 24, 25.
[359]) Übereinkunft vom 7. Juni 1907, besonders Artikel 10 Abs. 5 XII, 1.
[360]) X, 346 und XII, 510.
[361]) V. v. 12. Dez. 1893 VI, 69 u. 20. Nov. 1897 VI, 149.
[362]) V. v. 11. Januar 1908 XII, 34.
[363]) V. v. 4. Dez. 1903 VII, 262.

afrika,[364]) Kaninchen in Südwestafrika,[365]) die Schildlaus im Inselgebiet, [366]) die Lantanapflanzen [367]) und die Rindenkrankheit [368]) in Samoa, die Mafutakrankheit[369]) in Ostafrika. Es wird die Einfuhr der Schädlinge nach Möglichkeit verhindert und ihre Ausrottung bei Strafe anbefohlen. Auch der in Kiautschou bestehende Vogelschutz kann zu diesen Maßregeln gegen die Schädlinge gerechnet werden.[370]) Im Sinne einer vernunftgemäßen Landwirtschaft muß ferner der unbeschränkten Ausbeutung oder der Beschädigung gewisser Nutzpflanzen gesteuert werden. So wird in Togo jede Art der Gummigewinnung, die den Bestand der Gummipflanzen gefährdet, verboten; die Gewinnung ist in der Regel nur der ansässigen Bevölkerung gestattet, der Gummihändler muß eine Konzession haben.[371]) Durch Anbohren der Kokospalmen wird eine Flüssigkeit gewonnen, aus der ein berauschendes Getränk, der Palmwein, der in den einzelnen Schutzgebieten verschiedene Namen führt, hergestellt wird. Dieses Verfahren ist für die Palmkultur und die Kopragewinnung äußerst schädlich und es muß ihm daher entgegengewirkt werden. In Ostafrika ist die Bereitung von „Tembo“ eingeschränkt,[372]) auf den östlichen Karolinen ist die Bereitung und der Verkauf von „saurem Toddy“ verboten,[373]) auf den Marianen die Herstellung der „Tuba“ zum Zwecke des Verkaufs oder Genusses als Getränk.[374]) — Entsprechend dem Rechtszustande im Mutterlande kann in Südwestafrika und Kamerun Vieh, welches sich auf fremden Grundstücken herumtreibt, oder über sie getrieben oder geleitet wird, von dem Beschädigten, seinen Vertretern oder den Polizeiorganen gepfändet werden.[375])

II. Viehzucht.

Die Förderung der Viehzucht in den Schutzgebieten bewegt sich in verschiedenen Richtungen. Es gilt zunächst, den Viehbestand nicht durch Ausfuhr übermäßig verringern zu lassen. So ist verboten die Ausfuhr von Rindvieh, Klein- und Federvieh in Togo,[376]) die Ausfuhr von Eseln und weiblichem Rindvieh in Ostafrika,[377]) die Ausfuhr von Angoraziegen, Straußen und Straußeneiern in Südwestafrika.[378]) Auch der Verschwen-

[364]) V. v. 1. Okt. 1902 VI, 543.
[365]) V. v. 25. Mai 1900 V, 84.
[366]) V. v. 1. Juli u. 29. Dez. 1908 XII, 235 u. 560; V. v. 27. Mai XIII, 269.
[367]) V. v. 24. Febr. 1903 VII, 47.
[368]) V. v. 4. Nov. 1909 XIII, 624.
[369]) Runderl. v. 23. Sept. 1901 VI, 393.
[370]) V. v. 9. Nov. 1905 IX, 304.
[371]) V. v. 20. Febr. 1897 II, 329.
[372]) V. v. 6. Juni 1900 V, 86 u. v. 20. März 1902 VI, 464.
[373]) V. v. 30. Dez. 1900 VI, 268.
[374]) V. v. 16- Jan. 1900 V, 16.
[375]) V. v. 5. Okt. 1903 VII, 220; V. v. 16. Juni und 1. Nov. 1898 III, 44 u. 161.
[376]) V. v. 31. Dez. 1904 VIII, 268.
[377]) V. v. 30. Juli 1908 XII, 306.
[378]) V. v. 15. Febr. 1909 XIII, 64 u. 65.

dung, die von den Eingeborenen vielfach mit dem Vieh getrieben wurde, muß gesteuert werden. In Kamerun ist ihnen verboten, anläßlich von Begräbnissen und ähnlichen Feierlichkeiten mehr Vieh zu schlachten, als zum Genuß der Teilnehmer bestimmt und unentbehrlich ist.[379]) — Der Abwehr der Tierkrankheiten dienen Einfuhrverbote, so für Großvieh, sowie Kamele, Ziegen, Hunde u. s. w. aus bestimmten britischen Kolonien in Südwestafrika.[380]) In Ostafrika,[381]) Südwestafrika [382]) und Neuguinea [383]) endlich bestehen Viehseuchenordnungen, welche ähnliche Maßregeln treffen, wie sie im Mutterlande für solche Fälle vorgesehen sind, insbesondere Absperrung und Vernichtung des verdächtigen oder kranken Viehs und Impfung des gesunden. — Die Regierung stellt auch tierärztliches Personal an.

III. Forstwesen.

Es ist eine Aufgabe der Kolonialverwaltung, für die Erhaltung und Vermehrung der Waldbestände in den Schutzgebieten zu sorgen, die meist nicht den Bedürfnissen entsprechen.

In Togo darf Holz nur mit Genehmigung des Gouverneurs auf nicht privaten Grundstücken zu gewerblichen oder Handelszwecken geschlagen werden. Nutzholz darf gewerbsmäßig nicht ausgeführt werden, sonstiges Holz nur mit Genehmigung.[384]) Das Gouvernement fördert andererseits die Aufforstung, indem es den Missionsgesellschaften Prämien zahlt, falls deren Schulen und Gemeinden bestimmte Nutzbaumpflanzungen anlegen.[385])

In Kamerun bedarf es zum Schlagen des Holzes in Gouvernementswaldungen einer schriftlichen Genehmigung. Der Gouverneur hat das Recht, anzuordnen, daß Personen, die entgegen den bestehenden Vorschriften Holz gefällt haben, zur Wiederaufforstung verpflichtet sind. Zum Schutze der nicht schiffbaren Gewässer darf am Ufer ein Waldstreifen von 30 Meter Breite nicht gefällt werden.[386])

In Südwestafrika darf nur der Grundberechtigte und auch nur zu seinem eigenen Bedarfe Bäume fällen, Büsche kappen und Baumrinde abschälen. Die Verursachung von Waldbränden und der Versuch wird streng bestraft.[387])

In Ostafrika unterscheidet man verschiedene Waldgebiete. Teile des Landes werden zu Waldreservaten erklärt, in ihnen steht die Gewinnung der gesamten Walderzeugnisse dem Fiskus zu, der also hier die Forsten selbst bewirtschaftet. Auf Kronland, welches von Privaten in Besitz ge-

---

[379]) V. v. 1. Juni 1901 VI, 343.
[380]) V. v. 23. Juni 1908 XII. 229 und V. v. 3. Juni 1910 XXI, 650.
[381]) V. v. 27. Febr. 1909 XIII, 120 und 122.
[382]) V. v. 25. Febr. 1902 VI, 436 und v. 3. Juni 1910 XXI, 650.
[383]) V. v. 10. Aug. 1899 IV, 90 und v. 12. April 1901 VI, 298.
[384]) V. v. 1. Aug. 1896 II, 263.
[385]) V. v. 17. April 1906 X, 157.
[386]) V. v. 4. April 1900 V, 47 und v. 31. März 1890 VI, 30. V. v. 22. Dez. 1900 V, 173.
[387]) V. v. 1. April 1900 V, 46 und v. 4. Aug. 1894 II, 122.

nommen ist, steht diesen die Nutzung zu. Auf herrenlosem Lande ist grundsätzlich die Nutzung frei, jedoch können Gebühren erhoben werden, die Nutzung kann auch an Bedingungen, insbesondere die Wiederaufforstung geknüpft werden, es kann auch einzelnen Unternehmern das ausschließliche Gewinnungsrecht verliehen werden; es kann endlich auch die Nutzung ganz ausgeschlossen werden.[388]) — Die Verfügung über Privatwaldungen ist nicht frei. Die Abholzung von Schutzwaldungen kann verboten werden, und auch im Übrigen kann die Nutzung im Interesse der Erhaltung des Baumbestandes eingeschränkt werden.[389])

In Kiautschou ist die Erhaltung von Bäumen und Sträuchern der chinesischen Bevölkerung anbefohlen. Die Waldbestände des Lauschangebirges, welche besonders im Besitze chinesischer Klöster sind, fördert das Gouvernement durch Verträge mit diesen Klöstern.[390])

IV. Jagd.

Einer unvernünftigen Ausbeutung der Naturschätze sollen auch die verschiedenen Beschränkungen der Jagd vorbeugen.

Es herrscht in den Schutzgebieten der Grundsatz des freien Tierfanges, jedoch ist für Südwestafrika dem Grundbesitzer das Jagdrecht zugesprochen worden, in Kiautschou kann das Gouvernement Jagdbezirke abgrenzen und verpachten. Besonders hervorzuheben ist beim Jagdrecht der Schutzgebiete, welches für Ost- und Südwestafrika, Kamerun und Kiautschou in den letzten Jahren noch durch neuere Verordnungen geregelt worden ist, daß man darauf Bedacht genommen hat, der Ausrottung mancher Glieder der tropischen Tierwelt vorzubeugen, so des Elefanten, des Schimpansen, des Gorillas, der Giraffe, der Kudukühe, der Paradiesvögel u. a. m. Man verbietet die Jagd auf diese Tiere, oder läßt sie nur zu wissenschaftlichen Zwecken zu, oder es bedarf einer besonderen Genehmigung und Zahlung einer Gebühr. Auch im übrigen wird der Wildstand durch Abgrenzung von Wildschonreservaten oder Schongebieten oder durch Schonzeiten geschützt. Zur Ausübung der Jagd bedarf man eines Jagdscheines, der unter ähnlichen Voraussetzungen, wie im Mutterlande erteilt oder versagt wird. Ohne Erlaubnis kann dem Wildschaden durch Erlegung der schädigenden Tiere vorgebeugt werden. Zu den Eingeborenen stellt sich der Gesetzgeber verschieden. Im allgemeinen unterliegen sie der Jagdscheinpflicht, in Kamerun sind sie aber innerhalb ihres Stammesgebietes davon befreit, während in Südwestafrika sie nicht davon frei sind, ja sogar außerhalb dieses Gebietes überhaupt nie die Jagd ausüben dürfen.[391])

---

[388]) V. v. 27. Febr. 1909 XIII, 127.

[389]) V. v. 17. Aug. 1908 XII, 303.

[390]) Bekanntm. v. 23. Nov. 1904 VIII, 317.

[391]) Kamerun: V. v. 4. März und 6. Mai 1908 XII, 74 u. 172; Südwestafrika: V. v. 15. Febr. 1909 XIII, 65; Ostafrika: V. v. 5. Nov. 1908 XII, 478; Neuguinea: V. v. 27. XII, 1892 II, 1 und v. 13. März 1907 XI, 134; Kiautschou: V. v. 9. Nov. 1905 IX, 305 und 28. Sept. 1910, V. v. 17. Juli 1907 XI, 456 u. v. 14. XII. 1908 XII, 586.

V. Fischerei.

Die Fischerei hat nicht eine allgemeinere Regelung erhalten, nur gelegentlich ist eingegriffen worden. In Kamerun unterliegt der Austernfang Beschränkungen. Das Fischen unter Anwendung von Sprengstoffen oder Gift wird vielfach verboten. Einer Erlaubnis bedarf in Ostafrika und meist in der Südsee die Perlfischerei; weiter auch in Neuguinea die Küstenfischerei zu Erwerbszwecken, sowie der Fang des Trepang (Seegurke), einer Holothurienart, die, nach erfolgter Zubereitung, als Nahrungsmittel nach China ausgeführt wird; endlich auf den Marianen der Fang von Schildkröten.[392])

§ 17.

Gewerbe, Maße, Gewichte, Münzen, Verkehr.

I. Gewerberecht.

Wie die Rohstoffgewinnung so ist das Gewerbewesen überwiegend durch landesrechtliche nicht allgemein geltende Bestimmungen geregelt. Nur in beschränktem Umfange hat eine allgemein gültige Normierung stattgefunden und zwar durch Einführung von Bestimmungen des mutterländischen Rechtes. In den Schutzgebieten gelten die dem bürgerlichen Rechte angehörenden Vorschriften der Reichsgesetze und der daneben in Preußen geltenden allgemeinen Gesetze, sowie die dem Strafrecht angehörenden Vorschriften der Reichsgesetze, soweit sie nicht Einrichtungen und Verhältnisse voraussetzen, an denen es in dem betr. Schutzgebiete fehlt.[393]) Soweit gewerberechtliche Bestimmungen des Mutterlandes hierunter fallen, haben sie in den Schutzgebieten Geltung erlangt, ganz einerlei, in welchen Gesetzen sie sich finden, ob etwa in Gesetzen vorwiegend bürgerlichrechtlicher, wie z. B. das Handelsgesetzbuch, oder in solchen vorwiegend öffentlichrechtlicher Natur, wie besonders die Gewerbeordnung. All diese gewerberechtlichen Normen gelten aber nicht für Farbige.[394])

Nicht allgemein eingeführt sind die gewerberechtlichen Bestimmungen staats- und verwaltungsrechtlicher Art, also insbesondere nicht die überwiegende Zahl der Sätze der Reichsgewerbeordnung. Dagegen sind auf Grund einer gesetzlichen Ermächtigung vom Kaiser als geltend anerkannt worden die für das Gewerbewesen wichtigen Vorschriften der Urheberrechtsgesetze, welche zum großen Teil verwaltungsrechtlicher Natur sind. Es gelten die Gesetze über den Schutz von Werken der Literatur und Kunst, von Photographien, von Erfindungen, von Mustern und Modellen, von Gebrauchsmustern und von Warenbezeichnungen.[395]) Es gelten dem-

[392]) V. v. 26. Dez. 1900 V. 12; V. v. 5. Dez. 1898 III, 167; V. v. 28. Juni 1888 I, 606; V. v. 1. Dez. 1904 VIII, 257; V. v. 13. März 1906 X, 139.
Literatur: v. Hoffmann, Das Deutsche Kolonialgewerberecht 1906.

[393]) Sch.-G.-G. § 3, K.-G.-G. §§ 19 u. 20; vgl. unten S. 178; Gerstmeyer S. 76 übersieht, daß ich in meinem Kolonialgewerberecht S. 7 ein für alle Male auf § 20 K.-G.-G. verwiesen habe.

[394]) Sch.-G.-G. § 4 u. Kais. V. v. 9. Nov. 1900 § 2.

[395]) Sch.-G.-G. § 3, K.-G.-G. § 22, Kais. V. v. 9. Nov. 1900 § 4.

nach das Gesetz betr. das Urheberrecht an Mustern und Modellen vom 11. Januar 1876, das Patentgesetz vom 7. April 1891, das Gesetz betr. den Schutz von Gebrauchsmustern vom 1. Juni 1891, das Gesetz zum Schutz der Warenbezeichnungen vom 12. Mai 1894, das Gesetz über das Verlagsrecht vom 19. Juni 1901, das Gesetz betr. das Urheberrecht an Werken der Literatur und Tonkunst vom 19. Juni 1901 und das Gesetz betr. das Urheberrecht an Werken der bildenden Künste und der Photographie vom 9. Januar 1907. Es sind ferner auf die Schutzgebiete ausgedehnt worden die Bestimmungen der Berner Konvention vom 9. September 1886, die Schutzgebiete sind dem internationalen Verbande zum Schutze von Werken der Literatur und Kunst beigetreten.[396]) Auch diese Bestimmungen finden keine Anwendung auf Farbige.[397])

Abgesehen von den bisher erwähnten gibt es keine allgemein geltenden Gewerberechtssätze für alle Schutzgebiete. Es gibt nur auf Grund internationaler Abmachungen noch Normen, die für mehrere Schutzgebiete gelten. Wenn wir von diesen absehen, so sind, wie gesagt, allgemeine Rechtsvorschriften nicht vorhanden, sondern nur landesrechtliche, aber trotzdem besteht doch auf dem gewerberechtlichen Gebiete in gewissem Sinne eine Rechtseinheit. Man muß bedenken, daß der örtliche Gesetzgeber naturgemäß durch die Rechtsanschauungen seiner Heimat beeinflußt ist und sie im Zweifel zu Grunde legen wird, wenn er Rechtsnormen erläßt und der Verwaltungspraktiker wird sich bei der Handhabung der landesrechtlichen Normen vielfach der gleichen Auslegung bedienen können, den entsprechende Begriffe, wie z. B. Konzession, Schankwirtschaft u. A. m. im Mutterlande finden.

Es wird hier im wesentlichen darzulegen sein, wieweit eine solche Heranziehung der mutterländischen Rechtsbegriffe und Rechtsauslegung zulässig und geboten ist. Es sind gleichzeitig die erwähnten internationalen Verträge zu berücksichtigen, endlich sind gemeinsame charakteristische Züge der Landesgewerbegesetzgebung zu berühren.

1. Die Gewerbefreiheit. Das mutterländische Gewerberecht wird beherrscht vom Grundsatze der Gewerbefreiheit, die gesetzlich festgelegt ist und nur durch Gesetz beschränkt werden kann. In den Schutzgebieten ist dieser Rechtssatz des § 1 der Reichsgewerbeordnung nicht eingeführt worden. Dies bedeutet jedoch nicht, daß grundsätzlich die Gewerbefreiheit ausgeschlossen wäre, sodaß es zum Betriebe eines Gewerbes stets einer staatlichen Erlaubnis bedürfte. Vielmehr besteht eine Vermutung für die Freiheit eines jeden Gewerbebetriebes, als Ausfluß der anzunehmenden rechtlichen Handlungsfreiheit. Zum Gewerbebetriebe sind demnach alle natürlichen Personen befugt, einerlei welchen Alters und Geschlechts sie sind, welches ihre Verfügungsfähigkeit oder Staatsangehörigkeit ist. Auch die juristische Person hat diese Befugnis. Es gilt also wie im Mutterlande grundsätzlich Gewerbefreiheit, aber es besteht ein Unterschied in

[396]) V. v. 15. Okt. 1908 (R.- G.-Bl. 627), Erl. v. 15. Okt. 1908, Bekanntm. v. 14. Nov. 1908 (R.-G.-Bl. 628 f.)
[397]) Sch.-G.-G. § 4 u. Kais. V. 9. Nov. 1900 § 2.

der Geltungskraft dieses Grundsatzes, der sich daraus ergibt, daß — wenigstens nicht allgemein — die Gewerbefreiheit durch einen förmlichen Rechtssatz und insbesondere nicht in der Form eines Gesetzes verkündet worden ist. Infolgedessen kann sie durch jedes zum Erlasse von Rechtsnormen befugte Organ für seinen Bezirk ganz oder teilweise beseitigt werden, soweit der Grundsatz der Gewerbefreiheit nicht ausnahmsweise durch ein höheres Organ aufgestellt worden ist. Sie kann auch auf Grund der allgemeinen polizeilichen Machtbefugnisse eingeschränkt werden. Ausdrücklich anerkannt ist die Gewerbefreiheit in Ostafrika. Es ist hier der Betrieb eines Gewerbes jedermann gestattet, soweit nicht die Gesetze oder Verordnungen Ausnahmen oder Beschränkungen enthalten.[398]) — Eine allgemeinere gesetzliche Festlegung der Gewerbefreiheit ist nun durch internationale Verträge erfolgt. Es ist dadurch Angehörigen fremder Staaten eine relative Gewerbe- und Handelsfreiheit gewährt, d. h. es wird ihnen die gleiche Rechtsstellung wie den Inländern eingeräumt, wenn also die letzteren keine Gewerbefreiheit genießen, so würde sie den Ausländern auch nicht zustehen. Die Abmachungen schließen vielfach nur gewisse Beschränkungen der Ausübung des Gewerbes für die Fremden aus. Damit ist aber nach richtiger Auslegung der Verträge zugleich auch die Beschränkung der Zulassung ausgeschlossen. Eine Gewerbefreiheit in diesem Sinne besteht nun in folgenden Fällen. Alle Völker besitzen sie in den zu den Seitenzonen des konventionellen Kongobeckens gehörenden Teilen von Kamerun und Ostafrika; Monopole und Privilegien, die sich auf den Handel beziehen, dürfen nicht verliehen werden.[399]) Für Engländer ist dieses Recht noch ausdrücklich bestärkt worden.[400]) Weiter in Neuguinea, mit Ausnahme der Karolinen, Palau und Marianen, und in Samoa haben Engländer Gewerbefreiheit,[401]) Franzosen im Inneren von Kamerun,[402]) Portugiesen in den afrikanischen Schutzgebieten,[403]) Spanier auf den Karolinen, Palau und Marianen,[404]) Nordamerikaner in Samoa.[405])

2. *Beschränkung der Zulassung zum Gewerbe.* Aus dem bisher Gesagten ergibt sich, daß die Zulassung zum Gewerbe in den Schutzgebieten frei ist. Sie kann nun, abgesehen von Verboten, ausgeschlossen oder eingeschränkt werden durch ausschließliche Gewerbeberechtigungen und ins-

---

398) V. v. 7. XII. 1907 XI, 421.

399) Generalakte der Berl. Konferenz 26. Febr. 1885 Art. 5, I, 108; Gerstmeyer S. 73 nimmt an, daß Art. 5 der Anwendung des Art. 7 § 2 A.-G.-B.-G.-B. nicht entgegenstehe, da er sich nur auf physiche Personen beziehe. Ich kann mich mit dieser Auffassung nicht befreunden. Es wird in dem Art. 5 die Freiheit des wirtschaftlichen Betriebes zugesichert, auf die Form — soweit sie nicht eine strafbare ist — kommt es dabei nicht an. Die Anwendung von Art. 7 § 2 scheint mir gegen Treu und Glauben zu sein.

400) Abkommen v. 1. Juli 1890 Art. 8 I, 99.

401) Erkl. v. 10. April 1886 I, 87 und Abkommen v. 14. Nov. 1899 IV, 129.

402) Abk. v. 15. März 1894 Art. 4 II, 80.

403) Erkl. v. 30. Dez. 1886 Art. 4 I, 91.

404) Vertr. v. 30. Juni 1899 Art. 2 IV, 77.

405) Abk. v. 2. Dez. 1899 IV, 147.

besondere Monopole. Derartiges kommt in mehreren Schutzgebieten vor. Völlig verboten ist der Handel den Chinesen in Samoa, die nach dem 1. März 1907 eingewandert sind, im Interesse der europäischen Händler.[406]) — Es gibt auch Normen von allgemeinerer Bedeutung, die sich auf das Monopolwesen beziehen. Es wurde schon erwähnt, daß die Kongoakte die Verleihung von Handelsmonopolen in den zu den Seitenzonen des konventionellen Kongobeckens gehörigen Teilen von Ostafrika und Kamerun verbietet.[407]) Das Verbot würde aber nur die Fälle berühren, in welchen der Staat einem Anderen das Privileg erteilt, nicht wo er selbst den Monopolbetrieb einrichtet, denn nur die Verleihung ist untersagt. — Eine Beschränkung des Rechtes, Handelsmonopole und ausschließliche Gewerbeberechtigungen zu schaffen, ergibt sich auch aus den internationalen Abmachungen zugunsten der Gewerbefreiheit von Angehörigen fremder Staaten. Die Begründung von solchen Privilegien wird ihnen gegenüber unzulässig sein, wenn gegenüber den eigenen Untertanen keine Monopole bestehen oder bestehen dürfen. — Alle etwaigen Monopolverbote richten sich natürlich nur gegen Monopole im Rechtssinne, d. h. solche Berechtigungen, welche kraft Rechtssatzes jeden Anderen von einem Gewerbebetriebe ausschließen, nicht aber gegen bloße tatsächliche Monopole, d. h. wenn es einem Unternehmer gelungen ist, an einem Platze tatsächlich einen Erwerbszweig ganz in seine Hand zu bekommen. — In den Schutzgebieten besteht in der Regel das Apothekenmonopol,[408]) ein Pulver- und Waffenmonopol der Regierung in Südwestafrika,[409]) ein Opiummonopol in Samoa,[410]) ferner besteht ein Kehrzwang in Kiautschou [411]) und ebenso ein Opiumzwang, d. h. Einzelraucher dürfen Opium nur von den berechtigten Händlern beziehen.[412])

3. Beschränkungen der Befugnis zum Gewerbebetriebe. Soweit nicht überhaupt schon die Zulassung zum Gewerbebetriebe eingeschränkt ist, besteht die Gewerbefreiheit, indessen doch nur mit landesrechtlichen Einschränkungen. Sie lassen sich auf verschiedenartige Motive zurückführen. Erwägungen sicherheitspolizeilicher Natur sind maßgebend bei den teilweise schon an anderer Stelle erwähnten Bestimmungen, welche den Handelsverkehr mit Waffen und Munition einschränken. Auf das Wohl der Eingeborenen ist der Gesetzgeber bedacht, wenn er dem Vertriebe von Spirituosen, Opium und Morphium Grenzen zieht. In Kiautschou bedarf das Halten von Opiumschenken und der Opiumhandel besonderer Erlaubnis.[413]) Diese Gewerbebetriebe unterliegen auch der poli-

---

[406]) V. v. 1. März 1903 VII, 53.
[407]) Generalakte der Berliner Konferenz v. 26. Februar 1885 Art. 5 I, 108.
[408]) V. v. 12. Januar 1911 XXII, 41; für Kiautschou V. v. 7. Nov. 1900 V, 217.
[409]) V. v. 29. März 1897 II, 334.
[410]) V. v. 30. April 1905 IX, 134.
[411]) V. v. 14. Dez. 1904 VIII, 318.
[412]) V. v. 11. März 1902 VI, 606.
[413]) Am 1. Jan. 1912 werden alle Schenken geschlossen (Amtsbl. XII, 163).

zeilichen Aufsicht.[414]) Einführung und Herstellung von Morphium oder Morphiumspritzen ist nur mit Genehmigung des Gouverneurs zulässig.[415]) Gleichfalls im Interesse der Eingeborenen sind die Normen erlassen, welche, in Kamerun und in den australischen Inselgebieten, ganz allgemein durch Begründung einer Konzessionspflicht dem Handel Schranken setzen, insbesondere dem von Schiffen aus betriebenen, deren Führer und Besatzung in der Lage sein würden, die Eingeborenen zu schädigen und sich dann leicht der Strafe entziehen könnten.[416]) Weiter stellt sich auch vielfach die Notwendigkeit heraus, zum Schutze des redlichen Geschäftsverkehrs einzugreifen, so besonders die Verfälschung von Waren zu verbieten u. s. w. Ferner dienen Einschränkungen der Gewerbefreiheit zum Schutze gegen die übermäßige und schädliche Ausbeutung der natürlichen Schätze des Landes. Endlich auch sind sie bisweilen aus ordnungspolizeilichen Erwägungen geschaffen. — Die Beschränkungen, die sich auf die zunächst zu berücksichtigende Befugnis zum Gewerbebetriebe beziehen, kommen in der Begründung von Konzessionspflichten zum Ausdrucke. Es gibt Konzessionen im engern Sinne und zwar für gewisse Handelsbetriebe ohne Unterschied der Waren mit denen der Handel stattfindet, so die erwähnten Konzessionen für den Handel von Schiffen aus, oder auch Konzessionen für den Handel mit bestimmten Waren, wie Spirituosen,[417]) Waffen,[418]) Kautschuk in Togo,[419]) Opium in Kiautschou [420]) u. s. w. Außer den eigentlichen Konzessionen kommen gelegentlich auch Approbationen vor, so für Apotheker.[421]) Die Erteilung der Konzessionen ist Sache der Behörden, die grundsätzlich frei über Erteilung und Verweigerung entscheiden können, soweit nicht landesrechtlich anderes bestimmt ist. In gleicher Weise grundsätzlich unbeschränkt ist die Dauer der Konzession. Die Übertragung einer persönlichen Konzession auf einen anderen ist unzulässig. Den Ausnahmefall des heimischen Rechtes, daß die Witwe während des Witwenstandes selbst oder durch einen Stellvertreter das Gewerbe fortsetzen darf, kennt das Kolonialrecht im allgemeinen nicht, nur in Kiautschou ist die Witwe des Bezirksschornsteinfegers in dieser Weise berechtigt, durch einen Stellvertreter das Geschäft ihres Mannes ein Jahr lang fortzusetzen.[422]) Für das Konzessionsverfahren bestehen keine allgemein gültigen Vorschriften, es ist das allgemeine Verfahren der Verwaltungsbehörden anzuwenden, das gleiche gilt für das Zwangsverfahren und die Rechtsmittel.

4. *Beschränkung der Ausübung des Gewerbes.* Aus der Gewerbefreiheit folgt die Befugnis, das Gewerbe in jeder beliebigen Art auszu-

---

414) V. v. 11. März 1902 VI, 606.
415) V. v. 19. April 1909 XIII, 662.
416) V. v. 14. März 1903 VII, 62; V. v. 17. Juli 1909 VIII, 153.
417) Vgl. oben S. 107.
418) Vgl. oben S. 98.
419) V. v. 20. Febr. 1897 II, 329.
420) V. v. 11. März 1902 VI, 606.
421) Vgl. oben S. 108.
422) Polizeiv. v. 14. Dez. 1904 § 18 VIII, 324.

üben, insbesondere auch, in beliebiger Zahl Gesellen, Gehülfen, Arbeiter und Lehrlinge anzunehmen, auch das Gewerbe durch einen Stellvertreter ausüben zu lassen. Nach mutterländischem Recht muß der Stellvertreter aber den für das betreffende Gewerbe, insbesondere für ein konzessionspflichtiges, vorgeschriebenen Erfordernissen genügen (G.-O. § 45). Diese Vorschrift gehört dem öffentlichen Rechte an und hat keine Geltung in den Schutzgebieten erlangt. Es würde daher für die Schutzgebiete stets einer gesetzgeberischen oder Verwaltungsanordnung bedürfen, wenn einem Stellvertreter die gleiche Auflage gemacht werden soll, wie dem gewerblichen Stellvertreter im Mutterlande; in dieser Weise muß z. B. in Kiautschou der Vertreter der Witwe des Schornsteinfegermeisters die für die Anstellung des letzteren vorgeschriebenen Bedingungen erfüllen.[423]) — Die sonstigen Beschränkungen, denen die Ausübung des Gewerbebetriebes unterliegt, kann man zu vier Gruppen zusammenfassen. Die erste sind die Beschränkungen der Warenveräußerung, insbesondere der Spirituosen, die besonders an Eingeborene nicht oder nur unter Einschränkungen verabfolgt werden dürfen,[424]) Opiate, Waffen, Sprengmittel. Im Interesse der Erhaltung der Elefanten ist in Kamerun der Handel mit Elefantenzähnen von weniger als zwei,[425]) in Ostafrika fünf Kilogramm [426]) verboten. Minderwertiger oder verfälschter Kautschuk oder Wachs sind in Ostafrika vom Handel ausgeschlossen.[427]) Die zweite Gruppe umfaßt die Beschränkung der Warenanschaffung und der Be- und Verarbeitung. Hierher gehören z. B. die zeitweiligen Verbote des Aufkaufens von Kokosnüssen in solchen Gegenden, in denen zu befürchten steht, daß infolge übermäßiger Ausfuhr Hungersnot eintreten könnte, so in Neuguinea und dem Inselgebiet; ferner das schon erwähnte Verbot der Herstellung von Spirituosen in gewissen Teilen Afrikas [428]) u. a. m. Die dritte Gruppe der Beschränkungen umfaßt die gewerblichen Taxen. Aus dem Grundsatze der Gewerbefreiheit folgt, daß der Gewerbetreibende die Preise, welche er fordern will, selbständig feststellt. Wie im Mutterlande auf Grund der Gewerbeordnung, so in den Schutzgebieten auf Grund der kolonialgesetzgeberischen Befugnisse, werden durch die Behörden gelegentlich Taxen festgestellt, so besonders für Verkehrsgewerbe in Kiautschou.[429]) Die vierte und letzte Gruppe endlich umfaßt die Vorschriften über die Ruhe im gewerblichen Betriebe. In Kamerun und Togo ist das Löschen und Laden im Schiffsverkehr an Sonn- und Feiertagen in der Regel verboten.[430]) Diese Vorschriften sind besonders durch Rück-

---

[423]) Polizeiv. v. 14. Dez. 1904 § 18 Abs. 2 und § 2 VIII, 320.
[424]) Vgl. oben S. 107.
[425]) V. v. 21. Nov. 1907 XI, 491.
[426]) V. v. 1. Juni 1903 VII, 122.
[427]) V. v. 15. April 1901 VI, 298.
[428]) Vgl. oben S. 107.
[429]) V. v. 1. Nov. 1904 VIII, 308.
[430]) Kamerun: V. v. 24. Mai 1909 XIII, 260 und v. 5. März 1910 XXI, 415; Togo: V. v. 24. März 1910.

sichten religiöser Natur veranlaßt worden. Von den Motiven zu den Beschränkungen der drei ersten Gruppen war schon früher die Rede.

5. *Gewerbebetrieb im Umherziehen.* Für den Gewerbebetrieb im Umherziehen hat das deutsche Kolonialrecht einige landesrechtliche Normen entwickelt. Es gilt für ihn zwar nicht die gesetzliche Begriffsbestimmung der Reichsgewerbeordnung (§ 55), indessen wird sich die koloniale Praxis doch vielfach an diese Bestimmung anschließen können. Beschränkungen des Wandergewerbes kommen besonders in allen afrikanischen Schutzgebieten vor. Sie bestehen vor allem darin, daß ein Wandergewerbeschein verlangt wird, ferner darin, daß manche Waren, insbesondere Waffen, Schießbedarf und Spirituosen vom Wandergewerbe ausgeschlossen werden.[431])

6. *Marktverkehr.* Das Marktwesen in den Schutzgebieten ist nur ausnahmsweise vom Gesetzgeber berücksichtigt worden. Vorwiegend gelten hier vielmehr die Sitten und Gebräuche der Eingeborenen. Eine allgemeine und eingehende Regelung des Marktwesens findet sich nur in Ostafrika. Sie ist bemerkenswert durch das Verbot des Vorkaufes und durch den Marktzwang.[432]) Sie gilt für bestimmte, namentlich genannte Plätze und deren nächste Umgebung. Dem Marktzwange unterliegen die Erzeugnisse der einheimischen Rohstoffgewinnung sowie aus diesen hergestellte Lebens- und Genußmittel, soweit nicht besondere Ausnahmen gemacht sind. Der Verkauf dieser Gegenstände darf nur am Marktorte, insbesondere in der Markthalle stattfinden.

7. *Organisation.* Wo das Bedürfnis des Zusammenschlusses der Gewerbetreibenden vorhanden ist, kann ihm bis jetzt durch freie kaufmännische Vereinigungen, die sich gewöhnlich den Namen Handelskammer geben, genügt werden. In Kiautschou hat die Handelskammer einen wichtigen Einfluß auf das politische Leben, da sie einen Vertreter in den Gouvernementsrat entsendet.[433]) In Tsingtau ist auch eine chinesische Handelskammer vom Gouverneur zugelassen worden.[434])

Der allgemeinen Förderung des Gewerbewesens dient die Einrichtung von Handwerker- und Lehrlingsschulen in Ostafrika, Kamerun, Togo und Kiautschou; auch die Missionen geben sich vielfach mit der Anlernung von Handwerkern ab.[435])

II. Maße, Gewichte, Münzen, Banknoten.

1. *Maße und Gewichte.* Keine einheitliche Ordnung besteht auf dem Gebiete des Maß- und Gewichtswesens. Das Landesrecht ist hier entweder so vorgegangen, daß für den öffentlichen Verkehr nur die deutschen

---

[431]) Ostafrika: V. v. 7. Dez. 1907 XI, 421; Kamerun: V. v. 4. März 1908 XII, 70; Togo: V. v. 1. Aug. 1899 IV, 85; Südwestafrika: V. v. 7. Nov. 1908 XII, 489.

[432]) Die zahlreichen, rein örtlichen Verordnungen sind aus den Registern der „Deutschen Kolonialgesetzgebung“ zu ersehen.

[433]) Vgl. oben S. 52 f.

[434]) Bekanntm. v. 19. Aug. 1910 Amtsblatt XI, 213.

[435]) Vgl. darüber die Denkschriften.

Maße und Gewichte zugelassen werden, so in Südwest-[436]) und mit Beschränkung auf die Zollverwaltung in Ostafrika,[437]) mit Beschränkung auf die vor die Verwaltungsbehörden gebrachten Rechtssachen in Togo;[438]) oder aber ihre Anwendung ist bei gewissen Geschäften, so in Togo beim Zumessen und Zuwägen von Palmkernen und -öl, vorgeschrieben;[439]) oder weiter es ist die Anwendung bei Rechtsgeschäften zwischen Nichteingeborenen, oder zwischen solchen und Eingeborenen angeordnet, so in Kamerun.[440]) Oder endlich nebeneinander werden das deutsche und das hergebrachte einheimische System angewendet. In diesem Falle wird zweckmäßig das Wertverhältnis beider zu einander amtlich festgestellt, wie das in Ostafrika [441]) und Kiautschou [442]) geschehen ist. — Für Togo besteht eine Normalzeit, die sich nach der Pegeluhr in Lome bestimmt,[443]) in Kiautschou gilt die mittlere Sonnenzeit des 121. Längengrades östlich von Greenwich.[444])

2. Geldwesen. Die Gestaltung des Geldwesens in den deutschen Schutzgebieten ist durch die Währungsverhältnisse beeinflußt, welche die deutsche Schutzgewalt vorfand. Die Schutzgebiete gehörten drei verschiedenen Währungsgebieten an. Das erste ist dasjenige des mexikanischen Silberdollars, hierhin gehört Kiautschou. Das zweite ist das der indischen Rupie, ihm gehört Ostafrika an. Soweit in diesen beiden Gebieten die deutsche Regierung eine Regelung der Münzverhältnisse vorgenommen hat, war sie genötigt, sich den bis dahin herrschenden Verhältnissen mehr oder weniger anzupassen. Nicht in diesem Umfang war das in dem dritten Gebiete notwendig, welches die drei übrigen afrikanischen und die Südseegebiete umfaßt. Der Verkehr vollzog sich hier als Tauschhandel, wobei die Preisbestimmung oft nach bestimmten Warenmengen und -gattungen erfolgte, die z. B. in Kamerun als Kru, Beloko, Key, Piggen, Bar, Dollar bezeichnet wurden. Oder aber es dienten als Geld bestimmte Muscheln, so Kauri in Afrika, Diwarra, Tapsoka, Tambu u. a. m. auf den Südseeinseln, oder auch große Steine. Oder es diente als Wertmesser der österreichischen Maria-Theresien-Taler mit der Jahreszahl 1780, der zu diesem Zwecke immer weiter geprägt wurde; er war besonders in Bornu und den Haussahstaaten in Umlauf, sowie in anderen vorgeschrittenen Gebieten von West- und Zentralafrika; von den deutschen Schutzgebieten wurden Kamerun, Togo und Ostafrika durch ihn berührt. An der ganzen Westküste von Afrika waren endlich die verschiedensten Münzen, britische, deutsche und solche der lateinischen Münzunion im Gebrauch. — Nach der deutschen Besitzergreifung ging man in dem hier

[436]) V. v. 8. XI. 1899 IV, 129.
[437]) V. v. 14. Juni 1909 XIII, 313.
[438]) V. v. 28. Juli 1909 XIII, 395.
[439]) V. v. 15. Februar 1897 II, 328.
[440]) V. v. 6. April 1894 II, 87,
[441]) V. v. 1. März 1899 IV, 44.
[442]) V. v. 18. Sept. 1905 IX, 301.
[443]) V. v. 15. Dez. 1907 XI, 429.
[444]) V. v. 9. März 1903 VII, 291.

geschilderten dritten Gebiete nicht einheitlich vor. Nur in einigen Schutzgebieten und auch nur teilweise wurde die Markrechnung eingeführt. Die Neuguineakompanie hatte auch das Recht, eigene Münzen in ihrem Gebiete zu prägen, ein Recht, welches sie verlor, als ihr ihre Hoheitsrechte genommen wurden. Die Neuguineamünzen sind zum 15. April 1911 außer Kurs gesetzt worden.[445]) Durch eine Verordnung des Reichskanzlers vom 1. Februar 1905, betreffend das Geldwesen der Schutzgebiete außer Deutsch-Ostafrika und Kiautschou,[446]) wurde dann ein einheitlicher Zustand geschaffen. Jedoch trat die Verordnung nicht ohne weiteres in Kraft, sondern es wurde den Gouverneuren der einzelnen Schutzgebiete überlassen, durch öffentliche Bekanntmachung den Zeitpunkt des Inkrafttretens zu bestimmen.[447]) Dies ist überall geschehen, nur in Samoa ist noch eine ältere Verordnung vom 15. Juni 1901 in Kraft.[448])

In den deutschen Schutzgebieten außer Ostafrika und Kiautschou gilt nach der Verordnung die Reichsmarkrechnung (§ 1). Auch in Samoa ist das der Fall (§ 1). — Dagegen gilt nicht die gleiche Währung wie im Reichsgebiete. Während im Reichsgebiete Währungsgeld, d. h. Geld, welches in jedem Betrage in Zahlung genommen werden muß, nur die Reichsgoldmünzen sind, sind in den Schutzgebieten gesetzliches Zahlungsmittel sowohl die Reichsgoldmünzen wie die Reichssilbermünzen (§ 2); die letzteren sind also nicht, wie im Mutterlande, Scheidemünzen. Es besteht auch nicht eine Verpflichtung der Regierung, die Silbermünzen gegen Goldmünzen umzutauschen, trotzdem die Silbermünzen ja nicht vollwertig sind (§ 3). Nach allem besteht in den Schutzgebieten hinkende Doppelwährung. — Scheidemünzen sind die Reichsnickel- und Kupfermünzen, Zahlungsmittel sind sie sowohl im Privatverkehr wie im Verkehr mit den amtlichen Kassen bis zum Betrage von fünf Mark. Hinsichtlich der Scheidemünzen ist die Regierung verpflichtet, sie nach eigener Wahl in Gold- oder Silbermünzen umzutauschen, indessen nicht unbeschränkt; abgesehen davon, daß die Gouverneure die Umtauschkassen bezeichnen und die Bedingungen des Umtausches festsetzen, besteht auch die Umtauschpflicht nur bei Einlieferung von Nickel- und Kupfermünzen in Beträgen von mindestens einhundert Mark (§ 3). In Samoa sind noch bestimmte englische und amerikanische Goldmünzen ferner auch die deutschen Nickel- und Kupfermünzen in unbeschränkter Zahl gesetzliches Zahlungsmittel, so daß man hier von einer Quadrupelwährung sprechen könnte (§ 2). Annahme- und Umtauschpflicht beziehen sich nicht auf durchlöcherte, verfälschte und anders als durch den gewöhnlichen Umlauf im Gewicht verringerte Münzstücke (§ 4). Die Vorschriften über das Passiergewicht und über die durch den Verkehr abgenutzten Silber-,

---

[445]) V. v. 5. Sept. 1908 XX, 7.
[446]) IX, 43, dazu IX, 45.
[447]) Südwestafrika: Bekm. v. 15. Nov. 1905 IX, 271; Kamerun: Bekm. v. 15. März 1906 X, 140 u. 24. Jan. 1908 XII. 43; Togo: Bekm. v. 1. Mai 1907 XI, 231; Neuguinea: Bekm. v. 14. Sept. 1906 XI, 39.
[448]) VI, 345. Denkschrift 1907/8 A. S. 40 ff.

Nickel- und Kupfermünzen entsprechen den reichsrechtlichen Bestimmungen (§ 5, Samoa §§ 5 und 6).

Abgesehen von den für alle Schutzgebiete gültigen Bestimmungen, mußten Vorschriften landesrechtlicher Natur erlassen werden, welche die besonderen örtlichen Verhältnisse berücksichtigten. Die Gouverneure sind demgemäß zum Erlasse von Verordnungen ermächtigt worden (§ 8). Sie haben die zur Aufrechterhaltung eines geregelten Geldumlaufs erforderlichen polizeilichen Vorschriften zu erlassen. In diesem Sinne ist die Einfuhr von Maria-Theresien-Talern in Kamerun [449]) und Togo [450]) von der Genehmigung des Gouverneurs abhängig gemacht worden. Sie haben das Recht, fremden Goldmünzen gesetzliche Zahlungskraft in einem bestimmten Kursverhältnis zur Reichsmark beizulegen. Dies ist bisher noch nicht geschehen. Der Gouverneur kann ferner bestimmen, ob fremde Münzen von den amtlichen Kassen zu einem öffentlich bekannt zu machenden Kurse in Zahlung genommen werden dürfen, er hat in diesem Falle auch den Kurs festzustellen. Solche Münzen sind in Südwestafrika englische Pfunde und Schillinge,[451]) in Kamerun englische und französische Gold- und Silbermünzen,[452]) in Togo englische Gold- und Silbermünzen,[453]) in Neuguinea englische und amerikanische Goldmünzen und bis 15. April 1914 Neuguineamünzen,[454]) in Samoa englische und amerikanische Goldmünzen (§ 3). Die Gouverneure sind schließlich auch ermächtigt, den Wert zu bestimmen, über welchen hinaus fremde Münzen nicht in Zahlung angeboten und gegeben werden dürfen. Von dieser Ermächtigung haben die Gouverneure noch nicht Gebrauch gemacht, jedoch von der weitergehenden, den Umlauf fremder Münzen ganz zu untersagen. In Togo dürfen Maria-Theresien-Taler weder in Zahlung gegeben noch genommen werden,[455]) in Neuguinea keine fremden Münzen außer denen, die von den öffentlichen Kassen in Zahlung genommen werden dürfen.[456]) Ähnlich einem Verbote fremder Münzen ist eine Maßregel, welche der Gouverneur von Neuguinea gegen den Umlauf des Muschelgeldes ergriffen hat. Im Allgemeinen wird es, wo der Gebrauch des Muschelgeldes oder der Tauschhandel noch stark ist, wie z. B. in Kamerun, nicht angängig sein, dagegen einzuschreiten. In Neuguinea haben sich aber gewisse Mißstände infolge des Gebrauches des Muschelgeldes gezeigt, gegen welche der Gouverneur Maßnahmen ergriffen hat. Das Muschelgeld, die sogenannte Diwarra (Tabu, Tambu), wird in einigen Bezirken der Nordküste von Neu-Pommern gewonnen und hergestellt. Der Gebrauch dieses Geldes war der Entwicklung des Handels schädlich. Für die europäischen Firmen war es oft sehr schwierig, sich das zum Einkaufe der Landeser-

[449]) V. v. 17. Juni 1907 XI, 272.
[450]) V. v. 2. Mai 1907 XI, 231.
[451]) Bekm. v. 15. Nov. 1905 IX, 271.
[452]) Bekm. v. 1. Mai 1907 XI, 231.
[453]) Bekm. v. 24. Januar 1908 XII, 44.
[454]) Bekm. v. 14. Sept. 1906 XI, 39 und V. v. 5. Sept. 1908 XII, 376.
[455]) V. v. 2. Mai 1907 XI, 231.
[456]) Bekm. v. 14. Sept. 1906 XI, 39.

zeugnisse nötige Muschelgeld zu verschaffen. Sie waren dabei ganz von den Eingeborenen abhängig und der Kurs wurde oft unverhältnismäßig in die Höhe getrieben. Die Eingeborenen selbst pflegten sich Anfang April in ihren Booten nach denjenigen Teilen der Nordküste von Neu-Pommern zu begeben, wo die Diwarra angefertigt wird. Zum Ankaufen benutzten sie hauptsächlich Tapsoka, ein in Neu-Mecklenburg hergestelltes Muschelgeld. Durch diese Fahrten wurden sie aber für längere Zeit einer wirklich wirtschaftlichen Tätigkeit entzogen; außerdem arteten die Fahrten oft in Raubzüge aus.[457]) Infolgedessen wurde verboten, an der Nordküste Neu-Pommerns Muschelgeld oder Diwarramuscheln einzuhandeln oder nach anderen Gegenden des Schutzgebietes zu verschiffen, oder über Land nach anderen Teilen der Gazellehalbinsel einzuführen. Das Nehmen und Geben von Diwarra, Tambu und Tapsoka im gewerbsmäßigen Handelsverkehr wurde verboten.[458]) Muschelgeld aller Art darf von Europäern und nicht einheimischen Farbigen, die im Dienste solcher stehen, oder Handelsgeschäfte treibenden Eingeborenen weder in Zahlung gegeben, noch genommen oder als Tauschmittel gebraucht werden.[459])

Während früher in Neuguinea und noch jetzt in Ostafrika und in Kiautschou die Schutzgewalt nicht nur die Münzhoheit, sondern auch das Münzmonopol ausübt, indem sie besondere Münzen für das einzelne Schutzgebiet herstellt oder herstellen läßt, ist das für die Schutzgebiete, für welche die Verordnung vom 6. Februar 1905 bestimmt ist, nicht der Fall. Hier hat die Schutzgewalt auf die Ausübung des ihr zustehenden Prägerechtes bis jetzt verzichtet, sie hat den Münzen eines fremden Münzrechtsgebietes, nämlich des Mutterlandes, die Rechtseigenschaft des Geldes für die Schutzgebiete beigelegt.

In den Schutzgebieten gibt es kein Papiergeld. Reichskassenscheine sind zwar von allen amtlichen Kassen zu ihrem Nennwerte in Zahlung zu nehmen, im Privatverkehr findet aber ein Zwang zur Annahme nicht statt (§ 6).

Anders als in den übrigen Schutzgebieten steht es in Ostafrika und in Kiautschou.

Ostafrika[460]) gehört in das Herrschaftsgebiet der indischen Rupie, zu der die in Britisch-Ostafrika ausgeprägte sogen. Mombasa-Rupie kam. Ferner hatte der Maria-Theresien-Taler Kurs. Während nun die britisch-indischen Rupien weiter in Ostafrika ihren Kurs behalten haben und sogar von den öffentlichen Kassen abgegeben werden,[461]) werden nach und nach Einfuhr und Umlauf der Mombasa-Rupie sowie des Maria-Theresien-Talers in Ostafrika verboten. Eine eigene deutsch-

[457]) Denkschrift 1900/01 Sten. Ber. d. Reichst. X. Leg.-Per., 2. Sess. Anlageband V, 2946.

[458]) V. v. 18. Okt. 1900 VI, 260.

[459]) V. v. 26. Juli 1901 VI, 362.

[460]) V. v. 18. u. 20. Sept. 1893 II, 38; Runderl. v. 29. Okt. 1896 II, 294; V. v 17. Nov. 1896 II, 295; V. v. 4. Dez. 1903 § 3 VII, 263; V. v. 28. Febr. 1904 VIII, 52; V. v. 29. Okt. 1908 XII, 468.

[461]) Bekm. v. 11. Mai 1904 VIII, 110 u. v. 5. Juni 1908 XII, 210.

ostafrikanische Münze trat an ihre Stelle. Die Markrechnung einzuführen hielt man nicht für angängig, da die Rupie zu sehr im Verkehr festen Fuß gefaßt hatte; es wurde deshalb eine deutsche Rupie zu 64 Pesas eingeführt. Das Recht dazu stand der deutsch-ostafrikanischen Gesellschaft zu.[462]) Diese Münzen stimmten im Feingehalt mit den indischen völlig überein und machten auch deren Kursschwankungen mit. Nachdem dann die Gesellschaft auf ihr Privileg verzichtet hatte,[463]) übernahm das Reich selbst die Regelung des Münzwesens. Es wurde die Rupie in unverändertem Feingehalt beibehalten, ihr aber gleichzeitig ein festes Wertverhältnis zur Reichsmarkrechnung gegeben, wonach 3 Rupien so viel wie 4 Mark sind. Die Rupie wurde in 100 Heller geteilt. Es werden als Silbermünzen 2, 1, ½ und ¼ Rupien geprägt, als Nickelmünzen durchlochte 10 Hellerstücke, als Kupfermünzen 5-, 1- und ½ Hellerstücke. Volles Währungsgeld sind die Silbermünzen; es herrscht also Silberwährung. Scheidemünzen sind die Nickel- und Kupfermünzen, für die Annahmezwang bis zu 2 Rupien besteht. Auf Verlangen wird Scheidemünze im Betrage von mindestens 50 Rupien von bestimmten öffentlichen Kassen umgetauscht. Auf beschädigte, gewaltsam verringerte oder verfälschte Münzen beziehen sich Annahme- und Umtauschpflicht nicht. Ein Passiergewicht besteht nicht. Die durch den Verkehr abgenutzten Münzen werden auf Rechnung des Schutzgebietes eingezogen.

In Kiautschou hat die Regierung nicht in gleicher Weise wie in Ostafrika eingegriffen, sondern vorwiegend die vorgefundenen Zustände gelassen. Es war dort, wie erwähnt, der mexikanische Silberdollar in Umlauf. Er ist als volles Währungsgeld anzusehen.[464]) Es kommen weiter in Betracht chinesische Taels die zum Dollar in einem Verhältnis von 72 : 100 stehen. Umlauf haben als Scheidemünze 5, 10 und 20 Cent chinesischer und honkonger Prägung in Silber und chinesische 10 Käschstücke in Kupfer. Die Regierung beschränkte sich auf die Kontrolle dieser Münzen auf ihre Echtheit und Güte.[465]) 1909 hat man dann mit der Einführung einer deutschen Nickelscheidemünze begonnen im Nennwerte des zehnten und zwanzigsten Teils des Dollars. Sie sind bis zum Betrage von drei Dollars anzunehmen, die Gouvernementskasse tauscht sie in beliebigen Beträgen gegen Dollars um. Der Gouverneur kann den Umlauf der Silberscheidemünze einschränken oder untersagen.[466])

3. Banknoten. Als zulässige Zahlungsmittel kommen in den Schutzgebieten auch Banknoten vor. Es sind vor allem die Reichsbanknoten. Im Geltungsgebiete der Münzverordnung des Reichskanzlers sind auch alle amtlichen Kassen ermächtigt, die von der Reichsbank ausgegebenen Noten in Zahlung zu nehmen (§ 7). Sind in dieser Weise im Mutter-

---

[462]) Vertrag v. 20. Nov. 1890 § 7 I, 384.
[463]) Vertrag vom 15. Nov. 1902 VI, 547.
[464]) Bekm. v. 30. April 1903 VII, 301.
[465]) Bekm. v. 16. Juni 1900 V, 213; V. v. 22. Juli 1904 VIII, 297; V. v. 20. Dez. 1906 X, 373.
[466]) V. v. 11. Okt. 1909 XIII, 678.

lande ausgegebene Noten in den Schutzgebieten zugelassen, so hat andererseits der Gesetzgeber auch die Ausgabe von Noten in den Schutzgebieten selbst für zulässig erklärt. Nach einer Kaiserlichen Verordnung vom 30. Oktober 1909 [467]) kann die Befugnis zur Ausgabe von Banknoten nur durch eine vom Reichskanzler zu erteilende Konzession erlangt werden. Sie muß Bestimmungen über alle, teilweise in der Verordnung ausdrücklich genannten Punkte enthalten, deren Regelung im Interesse der Sicherheit des Notenumlaufs und des Geldverkehrs erforderlich erscheint. Solche Konzession hat die Deutsch-Asiatische Bank für Kiautschou, wo sie Noten zu 1, 5, 10, 25, 50 Dollars und 1, 5, 10, 20 Taels ausgibt.[468]) Für Ostafrika ist die Deutsch-Ostafrikanische Bank berechtigt, Noten zu 5, 10, 20, 50, 100 und einem Mehrfachen von 100 Rupien auszugeben.[469])

III. Verkehrswesen.

1. Post und Telegraphie. Das Verkehrswesen in den deutschen Schutzgebieten hat, soweit es die verwaltungsrechtliche Seite angeht nur in einem Falle eine allgemeine Regelung erfahren. Über das Telegraphenwesen sind Kaiserliche Verordnungen [470]) ergangen. Das Recht, Telegraphen- und Fernsprechanlagen für die Vermittelung von Nachrichten in den Schutzgebieten zu errichten, steht ausschließlich dem Reiche zu. Die Ausübung des Rechtes kann für einzelne Strecken oder Bezirke an Privatunternehmer oder Gemeinden verliehen werden. Die Verleihung erfolgt durch den Reichskanzler oder die von ihm ermächtigte Behörde.[471]) Der Gouverneur beaufsichtigt die Innehaltung der bei der Verleihung gestellten Bedingungen. Unbefugt errichtete oder betriebene Anlagen sind außer Betrieb zu setzen oder zu beseitigen. Den Antrag auf Einleitung des hierzu erforderlichen Zwangsverfahrens stellt die Reichs-Telegraphenverwaltung. Die Innehaltung der Vorschriften wird auch durch Strafandrohungen gesichert. — Die Schutzgebiete sind dem internationalen Funkentelegraphenvertrage beigetreten.[472]) — Es besteht, wie gezeigt, in den Schutzgebieten das Telegraphenregal der mutterländischen Telegraphenverwaltung. Nicht dagegen besteht ein in den Schutzgebieten ja auch nicht durchführbares Postregal, obwohl auch hier die mutterländische Verwaltung den Verkehr besorgt. Die Leitung des Post- und Telegraphenwesens liegt in den Händen von deutschen Fachbeamten, welche auf verschieden bemessene Zeit in die Schutzgebiete versetzt werden. Die nicht mit Fachbeamten besetzten Post- und Telegraphen-

---

[467]) VIII, 3.

[468]) Konzession v. 8. Juni 1906 X, 356.

[469]) Konzession v. 15. Jan. 1905 IX, 23; Bekm. des Gouv. v. 1. Dez. 1905, 15. Febr. 1906, 15. Mai 1906, 29. Aug. 1907, IX, 274, X, 33 u. 192, XI, 363.

[470]) Vom 16. Oktober 1901 VI, 589 für Kiautschou, vom 15. Juni 1906 X, 237 für die anderen Schutzgebiete; über die Geltung dieser V. vergl. v. Hoffmann und Fleischmann in Kol.-Ztg. 1906 S. 365, 396, 412.

[471]) Eine solche Verleihung für Ostafrika vgl. XII, 102 f.

[472]) Bekm. v. 5. Dez. 1908 XII, 22.

anstalten werden durch Landesbeamte, Angehörige der Schutztruppen, Missionare verwaltet, auch Eingeborene werden verwendet.[473]) Die öffentlich rechtliche Stellung der Reichspost bemißt sich in den Schutzgebieten nach Landesrecht. Für Samoa besteht ein Postregal, soweit es sich um Briefsachen im weiteren Sinne handelt, welche zwischen Samoa und einem außerhalb gelegenen Gebiete, in dem Posteinrichtungen bestehen, befördert werden sollen.[474]) In Südwestafrika sind Privatwagen verpflichtet, Postsachen, für deren Beförderung die Postverwaltung volle Vergütung zu gewähren bereit ist, zum Transport anzunehmen. Die Anwohner der Straßen sind verpflichtet, bei Unfällen der Post gegen vollständige Entschädigung schleunigst Hülfe zu leisten.[475]) Es wird endlich bei Gelegenheit der Erteilung von Bahnkonzessionen den Bahngesellschaften die Beförderung der Postsachen ohne Entgelt oder zu ermäßigten Frachtsätzen auferlegt. — Die Schutzgebiete sind dem Weltpostverein beigetreten und haben seit dem 1. Oktober 1907 bei Beschlußfassungen zwei Stimmen.[476]) — Das Reich hat Fürsorge dafür getroffen, daß eine regelmäßige Verbindung zwischen Mutterland und Schutzgebieten, sowie teilweise den Schutzgebieten unter einander unterhalten wird. Es hat Postdampfschiffsverbindungen auf die Weise geschaffen, daß es ihre Einrichtung und Unterhaltung durch den Reichskanzler geeigneten deutschen Unternehmern übertrug und für die Übernahme dieser Verpflichtung gewisse Summen zahlte.[477])

2. Wege. Das Wegewesen wird durch allgemeine Normen insoweit bestimmt, als die Enteignung durch Kaiserliche Verordnung für Afrika und die Südsee geregelt ist.[478]) Wenn ein Wegeunternehmen eine Enteignung notwendig macht, so vollzieht sie sich nach den Regeln dieser Verordnung. Zugunsten des Baues und der Unterhaltung öffentlicher Wege können auch Bodenmaterialien gegen Entschädigung entnommen werden. — Im übrigen bestimmt sich das Wegewesen nach örtlichen Normen, so ist in einer südwestafrikanischen Wegeverordnung die Benutzung der Wege und der angrenzenden Wasserstellen und Weideplätze, sowie die Verpflichtung der Anlieger, diese zu schützen und zu unterhalten geregelt.[479]) — Zur Herstellung der Wege, gelegentlich auch der Bahnen, bedient sich die Regierung in weitem Umfange der Steuerarbeit der Eingeborenen.[480])

3. Eisenbahnen. Die Eisenbahnen in den Schutzgebieten sind teils staatliche, teils private. Die Privatbahnen werden auf Grund von Kon-

---

[473]) Herzog in Ztschr. f. Kol.-Pol. IX, 94 f.
[474]) V. v. 15. Nov. 1900 V, 162.
[475]) V. v. 6. Aug. 1896 II, 264.
[476]) Weltpostvertrag und Nebenverträge v. 6. Mai 1906 XI, 1.
[477]) Vgl. die Reichsgesetze betr. die Postdampfschiffsverbindungen mit überseeischen Ländern v. 6. April 1885, 27. Juni 1887, 1. Februar 1890, 20. März 1893, 13. April 1898, 25. Mai 1900, 3. Juni 1908.
[478]) V. v. 14. Febr. 1903 VII, 39; vgl. unten S.
[479]) V. v. 15. Mai 1898 III, 40.
[480]) Vgl. unten S. 137.

zessionen, die mit Landkonzessionen [481]) verbunden werden, angelegt. Es besteht zwar kein ausgesprochener Rechtssatz, daß es einer Konzession bedürfe. Indessen man darf behaupten, daß sich die Praxis schon zur festen Regel entwickelt hat.[482]) Zur Verwaltung der staatlichen und Beaufsichtigung der privaten Bahnen bestehen Eisenbahnkommissariate, in Südwestafrika die Kaiserliche Eisenbahnverwaltung als selbständige Behörde; der Bahnverkehr wird durch Polizeiverordnungen geregelt.[483])

4. Schiffahrt. Die Gesetzgebung der Schutzgebiete bezieht sich im Wesentlichen nur auf das Landungs- und Brückenwesen beim Verkehr zur See. In Südwestafrika besteht als selbständige Behörde das Kaiserliche Hafenamt.[484])

§ 18.

Das Arbeiterwesen.

Von grundlegender Bedeutung für das Wohlergehen einer Kolonie ist die Regelung der Arbeiterfrage. Sie weicht von der im Mutterlande erheblich ab. Sie zeigt zwei Seiten, denn in den Kolonien ist scharf zwischen weißen und farbigen Arbeitern zu unterscheiden, die nach gesonderter Rechtsordnung leben.

I. Weiße Arbeiter.

Auf die weißen Arbeiter anwendbar sind die für die Europäer eingeführten Sätze des mutterländischen Rechtes, insbesondere haben für die gewerblichen Arbeiter in den Schutzgebieten die dem bürgerlichen Rechte angehörenden Vorschriften der Gewerbeordnung Kraft.[485]) Nicht dagegen sind in den Schutzgebieten die Arbeiterversicherungsgesetze eingeführt. Durch landesrechtliche Bestimmungen ist in Ostafrika,[486]) Kamerun[487]) und Togo[488]) den Arbeitgebern die Verpflichtung auferlegt, ihre aus Europa stammenden Angestellten auf eigene Kosten in ihre Heimat zurückzubefördern, wenn der Arbeitsvertrag durch Zeitablauf oder durch Entlassung bezw. Kündigung seitens des Arbeitgebers erloschen oder endlich infolge Krankheit der Angestellte gezwungen ist, das Schutzgebiet zu verlassen. Die Pflicht erlischt mit dem Ablauf von zwei, in Ostafrika einem Monat nach Beendigung des Vertragsverhältnisses oder mit dem Eintritt des Angestellten in den Dienst eines andern Arbeitgebers. In Ostafrika und Togo ist Voraussetzung der Verpflich-

---

[481]) Vgl. unten S. 196 f.
[482]) Jäckel, Landgesellschaften S. 297.
[483]) Ostafrika: Verf. v. 14. Okt. 1910 XXI, 42; Kamerun: Verf. v. 29. Mai 1909 XIII, 271; Südwestafrika: Verf. v. 21. März 1910 XXI, 448 ff.
[484]) Von einer Charakterisierung der in Frage kommenden, nach den örtlichen Bedürfnissen verschiedenen Normen durfte hier wohl abgesehen werden.
[485]) v. Hoffmann, Kolonialgewerberecht S. 69 ff.
[486]) V. v. 27. Febr. 1909 XIII, 111.
[487]) V. v. 1. Jan. 1900 VI, 232.
[488]) V. v. 5. Jan. 1909 XIII, 282.

tung, daß es dem Angestellten an ausreichenden Barmitteln fehlt. Sie erstreckt sich in Kamerun auch auf Verpflegung und ärztliche Behandlung bis zum Beginn der Heimreise.

II. Farbige Arbeiter.

Die gesetzgeberischen Maßregeln, welche die farbigen Arbeiter betreffen, haben in den deutschen Schutzgebieten zwar völlig landesrechtlichen Charakter, indessen die Regelung geht auf einheitliche Prinzipien zurück, welche den Erfahrungen fremder Kolonialvölker entnommen wurden. Daher ist es angängig, das Recht der farbigen Arbeiter hier zusammenfassend zu behandeln unter Berücksichtigung auch des fremden, besonders des englischen Rechtes.[489]) Zur Verwaltung der Arbeiterangelegenheiten sind in erster Linie die allgemeinen Verwaltungsbehörden berufen. Es gibt dann aber auch Spezialbehörden, nämlich Arbeiterkommissare in Kamerun und Togo, Distriktskommissare in Ostafrika, einen Kulikommissar in Samoa.

1. Arbeitszwang und Arbeitsfreiheit. Wo man, wie in den tropischen Kolonien, der farbigen Arbeiter bedarf, muß man sie sich entweder so verschaffen, daß man die Eingeborenen verwendet, oder daß man, wo diese wegen ihrer geringen Zahl oder wegen ihrer persönlichen Eigenschaften den gestellten Anforderungen nicht genügen, farbige Arbeiter von auswärts einführt. Es ist nun die Aufgabe des Kolonialgesetzgebers, zunächst zu bestimmen, ob der farbige Arbeiter dem Arbeitgeber auf dem Fuße der Rechtsgleichheit gegenübersteht oder nicht.

In der älteren Kolonialperiode bestand Unfreiheit des Arbeiters, d. h. Sklaverei. Die im 18. Jahrhundert stark einsetzende Antisklavereibewegung bewirkte, daß vom 1. März 1807 ab allen Engländern der Sklavenhandel untersagt wird. England ist dann auch die treibende Kraft, welche die weitere Entwickelung bestimmt. In dem auf sein Betreiben mit Österreich, Frankreich, Preußen und Rußland geschlossenen Quintupelvertrage räumen sich die Beteiligten das Recht ein, durch ihre Kriegsschiffe in bestimmten Teilen des atlantischen Ozeans des Sklavenhandels verdächtige Schiffe eines der vertragschließenden Völker zu untersuchen und gegebenen Falles die Bestrafung herbeizuführen. Den Schlußstein bildete die Berliner Generalakte vom 26. Februar 1885 und die Brüsseler Generalakte vom 2. Juli 1890, deren Bestimmungen entsprechend die Bekämpfung des Sklavenhandels zu Lande und zur See wie in den afrikanischen Kolonien der anderen vertragschließenden Mächte, so auch in den deutschen Schutzgebieten durchgeführt wird, für welche das Reichsgesetz betr. die Bestrafung des Sklavenraubs und des Sklavenhandels gilt.[490]) — Die Beseitigung des Sklavenhandels genügte nicht. Auch die Aufhebung der Sklaverei überhaupt wurde bewirkt. Vom 1. August 1834 waren in den

[489]) Zum ausländischen Arbeiterrecht vgl. besonders in der Bibliothèque Coloniale Internationale: La main d'œuvre aux colonies 1895—97; auch Reinsch, Colonial Administration S. 358.

[490]) R.-Ges. v. 28. Juli 1895 (R.-G.-Bl. 425); Gerstmeyer S. 75

britischen Kolonien die Sklaven frei und auch in den Kolonien anderer Staaten wurde die Befreiung der Sklaven durchgeführt. Während nun aber die Bekämpfung des Sklavenhandels sich auf alle Klassen der Bevölkerung bezog und bezieht, gilt die grundsätzliche vollkommene Aufhebung der Sklaverei nur für die europäische Bevölkerung, d. h. der Europäer kann keine Sklaven mehr haben, dagegen war es nicht angängig, in radikaler Weise aus dem Rechte der Eingeborenen das Institut der Sklaverei zu streichen. Allzu große gesellschaftliche und wirtschaftliche Erschütterungen würden die Folge gewesen sein. Wenn also auch eine Aufhebung der Sklaverei für die farbigen Sklavenhalter eintreten soll, so kann das nur unter Berücksichtigung der besonderen örtlichen Verhältnisse, nicht ganz allgemein geschehen.

In den deutschen Schutzgebieten haben die Europäer nie das Recht des Sklavenhaltens gehabt. Das für sie geltende Recht kennt die Sklaverei nicht. Es muß aber auch dafür gesorgt werden, daß nicht eine verschleierte Sklaverei eintritt. In Kamerun bestand früher die Schuldhaft [491]) und zwar wurden vielfach für die Schuldner weibliche Personen, besonders ihre Frauen in Pfand oder Haft genommen, weggefangen oder verkauft und damit tatsächlich diese Frauen zu Sklaven gemacht. Dieses Verfahren wurde aber verboten.[492]) Auch in Ostafrika mußte die Unsitte der Verpfändung freier Familienangehöriger bekämpft werden.[493]) Zur Verhütung einer Sklavenausfuhr ist hier auch bestimmt, daß unerwachsene Farbige auf dem Seewege grundsätzlich nur in Begleitung ihrer Eltern oder eines Europäers das Schutzgebiet verlassen dürfen.[494])

Für die Sklaverei nach Eingeborenenrecht kommen Ostafrika, Kamerun und Togo in Betracht. Die eben erwähnten Maßregeln gegen die Verpfändung richten sich auch gegen die Eingeborenen.

In Ostafrika hat man die Abschaffung der noch vorhandenen Haussklaverei energisch angestrebt.[495]) Seit 1901 ist jede Neubegründung eines Sklavereiverhältnisses durch Selbstverkauf, durch Verkauf seitens der Verwandten, durch Schulden oder sonstige Verpflichtungen, sowie als Strafe für Ehebruch ausgeschlossen, die nach dem 31. Dezember 1905 geborenen Kinder von Haussklaven sind frei.[496]) Das bestehende Sklavereiverhältnis kann beendigt werden dadurch, daß sich der Sklave durch Zahlung einer Ablösungssumme, die die Verwaltungsbehörde festsetzt, freikauft. Den Freibrief stellt die Behörde aus. Damit sich der Sklave das zum Freikauf Nötige erwerben kann, sind ihm zwei Tage der Woche oder, wo es Gewohnheitsrecht ist, noch mehr zu eigener Arbeit freizugeben, oder es ist ihm für diese Zeit der Ertrag der Arbeit vom Herrn zu lassen. Die Befreiung tritt weiter ein, wenn der Herr seine Pflicht gegen den

[491]) Aufgehoben durch V. v. 29. Jan. 1902 VI, 138.
[492]) V. v. 7. Dez. 1896 VI, 138.
[493]) Runderl. v. 30. Dez. 1899 V, 12.
[494]) V. v. 31. Mai 1899 VI, 211.
[495]) V. v. 29. Nov. 1901 VI. 426.
[496]) V. v. 24. Dez. 1901 VIII, 267.

Haussklaven schwer verletzt. Die Behörde befreit ihn dann von Amtswegen. — Auch zu Gunsten derjenigen, die noch Sklaven bleiben, ist der Gesetzgeber eingeschritten. Das Herrenrecht darf nur mit Zustimmung des Haussklaven und mit Genehmigung der Verwaltungsbehörde übertragen werden. Die Behörde hat unter anderem darauf zu achten, daß Familienmitglieder nicht ohne ihre Zustimmung voneinander getrennt werden. Der Herr wird endlich verpflichtet, den Haussklaven auch im Alter und bei Krankheit zu unterhalten und zu pflegen. Er kann sich von dieser Verpflichtung nicht dadurch befreien, daß er den arbeitsunfähig gewordenen Sklaven freiläßt.

In Togo[497]) ist die Neubegründung der Sklaverei in ganz der gleichen Weise ausgeschlossen, wie in Ostafrika. Die nach der Verkündung der Haussklavereiverordnung geborenen Kinder sind frei. Verboten wird die Schuldknechtschaft. Der Sklave erlangt die Freiheit durch ein zwischen dem Herrn und einem Dritten oder ihm selbst geschlossenes, die Lösung des Sklavenverhältnisses bezweckendes Rechtsgeschäft,[498]) ferner auch infolge des Mißbrauchs des Herrenrechtes. Ein Haussklave darf nicht veräußert werden.

In Kamerun[499]) gilt dasselbe wie in Togo, nur wird von den von Sklaven Stammenden die Freiheit nicht unmittelbar erworben. Das bei dem Dualastamm bestehende Gewohnheitsrecht, wonach die Kinder von Haussklaven (Mukom) Halbfreie (Mujaberi) werden, findet im ganzen Schutzgebiet Anwendung. Die Kinder der Mujaberi erlangen dann unmittelbar mit ihrer Geburt die Freiheit.

Der europäische Unternehmer in den europäischen Kolonien kann sich jetzt farbige Arbeiter nur auf dem Wege des Vertragsschlusses sichern und ist demgemäß auf die Geneigtheit des Eingeborenen, Arbeitsverträge zu schließen, angewiesen. Diese Geneigtheit ist in der Regel nur da vorhanden, wo wirtschaftliche Bedürfnisse den Erwerb durch Eintritt in ein Arbeitsverhältnis nötig machen. Eine solche Zwangslage besteht für die Bevölkerung Chinas und Indiens und daher sind die chinesischen und indischen Kulis ein stets gegebenes Arbeitermaterial, auch für fremde Kolonien, soweit nicht ihre heimischen Regierungen die Ausfuhr verhindern. Kein Zwang zur Arbeit ist vielfach bei den Völkern afrikanischer Rasse, besonders in der südlichen Hälfte Afrikas gegeben. Sie sind, so lange sie in den gewohnten Lebensverhältnissen bleiben, in der Lage, mit ganz geringen Anstrengungen oder auch unter Abwälzung der Arbeit auf die Frauen, sich das zum Unterhalte Notwendige zu verschaffen. In eine Zwangslage, die sie zu größeren Anstrengungen veranlaßt und dem europäischen Unternehmer zuführt, geraten sie erst, wenn sich ihre Bedürfnisse steigern. Dieser Zustand kann durch Vorgänge rein wirtschaftlicher Natur hervorgerufen werden, indem nämlich die Eingeborenen zu einer besseren Lebenshaltung veranlaßt werden, und

[497]) V. v. 21. Febr. 1902 VI, 462.
[498]) V. v. 15. Jan. 1893 II, 2.
[499]) V. v. 21. Febr. 1902 VI, 462 f.

dies wird besonders durch das Vorbild des Europäers und die Bemühungen des europäischen Händlers herbeigeführt. Oder aber die Gesetzgebung kann hier eingreifen und den Eingeborenen so stark besteuern, daß er sich den Steuerbetrag verdienen muß, indem er bei dem Europäer in Arbeit geht. In diesem Sinne ist die englische Gesetzgebung in den afrikanischen Kolonien vorgegangen. In Basutoland, Rhodesien, sowie in den ost- und westafrikanischen Protektoraten wurde eine Hüttensteuer eingeführt, die z. B. in Basutoland ein Pfund Sterling betrug, in anderen Kolonien bestehen Kopfsteuern im Betrage von ein bis zwei Pfund, die jeder erwachsene männliche Eingeborene zu entrichten hat. Diese Belastungen sind besonders als Zwangs- und Erziehungsmittel zur Arbeitsamkeit zu verstehen. Auch die Auferlegung von Naturalabgaben kommt in Betracht, diese aber naturgemäß nur als Zwang zur Anlage eigener Eingeborenenkulturen.

In Ostafrika wird von den Häusern und Hütten der Eingeborenen eine Steuer erhoben, die in städtischen Ortschaften 6—12, in ländlichen 3 Rupien beträgt und dem Besitzer auferlegt ist. Im Innern ist eine von den männlichen, erwachsenen und arbeitsfähigen Eingeborenen zu zahlende Kopfsteuer an Stelle der ländlichen Hüttensteuer zulässig, auch können Naturalleistungen an die Stelle der Geldzahlung gesetzt werden.[500]) — In Kamerun besteht in einigen Küstenbezirken eine Wohnungssteuer, die für den farbigen Inhaber 12 oder 6 Mark beträgt, vom Steuerpflichtigen, der nicht zahlt, kann auch die Abarbeitung an höchstens 24 Tagen im Jahre erzwungen werden.[501]) In den sonstigen Bezirken von Kamerun, mit Ausnahme der Tribut zahlenden Eingeborenenstaaten in den Residenturen Garua und Kusseri, wird innerhalb des friedlichen Machtbereiches der Verwaltung von den arbeitsfähigen männlichen Eingeborenen eine Geldsteuer oder eine Steuerarbeit von höchstens 30 Arbeitstagen im Jahre gefordert. Der Geldbetrag bemißt sich nach der Höhe des der Steuerarbeit entsprechenden ortsüblichen Tagelohnes, die Jahressteuer beträgt demgemäß 4 oder 6 Mark.[502]) — In Togo besteht für die mehr städtischen Bezirke von Lome und Anecho eine klassifizierte Einkommensteuer, die Zahlung, die nicht beigetrieben werden kann, ist durch Arbeit zu ersetzen.[503]) Für die übrigen Bezirke sind nach Wahl der Behörde Steuerarbeiten an höchstens 12 Tagen, Lieferung von Erzeugnissen und Geldabgaben eingeführt.[504]) — Im alten Schutzgebiete von Neuguinea können Gemeinden oder Landschaften für steuerpflichtig erklärt werden und dann hat jeder männliche, arbeitsfähige Eingeborene eine Kopfsteuer von 5, 7 oder 10 Mark zu zahlen, Säumige haben die Summe abzuarbeiten.[505]) Im Inselgebiet greifen nach Wahl der Behörden Kopfsteuer,

[500]) V. v. 22. März 1905 IX, 93 ff.; v. 8. Dez. 1908 XII, 535; v. 20. Sept. 1909 XIII, 450.
[501]) V. v. 15. April 1907 XI, 223.
[502]) V. v. 20. Oktober 1908 XII, 443 ff.; Bekm. v. 22. Okt. 1908 XII, 460.
[503]) V. v. 27. Mai 1910 XXI, 756.
[504]) V. v. 20. Sept. 1907 XI, 375.
[505]) V. v. 18. März 1907 XI, 145 und V. v. 25. April 1910 XXI, 621.

Steuerarbeit bis zu 15 Tagen und Naturalleistungen Platz.[506]) — In Samoa endlich wird eine Kopfsteuer erhoben.[507])

Einer Erörterung bedarf noch die, wie gezeigt, in der Regel zulässige Steuerarbeit. Es wird hier der Eingeborene, ebenso wie der Sklave, zur körperlichen Leistung unmittelbar angehalten. Indessen dieses Rechtsverhältnis bedeutet nicht Sklaverei, es hat streng öffentlich-rechtlichen Charakter, wie auch in Europa von den Untertanen persönliche Leistungen, wie Hand- und Spanndienste, verlangt werden. Der Arbeitszwang kann — ähnlich wie in den britischen ost- und westafrikanischen Protectorates und auf den Fidschiinseln — nur zu Gunsten von gemeinnützigen Einrichtungen ausgeübt werden, wie Wegebau, Rast- und Unterkunftshäuser, Markthallen, sanitäre Einrichtungen, Stationsbefestigungen.[508]) Als nicht zulässig wird es in den deutschen wie in den britischen Kolonien angesehen, auf Grund der staatlichen Hoheitsrechte die Arbeitskraft der Eingeborenen für Privatunternehmer in Anspruch zu nehmen. Der europäische Unternehmer ist vielmehr durchweg genötigt, da die farbigen Arbeiter ihm gegenüber frei sind, sie sich auf dem Wege des Vertragsschlusses zu sichern. Die Stellung von Pflichtarbeitern zum Bau einer privaten Bahn, wie es die Hinterlandbahn in Togo ist, wird man als Ausnahme nicht betrachten können, da es sich hier doch um ein Unternehmen im öffentlichen Interesse handelt. Die Verwendung der Arbeiter wird auch durch den staatlichen Arbeitervogt beaufsichtigt.[509])

2. Arbeiterausfuhr und -einfuhr. Die Arbeiter a u s f u h r kommt für den Kolonialgesetzgeber in doppelter Hinsicht in Betracht. Auf der einen Seite ist zu berücksichtigen, daß in Kolonien, in welchen nicht gerade, wie in Indien, ein Überfluß an Arbeitern ist, man darauf bedacht sein muß, die Ausfuhr zu beschränken, wo nicht überhaupt zu verhindern, um der Kolonie eine Arbeiterschaft zu erhalten. Des weiteren hat der Gesetzgeber darauf zu achten, daß, soweit die Ausfuhr gestattet wird, die Interessen der Ausgeführten geschützt werden.

Die Beschränkung der Ausfuhr in britischen Kolonien Westafrikas (Gambia, Goldküste, Sierra Leone) spricht sich darin aus, daß die Ausfuhr nur von Fall zu Fall erlaubt wird. In Indien wird sie zwar allgemein aber nur für bestimmte Gebiete, heutzutage nur noch für bestimmte britische Kolonien erteilt. Vorwiegend im Interesse der Erhaltung des Arbeiterstandes einer Kolonie bestehen auch die Auswanderungserschwerungen.[510]) In den westafrikanischen Schutzgebieten ist die Auswanderung Eingeborener nur mit Genehmigung des Gouverneurs gestattet,

---

[506]) V. v. 7. Okt. 1910 XXII, 4.

[507]) V. v. 16. März und 1. Juli 1901 VI, 290 u. 356.

[508]) Runderl. v. 20. Okt. 1908 XII, 444.

[509]) Vereinbarung v. 25. Sept. u. 7. Okt. 1908 XII, 413 ff.

[510]) Vgl. zum Folgenden für O s t a f r i k a : V. v. 27. Febr. 1909 XIII, 112; K a m e r u n : V. v. 15. Okt. 1910 XXII, 44; V. v. 24. Mai 1909 XIII, 255; T o g o : V. v. 15. Nov. 1899 IV, 133 und v. 2. Juni 1900 V, 85; S ü d w e s t a f r i k a : V. v. 30. Nov. 1901 VI, 427 und Runderl. v. 26. Okt. 1898 IV, 123; N e u g u i n e a : V. v. 4. März 1909 XIII, 147.

für die erteilte Genehmigung werden Gebühren erhoben; nur falls ein Eingeborener von Togo nach Kamerun auswandern will, ist keine Gebühr zu zahlen.

Was die Ausfuhr anlangt, d. h. die werbevertragsmäßige Wegführung, so ist zu unterscheiden die eigentliche Ausfuhr, die über die Landesgrenzen stattfindet, und die Überführung.[511]) d. h. die Wegführung, bei der die Landesgrenzen nicht überschritten werden. Die Ausführung zu Schaustellungen wird grundsätzlich verboten, ebenso in Ostafrika und Kamerun die Anwerbung für militärische Zwecke einer fremden Macht. Untersagt ist, abgesehen von Togo, in Afrika und in Neuguinea die Anwerbung zur Arbeiterausfuhr. Ausnahmen kann der Gouverneur gestatten, in Neuguinea ist es aber deutschen Plantagen in fremden Kolonien erlaubt, falls sie eine besondere Berechtigung dazu besitzen, im Bismarckarchipel und auf den Salomoninseln zu werben. — Nicht im gleichen Maße beschränkt oder ausgeschlossen ist die Überführung, jedoch ist sie auch nicht frei. In Ostafrika, Kamerun und Neuguinea ist die Überführung nur mit schriftlicher an Erfüllung gewisser Bedingungen geknüpfter Genehmigung der Behörde zulässig. Eine Überführung liegt in Kamerun vor, wenn es sich nicht um Anwerbung von Arbeitern aus den nächsten Dörfern handelt, in Ostafrika, wenn die Anwerbung in einem anderen Verwaltungsbezirk stattfindet, in Neuguinea wenn der Arbeitsort mehr als drei Seemeilen vom Heimatsorte entfernt ist und die Reise tatsächlich zur See stattfindet; die Überführung aus dem alten Schutzgebiete in das Inselgebiet ist hier überhaupt untersagt.

Soweit eine Anwerbung und Beschäftigung Eingeborener außerhalb ihres Heimatsortes stattfinden kann, muß die rechtliche Lage der Arbeiter gesichert werden. In dieser Weise ist von der indischen Regierung wohl die eingehendste all derartiger Regelungen in der Indian Emigration Act getroffen worden. Sie betrifft die eigentliche Ausfuhr über die Landesgrenze. Aber auch der Fall der Überführung hat in Indien in der Inland Emigration Act Berücksichtigung gefunden, da hier eine Überführung nach Bengalen, den Nordwestprovinzen, Oude und Assam stattfindet. Wesentlich einfacher sind die Bestimmungen, die in den sonstigen, besonders den afrikanischen Plantagenkolonien und den ihnen entsprechenden deutschen Schutzgebieten gelten. Es ist hier aber doch auf die indische Gesetzgebung zu verweisen, vielleicht kann sie in manchen Fällen der Praxis als Richtschnur dienen, wo das eigene Recht nicht genügt. — In den Schutzgebieten ist, abgesehen von der erwähnten Ausnahme in Neuguinea nur die Überführung eine regelmäßige Erscheinung und deshalb ist nur sie eingehend geregelt worden, jedoch auch die Fälle der ausnahmsweise gestatteten Ausfuhr sind vom Gesetzgeber berücksichtigt worden, so muß sich in Kamerun der Ausführende der Behörde verpflichten, die Fürsorge für den Eingeborenen zu übernehmen. Vor allem bedeutungsvoll ist die Normierung des später zu erörternden Arbeitsver-

---

[511]) So unterscheidet zweckmäßig die Verordnung für Neuguinea § 1.

trages, dann aber auch die Regelung des Arbeitertransportes. Der Untertiehmer hat für die Verpflegung und Unterbringung der Arbeiter während des Transportes zu sorgen, bei dem in Neuguinea vorkommenden Seetransporte sind im Interesse von Leben und Gesundheit der Arbeiter Vorschriften über Größe und Ausrüstung des Schiffes mit Heilmitteln und ärztlichen Instrumenten sowie über die zu gewährende Beköstigung getroffen.

Die Zulassung der Arbeiterausfuhr und -überführung hat zur Voraussetzung, daß in dem Bezirke, in welchem sie stattfindet, genügende Arbeitskräfte vorhanden sind. In den Schutzgebieten ist das vielfach so wenig der Fall, daß es einer Arbeitereinfuhr bedarf. Sie kann aus anderen Teilen desselben Schutzgebietes als Überführung stattfinden, oder aus fremden Ländern müssen Arbeiter gewonnen werden. Hierfür kommen so gut wie ausschließlich nur chinesische Kulis in Frage. Vorbildlich hat für die Regelung der Kulieinfuhr das niederländisch-indische Recht gewirkt. Sie findet in Ostafrika, Neuguinea und Samoa statt. — In Ostafrika [512]) dürfen die Kulis nur in bestimmten Häfen gelandet werden. Bei der Ankunft ist dem Bezirksamte Mitteilung zu machen, welches durch einen Beamten und einen Arzt die Einwanderer auf ihre Gesundheit und das Schiff auf seine Beschaffenheit untersuchen läßt. Es ist auch festzustellen, ob die Einwanderer über die einzelnen Bestimmungen der Arbeitsverträge unterrichtet sind. Für die Unterkunft der Arbeiter in vorschriftsmäßigen Räumen hat der Unternehmer Sorge zu tragen. Kulitransporte ins Innere müssen durch eine Polizeiabteilung begleitet werden, die ein Weißer befehligt. Auf den Haltestellen muß der Unternehmer auch für Unterkunft und Verpflegung sorgen. Genaue Bestimmungen, deren Befolgung die Behörden überwachen, bestehen für die Unterbringung und Behandlung der Arbeiter an dem Orte, an dem sie verwendet werden, insbesondere über die Arbeiterwohnungen, die ärztliche Behandlung, über die Lohnvorschüsse, über die Pflicht des Arbeitgebers, für die Rückbeförderung der Arbeiter zu sorgen u. a. m. Abmachungen des Arbeitsvertrages, welche den Gesetzen oder der Menschlichkeit zuwiderlaufen, kann der Gouverneur abändern. Übertritt der Arbeitgeber die genannten Bestimmungen, so kann er mit Geld- oder Freiheitsstrafe belegt werden. — In Neuguinea [513]) beziehen sich die Vorschriften sowohl auf die Einführung wie auch die Einwanderung, und zwar nicht nur der Kulis, sondern aller nicht in Neuguinea einheimischen Eingeborenen. Nur über die dem Auslandsverkehr geöffneten Häfen des Gebietes dürfen diese Personen in das Schutzgebiet kommen. Einwanderer oder Arbeiter, die nach Beendigung ihres Arbeitsvertrages im Schutzgebiete bleiben, unterliegen einer An- und Abmeldepflicht. Eingeführte Arbeiter sind von ihrem Dienstherren an- und abzumelden. Ist bei ihrer Landung noch kein Arbeitsvertrag geschlossen, so ist das

---

[512]) V. v. 24. März 1892 und 31. Juli 1895 VI, 49.
[513]) V. v. 1. Nov. 1908 XII, 474.

vor der Behörde des Landungshafens nachzuholen Der Unternehmer trägt die Kosten einer von den Behörden angeordneten ärztlichen Untersuchung der gelandeten Arbeiter und der Krankenpflege. Das gesamte Dienstverhältnis wird von den Behörden überwacht, insbesondere prüft sie die Unterbringung, Verpflegung, Krankenhilfe und Löhnung der Arbeiter und ordnet das Nötige an. Bis zum Ablauf eines Jahres nach Beendigung des Dienstverhältnisses ist der Unternehmer der Behörde gegenüber verpflichtet, den Arbeiter in seine Heimat zurückzubefördern oder die Kosten der Beförderung zu tragen. — Während in Ostafrika und Neuguinea die Kulieinfuhr zwar unter einer Regierungskontrolle stattfindet, aber doch nicht einer Erlaubnis bedarf, ist dies in Samoa der Fall, wo man das chinesische Element möglichst fern zu halten sucht.[514]) Die Einwanderung von Chinesen und die Einführung von chinesischen Kontraktarbeitern bedarf der Genehmigung des Gouverneurs. Die Landung der Arbeiter findet erst nach ärztlicher Untersuchung statt. Die Aufsicht über das Dienstverhältnis durch den Kulikommissar, die Rechte und Pflichten von Arbeitgeber und Arbeiter sind im gleichen Sinne wie in Ostafrika und Neuguinea geregelt.

3. Das Dienstverhältnis. Nicht nur in das Dienstverhältnis der eingeführten, sondern auch der ansässigen und der übergeführten Arbeiter greift der Gesetzgeber ein.

In Ostafrika [515]) müssen Arbeitsverträge auf mehr als einen Monat und Abänderungen des Vertrages vor dem Distriktskommissar oder dem Vorsteher der örtlichen Verwaltungsbehörde geschlossen werden. Arbeitsverträge auf mehr als 7 Monate oder 180 Arbeitstage sind unzulässig. Der Arbeitslohn ist nur für die Arbeitstage und solche Tage zu zahlen, an denen auf Anordnung des Betriebsleiters nicht gearbeitet wurde. Außer dem Lohn ist solchen Arbeitern, die nicht regelmäßig zu ihrem Wohnsitz zurückkehren können, ein Verpflegungsgeld zu zahlen, es ist auch für ihre angemessene Unterkunft zu sorgen. Die Arbeitszeit darf täglich 10 Stunden nicht überschreiten, nur unter außergewöhnlichen Umständen, wie z. B. zur Zeit der Kaffeeernte, kann sie verlängert werden, doch sind die Überstunden zu bezahlen. In Krankheitsfällen hat der Unternehmer dem Arbeiter bis zum Ende des Vertragsverhältnisses Pflege angedeihen zu lassen. Ohne Entschädigung kann der Arbeiter entlassen werden, wenn er ein Verbrechen oder Vergehen begangen hat, wenn er einen üblen Einfluß auf seine Mitarbeiter oder die andern Eingeborenen ausübt, wenn er widersetzlich ist, wenn er wegen Krankheit länger als drei Wochen fern geblieben ist, wenn sich innerhalb drei Wochen seine körperliche Untauglichkeit herausstellt. Andererseits ist auch der Arbeiter auf Antrag frei zu lassen, wenn der Arbeitgeber seine Vertragsverpflichtungen gröblich verletzt oder selbst oder durch seine Angehörigen oder Vertreter den Arbeiter grob mißhandelt, endlich auch, wenn der

---

[514]) V. v. 10. Nov. 1909 XIII, 627 u. 18. Juni 1910 XXI, 759 in Verb. mit V. v. 1. März 1903 VII, 53.

[515]) V. v. 27. Febr. 1909 XIII, 116.

Arbeiter durch Verletzung oder Krankheit arbeitsunfähig geworden ist. Die dem Arbeiter zustehenden Rechte können durch den Distriktskommissar wahrgenommen werden.

Die Normen, welche in Kamerun [516]) und in Neuguinea [517]) gelten, beziehen sich auf die Fälle der Überführung, in Neuguinea, abgesehen von der Erlaubnis zur Anwerbung, auch auf die Dienstverhältnisse der ansässigen Arbeiter. Dem Sinne nach stimmen diese Arbeiterverordnungen weitgehend mit der ostafrikanischen überein, doch haben sie auch wieder ihre größeren Besonderheiten. Es sei erwähnt, daß in Kamerun dem Arbeitgeber, der mehr als fünfzig Arbeiter beschäftigt, die Bereithaltung eines besonderen Krankenraumes auferlegt ist, daß in Neuguinea die Dauer des Arbeitsvertrages auf höchstens drei Jahre bemessen ist.

In Südwestafrika [518]) liegen die Verhältnisse anders als in den tropischen Schutzgebieten. Während sich in diesen das besondere Arbeiterrecht nur auf Arbeiter in Unternehmungen landwirtschaftlicher, forstwirtschaftlicher oder gewerblicher Natur bezog, sich aber nicht auf häusliche und ähnliche kleinere Betriebe erstreckt, ist in Südwestafrika kein Unterschied gemacht und das dortige Recht bezieht sich auf alle Dienst- und Arbeitsverträge mit Eingeborenen. Die Gültigkeit eines solchen Vertrages ist hier abhängig davon, daß die Polizei dem Dienstherrn ein Dienstbuch einhändigt, in welchem u. a. die Dauer des vereinbarten Dienstes, die ein Jahr nicht überschreiten darf, und die Kündigungsfrist, sowie die Höhe und Art der Vergütung vermerkt sind. Die Polizei prüft vorher, ob der Eingeborene nicht schon gebunden ist und ob ihm die Vertragsbedingungen verständlich sind. Die Verordnung gibt die Gründe, die den Herren wie den Diener zur sofortigen Auflösung des Vertrages berechtigen, auf der einen Seite wiederholter Ungehorsam, Weglaufen, Diebstahl u. a. m., auf der anderen Seite grobe Mißhandlung oder Verletzung der Vertragspflichten. Entlaufene Diener können zwangsweise zur Pflichterfüllung angehalten werden.

4. Die Arbeiterdisziplin. [519]) Dem durch die Regelung des Dienstverhältnisses im Vergleiche zu europäischen Verhältnissen erhöhten Schutze der Arbeiter entspricht auch auf der anderen Seite ein erhöhter Schutz der Arbeitgeber gegen Vernachlässigung oder Verlassen des Dienstes seitens der farbigen Untergebenen. Die durch sie begangenen Pflichtverletzungen haben in der Regel bedeutend ernstere Folgen als in Europa, da in den Kolonien die Arbeiter oft weit schwerer zu beschaffen sind als im Mutterlande, so daß gegebenenfalls ein Verderben der Ernte

[516]) V. v. 24. Mai 1909 XIII, 255.

[517]) V. v. 4. März 1909 XIII, 149.

[518]) V. v. 18. August 1907 XI, 350.

[519]) Verf. d. Reichsk. v. 22. April 1896 II, 215; Ostafrika: V. v. 27. Febr. 1909 XIII, 116 u. v. 7. Dez. 1909 XIII, 650; Kamerun: V. v. 24. Mai 1909 XIII, 255; Südwestafrika: V. v. 18. Aug. 1907 XI, 350; Neuguinea: V. v. 20. Juni 1900 u. 22. Jan. 1907 VI, 248 u. XI, 61; Samoa: V. v. 10. Nov. 1909 XXI, 167 u. v. 18. Juni 1910 XXI, 759; Kiautschou: V. v. 1. Juli 1908 V, 192.

und eine wirtschaftliche Gefährdung des betreffenden Pflanzungsunternehmens durch das vertragswidrige Verhalten der Arbeiter herbeigeführt werden kann. Daher halten sich die Kolonialregierungen für befugt, den farbigen Arbeiter, den sie stärker schützen, auch stärker zur Arbeit anzuhalten, als den europäischen. Als Zwangsmittel werden, unter Berücksichtigung der Anschauungen der Farbigen, auch Körperstrafen als zulässig angesehen. Es bestehen für die afrikanischen Schutzgebiete, für Neuguinea und für Kiautschou und die Kulis in Samoa verschiedene, im wesentlichen aber übereinstimmende Vorschriften über die Zuchtbefugnisse gegenüber den im weitesten Sinne kontraktbrüchigen farbigen Arbeitern. Die Zuchtstrafen sind zulässig wegen fortgesetzter Trägheit, wegen Widersetzlichkeit oder unbegründeten Verlassens der Stelle, sowie wegen sonstiger erheblicher Verletzung des Dienstverhältnisses. Erforderlich zur Bestrafung ist ein Antrag des Arbeitgebers. Zur Verhängung der Strafe ist der Beamte befugt, der die Strafgerichtsbarkeit über die Eingeborenen ausübt, und, wo ein besonderer Beamter für das Arbeiterwesen vorhanden ist, dieser. Es sind zulässig Freiheits-, Vermögens- oder körperliche Strafen. Die letzteren werden im wesentlichen nach den für die Strafrechtspflege der Farbigen gültigen Regeln verhängt und vollstreckt.[520])

§ 19.

Heereswesen.

Die Sicherheit der Schutzgebiete wird teils durch die Streitkräfte des Mutterlandes, teils durch eigene Machtmittel geschützt.

I. Der Schutz durch das Mutterland.

Die Schutzgebiete und das Deutsche Reich bilden eine politische Einheit und durch Vorgänge, welche den einen Teil berühren, kann der andere, als Teil der Gemeinschaft, mitbetroffen werden. So insbesondere wird der Verlust eines Schutzgebietes durch feindliche Eroberung oder Aufstand die politischen Interessen des Deutschen Reiches empfindlich treffen können. Das Mutterland hat ein Interesse an der Sicherheit und Unversehrtheit der Schutzgewalt. Deshalb wird es nötigenfalls mit seinen eigenen militärischen Machtmitteln zugunsten eines bedrohten Schutzgebietes einschreiten. Eine rechtliche Verpflichtung zur Gewährung des Schutzes besteht im Verhältnis zum einzelnen Schutzgebiete aber nicht.

Es erhebt sich nun die Frage nach der Berechtigung des Reiches, zugunsten der Schutzgebiete über Heer und Flotte zu verfügen, eine Frage, welche gelegentlich des letzten, vom Reiche geführten Kolonialkrieges erörtert worden ist. Sie ist begründet nach folgenden politischen Erwägungen. Ein Kolonialkrieg ist ein Krieg der, wie gesagt, im politischen Interesse auch des Mutterlandes geführt wird, er berührt dieses aber doch nicht in dem Maße, wie ein Krieg, bei welchem es unmittelbar dadurch

---

[520]) Vgl. dazu unten S. 227.

Literatur zu § 19: Sassen, Deutsches Kolonialmilitärrecht 1911 (konnte nicht mehr benutzt werden).

betroffen wird, daß sich der Kampf an seinen Grenzen oder gar auf dem eigenen Gebiete abspielt. Und es fragt sich: ist die allgemeine Wehrpflicht dem Staatsbürger nicht bloß für solche Fälle einer unmittelbaren Gefahr des Staates auferlegt und hört sie nicht auf, sobald die Gefahr nur eine entferntere ist? Es spricht einiges für eine solche Auffassung. Als die allgemeine Wehrpflicht in Preußen-Deutschland eingeführt wurde, waren alle Kriege, welche Deutschland zu führen hatte, seit Jahrhunderten Grenzkriege gewesen, überseeische Expeditionen des Landheeres lagen doch eigentlich außerhalb der Erwägungen. Man könnte demnach sagen: bei der Begründung der allgemeinen Wehrpflicht hat man nur die unmittelbare Bedrohung des Bundesgebietes ins Auge fassen können und deshalb bezieht sich die Wehrpflicht nicht auf Kolonialkriege. Der Kaiser wäre also nicht berechtigt, einen Truppenteil zu einem Kolonialkriege mobil zu machen. Ausgesprochenermaßen ist ein solcher Grundsatz in dem französischen Gesetz vom 7. Juli 1900 über die Neuorganisation der kolonialen Truppen vorhanden, wonach die Mannschaften des in der Heimat stationierten Kolonialkorps, soweit sie diesem auf Grund der allgemeinen Wehrpflicht zugewiesen worden sind, nicht zum Dienste in den Kolonien verpflichtet sind. Eine in gewissem Sinne ähnliche Bestimmung enthält aber auch die deutsche Schutztruppenordnung (§ 9c). Offiziere und Mannschaften des Beurlaubtenstandes der Armee können die ihnen obliegenden oder freiwilligen Übungen bei den Schutztruppen ableisten. Während nun im Mutterlande für den Fall des Ausbruches des Krieges diejenigen, welche etwa gerade eine Übung ableisten, dann weiter je nach Bedürfnis bei der Fahne gehalten werden können,[521]) ist für die bei einer Schutztruppe Übenden bestimmt, daß mit dem Ausbruch des Kriegszustandes jede angesetzte oder angetretene Übung als beendet oder aufgehobene gilt, sofern sich der Betreffende nicht auf Kriegsdauer als Kriegsfreiwilliger zur Verfügung stellt. Man nimmt also seine Dienste im Kolonialkriege nicht auf Grund seiner allgemeinen Wehrpflicht in Anspruch.[522]) Dem entspricht es, daß die Kriege in Südwestafrika und in China hauptsächlich durch Landarmeen, die aus Freiwilligen bestanden, geführt wurden.

Es wäre nun aber doch falsch, auf Grund solcher Erwägungen und Tatsachen und jener einzelnen Bestimmung die Wehrpflicht auf — sagen wir es kurz — europäische Kriege zu beschränken. Zunächst ist zu berücksichtigen, daß für einen Teil der deutschen Wehrkraft, nämlich die Marine, der Grundsatz des nur freiwilligen Kriegsdienstes nie gegolten hat. Die politischen Bedürfnisse, denen die Flotte dient, erforderten von jeher gelegentlich kriegerische Maßnahmen in entfernten Ländern und diese natürliche Bestimmung der Flotte machte die Verpflichtung der Besatzung zum überseeischen Kriegsdienste zu einer Selbstverständlichkeit. War hier von dem Zwecke des Machtmittels der Umfang der Pflicht abhängig, so ist das gleiche für den Heeresdienst zu sagen und zwar ändert

[521]) Ges. v. 9. Nov. 1867 § 14 (B.-G.-Bl. 131).
[522]) Vgl. aber dazu unten S. 150.

sich die Pflicht mit der Änderung des Heereszweckes. War dies früher die unmittelbare Verteidigung des mutterländischen Bodens, so ist infolge der veränderten politischen und der Verkehrsverhältnisse der Zweck des Heeres ein erweiterter geworden. Die Entscheidungen über das Geschick des Mutterlandes können jetzt auf einem weit entfernten Kriegsschauplatze fallen, es sei nur darauf hingewiesen, daß die Entscheidung über Englands Weltstellung zum großen Teil in Indien fallen könnte. Da aber die Verteidigung des mutterländischen Bodens gegebenen Falles jenseits des Meeres stattfinden muß, so ist auch zu behaupten, daß die im Interesse der Verteidigung und Sicherheit des heimischen Bodens begründete allgemeine Wehrpflicht nicht auf Kriegsdienste auf europäischem Boden beschränkt ist.

Ist nun grundsätzlich das Bestehen der Wehrpflicht für Kriege, die das Mutterland um den Kolonialbesitz führt, festzustellen, so ist doch andererseits zu berücksichtigen, daß der Kolonialkrieg für den Wehrpflichtigen in der Regel körperlich und seelisch eine härtere Belastung ist, als der Kampf auf europäischem Boden, daß also die Wehrpflicht durchschnittlich als verschärft erscheint; ferner, daß die Bedeutung des Kolonialkrieges in der Regel eine, im Verhältnis zum europäischen, untergeordnete ist, ein Umstand, der die Heranziehung zum Kriegsdienste noch besonders hart erscheinen läßt. Aus diesen Erwägungen heraus empfiehlt es sich, wenn möglich, nicht von der Wehrpflicht Gebrauch zu machen, sondern die nötigen Truppen aus Freiwilligen zu bilden. Aus diesen Erwägungen erklärt sich auch die angeführte Bestimmung der Schutztruppenordnung. — Es sei darauf hingewiesen, daß dieses Nebeneinander von Volksheer und Freiwilligenheer unter ganz ähnlichen Bedingungen bereits der altgermanischen Wehrverfassung bekannt ist. War es notwendig, einen Krieg um Sein oder Nichtsein der germanischen Völkerschaft zu führen, den die Landgemeinde beschloß, so trat die allgemeine Wehrpflicht in Wirksamkeit. Wurden dagegen von einzelnen Fürsten Heereszüge unternommen, die im Interesse der kriegerischen Ausbildung, Beschäftigung und Bereicherung der jungen Mannschaft und zugleich im Interesse der Gemeinschaft lagen, aber nicht unmittelbar um die Existenz des Staatswesens gingen, dann wurde die Heeresmacht aus freiwillig sich Meldenden gebildet, im übrigen aber war der Heereszug denselben Rechtssätzen wie das Volksheer unterworfen.[523]) Die Übereinstimmung mit den heutigen Verhältnissen ist da wohl klar. — Der militärische Schutz wird durch Streitkräfte des Mutterlandes dauernd in Kiautschou gewährt. Die dortige Besatzung besteht aus Teilen der aktiven Marine. Unter dem Kaiser, als oberstem Kriegsherrn, ist der Staatssekretär des Reichsmarineamts Befehlshaber und unter ihm der Gouverneur. Das strafgerichtliche Verfahren für die Besatzung ist ein vereinfachtes, das sogen. Bordverfahren.[524])

---

[523]) Vgl. v. Hoffmann, Die Entscheidung über Krieg und Frieden nach germanischem Recht 1907 S. 8 f.

[524]) R.-G. v. 25. Juni 1900 V, 214 und v. 21. Dez. 1905 IX, 315.

II. Der Schutz durch eigene Machtmittel.

Die Verwendung der Machtmittel des Mutterlandes zu Gunsten der Schutzgebiete ist ein Ausnahmezustand. In erster Linie hat das Schutzgebiet mit eigenen Mitteln den Frieden zu sichern. Dies geschieht überall durch die Polizeiorgane. Indessen in größeren Schutzgebieten genügen die Polizeitruppen nicht, es bedarf einer wirklichen militärischen Macht. Die erste sogen. Schutztruppe entstand in Ostafrika. Als durch den Araberaufstand von 1888 dort die Herrschaft der Deutsch-Ostafrikanischen Gesellschaft zertrümmert worden war, griff das Reich ein. Es wurden die Mittel zur Bildung einer farbigen Truppe unter der Führung des Reichskommissars Wissmann bewilligt, mit deren Hülfe das Land wieder erobert wurde. Die Regelung der rechtlichen Verhältnisse der Truppe, wenn sie zur ständigen militärischen Macht des Schutzgebietes wurde und nicht dem Reichsheer angegliedert werden sollte, war ein Recht des Kaisers, welches sich aus der Fülle der ihm zustehenden Schutzgewalt ergab und nicht durch ein Mitwirkungsrecht von Bundesrat und Reichstag beschränkt war. Indessen es war zu bedenken, daß den in die Schutztruppe eintretenden Europäern, besonders hinsichtlich ihres Wiedereintritts in Heer oder Marine des Mutterlandes und ihrer Versorgung, durch eine Kaiserliche Verordnung nicht die gleiche Rechtssicherheit geboten war, wie den Angehörigen des mutterländischen Heeres durch die Militärgesetze. Infolgedessen wählte man den Weg der Gesetzgebung und schuf ein Gesetz betreffend die Kaiserliche Schutztruppe von Ostafrika vom 22. März 1891,[525]) ebenso ging man vor, als für Südwestafrika und Kamerun Schutztruppen gebildet wurden durch das Gesetz vom 9. Juni 1895.[526]) Bei einer notwendig werdenden Neuregelung wurde die Vereinheitlichung der Bestimmungen beider Gesetze durch Gesetz vom 7. Juli 1896 verfügt.[527]) Dementsprechend erschien unterm 18. Juli 1896 [528]) eine Neuredaktion als Gesetz, betr. die Kaiserlichen Schutztruppen in den afrikanischen Schutzgebieten und die Wehrpflicht daselbst. Dieses Gesetz hat dann Abänderungen erfahren. Der § 18 wurde durch Gesetz vom 25. Juni 1902 [529]) umgestaltet. Die die Versorgung betreffenden Vorschriften der §§ 5 bis 16, 21 und 25 Satz 2 sind ersetzt worden durch die Bestimmungen des Gesetzes über die Pensionierung der Offiziere einschließlich der Sanitätsoffiziere des Reichsheeres, der Kaiserlichen Marine und der Kaiserlichen Schutztruppen vom 31. Mai 1906,[530]) ferner die des Gesetzes über die Versorgung der Personen der Unterklassen des Reichsheeres, der Kaiserlichen Marine und der Kaiserlichen Schutztruppen vom 31. Mai 1906 [531]) und des Militärhinterbliebenengesetzes vom 17. Mai

[525]) I, 330.
[526]) II, 160.
[527]) II, 249.
[528]) II, 252.
[529]) VI, 481.
[530]) X, 197.
[531]) X, 218.

1907.[532]) Für die Schutztruppenbeamten enthält das Kolonialbeamtengesetz §§ 52—54 besondere Vorschriften. Durch das Schutztruppengesetz § 27 ist der Reichskanzler ermächtigt worden, die näheren Vorschriften über die Organisation zu erlassen. Dementsprechend ist die Schutztruppenordnung ergangen, welche im August 1908 eine neue Fassung erhalten hat.[533]) — In das Gebiet des Heereswesens gehört auch die Militärgerichtsbarkeit. Das Schutzgebietsgesetz § 5 hat bestimmt: Die Militärgerichtsbarkeit wird durch dieses Gesetz nicht berührt. Eine gesetzliche Regelung des strafgerichtlichen Verfahrens für die Angehörigen der Schutztruppe geschah dann durch den § 4 des Schutztruppengesetzes, in dessen Ausführung eine Kaiserliche Verordnung, jetzt vom 2. November 1909 [534]) und die Ausführungsbestimmungen vom 6. November 1909 [535]) ergingen, während das materielle Strafrecht unmittelbar auf Grund der Rechtssetzungsgewalt des Kaisers nach § 1 Sch.-G.-G. durch die Kaiserliche Verordnung vom 26. Juli 1896 geregelt worden ist.[536])

1. Die Schutztruppe. Das Schutztruppengesetz (Schtr.-G.) sagt: „Zur Aufrechterhaltung der öffentlichen Ordnung und Sicherheit in den afrikanischen Schutzgebieten, insbesondere zur Bekämpfung des Sklavenhandels, werden Schutztruppen verwendet.[537])" Hier ist eine Zweckbestimmung der Schutztruppen ausgesprochen, die einer näheren Erläuterung bedarf. Nach dem Wortlaute könnten die Schutztruppen nur zur Wahrung von Sicherheit und Ordnung in einem Schutzgebiete verwendet werden, nicht auch gegen auswärtige Feinde, gegen die ein Angriff auszuführen ist. Diese Schranke ist aber politisch nicht zulässig. Man wird jene Worte weit auslegen müssen in dem Sinne, daß zur Wahrung der Sicherheit i n einem Schutzgebiete auch die Bekämpfung des auswärtigen Feindes gehört. Es fragt sich: kann die Schutztruppe eines afrikanischen Schutzgebietes, z. B. die Kameruns, zugunsten eines anderen, z. B. Togos, verwendet werden? Die Schutztruppen insgesamt stehen unter einer militärischen Kommandostelle, die allerdings befugt ist, die Verwendung auch in einem anderen Schutzgebiete zu verfügen. Auch der Wortlaut des Gesetzes: Aufrechterhaltung der Ordnung in d e n afrikanischen Schutzgebieten läßt diese Verwendung zu, soweit nicht etwa durch Werbeverträge ein Hindernis gegeben ist. Es ist daher die Frage zu bejahen. Aber ein Bedenken besteht. Die Verwendung würde vielfach erhöhte Aufwendungen für die betreffende Schutztruppe notwendig machen. Diese dürften aber nicht dem Schutzgebiete zur Last fallen, dem die Truppe angehört, sondern demjenigen, für welches die Truppe verwendet wird. Es würden jedenfalls besondere Abmachungen zu treffen sein, solange nicht die Kosten der Schutztruppen auf den Etat des Mutterlandes übernommen sind.

[532]) XI, 239.
[533]) XII, 309.
[534]) R.-G.-Bl. 943; XX, 1079.
[535]) R.-G. Bl. 954; XX, 1085.
[536]) II, 257.
[537]) Schtr.-G. § 1, Schtr.-O. § 1.

2. Der Oberbefehl. Die Schutztruppen werden durch das Schutztruppengesetz (§ 1) dadurch in unmittelbare Beziehung zum Kaiser gesetzt, daß dieser zum obersten Kriegsherrn, d. h. zum Oberbefehlshaber, erklärt wird. Er nimmt ihnen gegenüber also die gleiche Stellung wie gegenüber Reichsheer und Reichsmarine ein. Die Bedeutung dieser Oberfeldherrnwürde ist hier ins Auge zu fassen. Das Amt eines Oberfeldherrn besteht in der Verfügung über die militärische Macht zu den Zwecken, zu welchen sie geschaffen ist. Diese Verfügung ist ein Verwaltungsakt. Man darf sie so bezeichnen, ohne sie hiermit mit der eigentlichen Militärverwaltung, welche dazu berufen ist, die Existenzbedingungen für das Heer zu schaffen, vermischen zu wollen. Der Oberbefehl ist also eine Verwaltungstätigkeit, welche innerhalb des Umfanges der Staatsgewalt liegt, nicht als etwas Besonderes und Selbständiges neben ihr gegeben wäre. Er ist, da er die Existenz und die Grundlage des Staates zu sichern hat, mit besonders großen Machtvollkommenheiten ausgestattet und wird dadurch zum ersten unter den verschiedenen Verwaltungszweigen, seiner Art nach steht er diesen aber gleich. Die eigentliche Leitung der einzelnen Verwaltungsressorts geschieht ja nun durch höchste Beamte, nicht durch den Träger der vollziehenden Gewalt, d. h. Monarch oder Präsident. Dieser Träger übt nur ein allerhöchstes Verfügungsrecht aus. Man wird es als unzulässig zu bezeichnen haben, daß der Monarch selbst ein Ministerium übernimmt und dadurch wegen seiner Unverletzlichkeit und des Zusammenfallens von höchster und zweithöchster Gewalt für einen Verwaltungszweig die Verantwortlichkeit eines höchsten Beamten sowohl dem Parlamente wie auch dem Staatshaupte und den Gerichten gegenüber ausschließt. Wie die Bekleidung einer der übrigen höchsten Verwaltungsposten, so auch die der Oberbefehlshaberstelle könnte für das Staatshaupt ausgeschlossen sein. So hieß es im § 50 der französischen Verfassung vom 4. November 1848 vom Präsidenten: „Er verfügt über die Militärgewalt, ohne deren Oberbefehl je persönlich übernehmen zu können." So wird aus dem § 35 des 1866 revidierten dänischen Grundgesetzes geschlossen, daß dem König die persönliche Führung der Streitmacht ganz untersagt wird.[538]) Diesen Grundsatz drückt wörtlich die niederländische Verfassung aus, die es dem König untersagt, den Oberbefehl zu führen. Während nun die Ausschließung des Monarchen von der unmittelbaren Leitung der sonstigen Verwaltungszweige keinen Nachteil bringt, ist es bei dem Oberbefehl anders. Die unmittelbare Heeresleitung kann nur dann ihre vollste und größte Wirksamkeit entfalten, wenn sie in ihren Entschlüssen frei und unverantwortlich ist. Eine solche Gewalt kann aber einem Beamten nicht übergeben werden, eine Unverantwortlichkeit, wie sie Wallenstein sich für sein zweites Generalat erzwang, bedeutet den Umsturz des Staates. Nur dem Lenker des Staates, insbesondere dem Monarchen, kann eine solche Stellung zuerteilt werden, und demgemäß

---

[538]) Goos und Hansen, Staatsrecht des Königreichs Dänemark S. 118 (Marquardsens Handbuch).

ist man in den meisten monarchischen Staaten verfahren, indem man beim Übergange von der absoluten zur konstitutionellen Monarchie dem Monarchen den schon bis da geführten Oberbefehl beließ (Preußische Verfassung Art. 48) oder bei Neugründung von Staaten ihn dem Monarchen (Belg. Verf. Art. 68), im Deutschen Reiche dessen monarchischer Spitze, dem Kaiser, übertrug. Dadurch daß dem monarchischen Staatshaupte der Oberbefehl zugewiesen wurde, war der Zweck — Unverantwortlichkeit der unmittelbaren Heeresleitung — erreicht, da, wie oben gezeigt, für einen jeden Verwaltungszweig die unmittelbare Leitung durch den Herrscher den Ausschluß jeder Verantwortlichkeit bedeuten würde. Dieser Zustand der Unverantwortlichkeit bedeutet aber eine Ausnahme von der Regel, daß für jede Handlung staatlicher Verwaltungsorgane — und auch die militärischen sind das, nach unserer Anschauung, im weiteren Sinne — eine eigene oder eine ministerielle Verantwortung besteht; eine Ausnahme, die sich auf einen Rechtstitel stützen muß, wie ihn die preußische und die Reichsverfassung in den Bestimmungen aufweisen, welche den Oberbefehl dem König und dem Kaiser zusprechen. Die Regel der Verantwortlichkeit bestand nun auch für die Schutzgebiete infolge des Umstandes, daß gewohnheitsrechtlich die Verantwortlichkeit des Reichskanzlers auch hier Geltung erlangte. Diese Rechtsregel ist dann durch den schon erwähnten Satz des Schutztruppengesetzes auch für die Schutzgebiete durchbrochen worden, auch hier ist der Kaiser oberster Kriegsherr oder Oberbefehlshaber. Aus der für den höchsten militärischen Befehl sich daraus ergebenden Unverantwortlichkeit ergibt sich auch für die Schutzgebiete, wie für Preußen und das Reich, der Unterschied, den der Allerhöchste Erlaß vom 18. Januar 1861 zwischen Armeebefehl und Armeeverordnung macht. Der Armeebefehl für die Schutztruppe, der ein Ausfluß der unverantwortlichen Kommandogewalt ist, bedarf nicht der Gegenzeichnung durch Reichskanzler oder Staatssekretär, wohl aber die Armeeverordnung, die nicht auf Grund der Kommandogewalt ergeht.

3. Die Organisation.[539]) Die Schutztruppen werden gebildet teils aus Weißen, nämlich aus sich freiwillig meldenden für Kamerun auf 2, Ostafrika 2½, Südwestafrika 3½ Jahre sich verpflichtenden Offizieren, Ingenieuren des Soldatenstandes, Sanitätsoffizieren, Beamten und Unteroffizieren des Reichsheeres und der Kaiserlichen Marine. Sie scheiden aus den heimischen Verbänden aus, doch bleibt ihnen der Rücktritt, bei Wahrung ihres Dienstalters, unter der Voraussetzung ihrer Tauglichkeit vorbehalten. Die den Schutztruppen zugeteilten Beamten gelten als Militärbeamte. — Die südwestafrikanische Schutztruppe wird auch aus sich freiwillig meldenden Mannschaften des Reichsheeres oder der Marine, möglichst des zweiten Jahrganges, gebildet. Die Einzustellenden haben mit dem Kommando der Schutztruppe auf 3½ Jahre zu kapitulieren. In diese Zeit wird der Rest einer mit dem bisherigen Truppenteil noch vorhandenen Kapitulation oder der noch nicht abgeleisteten aktiven Dienst-

[539]) §§ 2—4, 18—21 und 24 Schtr.-G.; §§ 2—7, 22—24, 33 der Kaiserl. V. v. 5. Dez. 1902 VI, 556 nebst Ausführungsbest. v. 16. Dez. 1902 VI, 559.

zeit eingerechnet. — Hinsichtlich der Versorgung gelten die Vorschriften der oben [540]) angeführten Gesetze. — Zu den bisher genannten Weißen können auf Grund kaiserlicher Verordnung noch andere treten. Der Kaiser kann bestimmen, in welchen Schutzgebieten und unter welchen Voraussetzungen wehrpflichtige Reichsangehörige ihrer aktiven Dienstpflicht bei den Schutztruppen Genüge leisten dürfen. Danach werden wehrpflichtige Reichsangehörige, die außerhalb Europas ihren Wohnsitz haben, zur Ableistung ihrer aktiven Dienstpflicht auf ihren Wunsch in die Schutztruppe für Südwestafrika eingestellt, ebenso auch die zum einjährig-freiwilligen Dienste Berechtigten. Wehrpflichtige Reichsangehörige, welche in Europa ihren Wohnsitz haben, dürfen auf begründeten Antrag in die Schutztruppe für Südwestafrika als Ein- oder Mehrjährig-Freiwillige nur mit Genehmigung des betreffenden Kriegsministeriums unter Zustimmung des Kommandos der Schutztruppen eingestellt werden. Die in dieser Weise eingestellten Personen haben für die Reise nach und von Südwestafrika keinen Anspruch auf Entschädigung. — An Weißen gehören zu den Schutztruppen auch Offiziere und Mannschaften des Beurlaubtenstandes, welche bei einer beliebigen, nicht nur der südwestafrikanischen, Schutztruppe Übungen ableisten; sie müssen, um in eine Schutztruppe eintreten zu können, einen begründeten Antrag stellen, der der Genehmigung des betreffenden Kriegsministeriums unter Zustimmung des Kommandos der Schutztruppen bedarf. Auch sie haben keinen Anspruch auf Entschädigung für Hin- und Rückreise. — Endlich können die in den Schutzgebieten sich dauernd aufhaltenden Personen des Beurlaubtenstandes des Heeres und der Kaiserlichen Marine durch Kaiserliche Verordnung in Fällen von Gefahr zu notwendigen Verstärkungen der Schutztruppe herangezogen werden. In dringenden Fällen können solche Verstärkungen vorläufig durch den obersten Beamten des Schutzgebietes angeordnet werden. Jede Einberufung dieser Art ist einer Dienstleistung im Heere oder in der Kaiserlichen Marine gleichzuachten. Dieser Rechtssatz des Schutztruppengesetzes (§ 19), welcher für Notfälle eine Wehrpflicht der Reichsangehörigen in den Schutzgebieten statuiert, durchbricht teilweise den früher angeführten Satz der Schutztruppenordnung, wonach für Personen, die eine Übung bei einer Schutztruppe ableisten, mit Eintreten des Kriegszustandes, die Dienstleistung ein Ende findet, und nur auf Grund freiwilliger Meldung der Dienst fortdauert; er wird insoweit durchbrochen, als es sich um Personen handelt, die dauernd im Schutzgebiete sich aufhalten. Für sie fällt ein Grund für die Forderung nur freiwilligen Kriegsdienstes fort, nämlich der, daß es sich beim Kolonialkriege nicht um Verteidigung der Heimat handelt, denn für den in der Kolonie Ansässigen ist die zu schützende Kolonie ja Heimat. Außer den einzuberufenden Wehrpflichtigen können auch nicht zu den Militärpersonen zu zählende Deutsche aus Anlaß eines Feldzuges als Kriegsfreiwillige zugelassen werden. Die Vorschriften über die Ableistung der Wehrpflicht und über die Wehr-

[540]) S. 146.

pflicht in Kriegszeit finden keine Anwendung auf Geistliche sowie auf Missionare der in den Schutzgebieten tätigen Missionsgesellschaften.

Außer den Weißen besteht die Schutztruppe aus angeworbenen Farbigen. Die Werbung findet in den Schutzgebieten statt, Werbungen in anderen Ländern unterliegen der Genehmigung des Reichskanzlers. Die Regelung der Dienstverhältnisse der Farbigen, nämlich Dienstverpflichtung, Gebührnisse und Versorgung erfolgt durch die Werbeverträge, die mit dem Stabe der Schutztruppe abgeschlossen werden. Die Grundsätze für die Aufstellung der Werbeverträge bedürfen der Genehmigung des Gouverneurs.

Die Stärke der Schutztruppen, ihre Unterabteilungen, die Art und Zahl der Dienstgrade richtet sich nach den Etats der einzelnen Schutzgebiete. Die Schutztruppen bestehen aus Personen des Soldatenstandes, nämlich Offizieren einschließlich Sanitätsoffizieren, Unteroffizieren, Gemeinen, und aus Militärbeamten, die, soweit sie im Offizierrange stehen, obere Militärbeamte sind. Die Dienstgrad- und Rangverhältnisse entsprechen denen des Reichsheeres. Die Vorschriften für dieses genügen aber nicht, denn innerhalb der Schutztruppe muß noch der Gegensatz von weiß und farbig berücksichtigt werden. Diesem Bedürfnis entsprechend ist bestimmt, daß deutsche Militärpersonen den Farbigen ohne Rücksicht auf den Dienstgrad stets vorgehen. Die deutschen Unteroffiziere, Mannschaften und unteren Militärbeamten stehen zu den farbigen Offizieren in keinerlei Unterordnungsverhältnis. Ebensowenig sind die farbigen Offiziere als im Dienstrange Höhere zu betrachten. Auch farbige Posten sind nicht Vorgesetzte der weißen Angehörigen der Schutztruppe. Letztere sind jedoch verpflichtet, den von diesen Posten in bezug auf ihren Dienst erteilten Weisungen Folge zu leisten.

Die Schutztruppen sind in Kompanien formiert. Die Stärke der für eine militärische Unternehmung notwendigen Abteilung sowie den Führer bestimmt der Gouverneur nach Anhörung des Kommandeurs, der letztere ordnet die Zusammensetzung an, ebenso die Verteilung und Unterbringung auf den Stationen nach den Bestimmungen des Gouverneurs.

Der Oberbefehl über die Schutztruppen steht, wie dargelegt, dem Kaiser zu. Unter dieser höchsten Stelle ist der militärische Befehl in folgender Weise zentral und örtlich organisiert. Nächst dem Kaiser sind die Schutztruppen dem Reichskanzler (Staatssekretär des Reichs-Kolonialamtes) unterstellt. Dem Staatssekretär untersteht das Kommando der Schutztruppen im Kolonialamt unter einem Kommandeur; diesem endlich sind die Schutztruppen unterstellt. — Die örtliche Organisation untersteht dem Gouverneur. Er hat die oberste militärische Gewalt im Schutzgebiet, er kann die Schutztruppe nach eigenem Ermessen sowohl im ganzen wie in ihren einzelnen Teilen zu militärischen Unternehmungen verwenden. Er erläßt seine Weisungen für die Schutztruppe an deren Kommandeur. Wenn er ausnahmsweise einzelnen Personen oder Unterabteilungen Befehle unmittelbar zugehen lassen will, so muß er hiervon alsbald dem Kommandeur Mitteilung machen. Ob und wieweit die Befugnisse des Gouverneurs auf seinen Stellvertreter übergehen, bestimmt der Reichskanzler (Kolonialstaatssekretär). — Unmittelbarer militärischer Vorgesetzter der Schutztruppe ist deren Kommandeur. Er ist verantwortlich für die Leistungsfähigkeit der Schutztruppe, für die Disziplin, Ausbildung, innern Dienst und Verwaltung. Hat der Kommandeur in militärischer Beziehung gegen Anordnungen des Gouverneurs Bedenken, so ist er verpflichtet, sie zur Sprache zu bringen. Beharrt der Gouverneur bei seinen Anordnungen, so hat der Kommandeur sie auszuführen, kann aber, unter Mitteilung an den Gouverneur, an den Staatssekretär berichten, der hierüber entscheidet. Gegen die Entscheidung haben beide Teile den Rekurs an den Kaiser. — Die Obliegenheiten der sonstigen Dienststellen sind im allgemeinen dieselben wie die der entsprechenden Dienststellen beim Reichsheere.

Die Beförderung der Offiziere und Sanitätsoffiziere verfügt der Kaiser, die der höheren Militärbeamten der Staatssekretär, die der Unteroffiziere der Kommandeur der einzelnen Schutztruppe. Er verfügt auch die Beförderung der Farbigen zu Dienstgraden und zum Offizier nach Maßgabe des Etats. Er verfügt auch, wenn erforderlich, die Entfernung aus dem Dienstgrade.

4. Disziplin, Gerichtsbarkeit und Ehrengericht. Die Disziplinar- und die Strafgewalt ist im Anschluß an die Bestimmungen für das Reichsheer geordnet.

Auf die Angehörigen der Schutztruppen finden die Vorschriften der Disziplinarstrafordnung für das Heer Anwendung,[541]) nur sind an Stelle der mutterländischen Instanzen entsprechende der Schutzgebiete gesetzt, so an Stelle des kommandierenden Generals der Reichskanzler (Staatssekretär), an Stelle des Divisionskommandeurs der Kommandeur der Schutztruppen und der Gouverneur; der Kommandeur der Schutztruppe von Südwestafrika hat die Rechte eines Brigadekommandeurs, die der beiden anderen Schutztruppen die Rechte eines Regimentskommandeurs u. s. w.

Das strafgerichtliche Verfahren [542]) gegen die Angehörigen der Schutztruppen regelt sich nach den Vorschriften der Militärstrafgerichtsordnung für das Deutsche Reich vom 1. Dezember 1898 und des Einführungsgesetzes, soweit nicht die Kaiserliche Verordnung vom 2. November 1909 Abweichungen enthält. Die wichtigste Besonderheit ist die, daß für Angehörige der Schutztruppen während ihres Aufenthaltes außerhalb Europas die für das Feld gegebenen gesetzlichen Vorschriften, das sogen. außerordentliche Verfahren gilt. Im übrigen greift das ordentliche Verfahren Platz. Die sonstigen Abweichungen von der Militärstrafgerichtsordnung erklären sich aus den besonderen Verhältnissen in den Kolonien, wenn z. B. bestimmt wird, daß im außerordentlichen Ver-

[541]) § 14 Schtr.-O.

[542]) Schtr.-G. § 4; Kaiserl. V. v. 2. Nov. 1909, Ausführungsbest. des Reichsk. v. 6. Nov. 1909; vgl. dazu noch die Allg. Verf. des Justizmin. und des Min. d. Innern, betr. Strafvollstreckung u. s. w. v. 11. Mai 1910 XXI, 492.

fahren die aktiven Offiziere und Militärbeamten als Richter im Bedarfsfalle auch durch Sanitätsoffiziere, Offiziere des Beurlaubtenstandes oder durch Ingenieure des Soldatenstandes ersetzt werden können (§ 13), oder wenn es dem Ermessen des Gerichtes anheimgestellt wird, ob Eingeborene zu vereidigen sind oder nicht (§ 35). Auch die besondere Organisation der Schutztruppen macht Abweichungen notwendig. So sind Gerichtsherren der niederen Gerichtsbarkeit die Befehlshaber einer selbständigen Abteilung oder eines selbständigen Militärbezirkes. Gerichtsherr der höheren Gerichtsbarkeit ist in jedem Schutzgebiete der rangälteste in der Schutztruppe verwendete Offizier, im ordentlichen Verfahren, d. h. dem innerhalb Europas anzuwendenden, der kommandierende General der Gardekorps (§§ 3 u. 4).

Für das materielle Strafrecht sind die Militärstrafgesetze des Deutschen Reiches eingeführt.[543])

Die Ehrengerichtsbarkeit für die Offiziere und die Sanitätsoffiziere ist durch Kaiserliche Verordnungen im Anschlusse an die heimische Ordnung geregelt, aber auch hier finden sich Besonderheiten, die durch die von den heimischen abweichenden Verhältnisse gerechtfertigt werden.[544])

Für die Farbigen bestehen dann in jeder Beziehung andere Bestimmungen.[545]) Für sie ist höchste Instanz der Kommandeur. In ihren Angelegenheiten bedarf es zu seiner Verfügung der Genehmigung des Gouverneurs nur, wenn Maßnahmen von politischer Bedeutung oder von besonderem öffentlichen Interesse in Frage stehen. Die Verhängung der Todesstrafe bedarf der Genehmigung des Gouverneurs. Läßt sich im Inneren eines Schutzgebietes oder bei einer militärischen Expedition aus zwingenden Gründen die sofortige Vollstreckung eines Todesurteils nicht vermeiden, so hat der betreffende Befehlshaber das mit Gründen zu versehende Todesurteil nachträglich durch Vermittelung des Kommandeurs an den Gouverneur einzureichen. Bei der Regelung und Handhabung der Disziplin und der strafrechtlichen Verhältnisse der Farbigen sind die Gewohnheiten der betreffenden Volksstämme in Betracht zu ziehen. Die hierbei zu befolgenden Grundsätze bedürfen der Genehmigung des Gouverneurs. Für Ostafrika ist für die strafrechtlichen und die Disziplinarverhältnisse der farbigen Schutztruppenangehörigen eine besondere eingehende Ordnung vom Reichskanzler unterm 7. September 1910 erlassen worden.[546]) Im Interesse der Schutztruppen besteht in Ostafrika [547]) und in Kamerun [548]) die Vorschrift, daß an farbige Soldaten nur mit Erlaubnis eines weißen Offiziers Spirituosen verabfolgt werden dürfen.

---

[543]) Allerh. V. v. 26. Juli 1896 II, 257.
[544]) V. v. 15. Juni 1897 (Offiziere) XII, 336 und v. 7. Nov. 1901 (Sanitätsoffiziere) XII, 338 als Anlagen zu Schtr.-O. § 16.
[545]) Schtr.-O. § 33.
[546]) V. v. 7. Sept. 1910 XXI, 789 ff.
[547]) V. v. 17. Febr. 1894 II, 73.
[548]) V. v. 21. März 1907 XI, 152.

5. *Militärverwaltung.*[549]) An der Spitze der Militärverwaltung steht der Reichskanzler (Staatssekretär), so daß militärischer Befehl und Militärverwaltung zusammentreffen und Reibungen ausgeschlossen sind. Das Prinzip der personellen Vereinigung der beiden Zweige der Staatstätigkeit ist auch für die unteren Stufen maßgebend. Die höchste örtliche Entscheidung hat der Gouverneur, unter ihm der Kommandeur, welcher dann die Oberleitung der speziellen Militärverwaltungsbehörde, der Intendantur, hat, welcher die auf die ökonomischen Angelegenheiten der Schutztruppen bezügliche örtlichen Angelegenheiten zugewiesen sind; hierhin gehören insbesondere Besoldung und Verpflegung, Unterbringung, Bekleidung, Beschaffung von Waffen und Munition, das Magazinwesen, Etatskontrolle und das gesamte Kassen- und Rechnungswesen. Die Kassengeschäfte werden beim Stabe von der Gouvernementshauptkasse, bei den Stationen von der betreffenden Bezirks- oder Stationskasse geführt. In den ökonomischen Angelegenheiten unterstehen die Stationen der Schutztruppe der Intendantur und ihr ist insoweit der Stationschef und mit ihm der Rechnungsführer, wenn ein solcher der Station zugeteilt ist, verantwortlich.

§ 20.

Finanzverwaltung.

I. Die Finanzhoheit.

Als mit der Erwerbung der deutschen Schutzgebiete ein erweiterter deutscher Staat geschaffen wurde, entstanden Fragen finanzrechtlicher Natur. Das eine ist sicher, daß die Finanzhoheit, die einen Teil einer jeden höchsten Staatsgewalt ist, auch in der dem Reiche zustehenden Schutzgewalt, mindestens soweit sie Staats- und nicht bloß Protektoratsgewalt war, enthalten sein mußte, so daß also das Reich in den Schutzgebieten Finanzhoheit besaß. Wie sollte sie aber ausgeübt werden? Die Lösung der Frage wäre dann sehr einfach gewesen, wenn man die Schutzgebiete dem Mutterlande eingefügt, sie mit demselben zu einem einheitlichen Rechts- und Staatswirtschaftsgebiete gemacht hätte, indem man die Reichsverfassung einführte. Es galt dann das Budgetrecht der Reichsverfassung auch für sie. Die Einführung fand nicht statt. Trotzdem wurde von einigen Seiten behauptet, das Reichsbudgetrecht fände auch auf die Schutzgebiete Anwendung, denn deren Einnahmen und Ausgaben seien solche des Reiches.[550]) Diese Annahme unterstellt, daß Mutterland und Schutzgebiete ein staatswirtschaftliches Ganzes bilden.

---

[549]) Schtr.-O. §§ 25—32.

Literatur zu § 20: Seitz, Grundsätze über Aufstellung und Bewirtschaftung des Etats der deutschen Schutzgebiete 1905; Gaul, Finanzrecht der deutschen Schutzgebiete 1907; Weber, Die koloniale Finanzverwaltung 1909; Radlauer, Finanzielle Selbstverwaltung und Kommunalverwaltung der Schutzgebiete 1910.

[550]) Bornhak im Archiv f. Öffentl. R. II, 1 S. 47 f.; Haenel, Deutsches Staatsrecht I, 852.

In den allerersten Anfängen der kolonialen Entwickelung mochte das insoweit möglich sein, als die Schutzgebiete als Ganzes noch keine eigentliche wirtschaftliche Existenz hatten und die wirtschaftlichen Vorgänge sich nur als Aufwendungen seitens des Reichsfiskus darstellten und es nicht anders war, als wenn das Reich die Kosten irgend einer militärischen Expedition gegen einen fremden, überseeischen Staat trug. Die Sache wurde aber anders, sobald die Schutzgebiete, wenn auch nur in geringem Umfange, begannen, eine eigene Staatswirtschaft zu betreiben, insbesondere durch Erschließung von örtlichen Einnahmequellen, wie Zölle. Konnte man da noch Mutterland und Kolonie als Einheit im Sinne des Wirtschaftsbetriebes betrachten? Doch wohl kaum; die große Entfernung, die Besonderheit der ganzen Verhältnisse mußte dahin führen, daß sich jedes Schutzgebiet zu einer eigenen abgeschlossenen Wirtschaftsgemeinschaft entwickelte, die von der Wirtschaftseinheit, welche durch das Mutterland dargestellt wird, verschieden ist, sodaß sein Haushalt keinen Teil des Reichshaushaltes bildet und daher nicht den Rechtsregeln für diesen unterliegt. Es stimmte deshalb mit den tatsächlichen Verhältnissen überein, wenn die Regierung es ablehnte, die Einnahmen der Schutzgebiete in den Reichsetat für 1887/88 einzustellen. — Die Regierung sah die Schutzgebiete als juristische Personen an. War sie dazu berechtigt? Ich bejahe diese Frage. Es handelte sich hier nicht um Vereine oder Gesellschaften, welche, um juristische Persönlichkeit zu erlangen, die staatliche Verleihung haben müssen, sondern es handelte sich um gesonderte staatähnliche Gebilde mit Gebiet, Volk und höchster Gewalt. Solche Gemeinwesen aber bedürfen nicht der besonderen Verleihung der Rechtspersönlichkeit, wie Otto Mayer es m. E. in überzeugender Weise dargelegt hat.[551]) Sie sind, wie der Staat, „zu gewaltig, um sich in den Rahmen zu fügen, der für Unternehmungen des bürgerlichen Verkehrs geformt ist“.[552]) Mit ihrem Entstehen üben sie auch die wirtschaftlichen Funktionen des Vermögensverkehrs aus und brauchen nicht darauf zu warten, daß ihnen die Rechtspersönlichkeit erst besonders verliehen wird.[553]) So war Vermögenssubjekt nicht das Reich, sondern ein jedes Schutzgebiet war von Anfang an Vermögensträger mit eigenem Haushalt.

Da also wirtschaftlich und vermögensrechtlich eine Trennung von Schutzgebiet und Reich von Anfang an gegeben war, so fielen auf dem finanziellen Gebiete die Schutzgebiete in keiner Weise unter das Reichsrecht sondern nur unter das Kolonialrecht. Die finanziellen staatlichen Funktionen kamen daher nicht der mutterländischen, sondern der Regierung der Schutzgebiete, d. h. dem Kaiser allein zu. Der Kaiser war befugt, den Haushalt der Schutzgebiete aufzustellen, Anleihen für sie, d. h. auch ausschließlich zu ihren Lasten, aufzunehmen u. s. w.[554]) — Eine

[551]) Festschrift f. Laband I, 1—94.
[552]) Daselbst S. 63.
[553]) A. M. Weber 27 f.
[554]) Weber S. 28 f.

Änderung des Rechtszustandes trat dann durch das Gesetz über die Einnahmen und Ausgaben der Schutzgebiete vom 30. März 1892 ein,[555]) welches durch Gesetz vom 18. Mai 1908 abgeändert worden ist.[556])

II. Die Organisation der Finanzgewalt.

1. Der Fiskus. Das Gesetz von 1892 erkannte den schon vorhandenen Zustand der Selbständigkeit der Schutzgebiete an, es bezeichnet sie als selbständige Vermögensträger indem es sagt (§ 5): „Für die aus der Verwaltung eines Schutzgebietes entstehenden Verbindlichkeiten haftet nur das Vermögen dieses Gebietes.“ Klagen auf Grund von Verbindlichkeiten, die aus der Verwaltung eines Schutzgebietes entstanden sind, sind daher gegen den Landesfiskus des Schutzgebietes, nicht gegen den Reichsfiskus zu richten.[557]) Die Anschauung der Rechtspersönlichkeit bezieht sich nicht auf namentlich genannte Schutzgebiete, sondern auf den Tatbestand Schutzgebiet, welchen zu schaffen und zu beseitigen die Verwaltung in der Lage ist, sei es, daß dies ausdrücklich geschieht, wie bei den Marschallinseln, die dem Inselgebiet durch Kaiserliche Verordnung eingefügt wurden, sei es durch allmähliches Verschmelzen mit einem anderen Schutzgebiete, wie das bei dem Inselgebiete und Neuguinea eingetreten ist.[558])

Nicht eine Verbindlichkeit der Schutzgebiete entsteht durch die Zentralverwaltung. Deren Kosten werden vielmehr vom Mutterlande gedeckt.

2. Die Organisation der Finanzgesetzgebung.[559]) Wie die gesamten Rechtsetzungsbefugnisse, so auch die auf dem Gebiete des Finanzrechtes stehen grundsätzlich dem Kaiser allein zu. Auch hier ist er nur insofern beschränkt, als das Finanzwesen bereits durch Kolonialgesetz geregelt ist und Abänderungen des geltenden Rechtes auch nur auf dem Wege der formellen Gesetzgebung geschehen können. Derartiges liegt in dem Gesetze von 1892 vor, welches Budgetrecht, Anleihen, Darlehen und Garantien der Schutzgebiete betrifft. Diese Angelegenheiten sind daher dem kaiserlichen Verordnungsrechte entzogen. Abgesehen von diesem Falle jedoch ist der Kaiser in der Gestaltung des gesamten Finanzrechtes frei, insbesondere kann er Zölle und Steuern auf dem Verordnungswege einführen.

Auch von unteren Stellen der kolonialen Organisation wird Finanzrecht geschaffen. In gültiger Weise können sie die Befugnis hierzu nur auf eine kaiserliche Übertragung stützen, wie sie für die Leiter der westafrikanischen Schutzgebiete und der Marschallinseln bis 1. Oktober 1905 bestanden hat.[560]) — Nun hat aber die Praxis sich auf den Standpunkt

---

[555]) I, 7.
[556]) XII, 16.
[557]) Gerstmeyer 198, vgl. dort auch über die Vertretung des Fiskus.
[558]) Vgl. oben S. 14.
[559]) Vgl. Sassen 107 ff., Gerstmeyer S. 48 und die dort Zitierten, Weber S. 31 ff.
[560]) Kais. V. v. 19. Juli 1886 I, 177 u. v. 15. Okt. 1886 I, 563, aufgehoben durch Kais. V. v. 14. Juli 1905 § 36.

gestellt, daß eine gesetzliche Ermächtigung der Kolonialbehörden zur Finanzgesetzgbung auf dem Wege der Verordnung sich aus dem § 15 Sch.-G.-G. ergebe, auf den sich ja das Recht der Behörden stützt, polizeiliche und sonstige die Verwaltung betreffende Vorschriften zu erlassen.[561]) Aber nur auf die innere Verwaltung erstreckt sich diese Ermächtigung,[562]) mit Recht ist daher die Auslegung der Praxis, welche Zoll- und Steuergesetzgebungsrecht aus dem § 15 herleiten will, von der Wissenschaft einmütig abgelehnt worden. Wie in vielen anderen Fällen, so ist auch hier von den örtlichen Behörden in einer wenig sorgfältigen, die Grundlagen der Berechtigung nicht prüfenden Weise das Verordnungsrecht gehandhabt worden. So ist die Zahl der ungültigen Verordnungen in den Schutzgebieten leider sehr groß.[563]) Die in ihnen enthaltenen Normen können nur insoweit Anspruch auf Gültigkeit erheben, als sie kraft Gewohnheit sich behauptet haben. Ob man eine gewohnheitsrechtliche Ausdehnung der Legitimation des § 15 auf die Finanzrechtsverordnungen annehmen darf, muß angesichts des Protestes der Wissenschaft als sehr zweifelhaft bezeichnet werden. Es ist jedenfalls eine Beseitigung dieser Unklarheiten notwendig. Es genügt dazu eine kaiserliche Verordnung.

3. Die Organisation der Finanzverwaltung. Zur Handhabung der Finanzverwaltung sind die kolonialen allgemeinen Verwaltungsorgane in Mutterland und Kolonie berufen. Dazu kommen aber noch andere teils zentrale, teils örtliche Organe. — Auf Grund des Finanzgesetzes von 1892 nehmen die gesetzgebenden Organe an der Verwaltung durch Feststellung des Etats u. s. w. teil.[564]) Die Aufstellung der Schutzgebietsetats, welche den gesetzgebenden Organen vorgelegt wird, geschieht gemeinsam durch das Kolonialamt und das Reichsschatzamt.[565]) Das letztere ist also gewohnheitsmäßig in die Zentralverwaltung der Schutzgebiete eingetreten. Eine zentrale Finanzbehörde wird endlich jährlich durch besonderes Gesetz geschaffen. Es wird nämlich durch das sogen. Kontrollgesetz dem Rechnungshofe des Deutschen Reiches die Kontrolle des Haushalts der Schutzgebiete für je ein Rechnungsjahr übertragen. — Die örtliche Finanzverwaltung nehmen die allgemeinen Schutzgebietsorgane vor. Jedoch sind die Gouvernements nicht allgemein als Vertreter der Schutzgebietsfisci zu betrachten, sondern dies ist der Reichskanzler (Staatssekretär) und es bedarf stets einer Ermächtigung, wenn die Schutzgebietsbehörden berechtigt sein sollen, den Fiskus zu vertreten[566]) sei es, daß die Zentralverwaltung diese Ermächtigung erteilt, sei es, daß sie in einer gesetzlichen Vorschrift vorhanden ist, wie in denjenigen Kaiser-

---

[561]) Oben S. 42.
[562]) Vgl. die in jeder Beziehung zutreffenden Ausführungen von Sassen S. 93 ff.
[563]) Vgl. die Beispiele bei Sassen S. 109.
[564]) Vgl. unten S. 163.
[565]) Weber S. 49 u. 63.
[566]) Runderl. v. 8. April 1901 VI, 297.

lichen Verordnungen, die den Gouverneur zur Verfügung über das Kronland ermächtigen. Die Finanzverwaltung der Schutzgebiete ist lange Zeit teilweise in Berlin geführt worden. Da hierdurch das Rechnungswesen sehr verwickelt und verlangsamt wurde, so ist zunächst für Togo zum 1. April 1907,[567]) für die anderen afrikanischen Schutzgebiete zum 1. April 1909 [568]) die gesamte Finanzverwaltung einschließlich der Rechnungslegung und Rechnungsprüfung in die Schutzgebiete selbst verlegt worden. Auch die Prüfung der Schutzgebietsrechnungen durch den Rechnungshof soll in der Regel an Ort und Stelle durch Kommissare erfolgen. In Ostafrika, Südwestafrika und Kamerun ist seit 1902 dem Gouverneur ein besonderer Finanzbeamter, der Finanzdirektor, beigegeben worden.[569]) Der Gouverneur ist an seine Zustimmung bei allen Verfügungen finanzieller Natur gebunden. Wenn er den Maßnahmen des Gouverneurs nicht zustimmt, so hat er dem Gouverneur seine Gründe vorzutragen. Will dieser dabei beharren, so hat er auf eigene Verantwortung zu entscheiden. Handelt es sich um über- oder außeretatsmäßige Ausgaben, so muß er die Entscheidung der Zentralstelle einholen. — Spezielle Finanzorgane in den Schutzgebieten sind schließlich auch die Zollbehörden, deren Gliederung und Zuständigkeit je nach der Größe der Schutzgebiete verschieden ist. So werden in Ostafrika Hauptzollämter und drei Klassen von Zollämtern, sowie an Stelle der letzteren für die Binnengrenze Zollstationen unterschieden.[570]) In Südwestafrika gibt es Zollämter, Zollstationen und Zollabfertigungsstellen,[571]) in Kamerun nur Zollämter und Zollstationen u. s. w.[572]) Eigenartig ist die Organisation in Kiautschou.[573]) Dieses war zunächst Freihafengebiet, innerhalb dessen ein chinesisches Seezollamt die Zollverwaltung für das chinesische Hinterland führte. Mit dem 1. Januar 1906 [574]) wurde dann Kiautschou dem chinesischen Zollgebiete eingefügt, mit Ausnahme eines nur den Hafen selbst und das anstoßende Gelände umfassenden Freihafengebietes. Die Zollverwaltung wird weiter durch das chinesische Seezollamt geführt, jedoch erhält das Gouvernement vom Ertrage der Einfuhrzölle zwanzig v. H. Das Seezollamt erhebt auch für Rechnung des Gouvernements den Opiumzoll. — Als eine spezielle Finanzbehörde in Kiautschou ist auch das Kaiserliche Landamt anzusehen, welches den Fiskus in allen Angelegenheiten des Landerwerbs und Landverkaufs vertritt.[575])

---

[567]) Verf. v. 6. Juli 1907 XI, 280 und Ausführungsbest. v. 24. April 1909 XIII, 243.

[568]) Verf. v. 21. Juli 1908 XII, 303 und Ausführungsbest. v. 26. März 1909 XIII, 200 und 31. März 1909, XIII, 215.

[569]) Seitz S. 16 f.

[570]) V. v. 6. März 1908 XII, 77.

[571]) V. v. 31. Januar 1903 VII, 12.

[572]) Vgl. im Einzelnen Weber S. 66 f.

[573]) Weber S. 321 ff.

[574]) V. v. 2. Dez. 1905 IX, 309.

[575]) V. v. 30. März 1903 VII, 300.

III. Das Schutzgebietsvermögen.

1. Das Aktivvermögen. Das Aktivvermögen eines jeden Schutzgebietes zerfällt in Verwaltungsvermögen, d. h. das zur Erfüllung der Verwaltungszwecke erforderliche Inventar, und das werbende, das Finanzvermögen. Das Finanzvermögen des einzelnen Schutzgebietes setzt sich aus verschiedenen Bestandteilen zusammen. Den wichtigsten Teil des Finanzvermögens bildet das Kronland.[576]) Dazu kommen die Bergbaurechte der Schutzgebietsfisci. In den afrikanischen und den Südseeschutzgebieten kann der Reichskanzler dem Landesfiskus Sonderberechtigungen zur ausschließlichen Aufsuchung oder Gewinnung von Bergbaumineralien erteilen,[577]) wie dies auch mehrfach geschehen ist.[578]) Ganz allgemein für alle Schutzgebiete Afrikas und der Südsee ist das Recht, Bergbaumineralien im Meeresboden aufzusuchen und zu gewinnen dem Landesfiskus durch Kaiserliche Verordnung vom 13. Oktober 1910 zugesprochen.[579]) Insoweit besteht also ein Bergregal. Ein volles Bergregal besteht in Kiautschou.[580]) Diese verschiedenen Berechtigungen des Landesfiskus bieten die rechtliche Grundlage für das Entstehen von Finanzvermögen. Schließlich kommen in Betracht fiskalische Gewerbebetriebe wie Eisenbahnen, Landungsbrücken u. s. w.[581])

2. Die Schulden.[582]) Die Einnahmen der einzelnen Schutzgebiete reichten und reichen teilweise zur Deckung der Verwaltungskosten nicht aus. Das Reich tritt hier durch Gewährung von Zuschüssen helfend ein, welche die Schutzgebiete nicht finanziell belasten. Indessen ist das Ziel dies, daß die Schutzgebiete dieser Geschenke nicht mehr bedürfen, welche für beide Teile nicht ersprießlich sind, für das Reich deshalb nicht, weil es belastet wird, für die Schutzgebiete nicht, weil, so lange dieses Abhängigkeitsverhältnis besteht, die den Zuschuß bewilligenden Reichsorgane, Bundesrat und Reichstag, dauernd das Recht einer gewissen Teilnahme an der inneren Schutzgebietsverwaltung verlangen können, welches der Gewährung einer wirklichen Schutzgebietsselbstverwaltung im Wege steht.

Außer diesen Reichszuschüssen dient zur Deckung von Bedürfnissen die Eingehung von Schulden, also die Belastung des Schutzgebietes. Das durch Gesetz vom 18. Mai 1908 ergänzte Gesetz über die Einnahmen und Ausgaben der Schutzgebiete vom 30. März 1892 [583]) kennt zwei Arten, auf welche eine solche Schuld eingegangen werden kann, das Darlehen

---

[576]) Vgl. unten § 24.
[577]) Kaiserl. V. v. 27. Febr. 1906 §§ 92, 93 X 54; für Südwestafrika Allerh. Ordre v. 18. Sept. 1904 VIII, 225.
[578]) Schulte, Das Bergrecht der deutschen Schutzgebiete 1910 S. 7 ff.
[579]) XXI, 879.
[580]) V. v. 16. Mai 1903.
[581]) Weber 163.
[582]) Radlauer 69 f. u. 208 ff.; Laband im Jahrb. d. Ö. R. IV, 418 ff.
[583]) I, 7 und XII, 16.

und die Anleihe. Sie unterscheiden sich voneinander wesentlich in der Person des Gläubigers. Gläubiger beim Darlehen ist das Reich, welches dem Schutzgebiete das Darlehen zur Verfügung stellt. Ob es die Summen als Reichszuschuß oder als Darlehen gewähren will, steht in seinem Belieben; wenn es aber ein Darlehen gewährt, so ist die Regelung der Bedingungen nicht mehr frei, sondern diese sind gesetzlich festgelegt,[584]) insbesondere ist der Zinsfuß auf $3\frac{1}{2}$ v. H. festgesetzt, soweit nicht besondere gesetzliche Abänderungen getroffen werden. Ist nicht durch Reichszuschuß oder Darlehen das Bedürfnis gedeckt, so geschieht die Deckung auf dem Wege der Schutzgebietsanleihe. Sie wird durch den Reichskanzler aufgenommen, der dazu durch Gesetz ermächtigt sein muß.[585]) Bei den Anleihen ist nicht das Reich, sondern das Publikum der Geldgeber. Hier sind die Bedingungen auch nur teilweise gesetzlich festgelegt, insbesondere bestimmt der Reichskanzler den Zinsfuß und den Kurs.[586]) Die Belastung durch die Anleihe kann sowohl ein einzelnes, wie auch mehrere Schutzgbiete betreffen, im letzteren Falle haftet jedes der beteiligten Schutzgebiete dem Gläubiger gegenüber als Gesamtschuldner, untereinander haften die Schutzgebiete nur nach Maßgabe der ihnen überwiesenen Anleihebeträge. Die aus Darlehen und Anleihe entspringende Verpflichtung der Schutzgebiete geht auf Zinszahlung und auf Tilgung. Es ist vom sechsten auf das Jahr der Anleihebegebung oder der Darlehensgewährung folgenden Rechnungsjahre ab jährlich mit mindestens $^3/_5$ v. H. der Beträge unter Hinzurechnung der ersparten Zinsen nach einem vom Reichskanzler aufzustellenden Tilgungsplane zu tilgen. Erfordern die finanziellen Verhältnisse eines Schutzgebietes die Aussetzung der Tilung eines Darlehens, so erfolgt die Bestimmung darüber durch Gesetz. Vom fünfzehnten Jahre ab kann der Reichskanzler die Tilgung verstärken und die Schuldverschreibungen binnen dreimonatiger Frist kündigen. Die zur Erfüllung der Schuldverpflichtung erforderlichen Mittel müssen in den Etat aufgenommen und aus den bereiten Mitteln gezahlt werden. Für Verzinsung und Tilgung der Anleihen haftet das Reich.

Wie zur Aufnahme einer Anleihe, so bedarf es auch zur Übernahme einer Garantie eines Gesetzes.[587])

IV. Die Einnahmen der Schutzgebiete.

Nur aushilfsweise dürfen durch Reichszuschuß oder Eingehung von Schuldverpflichtungen den Schutzgebieten Einnahmen verschafft werden, in erster Linie sind die Verwaltungskosten aus den eigenen Einnahmen zu bestreiten. Es kommen da vor allem in Betracht die Erträge des

---

[584]) Vgl. die §§ 4a—4e des G. v. 18. Mai 1908.
[585]) § 4 des Ges. v. 30. März 1892.
[586]) §§ 4a, 4c—4i.
[587]) § 4.

Finanzvermögens, insbesondere die durch Landverkauf und Bergbau erzielten; sodann die verschiedenen, dem Fiskus zu machenden Leistungen.

Die besonderen Leistungen wie Zölle, Gebühren u. s. w. beruhen zum Teil auf allgemeineren Normen, zum Teil auf Landesrecht. Auf Grund des Schutzgebietsgesetzes und der es ergänzenden Bestimmungen[588]) wird in den Schutzgebieten das Doppelte des Betrages der im Mutterlande angesetzten Gerichstgebühren erhoben. Für die afrikanischen und die Südseegebiete sind gleichmäßig Abgaben vom Bergbau eingeführt, nämlich Schürffeldgebühren, eine Feldessteuer und eine Förderungsabgabe.[589]) Auch auf Grund des Schutzgebietsgesetzes werden standesamtliche Gebühren von Weißen erhoben,[590]) es werden die Strafgelder eingezogen, welche auf Grund der durch das Schutzgebietsgesetz eingeführten Strafgesetze und der kraft Ermächtigung durch das Schutzgebietsgesetz erlassenen Strafverordnungen verwirkt sind. Eine Leistungspflicht ist ferner in dem Falle allgemein begründet, wo eine Anleihe oder ein Darlehen für werbende Anlagen aufgenommen ist. Dann können Grundeigentümer im Wirtschaftsbereiche zu einer ihrem Interesse an der Anlage entsprechenden Leistung in Geld oder Grundstücken herangezogen werden. Über den Umfang entscheidet, wenn nötig, eine Kommission.[591]) Eine das Abgabenwesen in allgemeinerer Weise bestimmende Norm ist auch die völkerrechtliche Verpflichtung, in afrikanischen Gebieten durch vertragsmäßig festgelegte Mindestzölle und -steuern dem Verbrauche von Spirituosen entgegenzuwirken.[591a])

Von allgemeinerer Bedeutung für das Verhältnis des Mutterlandes zu den Schutzgebieten auf dem Gebiete des Steuerwesens ist die Vorschrift des Schutzgebietsgesetzes (§ 9 Abs. 3), daß bei Anwendung des Gesetzes wegen Beseitigung der Doppelbesteuerung vom 13. Mai 1870, jetzt des Doppelsteuergesetzes vom 22. März 1909, die Schutzgebiete als Inland gelten. Für das Zollwesen sind Mutterland und Schutzgebiet, sowie die Schutzgebiete untereinander Ausland, jedoch hat der Bundesrat beschlossen, daß auf die Erzeugnisse der Schutzgebiete die vertragsmäßigen Zollsätze anzuwenden sind.[592]) Für die Schutzgebiete gelten auch nicht die Zollverträge, welche das Reich mit anderen Staaten geschlossen hat; bei der Verschiedenheit der wirtschaftlichen Verhältnisse und bei den großen Entfernungen dürfte es auch kaum möglich sein, aus Mutterland und Kolonien ein geschlossenes, auch nach Außen hin als wirtschaftliche Einheit auftretendes Zollgebiet zu machen.

---

[588]) § Sch.-G.-G., § 74 K.-G.-G., § 10 Kais. V. v. 9. Nov. 1900 und Verf. d. Reichsk. v. 28. Nov. 1901/28. Aug. 1908 VI, 425 u. XII, 369.

[589]) Kais. V. v. 27. Febr. 1906 §§ 27, 62—65, X, 36 ff. und Kais. V. v. 8. Aug. 1905 §§ 27, 62—65 IX, 221 ff.

[590]) § 7 Abs. 1 Sch.-G.-G. in Verb. mit G. v. 4. Mai 1870 § 14 und Konsulatsgebührengesetz v. 1. Juli 1872.

[591]) Ges. v. 18. Mai 1908 § 43 XII, 16.

[591a]) Vgl. oben S. 107.

[592]) II, 22; Weber S. 157 f.

Abgesehen von den bisher erwähnten allgemeineren Grundsätzen sind die rechtlichen Grundlagen für die Einnahmen der Schutzgbiete rein landesrechtlicher Natur.[593]) In der Regel stellen die Zolleinkünfte den Hauptteil der Einnahmen dar. — An Steuern gibt es sowohl direkte, z. B. Handels- und Gewerbesteuern in Ostafrika, Südwestafrika, Neuguinea u. a. m., Grund- und Wertzuwachssteuern in Kiautschou, wie indirekte, so Lebens- und Genußmittelsteuern auf Salz, Palmwein, Pombe in Ostafrika u. s. w. Besondere direkte Steuern sind vielfach den Eingeborenen auferlegt, welche abgesehen von dem fiskalischen Zwecke die früher[594]) näher gekennzeichnete Tendenz haben, die Eingeborenen zur Arbeit zu veranlassen, so die Eingeborenensteuern, Wohnungs-, Hütten- und Kopfsteuern in Kamerun, Togo, Ostafrika, Neuguinea, Samoa. Auch geldwerte Naturalleistungen, wie Kopralieferung auf den Marschallinseln, und persönliche Leistungen,[595]) wie Wegebau, werden von den Eingeborenen gefordert. Endlich sei erwähnt, daß auch von Protektoratsstaaten im Inneren Tribute gezahlt werden, so in Kamerun. — Außer Zöllen und Steuern kommen noch die verschiedenartigsten Gebühren wie Jagdschein-, Waffenschein-, Vermessungsgebühren vor.

Eine dem Schutzgebietsfiskus zustehende Leistung kann auf dem Gnadenwege dem Schuldner erlassen werden. Der Kaiser hat den Reichskanzler ermächtigt, von der Einziehung von Zöllen, Steuern und anderen Abgaben — unter denen aber nicht Gebühren für Gegenleistung des Fiskus zu verstehen sind — bis zur Höhe von 5000 Mark im Einzelfalle abzusehen, oder sie ganz oder teilweise zurückzuzahlen. Auch Vertragsstrafen in beliebiger Höhe können ganz oder teilweise aus Billigkeitsgründen niedergeschlagen werden, falls der Vertrag nicht unter Zustimmung der gesetzgebenden Körperschaften geschlossen ist und durch das vertragswidrige Verhalten das Schutzgebiet nicht geschädigt ist. Bis zum Betrage von 500 Mark — in Ostafrika 400 Rupien — ist das Niederschlagungsrecht den Gouverneuren in Afrika und der Südsee übertragen worden.[596])

V. Das Budgetrecht.[597])

Das Gesetz vom 30. März 1892, welches die bis dahin bestehende grundsätzliche Unumschränktheit des Kaisers bei der Aufstellung des Schutzgebietsetats beseitigte, übernahm im wesentlichen das Budgetrecht der Reichsverfassung. Dazu treten aber noch Besonderheiten, die sich aus den kolonialen Verhältnissen erklären. Ein jedes Schutzgebiet stellt

---

[593]) Vgl. die sehr verdienstvolle Aufzählung der Rechtsquellen der Schutzgebietseinnahmen bei Radlauer S. 214 ff.; in einer Einführung, wie das vorliegende Buch, darf auf die Detaildarstellung verzichtet werden.

[594]) Oben S. 136.

[595]) Vgl. oben S. 131.

[596]) Allerh. Erl. v. 1. Juli 1902 VI, 482 u. 21. Dez. 1907 XI, 39; Runderlasse v. 27. Juni 1904 VIII, 139, v. 14. Dez. 1907 XII, 29 und 21. Jan. 1908 XII, 39.

[597]) Weber 41 ff., 152 ff.

jährlich [598]) für sich die Vorschläge für seinen Etat unter Veranschlagung aller Einnahmen und Ausgaben auf und zwar nimmt diese Handlung der Gouverneur vor, der dann aber den Vorschlag dem Gouvernements- oder Landesrat zur Begutachtung vorlegen muß, soweit nicht besondere Gründe das Unterlassen rechtfertigen.[599]) Es erfolgt alsdann die Etatsanmeldung der Gouvernements bei den Zentralstellen, welche dann, im Einvernehmen mit dem Reichsschatzamte die Etats festsetzen. Es ist hier zu bemerken, daß es nur Etats der sieben einzelnen Schutzgebiete gibt, nur jedes für sich bildet eine Wirtschaftseinheit, die einen Haushalt hat, nicht dagegen sind die Schutzgebiete zusammen eine solche Einheit, die Einnahmen und Ausgaben sind nicht solche der Gesamtheit, sondern der einzelnen Schutzgebiete. Richtigerweise müßten daher von der Zentralstelle sieben Etatsgesetzentwürfe vorgelegt werden. Statt dessen wird jedoch ein einziger, die sieben ordentlichen Etats sowie die außerordentlichen Etats und den Etat der Schutzgebietsschuld vereinigender Haushaltsetat aufgestellt, und nicht nur dies, in dem Gesetzentwurfe, dem der Etat als Anlage beigefügt ist, erscheinen nicht die Summen der Einnahmen und Ausgaben der einzelnen Etats, sondern eine einzige Summe, welche man durch Zusammenzählen jener Einzeletats gefunden hat. Dadurch wird der, mit den rechtlichen und tatsächlichen Verhältnissen nicht übereinstimmende Anschein erweckt, als bildeten die Schutzgebiete finanzrechtlich eine Einheit. Als rechtlich erheblich kann die in dem Gesetzentwurfe und später auch im Gesetze angegebene Summe nicht angesehen werden, sondern Bedeutung kommt allein den Einzelsummen zu, die sich aus der Anlage ergeben.[600]) — Die endgültige Feststellung des Etats geschieht dann vor Beginn des Etatsjahres durch Gesetz.[601])

Bundesrat und Reichstag nehmen außer an der Etatsfeststellung auch an der Kontrolle, und zwar ganz in der gleichen Weise wie bei der Reichsverwaltung teil.[602]) Baldmöglichst nach Schluß des Etatsjahres, spätestens aber in dem auf dasselbe folgenden zweiten Jahre ist dem Bundesrat und dem Reichstag eine Übersicht sämtlicher Einnahmen und Ausgaben des ersteren Jahres vorzulegen. In dieser Vorlage sind die über- und außeretatsmäßigen Ausgaben zur nachträglichen Genehmigung besonders nachzuweisen. Die Erinnerungen der Rechnungslegung, d. h. die schon erwähnte Kontrolle durch den Rechnungshof des Deutschen Reiches [603]) werden durch diese Genehmigung nicht berührt. Es ist endlich — wie beim Reichshaushalt (R.-V. Art. 72) — über die Verwendung aller Einnahmen durch den Reichskanzler dem Bundesrat und dem Reichstag zur Entlastung jährlich Rechnung zu legen.

[598]) Ges. v. 20. März 1892 § 1.

[599]) V. v. 24. Dez. 1903 § 6 VII, 284; V. v. 28. Jan. 1909 XX, 141; V, v, 14. März 1907 § 6 XI, 442; vgl. oben S. 50.

[600]) v. Hoffmann, Anmerkungen zur neuesten kolonialstaatsrechtlichen Literatur (Ztschr. f. Kol.-Pol. VIII, 457 f.); zustimmend Weber S. 49 f.

[601]) Ges. v. 30. März 1892 § 1.

[602]) Daselbst §§ 2 u. 3.

[603]) Vgl. oben S. 157.

§ 21.

Auswärtige Angelegenheiten.

Die Schutzgebiete sind nicht selbständige völkerrechtliche Persönlichkeiten, sie sind im Verhältnis zum Auslande nur Teile des einen deutschen Gesamtstaates.[604]) Sie würden demnach durch die völkerrechtlichen Verträge zusammen mit dem Mutterlande berechtigt und verpflichtet und es ist zu behaupten, daß das auch insoweit der Fall ist, als nicht durch die Rechtsnatur der Kolonie eine Ausnahme bedingt ist. Soweit diese Besonderheit nicht in Frage kommt, wie etwa bei politischen Bündnissen, bilden Mutterland und Schutzgebiete einen einheitlichen Vertragsteil. Anders ist es da, wo durch einen Vertrag die Vertragsteile verpflichtet werden, ihre innere Rechtsordnung und Verwaltungspraxis in einem bestimmten Sinne zu gestalten. Derartige Abkommen gelten der völkerrechtlichen Praxis gemäß nur für das Mutterland, werden nur für dieses abgeschlossen, es sei denn, daß die Geltung ausdrücklich im Vertrage auf die Kolonien ausgedehnt wird. Vielfach wird in solchen Verträgen für die Kolonien der Beitritt zugelassen. Daß derartige Abkommen nicht auch ohne weiteres für die Kolonien gelten, hat seinen Grund darin, daß sie Gebiete grundsätzlich besonderen Rechtes sind, daß sie mit dem Mutterlande kein innerlich geschlossenes Rechtsgebiet bilden und es immer einer besonderen Prüfung bedarf, ob eine Änderung auch ihrer Rechtsordnung zulässig oder wünschenswert ist. — Ebenso wie für das Mutterland, so werden auch für die Schutzgebiete allein geltende völkerrechtliche Verträge geschlossen, so z. B. besteht ein Auslieferungsvertrag mit den Niederlanden und ihren Kolonien, der nur auf die Schutzgebiete Anwendung findet.[605])

Da Mutterland und Schutzgebiete völkerrechtlich eine Einheit bilden, so kann ihre Vertretung auch nur eine einheitliche sein. Sie steht dem Kaiser und den allgemein zur Vertretung des Reiches nach Außen zuständigen Organen zu. Worauf beruht das Vertretungsrecht des Kaisers im Verhältnis zu dem deutschen Gesamtstaate? Für das Mutterland ergibt sich seine Befugnis aus dem Artikel 11 R.-V. Es besteht vielfach die Anschauung,[606]) daß diese Bestimmung auch maßgebend für die Vertretung der Schutzgebiete sei. Dem ist zu widersprechen. Der Artikel 11 bestimmt die kaiserlichen Vertretungsbefugnisse nach Innen, d. h. er legitimiert den Kaiser gegenüber den anderen Organen des Reiches, er bildet in erster Linie einen Satz des innerstaatlichen, mutterländischen Rechts. Da er aber zur Reichsverfassung gehört und diese in den Schutzgebieten nicht gilt, so ist er für das Verhältnis des Kaisers zu diesen ohne rechtliche Bedeutung. Wenn der Kaiser nach innerstaatlichem

[604]) Vgl. oben S. 19.
[605]) Vertrag v. 21. Sept. 1897 II, 359.
[606]) Vgl. z. B. Florack, Die Schutzgebiete, ihre Organisation und Verwaltung 1905 S. 26.

Rechte auch für die Schutzgebiete der völkerrechtliche Vertreter ist, so ist er das nicht nach Artikel 11 R.-V., sondern auf Grund von § 1 Sch.-G.-G., der ihn zur Ausübung der gesamten höchsten Gewalt ermächtigt. Wer diese Befugnis besitzt, ist als Staatshaupt grundsätzlich auch als zur völkerrechtlichen Vertretung befugt anzusehen. So ist nach der inneren Seite hin diese Vertretung für Mutterland und Schutzgebiete auf formell verschiedener Grundlage geordnet, der materielle Erfolg ist aber in beiden Fällen der gleiche: der Kaiser ist der völkerrechtliche Vertreter und so erscheint nach Außen die Vertretung als eine einheitliche.[607])

[607]) v. Hoffmann, Anmerkungen u. s. w. (Ztschr. f. Kolpol. VIII, 456); zustimmend Sassen S. 24 f.

Vierter Abschnitt.

Die Rechtspflege.

§ 22.

Allgemeines.

Die vor der Erwerbung vorhandene Rechtsordnung einer Kolonie beeinflußt in weitgehendem Maße die weitere Rechtsentwickelung. Zwei Möglichkeiten sind gegeben. Die Kolonie kann im Besitze einer zivilisierten Macht gewesen sein, welche bereits eine Rechtsordnung geschaffen hatte. Die Erwerbung findet auf dem Wege der Eroberung oder der Abtretung statt (by conquest or cession from other nations).[608]) Die Rechtsordnung, welche der neue Besitzer vorfindet, kann er, da sie eine auf europäischen Anschauungen beruhende ist, zunächst in Kraft lassen, unter Vorbehalt späterer Änderungen. Solche Änderungen sind ganz naturgemäß besonders notwendig, soweit es sich um das Verhältnis der Staatsgewalt zum Untertanen handelt,[609]) dagegen wird sie weniger dringend, und in vielen Fällen sogar in Rücksicht auf die angesessene, an das bisherige Recht gewöhnte europäische Bevölkerung unerwünscht sein, wo das bürgerliche, das Straf- und das Prozeßrecht in Frage kommt. Dementsprechend behielt in den englischen Kolonien Niedercanada und Mauritius dauernd das französische Recht, in Ceylon, der Kapkolonie, Natal, Britisch-Guayana das römisch-holländische, in Trinidal das spanische vorwiegend Geltung. — In den deutschen Schutzgebieten fand sich, abgesehen von Karolinen, Palau und Marianen und — wenn man will — Samoa keine von einer europäisch-zivilisierten Macht geschaffene, auf europäischen Anschauungen beruhende Rechtsordnung. Auf den früher spanischen Inseln wurde die deutsche Rechtspflegeordnung nicht gleich, sondern erst zum 1. Januar 1901 eingeführt,[610]) dagegen wurden die von der spanischen Regierung erlassenen Verordnungen und Instruk-

---

Literatur zum ganzen vierten Abschnitt: Seelbach, Grundzüge der Rechtspflege in den deutschen Kolonien 1904; Naendrup, Entwickelung und Ziele des Kolonialrechts 1907; Sieglin, Die koloniale Rechtspflege 1908 (Kolonialr. Abhdlgn., herausgeg. v. Naendrup Heft 1).

[608]) Tarring, Law relating to the Colonies S. 2, 16 ff., 26 ff.

[609]) Tarring S. 17.

[610]) Vgl. § 2 der Kaiserl. V. v. 18. Juli 1899 IV, 80; Kais. V. v. 9, Nov, 1900 § 14.

tionen für die Verwaltung[611]) unmittelbar aufgehoben. In Samoa wurde die unter der gemeinsamen Herrschaft des Deutschen Reiches, Großbritanniens und der Vereinigten Staaten gegebene Rechtsordnung nach Erwerbung des Schutzgebietes zunächst noch in beträchtlichem Maße beibehalten,[612]) bis im Laufe der Zeit neues, durch die deutsche Schutzgewalt geschaffenes Recht sie ersetzte.

Anders liegt die Sache dann, wenn die Kolonie nicht einen europäischen Vorbesitzer gehabt hat. Die englische Rechtswissenschaft bezeichnet sie als „colonies formed by settlement of an unoccupied or barbarous country“ oder einfach als „occupied colonies“.[613]) Diese Charakterisierung ist nicht ganz genau. Sie scheint solche Kolonien völlig denen gleichzusetzen, welche nicht auf dem Wege des Vertrages oder der Eroberung sondern auf dem Wege der Okkupation erworben werden. Es würden daher Kolonien, welche von einem nichtchristlichen, aber in die Völkerrechtsgemeinschaft aufgenommenen Staate gewonnen werden, wie z. B. China, nicht unter diese zweite Kategorie, sondern unter die erste fallen, und nach den für diese geltenden Grundsätzen würde das einheimische Recht, z. B. das chinesische, auch auf die sich niederlassenden Europäer anwendbar sein. Das wäre aber überwiegend unzulässig. Der Kolonialstaat kann die vorgefundene Rechtsordnung nur insoweit für seine Ansiedler gelten lassen, als sie nicht der allgemeinen europäischen und der eigenen Rechtsauffassung erheblich widerspricht. Ein solcher Gegensatz wird fast immer vorhanden sein, wo unzivilisierte oder unter nichtchristlicher, nichteuropäischer Herrschaft stehende Gebiete erworben werden, gleichviel durch welche völkerrechtlichen Akte sich der Erwerb vollzogen hat. Indessen es ist nicht gesagt, daß die Rechtsordnung solcher Gebiete nun völlig unanwendbar ist. Es können in ihnen Rechtsnormen, die europäischer Anschauung entsprechen, bestehen, insbesondere kann sich unter den dort vor der Erwerbung wirtschaftlich tätigen Europäern ein Gewohnheitsrecht gebildet haben. Es ist zweckmäßig, derartiges Recht auch weiter gelten zu lassen. In dieser Weise bestimmte z. B. der Gouverneur von Kamerun bald nach der Besitzergreifung, daß bei Streitigkeiten von Europäern untereinander in erster Linie die lokalen Gebräuche und Gewohnheiten, in zweiter Linie die in Deutschland geltenden bürgerlichen Gesetze maßgebend sein sollten.[614]) Dieser Grundsatz wird jetzt auch ganz allgemein durch die Vorschrift gewahrt, daß in Handelssachen in erster Linie das im Schutzgebiete geltende Handelsgewohnheitsrecht, erst in zweiter Linie das mutterländische Recht anzuwenden ist.[615])

Wir stellten also fest, daß nicht — wie es die englische Rechtswissenschaft annimmt — die Art des völkerrechtlichen Erwerbes von Einfluß

[611]) So muß man wohl die Worte „Verwaltungsordnungen und Instruktionen auffassen in V. v. 4. Nov. 1899 IV, 125.
[612]) Vgl. V. d. Gouverneurs v. 1. März 1900 V, 33.
[613]) Tarring S. 2.
[614]) V. v. 20. Juli 1885 in der Denkschrift v. 2. Dez. 1885.
[615]) Sch.-G.-G. § 3 und K.-G.-G. § 40.

auf die spätere Gestaltung der Rechtsordnung ist, sondern nur die Tatsache, daß bereits eine mehr oder weniger umfangreiche, europäischen Grundsätzen entsprechende Rechtsordnung vorgefunden wird.

Wie steht es nun, wenn keine oder keine genügende europäische Rechtsordnung gegeben ist.[616]) Das englische Recht gibt hier eine Antwort. „If there be a new and uninhabited country found out by English subjects, as the law is the birthright of English subjects, so whereever they go they carry their laws with them; and therefore such new found country is to be governed by the laws of England."[617]) Also ein Engländer trägt das „Common Law" als unveräußerliches Erbteil mit sich, es begleitet ihn, wohin er auch gehen möge. Hätte dieser Satz unbeschränkte Geltung, so wäre in den englischen Kolonien stets unmittelbar ein großer Teil der notwendigen Rechtsordnung vorhanden. Zwar hätte, streng genommen, dieses Recht nur persönliche Geltung, indessen man wendet es, wo es wirklich Geltung erlangt hat, auch auf Nichtengländer an, so daß es also territorial, nicht blos personal wirkt.[618]) Gegen die Theorie, soweit sie das Common Law als ein unveräußerliches Erbteil hinstellt, hat sich Lewis mit überzeugenden Gründen gewendet.[619]) Er führt aus: Zwar ist es richtig, daß in englischen Kolonien das Common Law allgemeine Geltung erlangt. Das ist aber durchaus nicht immer der Fall, nämlich dann nicht, wenn in der Kolonie schon eine europäische Rechtsordnung in Geltung war, vor ihr tritt das Common Law zurück. Die Tatsache, daß in der Regel mit der Herstellung der englischen Herrschaft auch englisches Recht in Geltung kam, erklärt Lewis daher nicht aus dem angeborenen Rechte des einzelnen Engländers, sondern anders. Wenn es sich um unzivilisierte Gebiete handelte, so konnte von einer Anwendung des Rechtes der Eingeborenen auf die Weißen keine Rede sein. Eine andere Rechtsordnung war anzuwenden. Was war da natürlicher, als daß man das Recht des Mutterlandes anwendete, auch ohne daß es irgendwie formell eingeführt worden wäre? Es erlangte nicht rechtliche, aber tatsächliche Kraft und wurde zum Gewohnheitsrechte. — In dieser Weise also gilt das englische Common Law in den Kolonien, in denen sich eine europäische Rechtsordnung nicht vorfand.

Zu der letztgenannten Klasse gehören, mit den vorhin genannten Ausnahmen, die deutschen Schutzgebiete. Ehe sich eine der englischen entsprechende Übung in ihnen ausbilden konnte, griff hier bereits die Gesetzgebung durch das Gesetz vom 17. April 1886, jetzt das Schutzgebietsgesetz, ein, welches sowohl die Grundlagen des Staats- und Verwaltungsrechtes, wie auch die Rechtspflegeordnung, d. h. Gerichtsverfassung, bürgerliches, Straf- und Prozeßrecht regelte. Auf das Staats- und Ver-

---

[616]) Vgl. v. **Hoffmann**, Die Rechtsstellung der britischen Herrschaftsgebiete (Ztschr. f. Kolpol. XI, 853 ff.).

[617]) Tarring S. 6.

[618]) Jenkyns S. 180.

[619]) Lewis, Government of Dependencies 2. Aufl. 1891 S. 196.

waltungsrecht braucht hier nicht mehr eingegangen zu werden. Die Regelung der Rechtspflegeordnung sei hier im Vergleich mit der englischen gekennzeichnet. Wir legten früher [620]) dar, daß die deutschen Schutzgebiete ihrem Wesen nach den englischen Protectorates entsprechen. Wie die letzteren der für die Konsulargerichtsbarkeit geltenden Foreign Jurisdiction Act 1890 [621]) unterstehen, so wurde auch in den Schutzgebieten diejenige Rechtspflegeordnung eingeführt, welche für die deutschen Konsulargerichtsbezirke gilt. Damit trat dann die konsulare Gerichtsverfassung mit den notwendigen Abänderungen in Kraft.[622]) Wie hinsichtlich des bürgerlichen, des Straf- und des Prozeßrechtes für die englischen Protectorates grundsätzlich das Common Law, das Recht des Mutterlandes gilt, so ist auch für die Schutzgebiete das heimische Recht eingeführt.[623]) „Die englischen Kolonisten nehmen vom Common Law aber nur so viel mit sich, als auf ihre eigene Lage und den Zustand einer jungen Kolonie anwendbar ist.“[624]) Ebenso finden die in den Schutzgebieten eingeführten Sätze des mutterländischen Rechts keine Anwendung, soweit sie Einrichtungen und Verhältnisse voraussetzen, an denen es für das Schutzgebiet fehlt. Auf diesen Vorbehalt sei hier ein für allemal verwiesen. Wie weit er Kraft hat, das läßt sich nicht allgemein bestimmen, das hängt vielmehr ganz von den örtlich verschiedenen Zuständen ab. Die Praxis wird hier von Fall zu Fall entscheiden müssen. Eine allgemeinere Entscheidung ist zwar auch möglich, denn durch Kaiserliche Verordnung können die nach Lage der Sache nicht anwendbaren Vorschriften näher bezeichnet, auch andere Vorschriften an deren Stelle erlassen werden.[625]) Derartige Verordnungen sind aber noch nicht ergangen.

Das in den englischen Kolonien in Kraft tretende Common Law hat die Gestaltung, welche das mutterländische Recht zu dem Zeitpunkte hatte, als die Kolonie erworben wurde. Der Zeitpunkt der Besiedelung und damit der des Inkrafttretens muß manchmal durch die örtliche Gesetzgebung festgestellt werden. Auch das deutsche Recht wird naturgemäß in der Gestalt eingeführt, die es zur Zeit der Erwerbung des Schutzgebietes hatte. Mit der Zeit kann dies Common Law der Kolonie und das Schutzgebietsrecht eine abweichende Gestalt annehmen. Es kann für die Kolonien durch förmliches Gesetz der kolonialen Zentrallegislatur abgeändert werden, so hat das Gesetz vom 15. März 1888 (R.-G.-Bl. 71) für die Schutzgebiete eine besondere Gesellschaftsform, die der Kolonialgesellschaft geschaffen; in mehreren Fällen ist auch der Kaiser ermächtigt, die Rechtspflegeordnung abzuändern.[626]) In vielen englischen Kolonien kann auch die örtliche Legislatur in gewissem Umfange die Rechts-

[620]) Vgl. oben S. 8.
[621]) 53 u. 54 Vict. c. 37; vgl. dazu auch oben S. 8 f.
[622]) Vgl. oben § 10.
[623]) Sch.-G.-G. § 3 und K.-G.-G. § 19; im einzelnen vgl. unten §§ 23—27.
[624]) Tarring S. 6.
[625]) Sch.-G.-G. § 3 u. K.-G.-G. § 20.
[626]) Sch-G.-G. § 6.

pflegeordnung umgestalten, eine Befugnis, welche der deutschen fehlt.[627]) Die britischen Kolonien machen endlich die Fortentwickelung des mutterländischen Rechtes nicht mit.[628]) Indessen dies bezieht sich nur auf Kolonien, nicht auf die den Schutzgebieten entsprechenden Protectorates. Sie stehen unter der Foreign Jurisdiction Act 1890. Hier wird das englische Recht — soweit es nicht durch besondere Verordnungen abgeändert wird — angewendet,[629]) d. h. in der Form, welches es jeweils in England hat, das Recht im Protectorate macht also alle Veränderungen des mutterländischen Rechtes mit. Der gleiche Grundsatz aber gilt auch für die deutschen Konsulargerichtsbezirke und die Schutzgebiete. Für beide heißt es: es gelten die dem bürgerlichen Recht angehörenden Vorschriften der Reichsgesetze u. s. w.; d. h. was z. B. bürgerlicher Rechtssatz im Mutterlande ist, ist das gleichzeitig auch für die Schutzgebiete,[630]) Veränderungen des heimischen Rechtes, soweit es eingeführt ist, wirken auch auf Grund § 3 Sch.-G.-G. und § 19 K.-G.-G. in diesen. Für die Rechtspflegeordnung der Weißen bilden Mutterland und Schutzgebiete ein einheitliches Rechtsgebiet.

Die Einführung des mutterländischen Rechtes in den Schutzgebieten konnte nicht in ganz unveränderter Gestalt erfolgen. Die schon erwähnte Klausel, daß dieses Recht keine Anwendung findet, soweit es Einrichtungen und Verhältnisse voraussetzt, an welchen es im Schutzgebiete fehlt, genügte nicht, um allen Unzuträglichkeiten vorzubeugen, die aus der Übertragung der Rechtsordnung eines alten Kulturlandes auf Neuland sich ergeben können. Besonderer Maßregeln bedurfte es für das Land- und Bergwesen. Deshalb wurde der Kaiser ermächtigt, auf dem Wege der Verordnung die Rechte an Grundstücken, das Bergwerkseigentum sowie die sonstigen Berechtigungen, für welche die sich auf Grundstücke beziehenden Vorschriften gelten, abweichend vom mutterländischen Rechte zu regeln.[631]) Dieser Ermächtigung verdankt die besondere Gestaltung des Land- und des Bergwesens in den Schutzgebieten ihre Entstehung.[632]) Ferner war zu berücksichtigen, daß in Anbetracht der ungünstigen Verkehrsverhältnisse die Fristen des heimischen Rechtes gegebenen Falles nicht paßten. Deshalb ist der Kaiser ermächtigt, die Verlängerung aller zur Geltendmachung von Rechten und zur Erfüllung von Pflichten gesetzlich festgestellten Fristen anzuordnen.[633]) So ist jetzt die Vorlegungsfrist für Schecks (§ 11 des

---

[627]) Vgl. Sassen S. 111 ff.
[628]) Tarring S. 3 ff., Jenkyns S. 165 ff.
[629]) Jenkyns S. 185.
[630]) Entsprechend dem Obigen der Runderlaß v. 21. Aug. 1905 und Gutachten des Reichsjustizamtes IX, 245; a. M. Benedix in Ztschr. f. Kolpol. VIII, 885 ff.
[631]) Sch.-G.-G. § 3 u. K.-G.-G. § 21.
[632]) Vgl. unten §§ 24 und 25.
[633]) Sch.-G.-G. § 6 Ziffer 9.

Scheckgesetzes) besonders bestimmt worden.[633a]) Es bedurfte auch für die Schutzgebiete einer Feststellung der allgemeinen Feiertage im Sinne der Rechtspflegeordnung. Es sind dies Neujahr, Karfreitag, beide Ostertage, Himmelfahrt, beide Pfingst- und Weihnachtstage und Kaisers Geburtstag, in Kiautschou auch der chinesische Neujahrstag, sowie der Tag vor und nach diesem.[634])

Es war weiter darauf Bedacht zu nehmen, daß das mutterländische Recht vielfach das Vorhandensein einer Landesstaatsgewalt voraussetzt und ihr Anordnungen überläßt. Die Landesorgane mußten für die Schutzgebiete durch andere ersetzt werden. Soweit das mutterländische Recht landesherrliche Verordnungen oder landesherrliche Genehmigung vorsieht, treten an deren Stelle in den Schutzgebieten Kaiserliche Verordnungen oder die Genehmigung des Kaisers. Die nach den mutterländischen Gesetzen im Verwaltungsstreitverfahren zu treffenden Entscheidungen werden für die Schutzgebiete in erster und letzter Instanz vom Bundesrate erlassen. Soweit in diesen Gesetzen auf Anordnungen oder Verfügungen einer Landes-Zentral-Behörde oder einer höheren Verwaltungsbehörde verwiesen wird, treten an deren Stelle in den Schutzgebieten Anordnungen oder Verfügungen des Reichskanzlers oder der von ihm bezeichneten Behörden. Bis zum Erlasse der Kaiserlichen Verordnungen und der Anordnungen und Verfügungen des Reichskanzlers finden die innerhalb Preußens im bisherigen Geltungsbereiche des preußischen Allgemeinen Landrechts geltenden landesherrlichen Verordnungen sowie die dort geltenden Anordnungen oder Verfügungen der Landes-Zentralbehörde entsprechende Anwendung.[635])

Es war schließlich zu bedenken, daß die für das Mutterland z. B. bei Eintragungen ins Handelsregister vorgeschriebene Art von Veröffentlichungen im Reichsanzeiger für die Schutzgebiete nicht praktisch sein kann. Es ist demgemäß angeordnet, daß die Einrückung einer öffentlichen Bekanntmachung in den Deutschen Reichsanzeiger nicht erforderlich ist, sofern daneben eine andere Art der Veröffentlichung vorgeschrieben ist. Der Reichskanzler kann Ausnahmen von dieser Vorschrift anordnen. Der Reichskanzler kann andererseits bestimmen, daß an die Stelle der Einrückung einer öffentlichen Bekanntmachung in den Deutschen Reichsanzeiger eine andere Art der Veröffentlichung tritt.[636]) Für die afrikanischen und die Südseeschutzgebiete ist dementsprechend angeordnet, daß die Bekanntmachung der Eintragungen in das Handelsregister (§ 10 H.-G.-B.) und das Genossenschaftsregister (§ 156 Gen.-G.) durch das Deutsche Kolonialblatt und mindestens ein anderes Blatt zu geschehen hat.[637]) Die koloniale Rechtspflegeordnung geht durch das Medium der

---

[633]a) Kais. V. v. 10. April 1911 XXII, 373.

[634]) V. v. 12. April 1907 XI, 217; für Kiautschou V. v. 6. Okt. 1902 VI, 653.

[635]) Sch.-G.-G. § 3 u. K.-G.-G. § 23.

[636]) Sch.-G.-G. § 8.

[637]) Verf. d. Reichskanzlers vom 29. Sept. 1903 VII, 214 und 12. Sept. 1898; Sch.-G.-G. § 3 u. K.-G.-G. § 29.

konsularen hindurch. Für die Schutzgebiete müssen in einigen Fällen die für das Konsulatswesen geltenden Normen durch andere ersetzt werden. Abgesehen von denjenigen, die sich auf die Gerichtsverfassung sowie Eheschließung und Personenstand beziehen, bei denen an die Stelle des Konsuls der Kolonialbeamte tritt, können auch für Befugnisse, die dem Konsul aus anderen Gesetzen zustehen, durch den Reichskanzler Schutzgebietsbeamte zuständig gemacht werden. Die Seemannsordnung bestimmt ferner (§ 5), daß in den Schutzgebieten Seemannsämter die vom Reichskanzler bestellten Behörden sind. Dies sind in der Regel Bezirksrichter.[638])

In Schutzgebieten und Protectorates ist, wie oben gezeigt, für die Rechtspflege das Konsularrecht in weitem Umfange eingeführt worden, in den Protectorates dadurch, daß ein und dasselbe Gesetz, die Foreign Jurisdiction Act für beide gilt, in den Schutzgebieten dadurch, daß die §§ 2 und 3 des Schutzgebietsgesetzes eine beträchtliche Anzahl von Vorschriften des Konsulargerichtsbarkeitsgesetzes für anwendbar erklären. Nun ist in den letzten Jahren dringend die Forderung der Trennung des Kolonialrechts vom Konsularrecht und die Schaffung einer besonderen kolonialen Rechtspflegeordnung erhoben worden.[639]) Als Grund wird die durch Verweisungen herbeigeführte Unübersichtlichkeit des heutigen Rechtszustands und die Notwendigkeit einer dem kolonialen Bedürfnis besonders entsprechenden Rechtsordnung angeführt. Die erst genannte Schwierigkeit kann durch eine geschickte, wissenschaftliche Bearbeitung gehoben werden.[640]) Was die zweite Begründung der Forderung angeht, so dürften die Zustände in den Schutzgebieten einstweilen noch nicht so abgeschlossen sein, daß man daran gehen könnte ein wertvolles und dauerndes Gesetzgebungswerk zu schaffen. Die Forderung erscheint daher einstweilen als noch nicht genügend begründet und sie ist abzulehnen. Für die Beibehaltung des jetzigen Zustandes spricht es, daß, wie gezeigt, auch in den englischen Protectorates ähnliche Verhältnisse bestehen und zu erheblichen Schwierigkeiten wohl kaum Anlaß geben. Ganz besonders aber spricht dafür, daß doch zwischen den konsularen und kolonialen Zuständen vielfach weitgehende materielle Übereinstimmung besteht, und daß in dem Kolonial- und Konsulargerichtshof ein gemeinsames höchstes Rechtspflegeorgan geschaffen werden soll, welches die Einheit von kolonialer und konsularer Rechtspflege schaffen und aufrechterhalten wird.

Die eingeführte Rechtspflegeordnung galt wie in den Konsularbezirken so in den Schutzgebieten zuerst nur für die Reichsangehörigen und die Schutzgenossen. Erst das Gesetz vom 25. Juli 1900 beseitigte, indem es den diese Beschränkung enthaltenden § 2 K.-G.-G. nicht in sich auf-

---

[638]) Verf. d. Reichsk. v. 14. Okt. 1909 XIII, 48.

[639]) S. Köbner, Kolonialrecht 1908 und andere.

[640]) Der Gerstmeyersche Kommentar tut dies m. E. in völlig ausreichender Weise.

nahm, diese Schranke und seit dem 1. Januar gilt die Rechtspflegeordnung grundsätzlich für jeden.[641])

Dieser Grundsatz erleidet aber zwei Ausnahmen.

Die Militärgerichtsbarkeit wird durch das Schutzgebietsgesetz nicht berührt.[642])

Nicht unterliegen der allgemeinen Rechtspflegeordnung mit Einschluß des Personenstands- und des Eheschließungsrechtes die Farbigen,[643]) d. h. die Eingeborenen und die ihnen durch Kaiserliche Verordnung gleichgestellten Bevölkerungsteile, soweit sie nicht durch Kaiserliche Verordnung ausdrücklich jener Ordnung unterstellt werden. Wer als Farbiger anzusehen ist, wurde schon früher bestimmt.[644])

Nach welchem Rechte leben nun die Farbigen? Ehe die Schutzgebiete unter deutsche Herrschaft traten, gab es naturgemäß für die ansässige Bevölkerung bereits eine Rechtsordnung, die, je nach dem kulturellen Stande des einzelnen Stammes eine niedere oder höher entwickelte war. Es ist abwegig, wenn man behauptet,[645]) es gäbe Recht nur in den vom Völkerrecht anerkannten Staaten. Ein jedes Gemeinwesen entfaltet seine innere Rechtsordnung, unbekümmert um das Völkerrecht. Diese Rechtsordnung wurde durch die Einführung der deutschen Schutzgewalt nicht aufgehoben, noch auch unmittelbar berührt, noch endlich wird sie nun erst infolge der Anerkennung des herrschenden Kolonialstaates zur Rechtsordnung. Indessen, es liegt in der Schutzgewalt des Kaisers das Recht, jederzeit den bestehenden Zustand zu ändern, sei es unmittelbar, sei es — wo die Schutzgewalt protektoratischen Charakter hat — mittelbar durch die eingeborenen Herrscher. Die Änderung würde sich dann auf dem Wege der formellen Rechtssetzung vollziehen. Indessen sie kann auch auf anderem Wege, dem der Praxis, insbesondere des Gerichtsgebrauches, vor sich gehen. Ihm ist eine gewisse rechtschöpferische Kraft zuzusprechen. Es wird auch als zulässig angesehen, daß die für die Farbigenrechtspflege zuständigen Stellen, insbesondere das Gouvernement, Bekanntmachungen erlassen, in welchen sie zu den Fragen des bürgerlichen Rechtes der Eingeborenen Stellung nehmen.[646])

Zwei Wege kann also die Schutzgewalt benutzen. Der Anlaß zur Abänderung des bestehenden Rechtes wird vielfach durch die besonderen örtlichen Bedürfnisse gegeben sein, außerdem aber auch durch Verhältnisse allgemeinerer Natur. Die bestehende Rechtsordnung kann nämlich eine Anerkennung durch die deutschen Behörden nur insoweit beanspruchen, als sie nicht — vom Standpunkte einer europäischen Kulturnation aus beurteilt — gegen die gesunde Vernunft und die guten Sitten verstößt.[647]) Zur Nichtanerkennung und darüber hinaus zur Bekämpfung

---

[641]) Vgl. oben S. 26.
[642]) § 5 Sch.-G.-G.; vgl. oben S. 152.
[643]) §§ 4 und 7 Sch.-G.-G. und § 2 d. Kais. V. vom 9. November 1900.
[644]) Vgl. oben S. 21.
[645]) Romberg in Ztschr. f. Kolpol. X, 383.
[646]) So der Erl. der Kolonialabteilung v. 15. Jan. 1907 XI. 54.
[647]) Daselbst.

ist die deutsche Regierung in Afrika durch internationale Vereinbarung noch außerdem verpflichtet,[648]) soweit sie Sklavenhandel, Kannibalismus und Menschenopfer in den Schutzgebieten antrifft.

Die Schutzgewalt hat nun tatsächlich in die vorgefundene Rechtsordnung mehrfach eingegriffen, sei es durch allgemeinere, sei es durch landesrechtliche Maßnahmen. Die von den Landesbehörden erlassenen Verordnungen entbehrten aber, mangels der notwendigen Ermächtigung durch den Kaiser, zum großen Teil der Gültigkeit.[649]) Durch Kaiserliche Verordnung vom 3. Juni 1908[650]) ist dann die formelle Rechtssetzung dahin geordnet worden, daß der Reichskanzler (Kolonialamt) ermächtigt wird, Vorschriften und Anordnungen zu erlassen, welche das Eingeborenenrecht und die Gerichtsbarkeit über Eingeborene, auch soweit Nichteingeborene beteiligt sind, betreffen. Mit seiner Ermächtigung oder Zustimmung werden diese Befugnisse durch die Gouverneure wahrgenommen. Die bis dahin in diesen Angelegenheiten erlassenen Vorschriften werden in Geltung gelassen, d. h. es wird ihnen damit, auch soweit sie ungültig sind, durch den Kaiser Geltung verschafft. — Für Kiautschou war die Regelung der Angelegenheit schon durch die Kaiserliche Verordnung vom 27. April 1898 gegeben, in deren Ausführung der Reichskanzler den Gouverneur ermächtigte, die Rechtsverhältnisse der Chinesen und der Angehörigen farbiger Volksstämme zu bestimmen.

So leben also Weiße und Farbige unter verschiedenen Rechtspflegeordnungen. Beide Klassen der Schutzgebietsbevölkerung treten aber zueinander in zahlreiche Beziehungen, welche einer rechtlichen Regelung bedürfen. Die Rechtspflege in gemischten Angelegenheiten[651]) kann zweifellos, soweit die Farbigen in Frage kommen, durch den Kaiser auf dem Verordnungswege oder jetzt, nach der Verordnung vom 3. Juni 1908, durch den Reichskanzler (Staatssekretär) oder den ermächtigten Gouverneur erfolgen. Anders steht es, wenn durch die Regelung der gemischten Gerichtsbarkeit das für die Weißen geltende Recht abgeändert wird. Diese Änderung kann nur auf dem Wege der förmlichen Gesetzgebung, nicht der Verordnung erfolgen.[652]) Dieser Auffassung entsprechend hat man die Gültigkeit der sogen. Kreditverordnungen bestritten, insbesondere derjenigen, welche der Reichskanzler am 23. Juli 1903 für Südwestafrika erließ.[653]) Sie hatte den Zweck, das Kreditgeben an Eingeborene zu beschränken und verkürzte deshalb für den weißen Kreditgeber die Verjährungsfrist, griff also in das für ihn geltende bürgerliche Recht ein. Gegenüber der behaupteten Ungültigkeit dieser Verordnung ist indessen einzuwenden, daß es sich hier um eine

[648]) General-Akte der Antisklavereikonferenz Artikel 1 und 2 I, 127 ff.

[649]) Sassen 112 f.; auch Erlaß v. 15. Jan. 1907 XI, 54.

[650]) XII, 201.

[651]) Vgl. dazu die Verhandlungen des Deutschen Kolonialkongresses 1905 S. 381 ff.

[652]) A. M. Gerstmeyer S. 26 im Anschluß an ein Urteil des Obergerichts Windhuk.

[653]) Sassen S. 111.

Vorschrift überwiegend öffentlich-rechtlichen, insbesondere sicherheitspolizeilichen Charakters handelte, welche erlassen war, um einer Verschuldung der Eingeborenen und damit dem Entstehen politischer Unzufriedenheit vorzubeugen. Jedoch die Zweifel an ihrer Gültigkeit haben wohl ihre Berechtigung. — Soweit nicht besondere Vorschriften über die Rechtspflege in gemischten Angelegenheiten ergangen sind, muß durch die Praxis eine Entscheidung getroffen werden.

Es sind nun zwei Fragen zu beantworten, die des Gerichtsstandes und die des anzuwendenden materiellen und prozessualen Rechtes. Die Praxis[654]) steht auf dem Standpunkte, daß, „wo Weiße und Farbige in einer Rechtssache beteiligt sind, der aus allgemeinrechtlichen Gesichtspunkten folgende Grundsatz gilt, daß der Gerichtsstand des Beklagten, bezw. Angeklagten entscheidet". Nimmt der Weiße die Stelle des Beklagten ein, so entscheidet über ihn also das Schutzgebietsgericht. Es muß aber auch umgekehrt der Grundsatz gelten, daß, wo der Farbige Beklagter ist, der Weiße ihn vor einem Eingeborenengericht belangen muß. Dem entspricht der Rechtszustand in den westafrikanischen Schutzgebieten,[655]) während in Ostafrika eine Übung dahin geht, daß in Mischprozessen die Eingeborenen stets vor den deutschen Gerichten Recht zu nehmen haben.[656]) Auch in Samoa weicht man, soweit es sich um Personen handelt, die sich im früheren Munizipalbezirke Apia aufhalten, von dem allgemeinen Grundsatze, und zwar kraft ausdrücklicher Bestimmung, ab.[657]) Alle Zivilprozesse zwischen Eingeborenen und Fremden und alle Verbrechen und Vergehen von Eingeborenen gegen Fremde unterliegen hier der Europäergerichtsbarkeit. Ebenso gilt in Kiautschou, daß, wenn bei einer strafbaren Handlung Chinesen und Nichtchinesen als Täter, Teilnehmer, Begünstiger oder Hehler gemeinschaftlich beschuldigt werden, oder wenn Chinesen und Nichtchinesen in einen bürgerlichen Rechtsstreit verwickelt sind, die Europäergerichte auch zur Verhandlung und Entscheidung gegen Chinesen zuständig sind.[658])

Für die Frage des Gerichtsstandes war in erster Linie ein „allgemeinrechtlicher Gesichtspunkt", d. h. der Grundsatz: actor sequitur forum rei, maßgebend. Gibt es auch einen allgemeinen Gesichtspunkt, nach welchem es sich entscheidet, welche Rechtsordnung anzuwenden ist? Nicht anwendbar sind diejenigen Regeln des internationalen Privatrechtes, welche die Anwendung ausländischen Rechtes durch die Gerichte des Inlandes bestimmen. Der Tatbestand, an welchen sie anknüpfen, ist das Bestehen von mehreren Rechtsgebieten. Das liegt aber bei den Schutzgebieten nicht vor, sondern hier ist ein Rechtsgebiet mit zwei Rechtsordnungen, von denen die eine oder die andere Kraft hat, je nachdem, ob ein Weißer oder ein Farbiger in Frage kommt. Es ist der gleiche Zustand

[654]) Man darf wohl die Ausführungen von Gerstmeyer S. 26 als Wiedergabe der in der kolonialen Praxis herrschenden Anschauungen betrachten.
[655]) v. Hoffmann, Verwaltungs- und Gerichtsverfassung S. 57, 67, 82.
[656]) Kolonialkongreß 1905 S. 393.
[657]) V. v. 1. März 1900 V, 33.
[658]) IV, 195.

wie zur Zeit der Völkerwanderung und des Frankenreiches, wo auf dem gleichen Gebiete ein jeder nach seinem besonderen Stammesrechte lebte. Bei dieser Gleichheit der Lage würde auch der damals für Mischprozesse geltende Grundsatz jetzt in den Schutzgebieten anwendbar sein, nämlich daß bei zweiseitigen Rechtsgeschäften unter den Angehörigen verschiedener Stämme die Vorschriften jedes der betreffenden Rechte beobachtet werden müssen.[659]) Das System der Personalität der Rechte gilt auch im Wesentlichen in den britischen Protectorates.[660]) Gegen die Anwendung dieses Grundsatzes kann der Umstand sprechen, daß man es in den Schutzgebieten nicht mit zwei nebengeordneten Stämmen, sondern mit einer übergeordneten weißen und einer untergeordneten farbigen Bevölkerung zu tun hat, daß die Interessen der ersteren vorgehen und sie deshalb auch bei Angelegenheiten gemischten Rechtes mit ihrer Rechtsordnung ein Übergewicht haben muß. — Für die Schutzgebiete sind einheitliche und klare Grundsätze nicht gegeben. Es ist in der Praxis [661]) die Ansicht vertreten, daß, wenn der Farbige den Weißen vor dessen Gericht verklagt, er sich für den Rechtsstreit dem § 3 Sch.-G.-G., d. h. dem für Weiße geltenden bürgerlichen Rechte unterwirft. Von der Anwendung des Grundsatzes der Personalität ist hier also nicht die Rede, sondern es heißt: das Europäergericht wendet Europäerrecht an. In Kiautschou ist dieser Satz ausdrücklich ausgesprochen worden.[662]) Da hier aber alle gemischten Sachen diesem Gericht überwiesen sind, so kommt auf alle gemischten Sachen das Recht der Weißen in Anwendung. — Aus jenem Satze würde nun folgen, daß, wenn der Weiße als Kläger vor dem Eingeborenengerichte Recht nimmt, er auch dem Eingeborenenrechte ganz untersteht, — ein mit dem Interesse der Weißen wohl oft unvereinbarer Zustand. Hier würde das Personalitätsprinzip zweckmäßig anzuwenden sein.

Die ganze Frage wird schließlich einer formellen Regelung bedürfen, indessen wird man hier nicht vorschnell eingreifen, sondern nur auf Grund reicher praktischer Erfahrung vorgehen müssen. Vor allem bedarf es auch einer genauen Kenntnis des hergebrachten Eingeborenenrechtes, ehe man an Kodifikationen, sei es nur des zwischen Weißen und Eingeborenen, sei es auch des für die letzteren allein geltenden Rechtes herantritt.

Besonders zu berücksichtigen ist hier noch die Frage der Rechtsbeziehungen zwischen Weißen und Farbigen auf dem Gebiete des Eheschließungsrechtes, die Frage der M i s c h e h e n.[663])

---

[659]) v. Bar, Internationales Privatrecht (Holtzendorff-Kohler II, 6).
[660]) Ilbert, Government of India S. 337 f.
[661]) Ich beziehe mich hier wieder auf Gerstmeyer S. 26.
[662]) V. v. 15. April 1899 § 1 IV, 191.
[663]) Zur Frage der Mischehen: die Artikel von B o r n h a u p t, F u c h s und v. H o f f m a n n in der Kolztg. 1909, von S c h r e i b e r in Ztschr. f. Kolpol. XI, 88 ff., von F r i e d r i c h in der Kol. Rundschau 1909 S. 361 ff., F l e i s c h m a n n, Ztschr. f. Kolpol. XII, 83, d e r s e l b e in den Verhandlungen des 3. Kolonialkongresses S. 548 ff.

Ziehen wir das für die Weißen gültige materielle Eherecht des bürgerlichen Gesetzbuches zu Rate, so sehen wir, daß sich aus ihm kein Ehehindernis der Verschiedenheit der Hautfarbe ergibt. Man kann auch kein Ehehindernis in der Weise ausfindig machen, daß man die Farbigen als Geistesschwache oder beschränkt Geschäftsfähige auffasst. Derartiges ist nur eine Verlegenheitsauslegung. Auf der gleichen Stufe steht es, wenn man den Artikel 13 E.-G. B.-G.-B. heranzieht. Wohl kann, da nach diesem Artikel die Fähigkeit eine Ehe zu schließen für jeden Teil nach den Gesetzen des eigenen Staates zu beurteilen ist, bei Ehen zwischen Ausländern und Inländern ein Ehehindernis gegeben sein, welches zwischen Inländern nicht besteht. Diese Bestimmung würde einerseits hier nur dann Bedeutung haben können, wenn die beiden Teile Untertanen verschiedener Staaten wären, andererseits aber kommt sie für den vorliegenden Fall überhaupt nicht in Frage, denn sie hat nicht den Gegensatz zwischen Weiß und Farbig, sondern zwischen In- und Ausland im Auge, also zwei Gegensätze, die sich keineswegs völlig decken. Materielle Ehehindernisse sind durch die Hautfarbe also nicht gegeben.

Was die formelle Seite der Eheschließung angeht, so kann man dem geltenden Kolonialrechte eine unzweideutige Entscheidung der Frage der Zulässigkeit von Mischehen entnehmen. — Die Ehe ist eine Rechtseinrichtung. Für den Staat hat nur diejenige Geschlechtsverbindung, bei welcher die nach staatlichem Rechte materiellen und formellen Voraussetzungen erfüllt sind, Rechtswirkung. Der Staat setzt die Form der Eheschließung, und zwar ist es keineswegs notwendig, daß ein und dieselbe Form für alle Untertanen gegeben ist, so erhob das Preußische Landrecht die Vollziehung der Ehe durch die priesterliche Trauung allgemein zur bürgerlichen Form der Ehe, verwies aber in Bezug auf fremde im Staat geduldete Religionen auf deren Religionsgebräuche.[664]) Es ist weiter keineswegs notwendig, daß eine Eheschließungsform vorhanden ist für solche Fälle, in denen zwei Personen, von denen eine jede für die Eheschließung einer anderen Form unterworfen ist, eine Ehe schließen wollen. Wenn der Staat Gründe hat, aus denen er die Ehe solcher Personen nicht zulassen zu dürfen glaubt, so wird er die Form nicht geben und so die Ehe unmöglich machen. So war nach preußischem Landrecht keine Form für Ehen zwischen Getauften und Ungetauften besonders Juden vorhanden, sie konnten daher in Preußen keine Ehen schließen. Der Staat betrachtet es jetzt nicht mehr als zulässig, daß bei Religionsverschiedenheit keine Ehe geschlossen werden dürfe. Aber diese Überzeugung war noch bis weit ins 19. Jahrhundert hinein lebendig und ist es, man darf sagen selbst in den in kirchlichen Dingen lau denkenden Volksschichten noch heute. Betrachtet man also im Mutterlande den rechtlichen Ausschluß der Ehe wegen Religionsverschiedenheit in weiten Kreisen durchaus nicht als etwas dem sittlichen Gefühl Widerstreitendes, so entspricht es den Anschauungen der großen Mehrzahl der in den

[664]) A L R II, 1 §§ 136, 137.

Schutzgebieten ansässigen Weißen, daß die Rassenverschiedenheit, wie überhaupt die Geschlechtsverbindung, so auch deren gesetzliche Form, die Ehe ausschließt. Wenn also der Kolonialgesetzgeber auf der einen Seite dem Farbigen, auf der anderen dem Weißen die Eheschließungsform gibt, es aber unterläßt eine für beide gemeinsame zu schaffen, so ist das keine Unterlassungssünde, welche der Jurist durch Auslegungskunststücke suchen müßte, gutzumachen, sondern für die Verbindung zwischen Weiß und Farbig ist einfach ebenso in Wahrnehmung eines staatlichen Interesses keine Form gegeben, wie man früher absichtlich keine für Christen und Juden gemeinschaftliche Eheschließungsform gab. Diesen Grundsätzen gemäß ist auch der deutsche Kolonialgesetzgeber vorgegangen. Die Ehen der Farbigen untereinander werden nach ihrem Stammesrechte oder in einem Falle[665]) nach dem vom deutschen Gesetzgeber besonders geschaffenen Rechte geschlossen. Die Ehen von Weißen untereinander werden ausschließlich in der im Schutzgebietsgesetze geregelten Form eingegangen. Der Weiße kann also im Schutzgebiete keine nach dem für ihn geltenden Recht gültige Ehe in einer anderen Form schließen. Schließt er etwa eine Verbindung nach Stammesrecht, so kann dies von den Eingeborenen vielleicht als Ehe angesehen werden, für die Weißen und ihre Rechtsordnung ist es nur ein Konkubinat. Den Farbigen steht es nun nicht frei, sich der Eheschließungsform der Weißen zu bedienen. Sie sind von ihr ausdrücklich ausgeschlossen.[666]) So hat jeder Bevölkerungskreis seine Eheschließungsform für sich, eine gemeinsame fehlt und alle Verbindungen, welche unter Angehörigen verschiedener Kreise unter Benutzung der europäischen Form geschlossen sind, sind im Sinne des deutschen Rechtes keine Ehen. Nur wenn der Farbige in den früher erwähnten Ausnahmefällen an der Rechtsordnung der Weißen teilnimmt, können Weiße und Farbige eine deutsche Ehe eingehen.[667])

§ 23.

Das bürgerliche Recht.

Es wurde klargelegt, daß für Weiße und Farbige gesonderte Rechtsordnungen gelten und so muß man hier auch zwischen dem bürgerlichen Rechte der Weißen und dem der Farbigen scheiden.

I. Das Recht der Weißen.

Es gelten für die Weißen die dem bürgerlichen Rechte angehörigen Vorschriften der Reichsgesetze und der daneben innerhalb Preußens im bisherigen Geltungsbereiche des Allgemeinen Landrechtes — d. h. bis zum 1. Januar 1900 — in Kraft stehenden allgemeinen Gesetze.[668]) Es

---

[665]) Vgl. unten S. 189.

[666]) Sch.-G.-G. § 7 Abs. 3, Kais. V. v. 9. Nov. 1900 § 2.

[667]) Meinen Ausführungen stimmt zu v. Stengel in Ztschr. f. Kolpol. XII, 197.

[668]) Sch.-G.-G. § 2 und K.-G.-G. § 19 Ziffer 1; vgl. dazu v. Hoffmann, Kolonialgewerberecht S. 6 ff., Gerstmeyer S. 73, Höpfner S. 26.

ist zunächst zu bemerken, daß nicht ganze Gesetze eingeführt worden sind, sondern die bürgerlichrechtlichen Bestimmungen gewisser Gesetze, mögen nun diese Gesetze als Ganzes genommen privat- oder öffentlichrechtlichen Charakter haben. Ihre staats- oder verwaltungsrechtlichen Bestimmungen haben in den Schutzgebieten keine Kraft, ihre bürgerlichrechtlichen dagegen besitzen sie.[669]) Es kommen in erster Linie Reichsgesetze in Betracht, d. h. die von der mutterländischen Staatsgewalt für das Reichsgebiet geschaffenen. Nicht dagegen kommen hier in Frage Bestimmungen solcher Reichsgesetze, die nicht für das Mutterland, sondern für die Konsulargerichtsbezirke erlassen sind.[670]) Weiter gehören hierher preußische „allgemeinen Gesetze", d. h. solche, die grundsätzlich mindestens für einen größeren Teil des Staatsgebietes, nicht in erster Linie etwa für eine Provinz, Geltung haben. Es ist nicht erforderlich, daß sie das ganze Staatsgebiet umfassen, sondern nur den „bisherigen Geltungsbereich des preußischen Allgemeinen Landrechts". Ein solches Gesetz ist zunächst das Allgemeine Landrecht selbst, soweit seine privatrechtlichen Sätze nicht durch das B. G.-B. außer Kraft gesetzt sind; weiter preußische Gesetze, welche jenen Geltungsbereich mit umfassen, wie z. B. das A.-G.-B.-G.-B., denn es ist nicht nötig, daß ihre Geltung auf jenen Bereich beschränkt ist. Es fragt sich aber nun noch, wie weit jener Geltungsbereich zu rechnen ist. Gehören auch dazu Bezirke, die zeitweise von der preußischen Monarchie getrennt waren, in denen aber das Landrecht weiter in Geltung blieb, so besonders die landrechtlichen Teile von Hannover? Die Frage ist für diejenigen Bestimmungen von Bedeutung, welche Gesetzen angehören, die vor der Wiedergewinnung jener Landesteile im Jahre 1866 für Preußen erlassen wurden und nach 1866 nicht in den mit der Monarchie neu vereinten landrechtlichen Gebieten eingeführt sind, wie z. B. das Gesetz vom 11. März 1850 über die Haftung der Gemeinden für den Schaden bei Aufruhr.[671]) Man wird die Frage dahin zu beantworten haben, daß als Geltungsbereich nur dasjenige Gebiet anzusehen ist, welches seit Erlaß des Landrechts dauernd einen Teil des preußischen Staates gebildet hat, es ist das Hauptgebiet der Geltung, in welchem dauernd nur durch den preußischen Gesetzgeber eine Fortentwickelung des Allgemeinen Landrechtes stattfand.

Die Entscheidung darüber, ob eine Vorschrift dem bürgerlichen Rechte angehört und deshalb gilt, wird oft schwer zu fällen sein. Für die Urheberrechtsgesetze, sowohl soweit sie bürgerlich- wie öffentlichrechtlichen Inhaltes sind, ist auf Grund gesetzlicher Ermächtigung die Geltung durch Kaiserliche Verordnung festgestellt worden.[672])

---

[669]) Natürlich stets unter dem Vorbehalt des § 20 K.-G.-G., vgl. oben S. 331.

[670]) Vgl. v. Hoffmann, Anmerkungen zur neusten kolonialstaatsrechtlichen Literatur (Ztschr. f. Kolpol. VIII, 454); zustimmend Gerstmeyer S. 97; Gerstmeyer übersieht, daß ich mich für die Geltung des R.-G. v. 14. Juli 1904 ausspreche.

[671]) Vgl. oben S. 98.

[672]) Sch.-G.-G. § 2, K.-G.-G. § 22. Kaiserl. V. v. 9. Nov. 1900 § 4; vgl. oben S. 119 f.

Das bürgerliche Recht des Mutterlandes ist nicht unverändert in den Schutzgebieten eingeführt worden. Einzelne Rechtsinstitute haben eine besondere, abweichende Regelung erfahren. Es sind dies die folgenden:

1. Vereine.[673]) Auf Vereine, welche ihren Sitz in einem Schutzgebiete haben, sind nicht anwendbar die Vorschriften, welche für einen Verein im Mutterlande die Voraussetzungen der Rechtsfähigkeit (§§ 21 und 22 B. G.-B.), sowie die Zuständigkeit und das Verfahren für die Entziehung der letzteren (§ 44 Abs. 1) regeln. Vereine in den Schutzgebieten erhalten und verlieren ihre Rechtsfähigkeit nur durch Beschluß des Bundesrates (§§ 23 und 44 Abs. 2 B. G.-B.). Da ein Verein nur durch Verleihung die Rechtsfähigkeit erlangt, so fallen für die Schutzgebiete die Vorschriften über die eingetragenen Vereine fort (§§ 55—79 B. G.-B.). Im Übrigen aber gelten die Regeln des B. G.-B. für die Vereine in den Schutzgebieten.

2. Zinsen.[674]) Durch Kaiserliche Verordnung kann an die Stelle des vom B. G.-B. aufgestellten Satzes für gesetzliche (§ 246 B. G.-B.), rechtsgeschäftliche (§ 247 B. G.-B.) und Verzugszinsen (§ 288 B G.-B.) ein höherer Zinssatz eingeführt werden. Bis jetzt sind solche Verordnungen nicht ergangen.

3. Gesellschaft.[675]) Das im Mutterlande geltende Gesellschaftsrecht hat auch in den Schutzgebieten Geltung erlangt, sodaß alle Gesellschaftsformen, welche das Reichsrecht kennt, in den Schutzgebieten zulässig sind, also Aktiengesellschaften, Gesellschaften m. b. H. u. s. w. Die Rechtsverhältnisse dieser Gesellschaften bestimmen sich ausschließlich nach dem eingeführten Reichsrechte. Das Kolonialrecht hat dann aber eine besondere Gesellschaftsform entwickelt, die der Deutschen Kolonialgesellschaft. Das Charakteristische für ihre Gestaltung ist, daß sie sich den jeweiligen verschiedenen örtlichen Verhältnissen leichter anschmiegt als ähnliche Erscheinungen des mutterländischen Rechtes, daß die Kolonialgesellschaft aber andererseits einer strengeren staatlichen Beaufsichtigung unterworfen ist.

Das Schutzgebietsgesetz §§ 11—13 enthält nur wenige Bestimmungen über die Rechtsverhältnisse dieser Gesellschaften, sodaß ein weiter Spielraum für deren Ausgestaltung bleibt. Diese wird dann einerseits bestimmt durch den Willen der Gesellschafter, die in der Satzung der Kolonialgesellschaft die Form geben können. Die praktische Entwickelung ist hier in der Richtung auf das Aktienrecht hin gegangen, macht jedoch Halt vor denjenigen Normen desselben, welche die Bewegungsfreiheit eindämmen, wie die Bestimmungen über die Zusammensetzung

---

[673]) Sch.-G.-G. § 2, K.-G.-G. § 31, Gerstmeyer 81.

[674]) Sch.-G.-G. § 2, K.-G.-G. § 33, Gerstmeyer 81.

[675]) Sch.-G.-G. §§ 11—13; Ring, Deutsche Kolonialgesellschaften 1887; Nollau, Die Rechtsverhältnisse der u. s. w. Kolonialgesellschaften (Ztschr. f. Kolpol. VI, 385 ff.); Jäckel, Die Landgesellschaften in den deutschen Schutzgebieten 1909 S. 294 ff.; Reimer, Die allgemeinen Rechtsverhältnisse der deutschen Kolonialgesellschaften 1911; Gerstmeyer S. 38 ff.

des Grundkapitals und die Haftung der Organe.[676]) Andererseits wird das Gesellschaftsrecht dadurch bestimmt, daß die Satzungen der staatlichen Genehmigung bedürfen und die Staatsorgane in der Lage sind, durch Verweigerung die eine oder andere Art der Entwickelung auszuschließen. Unter diesen Umständen hat sich auf dem von der Gesetzgebung freigelassenen Gebiete des Gesellschaftsrechtes schon eine feste Übung gebildet, welche vom Reichskolonialamt dadurch eine Formulierung erfahren hat, daß eine Mustersatzung ausgearbeitet worden ist, deren Beobachtung in der Regel Vorbedingung dafür sein wird, daß eine Kolonialgesellschaft die Genehmigung erhält.[677]) Die Mustersatzungen enthalten den für die Rechtsverhältnisse wichtigen Satz, daß, soweit der Gesellschaftsvertrag nicht ein anderes bestimmt, auf die Gesellschaft die allgemeinen Vorschriften des Bürgerlichen Gesetzbuches über Vereine Anwendung finden.[678])

Der Begriff der deutschen Kolonialgesellschaft ist durch mehrere Momente bedingt, durch den Zweck, den Sitz und das geographische Tätigkeitsgebiet, ob auch durch die Nationalität, das wird zu untersuchen sein.

Der Zweck kann sein die Ausübung von Hoheitsrechten auf Grund eines Kaiserlichen Schutzbriefes. Diesen Zweck hat heutzutage keine Kolonialgesellschaft mehr. Jetzt kommt nur noch der zweite Zweck vor, nämlich die Kolonisation. Kolonisation kann als allgemeine kulturelle Förderung aufgefaßt werden, das Schutzgebietsgesetz nimmt sie aber nur im wirtschaftlichen Sinne. Dies ergibt sich aus der Aufzählung der hauptsächlichsten kolonisatorischen Tätigkeiten, nämlich Erwerb und Verwertung von Grundbesitz, Betrieb von Land- oder Plantagenwirtschaft, Betrieb von Bergbau, gewerblichen Unternehmungen und Handelsgeschäften. Diese Aufzählung ist nur eine exemplifikative, denn sie wird durch das Wort „insbesondere“ eingeleitet, so daß also auch andere wirtschaftliche Tätigkeiten von der Gesellschaft ausgeübt werden können. Sie müssen aber unter den Begriff der Kolonisation fallen, denn auf diese wird die Gesellschaft durch das Gesetz ausschließlich beschränkt.

Der Sitz der Kolonialgesellschaft muß das Reichsgebiet, ein Schutzgebiet oder ein Konsulargerichtsbezirk sein. — Das Tätigkeitsgebiet muß ein deutsches Schutzgebiet, das Hinterland oder ein sonstiger dem Schutzgebiete benachbarter Bezirk sein. Unter Hinterland ist nicht die Interessensphäre zu verstehen, sondern das geographisch sich an die Grenzen des Schutzgebietes in der Richtung auf das Innere zu anschließende Gebiet.[679]) Auch hinsichtlich des Gebietes ist die Ausschließlichkeit des

---

[676]) Reimer S. 4 f., Jäckel 294 f.
[677]) Die Mustersatzung abgedruckt bei Reimer S. 38 ff.
[678]) § 2a.
[679]) Gerstmeyer S. 41. Das Konsularrecht hat die Form der Kolonialgesellschaft für die Konsulargerichtsbezirke übernommen, K.-G.-G. § 32; Sieglin S. 14 f.

Unternehmens aus dem Gesetze zu folgern.[680]) — Endlich kommt in Betracht die Nationalität der Gesellschaft. Diese Frage bereitet einige Schwierigkeit. Ist eine selbständige Bedingung die deutsche Nationalität, oder ist sie schon durch die Erfüllung der anderen Bedingungen gegeben? Das Schutzgebietsgesetz läßt die Frage offen. Es spricht nur von „deutschen Kolonialgesellschaften, welche die Kolonisation usw.“. Aus dieser Formulierung könnte man entnehmen, daß die deutsche Nationalität eine selbständige Vorbedingung ist, daß also die Mitglieder von Vorstand und Aufsichtsrat, ebenso auch die Gesellschafter überwiegend Reichsangehörige sein müssen.[681]) Auf der anderen Seite aber kann man es auch so auslegen, daß eine Gesellschaft mit kolonisatorischen Zwecken, sofern sie ihren Sitz wie angegeben innerhalb der deutschen Machtsphäre hat und ihre Tätigkeit auf die Schutzgebiete und das angrenzende Wirtschaftsgebiet richtet, als deutsche anzusehen ist. Mit dieser Auffassung stimmt auch die Praxis überein. Die Mustersatzungen [682]) treffen über die Nationalität der Vorstandsmitglieder keine Bestimmungen. Auch für die Gesellschafter fehlt es an Beschränkungen, insbesondere ist die Übertragung der Anteile in keiner Weise davon abhängig, daß der Empfänger Reichsangehöriger ist,[683]) wenn auch praktisch eine Einschränkung der Übertragung durch Vinkulierung der Anteile vorkommen kann.[684]) Nur für die Aufsichtsratsmitglieder besteht die Bestimmung, daß mindestens die Hälfte Reichsangehörige sein müssen.[685]) Also hier wird nicht einmal eine Mehrheit von Reichsangehörigen gefordert, nur bei ungerader Zahl der Aufsichtsratsmitglieder müssen die deutschen die Mehrheit haben. Nach allem ist also die Nationalität keine selbständige gesetzliche Vorbedingung. Bloß durch Statut auf Grund der Mustersatzungen wird sie, mit Beschränkung auf den Aufsichtsrat, zur Norm gemacht.

Die Entstehung der Gesellschaft vollzieht sich in zwei Teilen. Es ist zunächst notwendig die Schließung des Gesellschaftsvertrages unter Annahme der Satzungen, über deren Gestaltung in der Regel schon vor der formellen Gründung Verhandlungen stattgefunden haben.[686]) Über den Gesellschaftsvertrag hat das Schutzgebietsgesetz einige Regeln. Er muß enthalten Bestimmungen über den Erwerb und Verlust der Mitgliedschaft; über die Vertretung der Gesellschaft Dritten gegenüber; über die Befugnisse der die Gesellschaft leitenden und der die Leitung beaufsichtigenden Organe derselben; über die Rechte und Pflichten der einzelnen Mitglieder; über die Jahresrechnung und Verteilung des Gewinnes; über die Auflösung der Gesellschaft und die nach ihr eintretende

[680]) Das „ausschließlich“ bezieht sich auf „Kolonisation der deutschen Schutzgebiete“, also sowohl auf Tätigkeit wie Gebiet (Sch.-G.-G. § 11 Abs. 1).
[681]) So Reimer S. 3 f.
[682]) §§ 27—35.
[683]) Dies gibt auch Reimer S. 4 zu.
[684]) Vgl. unten S. 183.
[685]) § 36 der Mustersatzungen.
[686]) Reimer S. 6 f.

Vermögensteilung;[687]) endlich über die Aufsichtsbefugnisse des Reichskanzlers.[688]) Alle diese Bestimmungen bilden das Mindestmaß dessen, was aufzunehmen ist. — Durch die Schließung des Gesellschaftsvertrages ist die Gründung noch nicht abgeschlossen. Die Gesellschaft hat die Rechtsfähigkeit noch nicht erlangt. Erst durch einen Akt der Regierung erhält sie die Fähigkeit, unter ihrem Namen Rechte, insbesondere Eigentum und andere dingliche Rechte an Grundstücken, zu erwerben, Verbindlichkeiten einzugehen, vor Gericht zu klagen und verklagt zu werden. Der staatliche Akt zerfällt in zwei Teile. Zunächst bedarf es der Genehmigung des Statuts durch den Reichskanzler. Unter dieser Voraussetzung kann dann der Bundesrat durch Beschluß der Gesellschaft die Rechtsfähigkeit verleihen. Dieser Beschluß und im Auszuge der Gesellschaftsvertrag sind durch den Reichsanzeiger zu veröffentlichen.[689])

Die allgemeinen inneren Rechtsverhältnisse der Kolonialgesellschaften sind, nach den Mustersatzungen, jetzt im Wesentlichen folgendermaßen geregelt.[690])

Das Grundkapital des Gesellschaftsvermögens beträgt mindestens 100 000 Mark, welche so aufgebracht werden, daß die Gründer alle Anteile übernehmen oder daß eine Emission stattfindet. Die Anteile betragen mindestens 100 Mark; wenn Anteilscheine ausgegeben werden, so lauten sie auf den Namen oder den Inhaber, im ersteren Falle werden die Namen der Berechtigten in ein Anteilsbuch eingetragen. Die Übertragung der auf den Namen lautenden Anteilscheine kann an die Genehmigung von Vorstand oder Aufsichtsrat gebunden werden, und dadurch würde die Ausschließung ausländischer Gesellschafter möglich sein. Die Anteile werden formlos durch Übergabe übertragen, bei Anteilen, die auf den Namen lauten muß der Rechtsnachfolger im Anteilsbuche eingetragen werden. Bis zur Volleinzahlung der Anteile werden Interimsscheine ausgegeben, die immer auf den Namen lauten. Die Erhöhung und Herabsetzung des Grundkapitals wird durch die Hauptversammlung beschlossen, unter gewissen Bedingungen kann der Aufsichtsrat auch durch die Satzung ermächtigt werden, innerhalb von fünf Jahren nach der Gründung das Grundkapital bis zum doppelten Betrage zu erhöhen. Insoweit diese Veränderungen eine Änderung des Gesellschaftsvertrages bedeuten, bedürfen sie der Genehmigung der Aufsichtsbehörde.[691])

---

[687]) Sch.-G.-G. § 12.
[688]) Sch.-G.-G. § 13.
[689]) Sch.-G.-G. § 11.
[690]) Wir schließen uns im folgenden wesentlich Reimer S. 11—37 an. welcher die Rechtsverhältnisse der Kolonialgesellschaften unter Berücksichtigung der Mustersatzungen darstellt.
[691]) A. M. Reimer S. 16; er erblickt in der Bestimmung des § 16 der Satzung, daß die Erhöhung durch Beschluß der Hauptversammlung erfolge, eine Befreiung von dem Grundsatz des § 62, daß es zu allen Änderungen des Gesellschaftsvertrages der Genehmigung der Aufsichtsbehörde bedürfe. Ich kann dem nicht zustimmen.

Die Organe der Kolonialgesellschaft, nämlich Vorstand, Aufsichtsrat und Hauptversammlung, sind im Wesentlichen den entsprechenden Organen der Aktiengesellschaft nachgebildet. Was ihre Haftung angeht, so können die Bestimmungen des Aktiengesellschaftsrechtes nicht Anwendung finden. Der Gesellschaft gegenüber muß die Haftung durch eine besondere vertragliche Verpflichtung begründet werden, nach außen hin ist die Gesellschaft, bei der Anwendbarkeit des Vereinsrechtes, für den Schaden verantwortlich, den ihre Organe bei Ausübung ihres Amtes Dritten zufügen. Eine besondere strafrechtliche Verantwortung besteht nicht.

Die Rechte der Mitglieder bestehen in den vermögensrechtlichen Ansprüchen auf Teilnahme am Reingewinn nach Maßgabe ihres Anteils am Grundkapital und auf Teilnahme an der Verteilung des Grundkapitals bei der Liquidation. Im Einzelnen wird ihre Berechtigung durch die Satzung bestimmt. Die Mitglieder bestimmen ferner als Teilnehmer an der Hauptversammlung, deren außerordentliche Einberufung sie unter gewissen erschwerenden Bedingungen bewirken können, die Verwaltung der Geschäfte der Gesellschaft. — Die vermögensrechtlichen Verpflichtungen der Mitglieder sowohl gegenüber der Gesellschaft wie gegenüber den Gläubigern beschränken sich auf den Nennbetrag des Anteils. Insbesondere bestimmt das Gesetz ausdrücklich, daß den Gläubigern der Kolonialgesellschaft für alle ihre Verbindlichkeiten nur das Vermögen haftet.[692])

Die Gesellschaft kann aus verschiedenen Gründen ihre Existenz verlieren, nämlich durch Zeitablauf, wenn sie mit beschränkter Dauer gegründet war, durch Selbstauflösung, durch Verschmelzung mit einer anderen Gesellschaft, durch Konkurseröffnung und endlich durch Entziehung der Rechtsfähigkeit. Diese letztere würde zulässig sein, wenn das Gemeinwohl durch die Gesellschaft gefährdet wird, wenn sie nicht mehr den für ihre Entstehung gegebenen gesetzlichen Bedingungen hinsichtlich Zweck, Sitz und Tätigkeitsgebiet entspricht, auch wenn sie einen anderen Zweck als den satzungsgemäßen verfolgt.[693]) Zur Entziehung der Rechtsfähigkeit ist der Bundesrat zuständig. — Die Liquidation wird durch die Satzungen, subsidiär durch das Vereinsrecht bestimmt.

Die Kolonialgesellschaften unterstehen der Aufsicht des Reichskanzlers.[694]) Sie besteht in der Praxis regelmäßig darin, daß durch besonders bestellte Kommissare darauf geachtet wird, ob die Geschäftsführung im Einklange mit den gesetzlichen Vorschriften und dem Gesellschaftsvertrage steht. Ferner verlangen die Mustersatzungen, daß alle Änderungen des Gesellschaftsvertrages von der Aufsichtsbehörde genehmigt werden müssen.[695])

---

[692]) Sch.-G.-G. § 11 Abs. 1.
[693]) B. G.-B. §§ 43, 44.
[694]) Sch.-G.-G. § 13.
[695]) Gerstmeyer S. 43, Mustersatzungen § 62.

4. *Schuldverschreibungen auf den Inhaber.*[696]) In einem Schutzgebiete ausgestellte Schuldverschreibungen auf den Inhaber, in denen die Zahlung einer bestimmten Geldsumme versprochen wird, dürfen nur mit Genehmigung des Reichskanzlers in den Verkehr gebracht werden.

5. *Fund.*[697]) Der Reichskanzler kann anordnen, wer im Schutzgebiete für die Rechte bezüglich gefundener Sachen an die Stelle der Gemeinde des Fundortes tritt (B. G.-B. §§ 976, 977). Solche Anordnungen sind noch nicht ergangen.

6. *Hinterlegung.*[698]) Durch Kaiserliche Verordnung können für die Schutzgebiete die der Landesgesetzgebung vorbehaltenen Bestimmungen über die Hinterlegung und die Hinterlegungsstellen getroffen werden. Solche Verordnung ist aber nicht erlassen. Es würden deshalb die entsprechenden Bestimmungen des preußischen Rechtes Platz greifen müssen, die aber bei den abweichenden Einrichtungen und Verhältnissen der Schutzgebiete zum großen Teile nicht anwendbar sind. In der Praxis finden sämtliche Hinterlegungen beim Bezirksgericht statt.[699])

7. *Anlegung von Mündelgeldern.*[700]) Durch Kaiserliche Verordnung können für die innerhalb der Schutzgebiete belegenen Grundstücke die Grundsätze bestimmt werden, nach denen die Sicherheit einer Hypothek, einer Grundschuld oder einer Rentenschuld, in denen der Vormund das zum Vermögen des Mündels gehörige Geld verzinslich anlegen darf, festzustellen sind (B. G.-B. § 1807). Eine solche Verordnung ist nicht ergangen.

8. *Eheschließung.*[701]) In den Schutzgebieten werden Ehen der Weißen und der Farbigen, soweit sie durch Kaiserliche Verordnung den Weißen gleichgestellt sind, in staatlich gültiger Form ausschließlich nach den Vorschriften der §§ 3—8a des Gesetzes vom 4. Mai 1870 betr. die Eheschließung und die Beurkundung des Personenstandes von Bundesangehörigen im Auslande geschlossen.[702]) Es gilt also für die Schutzgebiete der Grundsatz der obligatorischen Zivilehe.

Die Formerfordernisse der Eheschließung sind in wesentliche und unwesentliche zu scheiden. Die Nichterfüllung der wesentlichen hat Nichtigkeit zur Folge, die aber unter der gleichen Voraussetzung und mit der gleichen Wirkung wie die wegen Formverletzung nichtigen Ehen im Mutterlande geteilt wird.[703])

Der Eheschließung soll ein Aufgebot vorausgehen, zu dessen Bewirkung nur der Beamte zuständig ist, vor dem die Eheschließung statt-

---

[696]) Sch.-G.-G. § 3, K.-G.-G. § 34.
[697]) Sch.-G.-G. § 3, K.-G.-G. § 36.
[698]) Sch.-G.-G. § 3, K.-G.-G. § 9.
[699]) Gerstmeyer S. 82 f.
[700]) Sch.-G.-G. § 3, K.-G.-G. § 37.
[701]) Sassen, Das Personenstandsrecht in den deutschen Kolonien (Zeitschrift f. Kolpol. XII, 297 ff.).
[702]) Sch.-G.-G. § 7.
[703]) § 8a Ges. v. 4. Mai 1870, vergl. B. G.-B. § 1324.

finden wird,[704]) die Brautleute können also nicht, wie im Mutterlande das Aufgebot durch einen anderen Standesbeamten anordnen lassen.[705]) Es sind dem Beamten die gleichen Unterlagen und Nachweise zu liefern, wie dem mutterländischen Standesbeamten. Das Aufgebot hat auch den gleichen Inhalt. Es muß an der Tür oder einer in die Augen fallenden Stelle vor oder in der Kanzlei des Beamten eine Woche hindurch ausgehängt bleiben. Erscheint am Amtssitze eine Zeitung, so ist es außerdem einmal darin einzurücken, die Eheschließung ist nicht vor Ablauf des dritten Tages von dem Tage an zulässig, an welchem das die Bekanntmachung enthaltende Blatt ausgegeben ist. Unter mehreren Blättern hat der Beamte die Wahl.[706]) Hatte eine der aufzubietenden Personen innerhalb der letzten sechs Monate ihren Wohnsitz außerhalb des Amtsbereiches des Beamten, so hat das Aufgebot auch am früheren Wohnsitz nach den dortigen Vorschriften zu erfolgen, oder es muß ein gehörig beglaubigtes Zeugnis der Obrigkeit des früheren Wohnortes beigebracht werden, daß daselbst Ehehindernisse nicht bekannt seien.[707]) Aus besonders dringenden Gründen kann der Beamte von dem Aufgebote ganz dispensieren.[708])

Die Ehe wird, wie im Mutterlande, dadurch geschlossen, daß die Verlobten vor dem Beamten persönlich und bei gleichzeitiger Anwesenheit erklären, die Ehe miteinander eingehen zu wollen. Der Beamte muß zur Entgegennahme bereit sein.[709]) Ist eine dieser Bedingungen nicht erfüllt, so ist die Ehe wegen Formmangels nichtig.[710]) Der Beamte muß zur Eheschließung vom Reichskanzler ermächtigt sein,[711]) auch hierzu ermächtigt sind aber die Beamten, welche zur Beurkundung des Personenstandes zuständig sind.[712]) Da nun aber die Eheschließenden nicht ungerecht unter einer fehlenden Ermächtigung leiden sollen, so ist wieder in Übereinstimmung mit dem heimischen Rechte bestimmt, daß als zur Eheschließung ermächtigter Beamter auch derjenige gilt, welcher, ohne ein Beamter zu sein, das Amt eines solchen öffentlich ausübt, es sei denn, daß die Verlobten den Mangel seiner Befugnis bei der Eheschließung kennen.[713]) Die Bestimmung der Zuständigkeit des einzelnen Beamten weicht vom mutterländischen Rechte ab. Sie liegt rein im Ermessen der Eheschließenden, sie können einen Standesbeamten wählen, es ist nicht nötig, daß einer der Verlobten seinen Wohnsitz oder gewöhnlichen Aufenthaltsort im Bezirke des Beamten hat.[714])

---

[704]) Ges. v. 4. Mai 1870 § 3.
[705]) Personenstandsgesetz § 44.
[706]) Ges. v. 4. Mai 1870 § 4.
[707]) Ges. v. 4. Mai 1870 § 5.
[708]) Daselbst § 6.
[709]) Daselbst § 7.
[710]) Daselbst § 8a.
[711]) Sch.-G.-G. § 7.
[712]) Vgl. oben S. 194.
[713]) Ges. v. 4. Mai 1870 § 8.
[714]) Gerstmeyer S. 157 Anm. 1.

9. Testament. Der Reichskanzler kann bestimmen, wer in den Schutzgebieten an die Stelle der öffentlichen Armenkasse einer Gemeinde treten soll, wenn in einem Testamente die Armen ohne nähere Bestimmung bedacht worden sind und deshalb die Zuwendung an die Armenkasse fällt (B. G.-B. § 2072). Eine solche Anordnung fehlt bisher.[715]) — Wenn zu besorgen ist, daß ein Erblasser früher sterben werde, als die Errichtung eines Testamentes vor einem Richter möglich ist (B. G.-B. § 2249 Abs. 1), so kann das Testament durch mündliche Erklärung vor drei Zeugen (B. G.-B. § 2250) errichtet werden. Die Besorgnis, daß die regelrechte Errichtung nicht möglich sei, ist ins Protokoll aufzunehmen (B. G.-B. 2249 Abs. 2).[716])

10. Handelsrecht. In Handelssachen gilt in erster Linie das Handelsgewohnheitsrecht, welches sich in dem Schutzgebiete gebildet hat. Für die Entstehung müssen die allgemeinen Bedingungen des Gewohnheitsrechtes erfüllt sein. Es gehören nicht hierher die Handelsgewohnheiten und Handelsgebräuche.[717]) Unter Handelssachen werden verstanden die von einem Kaufmann vorgenommenen Handelsgrundgeschäfte (H.-G.-B. § 1 Abs. 2) ferner die Angelegenheiten, welche zum Gegenstande haben Rechtsverhältnisse zwischen Mitgliedern einer Handelsgesellschaft oder zwischen ihr und den Mitgliedern u. s. w. (G.-V.-G. § 101 Nr. 3a), Rechtsverhältnisse, die aus dem Erwerb eines Handelsgeschäftes entstehen (daselbst d), Rechtsverhältnisse zwischen Prokuristen, Handlungsbevollmächtigten, Handlungsgehülfen oder -lehrling und dem Inhaber des Geschäfts, sowie Rechtsverhältnisse zwischen einem Dritten und demjenigen, welcher wegen mangelnden Nachweises der Prokura oder Handlungsvollmacht haftet (daselbst e), endlich die Rechtsverhältnisse des Seerechts und der Binnenschiffahrt (daselbst f).[718]) Soweit nicht Handelsgewohnheitsrecht gilt, gilt das in den Schutzgebieten eingeführte Reichsrecht.[719]) — Durch Kaiserliche Verordnung kann bestimmt werden, daß in einem Schutzgebiete oder in einem Teil eines solchen ein höherer Zinssatz als der gesetzliche (H.-G.-B. § 352) gilt.[720]) Eine solche Verordnung ist noch nicht erlassen.

II. Das bürgerliche Recht der Farbigen.

Das bürgerliche Recht der Farbigen ist im wesentlichen ihr angestammtes. Die Eingriffe der Schutzgewalt haben nur gelegentlich stattgefunden. Das Eingeborenenrecht kann auf dem Verordnungswege durch den Reichskanzler (Reichs-Kolonialamt) oder mit seiner Ermächtigung oder Zustimmung durch den Gouverneur geschaffen werden; es behalten aber frühere Anordnungen der Gouverneure einstweilen Kraft.[721])

[715]) Sch.-G.-G. § 3, K.-G.-G. § 36.
[716]) Sch.-G.-G. § 2, K.-G.-G. § 38.
[717]) Sch.-G.-G. § 3, K.-G.-G. § 40 Abs. 1.
[718]) Daselbst Abs. 2.
[719]) Vgl. oben S. 347 ff.
[720]) Sch.-G.-G. § 3, K.-G.-G. § 33.
[721]) Kais. V. v. 3. Juni 1908 XII, 201.

In das bürgerliche Recht greifen manche, an anderer Stelle zu erwähnende Normen ein, nämlich die Regelung des Land- und Bergwesens,[722]) des Arbeitsvertrages,[723]) der Sklaverei.[724]) Die übrigen geltenden Vorschriften sind die folgenden, welche meist der wirtschaftlichen Ausbeutung der Eingeborenen durch Weiße oder Farbige vorbeugen wollen.

1. Die Errichtung von Rechtsgeschäften Farbiger in Ostafrika[725]) bedarf der Beurkundung des Bezirksamtmanns oder Stationschefs, widrigenfalls die Klagbarkeit ausgeschlossen ist, wenn noch von keiner Seite eine Erfüllung der Verbindlichkeit erfolgt ist. Gewisse Pfandverträge, welche der wucherischen Ausbeutung dienen, dürfen nicht beurkundet werden; es sind solche, in denen vereinbart ist, daß bei Nichteinlösung des Pfandes zu bestimmter Zeit, das Pfand ohne Rücksicht auf seinen Wert dem Pfandnehmer zu Eigentum verfallen solle.

2. Das Erlöschen von Verbindlichkeiten in Südwestafrika.[726]) Verbindlichkeiten Eingeborener aus Rechtsgeschäften mit Nichteingeborenen über bewegliche Sachen erlöschen innerhalb eines Jahres nach Abschluß, falls nicht Klage erhoben ist. Die Klageerhebung verliert ihre fristunterbrechende Kraft, wenn der Rechtsstreit mit Einschluß der Zwangsvollstreckung nicht innerhalb einer von der Behörde gestellten Frist fortgesetzt wird. Ist die Verbindlichkeit erloschen, so kann der Gläubiger das Geleistete nur zurückverlangen, soweit es eine vertretbare Sache und noch im Vermögen des Eingeborenen ist.

3. Kreditgeschäfte Eingeborener in Südwestafrika.[727]) Eingeborene können Kreditgeschäfte rechtswirksam nur mit der ausnahmsweise zu erteilenden Genehmigung des Bezirks- oder Distriktsamtmanns oder eines von ihm ermächtigten Amtsorgans machen. Unter Kreditgeschäften sind Darlehnsgeschäfte verstanden, bei denen der Eingeborene Empfänger ist, ferner Kauf- und Tauschgeschäfte, bei denen der Eingeborene nicht Zug um Zug zu leisten hat.

4. Kreditgeben und Verträge in Neuguinea.[728]) Rechtsgeschäfte zwischen Weißen und Farbigen, durch die der Farbige zu einer künftigen Leistung von Geld oder anderen beweglichen Sachen verpflichtet wird, bedürfen der, nur ausnahmsweise zu erteilenden Genehmigung des Bezirksamtes oder der Station der Farbigen. Weiße Händler, die in dauernder Geschäftsverbindung mit den Farbigen stehen, können, immer auf ein Kalenderjahr, von dieser Beschränkung befreit werden.

---

[722]) S. 191 ff.

[723]) S. 141.

[724]) S. 135.

[725]) V. v. 23. Sept. 1893 II, 39.

[726]) Verf. des Reichsk. v. 23. Juli 1903 VII, 163, vgl. oben S. 174; Runderlaß v 6. März 1908 XII, 87.

[727]) V. v. 30. Oktober 1908 XII, 470; Runderlasse v. 30. Oktober 1908 XII, 471 und v. 7. Dezember 1908 XII, 534.

[728]) V. v. 14. Mai 1909 XIII, 249.

5. Eherecht in Neuguinea.[729]) Für die Angehörigen einiger Stämme, die im Norden der Gazellehalbinsel ansässig sind, ist das Eherecht in äußerst geschickter Weise geregelt worden. Unter Berücksichtigung der angestammten Anschauungen der Eingeborenen trachtet man durch eine neue Ordnung ihre Ehen auf einen höheren sittlichen Standpunkt zu bringen. Wegen ihrer Mustergültigkeit ist diese Ordnung hier etwas eingehender zu würdigen.

Nicht abschließend wurden die Ehehindernisse geregelt. Es bleibt daher in diesem Punkte grundsätzlich bei dem bisherigen Rechte. Die Eingeborenen kennen da nur das Hindernis der Verwandtschaft. Verboten ist nämlich die Ehe zwischen Personen, die von derselben Mutterseite abstammen. Dazu kommt nun durch die Verordnung das Hindernis des Ehebruchs. Wird eine Ehe wegen Ehebruchs geschieden, so darf der schuldige Teil mit der Person, mit der er die Ehe gebrochen hat, keine Ehe eingehen, d. h. wenn wegen Ehebruchs gerade mit dieser Person die Ehe geschieden wurde. Endlich kommt als Ehehindernis jetzt auch die schon mit einer anderen Person bestehende Ehe vor. Bei jenen Stämmen herrscht Vielweiberei, die noch nicht aufgehoben worden ist; es kann, wer, einem christlichen Glaubensbekenntnis angehörend, eine Doppelehe schließt, bestraft werden. Die Schließung der Doppelehe selbst ist aber gültig, wenn auch in dem angegebenen Falle strafbar. Das bestehende Eheband ist hier ein nur aufschiebendes Ehehindernis.

Eine umfassende und ausschließliche Ordnung hat die Eheschließung erfahren. Bei jenen Stämmen hatte, wie noch aus gewissen Hochzeitsgebräuchen ersichtlich ist, ursprünglich Frauenraub stattgefunden. Er ist dann durch den Frauenkauf abgelöst worden. Die nötigen Verhandlungen werden zwischen den beiderseitigen Familien, insbesondere den Gewalthabern der Brautleute, gepflogen. Unter Familie hat man nur die mütterlichen Verwandten zu verstehen, denn die Frau scheidet mit der Ehe nicht aus ihrer Familie aus, und ebenfalls gehören ihre Kinder nicht zur Familie des Vaters, sondern zu der der Mutter. Es gilt Mutterrecht; Gewalthaber ist nicht der Vater, sondern der Oheim mütterlicherseits. Der Kauf der Braut, durch den allein schon wohl in frühester Zeit die Ehe geschlossen wurde, genügte aber bei zunehmender kultureller Entwickelung nicht mehr zur Eheschließung. Es mußte die Übereinstimmung der Verlobten hinzukommen. Sie wurde in folgender Weise zum Ausdrucke gebracht: Die Verwandten zündeten bei der Hütte des Bräutigams ein Feuer an. Die Verlobten sitzen einander gegenüber, das Feuer zwischen sich. Will das Mädchen den Freier nicht, so wendet sie dauernd ihr Haupt ab. Im Falle der Einwilligung blickt sie ihn an. Ist der Bräutigam nicht einverstanden, so kommt er überhaupt nicht zum Feuer. — Während nun das Eingeborenenrecht Kauf und Übereinstimmung noch als zwei gleich notwendige Teile der Eheschließung ansah,

[729]) V. v. 5. Febr. 1904 VIII, 41; Anweisung v. 20. Juli 1909 VIII, 157; v. Hoffmann, Die Verordnung des Gouverneurs von Neuguinea, betr. das Eherecht unter den Eingeborenen (Zeitschr. f. Kolpol. VII, 764 ff.).

vollendet die Verordnung die Entwickelung und legt Gewicht allein auf die Übereinstimmung, indem sie sagt: „Die Eingehung der Ehe erfolgt nach Wahl der Brautleute oder deren Gewalthaber durch Erklärung vor den Familienmitgliedern oder durch Erklärung vor dem nach ihrem Glaubensbekenntnis zuständigen Geistlichen." Die Vornahme des Kaufgeschäfts wird durch die Verordnung nicht untersagt, nur entbehrt es jeder Wirkung für die rechtliche Gültigkeit der Ehe.

Die Rechtswirkungen der Ehe, insbesondere die Treuepflicht, bestimmen sich nach Stammesrecht, jedoch kann nach der Verordnung der Ehebruch, auch wenn die Ehe deswegen nicht geschieden ist, bestraft werden.[730])

Die Ehen der Eingeborenen waren tatsächlich meist dauernde Verbindungen, rechtlich aber waren sie sehr leicht zu lösen, nämlich durch einseitige Willenserklärung oder Trennung und Rückgabe des Kaufpreises ohne jede Förmlichkeit. Die Verordnung stellt nun den Grundsatz der Unauflöslichkeit der Ehen auf, jedoch läßt sie aus bestimmten Gründen die Scheidung zu, welche durch Urteil des Bezirksamtmanns, in zweiter Instanz des Gouverneurs erfolgt. Die Scheidungsgründe sind, mit einigen Änderungen, dem Bürgerlichen Gesetzbuche entnommen. Es sind: Ehebruch — dessen sich aber der Mann, da die Vielweiberei nicht aufgehoben ist, nicht gegenüber der einen Ehefrau schuldig macht, wenn er mit einer seiner anderen Frauen Umgang hat —, ferner widernatürliche Unzucht, Lebensnachstellung, bösliche Verlassung, die aber nicht an die gleichen Bedingungen geknüpft ist, wie im Bürgerlichen Gesetzbuche. Ein eigener Grund ist gröbliche Mißhandlung. Endlich sind Scheidungsgründe: tiefe Zerrüttung der Ehe, Geisteskrankheit — über deren Dauer und Grad aber nichts bestimmt ist — und Doppelehe, diese aber nur dann, wenn ein Ehegatte sie eingegangen ist und der Scheidungskläger Christ ist. — Die Verordnung berücksichtigt auch die vermögens- und familienrechtlichen Folgen der Scheidung. Jeder Ehegatte kann die Rückgabe des von ihm eingebrachten Vermögens verlangen. Der Gewalthaber oder die Familie der Frau ist, wenn die Ehe mit Kauf geschlossen ist, verpflichtet, den erlangten Kaufpreis dem Ehemanne oder dessen Gewalthaber auf dessen Verlangen herauszugeben, wenn nicht die Ehe wegen Ehebruchs geschieden worden ist. Die Aufwendungen und Geschenke anläßlich der Hochzeitsfeier dürfen nicht zu dem Kaufpreise gerechnet werden. Eine Folge des Mutterrechtes ist, daß die Kinder der Frau oder ihrem Gewalthaber folgen. Dies bestimmt auch die Verordnung, zugleich aber läßt sie zu, daß die Eheleute in dieser Hinsicht etwas anderes vereinbaren. Sie können also, wenn die mutterrechtlichen Anschauungen für sie beide nicht mehr maßgebend sind, sich von ihnen lossagen.

---

[730]) Wie Friedrich, Das Strafgewohnheitsrecht der Eingeborenen in den deutschen Schutzgebieten (Ztschr. f. Kolpol. XIII, 283 ff.) S. 289 angibt, vermehrt sich aber die Zahl der Ehebrüche.

6. Schuldenverbot in Samoa.[731]) Durch übereinstimmende Ortsstatute haben die samoanischen Dorfgemeinden ihren Angehörigen verboten, bei Weißen oder Farbigen Schulden zu machen, Zuwiderhandlungen werden bestraft. Der Gouverneur hat diesen Statuten Gesetzeskraft verliehen und gleichzeitig bestimmt, daß Rechtsgeschäfte Weißer, deren Inhalt eine Kreditgewährung an Eingeborene ist, nichtig sind.

§ 24.

Das Grundstücksrecht.

Die Regelung der Landfrage ist eine der wichtigsten Aufgaben, welche dem Kolonialgesetzgeber gestellt ist. Die kolonialen Zustände, welche hier besonders stark von den mutterländischen abweichen, machen eine von der europäischen sehr verschiedene Gestaltung der Landordnung notwendig. Wenn nun auch die Darstellung und eingehende Erörterung der wirtschafts- und rassepolitischen Fragen, die diese Besonderheit bedingen, nicht in den Rahmen einer rechtswissenschaftlichen Behandlung des Landwesens fallen, so müssen doch wenigstens in kurzen Zügen die Hauptmomente dieser Art hervorgehoben werden, soweit von ihrer Kenntnis das Verständnis der Rechtsordnung abhängt.[732])

Die Aufgabe, welche der Kolonialgesetzgeber zu lösen hat, besteht in der zweckmäßigen Verteilung von Grund und Boden auf die Bevölkerung.

Das Vorhandensein von zwei Bestandteilen, des weißen und des farbigen, in dieser Bevölkerung, bereitet in erster Linie Schwierigkeiten. Auf der einen Seite muß den Kolonisten die Möglichkeit gegeben werden, sich der wirtschaftlichen Ausnutzung des Koloniallandes zu widmen. Ist doch der Hauptzweck der Erwerbung einer Kolonie, daß das neue Land den Angehörigen des Kolonialstaates auch neue wirtschaftliche Möglichkeiten bieten soll. So muß für die Kolonisten Land vorhanden sein, welches sie entweder — so in den Ackerbau- oder Ansiedlungskolonien — mit eigenen oder fremden weißen Kräften, oder aber — so in den Plantagenkolonien — durch farbige Hilfskräfte bearbeiten. Auf der anderen Seite ist aber darauf Bedacht zu nehmen, daß die Eingeborenen durch die Kolonisten nicht in einer Weise ihres Grundbesitzes entsetzt werden, daß sie der Verarmung anheimfallen. Es ist vielmehr dafür Sorge zu tragen, daß sowohl die gegenwärtige wie die zukünftige Eingeborenenbevölkerung das zu ihrem Unterhalte notwendige Land besitzt. Das fordert in jedem

[731]) Bekanntmachung v. 11. Januar 1908 XII, 33.

Literatur zu § 24: Schlimm, Das Grundstücksrecht in den deutschen Kolonien 1905; Preyer, Die Rechtsverhältnisse am Grundeigentum im Schutzgebiete von Kiautschou 1906. Spezialliteratur zu einzelnen Fragen später.

[732]) Es sei verwiesen auf die allgemeinen Darstellungen der Kolonialpolitik, bes.: Leroy-Beaulieu, De la Colonisation chez les peuples modernes; Zimmermann, Kolonialpolitik; Reinsch, Colonial Administration; Köbner, Einführung in die Kolonialpolitik. In diesen Werken ist die Spezialliteratur angegeben.

Falle die Gerechtigkeit und die Menschlichkeit. Wo aber diese Bevölkerung eine nur einigermaßen bedeutende ist, da sind auch noch andere Gründe für dieses Verfahren gegeben. Eine wohlhabende, kaufkräftige Eingeborenenbevölkerung ist eine wichtigere Abnehmerin der mutterländischen Erzeugnisse, als eine verarmte. Handel und Gewerbe des Mutterlandes verlangen also Aufrechterhaltung und Förderung des Wohlstandes der Eingeborenen. Endlich aber wird auch ein großes Eingeborenenproletariat der Sicherheit und Ordnung einer Kolonie leicht gefährlich werden.

Eine Regelung der Landfrage durch den Staat ist nach allem eine Notwendigkeit. Welche Maßregeln zu ergreifen sind, das ergibt sich aus den bereits hervorgehobenen Gesichtspunkten. Es ist zu unterscheiden zwischen dem im Privateigentum, sei es von einzelnen, sei es von Familien oder Stämmen stehenden und dem herrenlosen Lande.

Der private Grundbesitz ist zu schützen. Soweit er sich in Händen von Eingeborenen befindet, ist die Verfügung über ihn zu beschränken. Es darf den Eingeborenen nämlich nicht völlig frei gestellt werden, ihren Grundbesitz zu Gunsten von Europäern zu veräußern, zu verpachten oder zu belasten. Eben dadurch würden sie mit der Zeit ihr Land und ihren Unterhalt verlieren. Zum Zwecke der Sicherung ihres Besitzstandes bedarf es ferner einer amtlichen Feststellung ihres Grundbesitzes. Gleichzeitig aber muß auch ein Gebiet abgegrenzt werden, welches auf absehbare Zeit den Bedürfnissen einer sich vermehrenden Bevölkerung genügt. Es kann dabei so verfahren werden, daß in der Nähe der Dörfer neben den bereits bewirtschafteten Grundstücken größere Landstrecken ausschließlich für den späteren Gebrauch der Eingeborenen vorbehalten werden. Oder aber große geschlossene Gebiete können abgegrenzt und den Eingeborenenstämmen unter Ausschluß weißer Ansiedler zur alleinigen Benutzung überwiesen werden. Es sind dies die Reservate.

Alles nicht im privaten Besitze befindliche Land ist herrenlos. Die Verfügung darüber nimmt aber jetzt meist die Regierung des betreffenden Kolonialstaates in Anspruch und erklärt es zu Kronland. Soweit nicht ein Teil davon in der gekennzeichneten Art den Eingeborenen ausschließlich vorzubehalten ist, kann es in den Privatbesitz von Kolonisten, jedoch auch von Eingeborenen übergehen. Die Übertragung kann nach verschiedenen Grundsätzen vor sich gehen.

Es ist früher oft die Regel gewesen, daß Kolonialland zu Lehen oder schenkungsweise an Unternehmer vergeben wurde. Es ist dies das Konzessionssystem. Es wird noch heute anwendbar sein, wenn sich nicht auf andere Weise das nötige Interesse für eine Kolonie erwecken läßt. Immer aber wird die Regierung darauf zu achten haben, daß sie die Konzession nur unter solchen Bedingungen erteilt, welche der Kolonie Vorteil bringen. Insbesondere wird die Anlegung von Verkehrswegen, eine fortschreitende Urbarmachung u. s. w. dem Konzessionär auferlegt werden müssen. Auf der anderen Seite muß, wie überhaupt beim Koloniallande so auch beim Konzessionsgebiete, der Mißbrauch zu Landspekulationen verhindert werden.

Während so unter Umständen auch heutzutage noch das Konzessionssystem befolgt werden kann, wird jetzt in der Regel das System des Verkaufs des Kronlandes empfehlenswerter sein. Diesen Grundsatz hat zuerst mit Nachdruck der englische Kolonialpolitiker Wakefield im Hinblick auf die Ansiedelungsfrage in Australien vertreten. Wenn auch das von Wakefield aufgestellte System manche anfechtbare Punkte enthält, so sind es doch gewisse Sätze desselben, deren Wahrheit allgemein anerkannt wird. Der Landverkauf ist nur dann für die Gesamtkolonie ein vorteilhafter, wenn er nicht zu einem möglichst niedrigen, sondern zu einem genügend hohen Preise stattfindet. Als ein genügend hoher ist der Preis dann anzuerkennen, wenn er einen Bebauungszwang darstellt, d. h. wenn der Käufer wegen der Beträchtlichkeit des aufgewendeten Kapitals nicht in der Lage ist, auf die Ausnutzung und auf die Gewinnung der Zinsen zu verzichten. So wird der Käufer verhindert, sein Land zu Spekulationszwecken und zum Schaden der Gesamtheit brach liegen zu lassen. Ferner wird er gezwungen sein, wertvollere, insbesondere Ausfuhrerzeugnisse zu bauen und damit zur Hebung der wirtschaftlichen Gesamtlage der Kolonie beizutragen. Weiter werden auch in Ansiedelungskolonien den Grundbesitzern die nötigen weißen Hilfskräfte verschafft. Unvermögende Einwanderer werden gezwungen sein, sich in ihrem Dienste das zum Ankaufen nötige Kapital zu verdienen, während beim Konzessionssystem sich kaum Arbeiter finden würden, weil auch der Unvermögende sofort Grundbesitzer werden kann. Das Entstehen landwirtschaftlicher Großbetriebe würde erschwert werden. Abgesehen von allen genannten Vorteilen des Verkaufssystems ist noch der in Rechnung zu stellen, daß der Landverkauf eine bedeutende Einnahmequelle für die Kolonie ist.

In solchen Kolonien, in denen eine große, sich stark vermehrende Eingeborenenbevölkerung vorhanden ist, ist es nicht unbedenklich, das Kronland den weißen Kolonisten zu Eigentum zu übertragen. Es könnte zu einem späteren Zeitpunkte das den Eingeborenen vorbehaltene Land nicht mehr ausreichen und eine Landnot eintreten, wenn das Kronland völlig in die Hände der Kolonisten übergegangen ist. Ratsam ist es dann, daß man das Kronland nur pachtweise an Ansiedler vergibt. Da aber die gewöhnliche Zeitpacht den Zwecken der Kolonisten in der Regel nicht genügt, so wenden Engländer und Niederländer in Indien vielfach die Erbpacht an. Das Kronland wird dann an Weiße nicht zu Eigentum, sondern gegen eine jährliche Abgabe auf 99 oder 75 Jahre vergeben. Nach Ablauf dieser Zeit hat die Regierung im Hinblick auf das Grundstück wieder freie Hand.

Eine allgemeine Regel ist es, daß Kronland nur nach erfolgter Vermessung und möglichst nach Anlegung von Verbindungswegen vergeben werden darf.

Anerkannt ist auch, daß es einer einfachen, klaren und sicheren Ordnung der Übertragung und Belastung des Grundbesitzes bedarf. Der englische Kolonialpolitiker Torrens erblickte in der preußischen Hypothekengesetzgebung eine glückliche Lösung dieser Frage. Sie wurde, jedoch mit einigen, eine Erleichterung bedeutenden Abweichungen, der Regelung dieser Angelegenheit in Südaustralien durch die sogenannte Torrensakte von 1858 zugrunde gelegt. Die Torrensakte aber wurde ihrerseits vorwiegend das Muster für diesen besonderen Teil der Landgesetzgebung in anderen Kolonien.

Wenden wir uns der rechtlichen Regelung der Landfrage in den deutschen Schutzgebieten zu.

I. Schutzgewalt und Grund und Boden.[733])

Es wurde früher dargelegt, welches die Beziehungen der Schutzgewalt zu dem Gebiete als Bezirk der Ausübung von Hoheitsrechten sind.[734]) Es ist nun hier — vorerst ganz allgemein — das Verhältnis der Schutzgewalt zum Lande in seiner Eigenschaft als Wirtschaftsfaktor, zum Grund und Boden, zu betrachten.

Das Grundeigentum macht bei allen Völkern die Entwickelung durch, daß es zunächst nicht dem Einzelnen, sondern dem Gemeinwesen zusteht und zwar ist auch die Nutzung eine gemeinsame, oder es wird der Grundbesitz zur privaten auf Zeit bemessenen Nutzung den Gliedern des Gemeinwesens überlassen. Endlich bildet sich das private Grundeigentum mit privater Bodennutzung heraus und das ursprüngliche Verfügungsrecht des Gemeinwesens zieht sich zurück auf das Bodenregal, das Recht des Staates, über herrenloses Land zu verfügen, insbesondere es zum fiskalischen Eigentum zu machen (B.-G.-B. § 238). Das unter der Herrschaft des bürgerlichen Rechtes und der nach dieser geregelten Verfügungsmacht stehende Individualeigentum ist die Regel des europäischen Rechts- und Wirtschaftslebens, nicht mehr die unter der Herrschaft des öffentlichen Rechtes stehende staatliche Verfügung.

Bei Erwerbung der Schutzgebiete fand man teilweise unter den Eingeborenen eine der europäischen ähnliche Rechtsordnung vor, so in Kiautschou.[735]) Vielfach aber bestand grundsätzlich ein Verfügungsrecht der Eingeborenengemeinschaften oder der Häuptlinge. Zum Teil bestanden aber auch zu Grund und Boden überhaupt keine oder nur sehr lose wirtschaftliche Beziehungen der Eingeborenengemeinwesen.

Mit diesen Verhältnissen kommt nun die europäische Rechts- und Wirtschaftsordnung in Berührung und daraus entstehen dann oft sehr

---

[733]) v. Stengel, Die Konzessionen der deutschen Kolonialgesellschaften (Zeitschr. f. Kolpol. VI. 305); v. Bornhaupt (daselbst VI. 559; VIII 52); Gerstenhauer, Gutachten über die Landfrage (daselbst VII, 549 ff.) und Landkonzessionen und Landpolitik (VII, 714 ff.); Romberg, Die rechtliche Natur der Konzessionen u. s. w. (daselbst X. 369 ff); Hesse, Die Landfrage u. s. w. 1906; Jäckel, Die Landgesellschaften 1909, dort auch weitere Spezialliteratur.

[734]) Oben S. 15 ff.

[735]) Preyer, Rechtsverhältnisse am Grundeigentum in Kiautschou 1906 S. 16 ff.

erhebliche Schwierigkeiten für die Beurteilung der Rechtslage.[736]) Im Einzelnen ist hier Folgendes zu berücksichtigen.

Nach welcher Rechtsordnung sind Landerwerbungen zu beurteilen, welche Europäer von Eingeborenen machen, solange die Schutzgewalt keine Regelung getroffen hat? Nach dem in erster Linie für Rechtsbeziehungen zwischen Weiß und Farbig geltenden Grundsatz der Personalität des Rechtes [737]) sind beide Rechtsordnungen auf das Rechtsgeschäft anwendbar, nach beiden muß seine Geltung und Bedeutung bemessen werden. Nach diesem Gesichtspunkt sind die Verträge, welche von Europäern mit eingeborenen Häuptlingen über Grunderwerb geschlossen wurden, auszulegen.

Es fragt sich weiter, wie hat sich die Schutzgewalt zu den beiden in Betracht kommenden Wirtschaftsordnungen zu stellen? Soll sie die europäische anwenden, den Grundsatz der Aufteilung in Privateigentum durchführen? Es ist das einfach ein Ding der Unmöglichkeit, eine Revolution des Wirtschaftslebens der Eingeborenen würde unvermeidlich eintreten? Es müssen vielmehr beide Ordnungen nebeneinander bestehen. Für den Grundbesitz des Europäers gilt Weißenrecht, für den der Eingeborenen ihr bisheriges Stammesrecht; soweit dieses den Häuptlingen oder den unter den Eingeborenen bestehenden Gemeinschaften eine wirkliche Verfügung irgendwelcher Art über den Grund und Boden gibt,[738]) hat der Kolonialstaat dieses Recht zu achten. Es bleibt nun aber neben dem Europäer- und dem Eingeborenenlande eine große Menge herrenlosen Landes. Infolge dieser Tatsache ist hier die Möglichkeit der Entfaltung des Bodenregals gegeben, für dessen größere Bedeutung in Europa kein Platz mehr ist. Im Interesse der Kolonisation kann das Bodenregal in doppelter Weise ausgeübt werden. Die staatliche öffentlichrechtliche Verfügung wird entweder dahin ausgeübt, daß das herrenlose Land in das Staatsvermögen übergeht.[739]) Es wird dann nach Bedarf weiter veräußert. Die Verfügung über das bereits in den Besitz des Fiskus gelangte Land steht naturgemäß unter der Herrschaft des für Rechtsgeschäfte des Fiskus mit Dritten geltenden bürgerlichen Rechtes. Oder aber der Staat trifft seine öffentlichrechtliche Verfügung nicht zugunsten des Fiskus, sondern gestattet einer physischen oder juristischen Person, sich herrenlosen Landes zu bemächtigen und erkennt deren in vorschriftsmäßiger Weise hergestellte Herrschaft als Eigentum an.[740])

Von diesen Erwägungen ausgehend, gelangt man zur rechtlichen Würdigung der sogen. Konzessionen, soweit sie sich auf Grund

---

[736]) Auf diese Umstände gehen zum guten Teil die Streitigkeiten um die Rechte der Landgesellschaften zurück; vgl. auch dazu das interessante Gutachten von André, Die Rechtsverhältnisse im Pomona-Gebiet 1910.

[737]) Vgl. oben S. 176.

[738]) Kais. V. v. 26. Nov. 1895 § 1 II, 200 und Verf. v. 27. Nov. 1895 § 2 II, 202.

[739]) So daselbst § 2.

[740]) Daselbst § 12.

und Boden beziehen. Sie sind nicht einheitlich zu charakterisieren.[741]) Der Inhalt kann der sein, daß bestimmte, bereits vom Fiskus in Besitz genommene Grundstücke Eigentum einer Landgesellschaft werden. Insoweit handelt es sich um ein Rechtsgeschäft, welches den Regeln des bürgerlichen Rechtes untersteht und welches nur nach dessen Regeln seine Wirksamkeit verliert. Oder aber es wird der Gesellschaft die Inbesitznahme herrenlosen Landes gestattet. Diese Erlaubnis bemißt sich nicht nach bürgerlichem, sondern nach Verwaltungsrecht. Sie kann, als einseitiger Hoheits-, nicht Vermögensakt jederzeit zurückgenommen werden, solange die Entziehbarkeit nicht durch einen gesetzgeberischen Akt ausgeschlossen ist. Die Zurücknahme hat aber selbstverständlich keine Kraft, soweit der Konzessionsinhaber bereits auf Grund seiner Konzession Land zu Eigentum erworben hat, dieses ist in die Sphäre des bürgerlichen Rechtes eingetreten und findet den Schutz der Gerichte. Die Entziehbarkeit dieser Art von Konzessionen wird dadurch nicht beeinflußt, daß die Landgesellschaften Leistungen zu Gunsten des Staates übernommen haben, die sich als Gegenleistung für die Konzession darstellen. Die Konzessionen entbehren daher der absoluten Rechtssicherheit. Eine relativ große ist ihnen aber dadurch gegeben, daß im Interesse der Sicherheit der wirtschaftlichen Entfaltung der Schutzgebiete sich die Regierung nicht leicht zur Entziehung einer Konzession entschließen wird, sondern nur, wenn die Gesellschaft ihren Verpflichtungen nicht oder nur ungenügend nachkommt. Selbst dann aber wird die Gesellschaft insoweit zu entschädigen sein, als sie ihren Verpflichtungen nachgekommen ist;[742]) es dürfte jedoch billig sein, die Entschädigung um den Wert des Landes, welches die Gesellschaft bereits als Eigentum im Konzessionsgebiet erlangt hat, unter Berechnung dieses Wertes zur Zeit der Erwerbung und unter Abzug ihrer Aufwendungen, zu kürzen. — Die ganze Rechtslage ist die gleiche, wie sie im Polizeistaate vorhanden war. Es gibt kein die Verwaltung bindendes öffentliches Recht in Sachen der Konzessionen, andererseits aber wird der Fiskus durch die Entziehung in der angegebenen Weise ersatzpflichtig für die Bereicherung, welche dem Gemeinwesen erwachsen ist.[743]) — Die einzelnen Konzessionen, welche sich in den Schutzgebieten finden, sind, wie gesagt, nicht einheitlich. In ein und derselben finden sich verschiedenartige staatliche Verfügungen: Erlaubnis zum Bergbau, zum Bahnbau, Vergebung von fiskalischem Lande, Erlaubnis zur Inbesitznahme herrenlosen Landes. Die Entziehbarkeit der Konzessionen ist nach der Natur dieser einzelnen Rechte zu bestimmen und demgemäß kann dann auch eine Teilentziehung stattfinden.

Die Frage der Konzessionen führt zur Betrachtung der für die Entwickelung der Schutzgebiete bedeutsamen schon erwähnten Landgesell-

---

[741]) So zutreffend Gerstmeyer S. 150.

[742]) So in dem Schreiben des Staatssekretärs v. 21. Sept. 1910, durch welches die Konzession für Nordwestkamerun zurückgenommen wurde XXII, 112.

[743]) Vgl. über das Verhältnis der Staatshoheit zum Fiskus O. Mayer, Verwaltungsrecht I, 45 ff.

schaften.[744]) Der Begriff der **Landgesellschaft** läßt sich nicht mit Sicherheit feststellen. Wesentliche Merkmale [745]) sind: daß es sich um Unternehmen handelt, die in einem deutschen Schutzgebiete Grundeigentum oder das Recht haben, herrenloses Land in Besitz zu nehmen, daß ferner Grundeigentum oder Anwartschaft durch Beträchtlichkeit der Ausdehnung ausgezeichnet sind oder dadurch, daß sie ihren Ursprung in einer Konzession haben. Man kann als Landgesellschaften bezeichnen die Neuguinea-Kompanie, die Deutsche Kolonialgesellschafft für Südwestafrika, die South West Africa Company, die Kaoko-Land- und Minengesellschaft in Südwestafrika, die South African Territories Limited daselbst, die Gesellschaft Süd-Kamerun, die Otavi-Minen- und Eisenbahngesellschaft, die Siedelungsgesellschaft für Südwestafrika (jetzt Windhuker Farmgesellschaft m. b. H.), die Ostafrikanische Eisenbahngesellschaft, die Kamerun-Eisenbahn-Gesellschaft. Die Gesellschaft Nordwestkamerun ist, da ihr die Konzession 1910 entzogen wurde, sie auch bis dahin kein Land auf Grund ihrer Berechtigung erworben hat,[746]) nicht mehr als Landgesellschaft zu betrachten.

Die Lage der Landgesellschaften ist zum großen Teil nicht sehr glänzend, andererseits werden sie stark angefeindet, da man ihre Konzessionen als Hindernis für die wirtschaftliche Entwickelung der Schutzgebiete betrachtet.[747]) Die Regierung befolgt die Politik, die Konzessionen, welche in den Jahren, als das europäische Kapital schwer für die Schutzgebiete zu haben war, in erheblichem Umfange erteilt werden mußten, jetzt möglichst einzuschränken. Dies ist in der Regel auf dem Wege der Vertragsschließung erfolgt, so wurden verkleinert die Konzessionsgebiete der Neuguineakompanie anläßlich ihres Verzichtes auf ihre Hoheitsrechte, der Deutschen Kolonialgesellschaft für Südwestafrika, der South West, der Kaoko, der Siedelungsgesellschaft, der Gesellschaft Südkamerun. Bei der Gesellschaft Nordwestkamerun dagegen wurde der Weg der einseitigen Entziehung der Konzession beschritten.

Die Besitzform der Gesellschaften ist, mit Ausnahme der beiden englischen, die der deutschen Kolonialgesellschaft.[748])

II. Rechtsquellen.

Die Landordnung der deutschen Schutzgebiete beruht, soweit die Eingeborenen in Frage kommen und nicht ihr Stammesrecht weiter gilt, auf Kaiserlicher Verordnung. Für die Weißen hatte das Gesetz betr. die Rechtsverhältnisse der deutschen Schutzgebiete vom 16. April 1886 die Grundsätze des heimischen Rechtes als anwendbar angesehen. Diesen undurchführbaren Standpunkt gab man aber schon in dem Gesetz vom

[744]) Vgl. zum Folgenden das ausgezeichnete Werk von **Jäckel**, Die Landgesellschaften in den deutschen Schutzgebieten 1909.
[745]) Daselbst S. 7.
[746]) Jäckel S. 287.
[747]) Auf den Streit der Parteien ist hier nicht einzugehen, Näheres bei Jäckel.
[748]) Oben S. 180 ff.

7. Juli 1887 auf. Jetzt können durch Kaiserliche Verordnung die Rechte an Grundstücken und die sonstigen Berechtigungen, für welche die sich auf Grundstücken beziehenden Vorschriften gelten, abweichend vom heimischen Rechte geregelt werden.[749]) So liegt also nun die gesamte Landordnung in der Hand des Kaisers. Es gilt jetzt die Verordnung vom 21. November 1902[750]) und die Verfügung des Reichskanzlers zur Ausführung dieser Verordnung vom 21. November 1902.[751]) Besonders geregelt ist die Enteignung in der Kaiserlichen Verordnung vom 14. Februar 1903[752]) und der Verfügung des Reichskanzlers vom 12. November 1903.[753]) Diese Normen lösen die Landfrage aber nicht abschließend. Landesrechtliche Verordnungen, die teils von der Zentralregierung, teils von der örtlichen Regierung kraft Ermächtigung ausgegangen sind, treten zu den allgemeinen Vorschriften hinzu.

Als oberster Grundsatz gilt, daß auf die gesamten Grundstücke in den Schutzgebieten — sowohl die der Europäer wie der Eingeborenen — die dem deutschen bürgerlichen Rechte angehörigen Vorschriften Anwendung finden, soweit sie nicht Einrichtungen und Verhältnisse voraussetzen, an denen es für das Schutzgebiet fehlt.[754]) Also auch für die Farbigen gilt dieses Recht in erster Linie. Es wird dann aber gleich[755]) die Ausnahme gemacht, daß das europäische Recht auf die Grundstücke der Farbigen nur dann anwendbar ist, wenn für sie ein Grundbuchblatt angelegt ist, oder sie in das Landregister eingetragen sind. Wieweit aber das zulässig ist, das bestimmen Reichskanzler oder Gouverneur. In Ostafrika sind die Farbigen zur Eintragung berechtigt, soweit die Grundstücke in Stadtbezirken liegen, für welche das Grundbuch angelegt ist.[756]) In Kamerun, Togo, Südwestafrika und im alten Schutzgebiete von Neuguinea entscheidet der Gouverneur von Fall zu Fall, ob das Grundstück eingetragen werden darf.[757]) In Samoa kann die Eintragung ins Grundbuch erfolgen, wenn das Grundstück in den Samoan Land Records eingetragen gewesen ist.[758]) Die allgemeine Tendenz, welche diesen Bestimmungen zu Grunde liegt, ist wohl die, daß der Eingeborene nur dann unter das europäische Grundstücksrecht treten soll, wenn er durch nähere Berührung mit Europäern begonnen hat, an deren Rechtsleben Teil zu nehmen. In Kiautschou hält man allgemein die Bevölkerung für genügend reif zur Annahme des europäischen Rechtes. Für Grundstücke, die der Fiskus an Chinesen verkauft, werden Grundbuchblätter ohne weiteres angelegt.[758a])

[749]) Sch.-G.-G. § 3 und K.-G.-G. § 21.
[750]) VI, 4.
[751]) VI, 10.
[752]) VII, 39.
[753]) VII, 236.
[754]) Kais. V. § 1.
[755]) § 6 Ziffer 2 das.
[756]) V. v. 6. Jan. 1904 VIII, 28.
[757]) V. v. 27. Dez. 1910 XXII, 110; V. v. 19. Juli 1904 VIII, 155; V. v. 23. Mai 1903 VII, 114; V. v. 22. Juli 1904 VIII, 157.
[758]) V. v. 15. Juli 1903 VII, 155.
[758a]) V. v. 30. März 1903 VII, 299.

Von der Geltung des europäischen Rechtes werden, abgesehen von den durch die entgegenstehenden Normen der Kaiserlichen Verordnung bedingten, noch andere Abweichungen gemacht. Nicht anwendbar sind die Vorschriften über Anlegung der Grundbücher und den Erwerb und Verlust von Rechten an einem Grundstücke (E.-G. B. G.-B. Art. 186, 189; Grundb.-O § 82; Preuß. Verordn. v. 13. Nov. 1899). Auf Zwangsversteigerung und Zwangsverwaltung finden die mutterländischen Vorschriften nur soweit Anwendung, als es Reichskanzler oder Gouverneur anordnen. In Südwestafrika, Kamerun, Togo, Neuguinea, Kiautschou finden auf eingetragene Grundstücke die reichsrechtlichen Vorschriften, in Kiautschou mit einigen Abänderungen und unter Ausschluß der Zwangsverwaltung, Anwendung, in den drei erstgenannten auf nichteingetragene Grundstücke das preußische Zwangsvollstreckungsgesetz vom 13. Juli 1883.[759]) In Ostafrika werden die reichsrechtlichen Vorschriften tatsächlich angewendet.[760])

In Rücksicht auf die Entfernungen und die Verkehrsverhältnisse ist bestimmt, daß es bei der Auflassung nicht der gleichzeitigen Anwesenheit beider Teile bedarf, daß auch nicht mündliche Erklärungen vor dem Grundbuchamt notwendig sind.[761]) Es genügt also eine notarielle Urkunde.[762]) — Ins Grundbuch einzutragende Geldbeträge können in der im Schutzgebiete geltenden Währung angegeben werden.[763])

III. Der Landerwerb.

Für den Landerwerb gelten ganz verschiedene Rechtsregeln, je nach der Rechtslage des Bodens oder der Person des Besitzers.

1. Herrenloses Land. Das herrenlose Land kann auf verschiedene Weise Eigentümer finden. Die Voraussetzung für den Erwerb von solchen Rechten bestimmt der Reichskanzler oder Gouverneur.[764])

In den drei tropischen afrikanischen Schutzgebieten,[765]) im alten Schutzgebiete von Neuguinea[766]) und auf den Karolinen, Palau und Marianen[767]) hat der Fiskus sich das Recht vorbehalten, sich das herrenlose Land durch Besitznahme anzueignen, es zu Kronland zu machen. Es bedarf eines besonderen Aktes der Feststellung, mit der die Besitzergreifung verbunden sein kann. Es wird in Ostafrika und Kamerun durch Land-

---

[759]) V. v. 23. Mai VII, 114; V. v. 22. Dez. 1910 XXII, 110; V. v. 19. Juli 1904 VIII, 155; V. v. 22. Juli 1904 VIII, 157; V. v. 30. März 1903 VII, 299.

[760]) Gerstmeyer S. 122.

[761]) § 3 der Kais. V.

[762]) Gerstmeyer S. 123.

[763]) § 4 der Kais. V.

[764]) Kais. V. v. 21. Nov. 1902 § 5.

[765]) Ostafrika: V. v. 26. Nov. 1895 II, 200; V. v. 4. Dez. 1896 II, 317; Kamerun: V. v. 15. Juni 1896 II, 232; v. 10. Okt. 1904 VIII, 240; v. 28. Dez. 1910 XXII, 111; Togo: V. v. 2. Febr. 1910 XXI, 218.

[766]) V. v. 22. Juli 1904 § 3 VIII, 158.

[767]) V. v. 2. Juli 1901 VI, 358.

kommissionen vorgenommen, die der Gouverneur bildet, in Togo durch den Bezirksleiter, in Neuguinea durch Beauftragte des Gouverneurs. Der Feststellung der Herrenlosigkeit hat in der Regel eine örtliche Besichtigung vorauszugehen. Es muß weiter vor der Aneignung eine Auseinandersetzung mit den Eingeborenen vorgenommen werden. In Kamerun ist ihnen ein Pfleger zu bestellen. Einerseits ist darauf Bedacht zu nehmen, daß in der Umgebung von bestehenden Niederlassungen der Eingeborenen auch mit Rücksicht auf eine zukünftige Bevölkerungszunahme genügender Grund und Boden für die Ernährung der Eingeborenen bleibt. In Kamerun ist für jede Hütte mindestens eine Fläche von sechs Hektar anzusetzen, in Ostafrika das vierfache des bepflanzten Landes. Man kann dann ein entsprechendes Stück von der Feststellung der Herrenlosigkeit ausschließen oder aber es zu Kronland machen und es sodann den Eingeborenen zur Nutzung oder Eigentum überlassen. Andererseits sind auch Ansprüche auf bestimmte Landflächen, welche von Häuptlingen, Dorfgemeinden, Familien und Familienverbänden, Stämmen geltend gemacht werden, zu berücksichtigen. Rechtsansprüche, welche Private geltend machen, werden in den afrikanischen Gebieten durch die feststellende Behörde entschieden, jedoch kann der Rechtsweg gegen die Entscheidung beschritten werden. Wo das Grundbuch besteht, wird das Kronland eingetragen. — In Südwestafrika [768]) hat sich die Regierung nicht selbst ein Aneignungsrecht ausdrücklich vorbehalten, aber sie kann jeden Dritten von der Aneignung ausschließen. — Für die Marschallinseln, Samoa und Kiautschou ist die Frage des herrenlosen Landes nicht von erheblicher Bedeutung.

Anstatt selbst das herrenlose Land in Besitz zu nehmen, kann die Regierung auf dem Wege der Konzession Dritten die Aneignung gestatten wie dies zu Gunsten der erwähnten Landgesellschaften geschehen ist. Die Gouverneure von Ostafrika und Kamerun können einzelnen Personen oder Gesellschaften auch Konzessionen erteilen. Diese dürfen für sich dann herrenloses Land unter Beobachtung des für die staatliche Besitzergreifung maßgebenden Verfahrens vorläufig in Besitz nehmen und mit etwa Beteiligten Verträge schließen. Es bedarf aber zur wirklichen Aneignung der Genehmigung der Regierung.[769]) Auch in Südwestafrika [770]) und in Neuguinea [771]) ist diese Genehmigung und derartige Verfügung über das Land Recht der Regierung.

2. Kronland. Dasjenige Land, welches Eigentum des Schutzgebietsfiskus ist, wird Kronland genannt. Der Bestand des Kronlandes kommt auf verschiedene Weise zusammen. Teilweise ist es herrenloses zugunsten des Fiskus in Besitz genommenes Land. Zum Teil ist es auf dem Wege des Vertrages erworbenes Gebiet. In ganz Neuguinea hat sich die Re-

---

[768]) V. v. 23. Mai 1903 § 2 VII, 115.
[769]) V. v. 26. Nov. 1895 § 12 II, 200; V. v. 15. Juni 1896 § 12 II, 232.
[770]) V. v. 23. Mai 1903 § 2 VII, 115.
[771]) V. v. 22. Juli 1904 § 3 VII, 158.

gierung vorbehalten, mit den Eingeborenen Verträge über Erwerb von Eigentum oder Rechten an Grundstücken oder ihre Benutzung zu schließen.[772]) Besonders sind die Verhältnisse in Kiautschou [773]) bemerkenswert. Das Gouvernement kauft hier im Interesse seiner Bodenpolitik nach und nach sämtliche Grundstücke der Chinesen gegen eine bestimmte Entschädigung auf. Diese Entschädigung ist den Preisen vor der Besitzergreifung angepaßt, da den chinesischen Grundeigentümern nicht die durch die deutsche Besitzergreifung erzeugte, unverdiente Wertsteigerung zufallen soll. In beträchtlichem Umfang ist in Südwestafrika infolge des Eingeborenenaufstandes dem Fiskus Land zugefallen. Das Stammesvermögen von Eingeborenen, welche sich feindlich verhalten hatten oder deren Stammesorganisation im Kriege untergegangen war, konnte ganz oder zum Teil eingezogen werden [774]) und demgemäß wurde verfahren.[775])

Das Kronland wird nun nicht zur eigenen fiskalischen Bewirtschaftung verwendet, sondern den wirtschaftlichen Zwecken der Kolonialbevölkerung durch Überlassung dienstbar gemacht. Bei der Überlassung müssen aber genügende Flächen für öffentliche Zwecke zurückbehalten werden, insbesondere sind Waldbestände, deren Erhaltung im öffentlichen Interesse liegt, nicht mitzuveräußern, ebenso auch nicht schiffbare Ströme und Flüsse.[776]) Die Überlassung geschieht ausnahmsweise auf dem Wege der Konzession, in der Regel dagegen nur entgeltlich und zwar zu Eigentum oder durch Verpachtung. Als Bedingung der Überlassung ist in der Regel zu stellen, daß das Land in angemessener Frist kultiviert wird, widrigenfalls eine Konventionalstrafe bestimmt, auch der Rückfall des Landes vorbehalten wird.[777])

Die Überlassung des Kronlandes in Ostafrika und Kamerun kann freihändig oder auf dem Wege der öffentlichen Versteigerung geschehen.[778]) In Kamerun werden größere Landflächen in der Regel zunächst nur pachtweise auf höchstens 25 Jahre vergeben. Erst sobald der Pächter die Hälfte des kulturfähigen Landes in Nutzung genommen hat, kann er die käufliche Überlassung des gesamten Pachtlandes beanspruchen. Er hat aber nur den Preis zu zahlen, den das Land zur Zeit des Pachtvertragsschlusses wert war.[779]) Der Nachweis eines Betriebskapitals ist in diesen beiden Schutzgebieten nicht erforderlich.

---

[772]) V. v. 22. Juli 1904 VIII, 158; V. v. 2. Juli 1901 VI, 358; V. v. 8. Juli 1905 IX, 166.

[773]) V. v. 5. Mai 1904 § 1 VIII. 280; Preyer S. 16 ff.

[774]) Kais. V. v. 26. Dez. 1905 IX. 284.

[775]) Bekanntm. v. 23. März 1906 X, 142; v. 8. Mai 1907 XI, 233.

[776]) V. v. 26. Nov. 1895 II. 200; V. v. 15. Juni 1896 II. 232. Diese Vorschriften für Ostafrika und Kamerun dürfen allgemeine Geltung beanspruchen.

[777]) Ostafrika und Kamerun: V. v. 27. Nov. 1895 II, 202 und v. 17. Okt. 1896 II. 291; Südwestafrika: Bedingungen v. 1. Aug. 1899 § 12 VI, 214; V. v. 28. Mai 1907 XI. 255.

[778]) Vgl. die in vor. Anm. zitierten Verordn.

[779]) Bekanntmachung vom 18. April 1910 XXI, 718.

In Südwestafrika[780]) findet ebenfalls die Überlassung sowohl freihändig, wie auf dem Wege der Versteigerung statt. Für Käufer und Pächter ist Bedingung, daß sie auf ihrem Grundstück sich niederlassen und es bewirtschaften. Der Käufer muß ein Betriebskapital von 15—20 000 Mark nachweisen, auch der Pächter muß über genügende Mittel verfügen. Das einzelne Farmgrundstück darf 20 000 Hektar nicht überschreiten. Für den Ankauf von Kronland seitens des Einzelnen ist dies auch die Höchstgrenze. Auch innerhalb dieser Grenze sind Zukäufe nur zulässig, wenn der Ansiedler seinen bisherigen Grundbesitz genügend bestockt hat, also die gründliche Ausbildung des Wirtschaftsbetriebes ist Voraussetzung für seine Erweiterung. — Bei unverschuldeten Unglücksfällen im Wirtschaftsbetriebe können dem Käufer einzelne Kaufgeldraten gestundet werden. Auch eine Ansiedelungsbeihilfe kann gewährt werden unter der Voraussetzung, daß wirtschaftliche Werte auf der Farm geschaffen sind. Dafür ob im einzelnen Falle eine Farm verkauft oder verpachtet wird, sind teilweise gewisse allgemeine Grundsätze maßgebend. Die Regierung verfolgt die Politik, einen Domänenbesitz zu schaffen; demzufolge soll ungefähr ein Drittel des Kronlandes nur verpachtet werden. Außer der Zeitpacht mit einer Dauer bis zu 18 Jahren, läßt die Regierung auch Erbpacht auf mindestens 50 Jahre zu. — Eingeborene können Rechte oder Berechtigungen an Grundstücken nur mit Genehmigung des Gouverneurs erwerben.[781])

In Neuguinea wird die Überlassung des Kronlandes von Fall zu Fall geregelt.[782])

In Kiautschou[783]) werden die Regierungsgrundstücke öffentlich verkauft und zwar auf dem Wege der Versteigerung je nach Bedürfnis. Zum Bieten werden nur die Personen zugelassen, die vorher ein Gesuch um Überlassung des Landes an das Landamt gerichtet haben. Der Käufer muß einen Benutzungsplan vorgelegt haben, der vom Landamt genehmigt ist. Damit das Land dann nicht zu Spekulationszwecken liegen bleibt, ist ein Benutzungszwang eingeführt. Wird das Grundstück in der so vereinbarten Frist nicht plangemäß benutzt, dann wird die Grundsteuer auf 9 v. H. erhöht und es tritt dann in Absätzen von drei Jahren eine Steigerung um je 3 v. H. bis zu 24 v. H. ein. Bei nachträglicher Ausführung sinkt die Steuer wieder auf den normalen Betrag. — Das Grundstück bleibt dauernd mit einem Vorkaufsrechte zu Gunsten des Landamts belastet.

3. Erwerb von Europäerland. Es gelten hier die allgemeinen Rechtsvorschriften. In Ostafrika und Kamerun kann aber der Gouverneur all-

---

[780]) V. v. 28. Mai 1907 XI, 255; Runderlasse v. 29.Okt. 1907 XI, 409; v. 2. Januar 1907 XII, 30; v. 29. Juli 1908 XII, 305; v. 19. Okt. 1908 XII, 440; v. 23. Okt. 1908 XII, 462; v. 4. Juni 1909 XIII, 282; v. 21. Juni 1909 XIII, 329; v. 20. Dez. 1909 XIII, 655.

[781]) V. v. 18. Aug. 1907 § 1 XI, 346.

[782]) V. v. 22. Juli 1904 § 3 VIII, 158.

[783]) V. v. 30. März 1903 VII, 299; V. v. 31. Dez. 1903 VII, 312; Preyer a. a. O. S. 24 ff.

gemein oder für bestimmte Bezirke vorschreiben, daß der Eigentumserwerb oder die Pachtung anzuzeigen ist.[784]) — In Samoa können Chinesen Land überhaupt nicht erwerben, pachten können sie nur mit Genehmigung des Gouverneurs.[785]) — In Kiautschou [786]) ist derjenige Grundbesitz, der bereits durch die Hand des Landamts gegangen ist mit einer Wertzuwachssteuer belastet, die bei jeder Wiederveräußerung vom Verkäufer zu entrichten ist. Sie beträgt 33⅓ v. H. des Reingewinns. Dieser wird folgendermaßen festgestellt. Es wird der Unterschied zwischen dem vom Verkäufer bei der Erwerbung und dem ihm jetzt gezahlten Preise ermittelt. Abgezogen wird der Wert der vom Verkäufer vorgenommenen Verbesserungen nebst 6 v. H. Zinsen. Das Übrigbleibende ist der volle Reingewinn. Haben Grundstücke während fünfundzwanzig Jahren ihren Eigentümer nicht durch freiwilligen Verkauf gewechselt, so kann eine allgemeine Abgabe bis zu 33⅓ v. H. des ähnlich wie der Reingewinn zu berechnenden Wertzuwachses auferlegt werden. Die Verpflichtungen zur Zahlung der 33⅓ v. H. sind in beiden Fällen öffentlich-rechtliche und bedürfen nicht der Eintragung ins Grundbuch, wenn diese auch vorgeschrieben ist.

4. Erwerb von Eingeborenenland. Der Erwerb von Eingeborenenland durch Eingeborene richtet sich grundsätzlich nach Eingeborenenrecht, jedoch greift der Kolonialgesetzgeber hier doch gelegentlich ein. Im Interesse seiner besonderen Landpolitik hat das Gouvernement von Kiautschou [787]) angeordnet, daß Chinesengrundstücke, die noch nicht durch die Hand des Gouverneurs gegangen sind, nur unter Chinesen, die im Schutzgebiet oder den beiden nächsten Kreisen ansässig sind, übertragen werden können. Auch hierzu bedarf es aber der Genehmigung der Behörde. — Einer Genehmigung bedürfen in Ostafrika Verträge, durch welche Grundstücke in das Eigentum oder auf mehr als 15 Jahren in den Besitz eines Anderen übergehen.[788])

In weitgehender Weise ist, aus den früher [789]) angeführten Gründen, die Überlassung von Eingeborenenland an Weiße beschränkt. Reichskanzler oder Gouverneur sind zuständig zur Einführung dieser Beschränkungen im öffentlichen Interesse.[790])

In Ostafrika und Kamerun [791]) bedarf es zur rechtswirksamen Überlassung von städtischen Grundstücken von mehr als einem Hektar sowie von allen ländlichen Grundstücken zu Eigentum oder Pacht von mehr als 15 Jahren der Genehmigung. Sie kann unter Bedingungen erteilt werden.

[784]) V. v. 26. Nov. 1895 § 10 II, 200; V. v. 15. Juni 1896 § 10 II, 232.
[785]) V. v. 1. März 1903 VII, 53.
[786]) V. v. 30. März 1903 VII, 299; Preyer S. 43 ff.
[787]) V. v. 5. Mai 1904 VIII, 280.
[788]) V. v. 27. Febr. 1894 II, 79.
[789]) Oben S. 191 ff.
[790]) Kais. V. v. 21. Nov. 1902 § 6 Z. 1 VI, 4.
[791]) V. v. 26. Nov. 1895 § 11 II, 200; V. v. 15. Juni 1896 II, 322; Verf. v. 27. Nov. (17. Okt. 1896) II, 202 (291); Bekanntm. v. 18. April 1910 XXI, 720.

In Togo [792]) können Grundstücke Eingeborener ohne Genehmigung des Gouverneurs nicht Gegenstand von Rechtsgeschäften mit Fremden oder zu deren Gunsten sein. Fremde sind alle Personen, die nicht zu der Landschaft gehören, in der das Grundstück liegt.

In Südwestafrika bedürfen ebenfalls solche Verfügungen zu Gunsten von Nichteingeborenen der Genehmigung.[793])

In ganz Neuguinea sind die Nichteingeborenen von dem Grunderwerb durch Rechtsgeschäft mit Eingeborenen ausgeschlossen.[794])

In Samoa ist der Übergang samoanischen Landes an Nichteingeborene verboten. Nur Ländereien innerhalb des Pflanzungsbezirkes Apia können mit schriftlicher Genehmigung des Gouverneurs und mit gerichtlicher Verlautbarung des Vertrages verkauft oder verpachtet werden. Außerhalb dieses Bezirkes kann samoanisches Land nur vom Gouvernement erworben oder gepachtet werden.[795])

IV. Landübertragung und -belastung.[796])

Der Sicherung des Grundstücksverkehrs dient die Anlegung von Grundbüchern. Der Gouverneur bestimmt, für welche Bezirke und in welchem Zeitpunkt ein Grundbuch anzulegen ist.

Soweit das Recht der Kaiserlichen Verordnung vom 21. November 1902 auf die Grundstücke in den Schutzgebieten Anwendung findet, muß man unterscheiden Grundstücke für die ein Grundbuchblatt angelegt ist und solche, bei denen das nicht der Fall ist.

1. Grundstücke mit Grundbuchblatt. Die Anlegung von Grundbuchblättern ist nur statthaft, soweit Flurkarten bereits angelegt oder die Vermessung des Grundstückes und die Aufnahme einer Karte ausführbar sind. Sie erfolgt auf Antrag des Eigentümers oder desjenigen, welcher auf Grund eines gegen den Eigentümer vollstreckbaren Titels eine Eintragung ins Grundbuch verlangen kann, sofern die Zulässigkeit dieser Eintragung von der vorherigen Eintragung des Eigentümers abhängt. Zur Stellung des Antrages kann der Eigentümer nach landesrechtlichen Bestimmungen von Amts wegen angehalten werden, so wenn er das Grundstück von der Regierung oder mit ihrer Einwilligung von Eingeborenen gekauft hat. Der Anlegung hat ein Aufgebot voranzugehen, damit andere Personen gegebenenfalls ihre Rechte und Ansprüche geltend machen können. Ohne Aufgebot kann sie erfolgen, wenn dem Antrag auf Eintragung eine Überweisung von früher herrenlosen Landes zugrunde

---

[792]) V. v. 5. Sept. 1904 VII, 217; Bekanntm. v. 10. Febr. 1910 XXI, 311.
[793]) V. v. 23. Mai 1903 § 2 VII, 115.
[794]) Vgl. oben S. 201.
[795]) V. v. 20. Juni 1909 XIII, 328.
[796]) Kais. V. v. 21. Nov. 1902 VI, 4; Verf. des Reichsk. v. 30. Nov. 1902 VI, 10; Südwestafrika: V. v. 23. Mai 1903 VII. 114; Kamerun: V. v. 27. Dez. 1910 XXII, 111; Togo: V. v. 19. Juli 1904 VIII. 155; Neuguinea: V. v. 22. Juli 1904 VIII, 157; Samoa: V. v. 15. Juli 1903 VII, 155; Kiautschou: V. v. 30. März 1903 VII, 300. Dazu kommen noch Verordnungen über das Vermessungswesen.

liegt und die Besitzergreifung nach Maßgabe eines mit dem Fiskus abgeschlossenen Vertrages oder einer von Regierungs wegen erteilten Berechtigung erfolgt ist, oder auch wenn die Anlegung von einem Berechtigten beantragt wird, dessen Anspruch nach Maßgabe bestimmter älterer, in der Kaiserlichen Verordnung aufgezählter Vorschriften als rechtsgültig festgestellt worden ist; auch in diesen Fällen wird aber, jedoch nach Anlegung des Blattes, denjenigen, die zur Eintragung in das Grundbuch geeignete Rechte in Anspruch nehmen, Gelegenheit gegeben, diese Rechte anzumelden. — Für Kiautschou gelten diese Vorschriften nicht. Hier erfolgt die Anlegung eines Grundbuchblattes entweder für den Fiskus, oder für denjenigen, welcher das Grundstück vom Fiskus erworben hat.

Die Einrichtung des Grundbuches entspricht im wesentlichen der im Mutterlande. Das Grundbuchblatt besteht aus dem Titel und drei Abteilungen. Zugunsten der Farbigen kann der Reichskanzler oder mit seiner Genehmigung der Gouverneur bestimmen, daß für ihre Grundstücke andere Formen der dinglichen Belastung zulässig sind, als die des Sachenrechts des Bürgerlichen Gesetzbuches oder des selbständige Gerechtigkeiten betreffenden Artikels 40 des preußischen Ausführungsgesetzes; ferner daß gewisse Nutzungsrechte, selbst wenn sie unvererblich oder unübertragbar sind, Grundbuchblätter erhalten können und daß auf diese Nutzungsrechte die auf Grundstücke Eingeborener sich beziehenden Vorschriften Anwendung finden.

Die Bearbeitung der Grundbuchsachen gehört zur Zuständigkeit der Bezirksrichter, in Kiautschou des Kaiserlichen Gerichts.

2. Grundstücke ohne Grundbuchblatt. Die Rechtslage derjenigen Grundstücke, für welche kein Grundbuchblatt angelegt ist, ist eine andere. Keine Anwendung finden auf sie diejenigen Bestimmungen des deutsch-preußischen Rechtes, welche die Übertragung des Eigentums betreffen. Zur Übertragung des Eigentums an solchen Grundstücken ist die Einigung des Veräußerers und des Erwerbers erforderlich und ausreichend. Die Erklärungen müssen in öffentlich beglaubigter Form abgegeben werden. Es genügt die Beglaubigung durch eine öffentliche Behörde des Schutzgebietes. Die Übertragung des Eigentums kann nicht unter einer Bedingung oder einer Zeitbestimmung erfolgen. Mit anderen Lasten als Hypotheken und Grundschulden können die Grundstücke nicht belastet werden.

Der Eigentümer kann sein Eigentum in ein Landregister, welches das Grundbuchamt führt, eintragen lassen. Das gleiche Recht steht demjenigen zu, welcher auf Grund eines gegen den Eigentümer vollstreckbaren Titels die Anlegung eines Grundbuchblattes verlangen kann. In gewissen Fällen kann auch hier der Eigentümer zur Stellung des Antrages mit amtlichen Zwangsmitteln angehalten werden. Bei dem Antrage auf Eintragung des Eigentums ist dessen Erwerb nachzuweisen, auch ist das Grundstück so genau wie möglich zu bezeichnen. Durch die Eintragung wird bewirkt, daß eine Vermutung dafür besteht, daß der

Eingetragene Eigentümer ist. Das Landregister besteht aus dem Titel und zwei Abteilungen. Die Hypotheken und Grundschulden werden in die zweite eingetragen. Die Erteilung eines Hypotheken- oder Grundschuldbriefes ist ausgeschlossen. Für Kiautschou gilt dies nicht, da hier die Anlegung von Grundbuchblättern durchzuführen ist.

V. Die Enteignung.[797])

Wie im Mutterlande, so gibt es in den Schutzgebieten Afrikas und der Südsee eine Enteignung. Man muß aber, nach der Zweckverschiedenheit, zwei Arten von Enteignung unterscheiden, die zugunsten eines Unternehmens und die zugunsten der Eingeborenen.

1. Enteignung zugunsten eines Unternehmens. Wie im Mutterlande ist die Enteignung zulässig aus Gründen des öffentlichen Wohles für Unternehmen, deren Ausführung die Ausübung des Enteignungsrechtes erfordert. Bei der Überlassung von Land kann sich die Regierung die Rücknahme von Land zu solchen Zwecken gegen Entschädigung vorbehalten, wie das für Ostafrika und Kamerun besonders vorgeschrieben ist.[798]) Wo das nicht geschehen ist, greift dann aber die Enteignung Platz. Es unterliegen ihr Grundeigentum, alle sonstigen Rechte an Grundstücken, Bodenmaterialien, Bergwerkseigentum und auch das Recht der Besitzergreifung von herrenlosem Lande. Die Enteignung besteht in Entziehung oder Beschränkung, sie findet nur gegen Entschädigung statt, welche dem Unternehmer obliegt. Das ganze Verfahren ist wesentlich den im Mutterlande geltenden Vorschriften entsprechend gestaltet.

2. Enteignung zugunsten der Eingeborenen. Wenn auch das von der Regierung bei Inbesitznahme des herrenlosen Landes befolgte Verfahren dahin zielt, den Eingeborenen genügend Land zu zukünftiger wirtschaftlicher Entwickelung zu sichern,[799]) so ist doch das Eintreten eines örtlichen Landmangels infolge einer Aufteilung des Landes unter die Weißen nicht ausgeschlossen. Solchen Übelständen beugt die Enteignung zugunsten der Eingeborenen vor. Der Reichskanzler ist ermächtigt, die Enteignung von Grundstücken, die aus der Herrschaft oder dem Besitze Eingeborener an Nichteingeborene übergegangen sind, zum Zwecke der Wiedereinsetzung der Eingeborenen in den Besitz insoweit zuzulassen, als die Enteignung nach dem Ermessen der Behörde notwendig ist, um den Eingeborenen die Möglichkeit ihres wirtschaftlichen Bestehens, insbesondere das Recht an einer Heimstätte zu sichern. Die Entschädigung hat der Schutzgebietsfiskus zu leisten. Sie kann auf den Ersatz der Unkosten für den ersten Erwerb der Ländereien von den Eingeborenen beschränkt werden. Die enteigneten Ländereien fallen als Kronland in das Eigentum des Schutzgebietsfiskus,

---

[797]) Kais. V. v. 14. Febr. 1903 VII, 39.
[798]) V. v. 26. Nov. 1895 u. v. 15. Juni 1896 § 8 II, 200 und 232.
[799]) Vgl. oben S. 199 f.

der sie den Eingeborenen zur Nutzung überläßt. Da infolge dieser Vorschriften für die weißen Grundeigentümer eine oft unerwünschte Unsicherheit über die Dauer ihres Rechtes besteht, so ist angeordnet, daß der Gouverneur auf Antrag durch eine schriftliche Erklärung feststellen kann, in einigen Fällen sogar muß, daß ein bestimmtes Grundstück oder Gruppen von solchen nicht in der angegebenen Weise zu Gunsten der Eingeborenen enteignet werden können.

§ 25.

Das Bergrecht.

Der reiche Gewinn, den die Ausbeutung der mineralischen Bodenschätze verheißt, hat oft die Kolonisation in ganz besonderer Weise gefördert. Die Aussicht, ungeheure Schätze von Edelmetallen und Edelsteinen zu erlangen, zog Spanier und Portugiesen nach Amerika. Das Goldfieber hat Einwanderer in großen Mengen nach Westaustralien und nach Kalifornien getrieben. Auch Südwestafrika hat einen besonderen Aufschwung genommen, seit dort Diamanten in großen Mengen gefunden worden sind. Wie für das Landwesen bedarf es nun auch für das Bergwesen einer besonderen Regelung, die sich den kolonialen Verhältnissen anpaßt. Die gleichen Schwierigkeiten, die für das erstere gegeben sind, bestehen auch für das Bergrecht. Es ist zunächst notwendig eine Auseinandersetzung mit denjenigen Rechtsverhältnissen, deren Entstehung schon vor der Zeit der deutschen Schutzgewalt liegt. Es sind die Rechte der Eingeborenen, die in einzelnen Schutzgebieten einen Tagebau betrieben, ferner der Bergrechte, welche Europäer von den Eingeborenengemeinwesen erworben hatten.[800]) Weiter ist auch hier von Bedeutung die Frage der Konzessionsgesellschaften.

In erster Linie würde sich das Bergrecht, soweit seine bürgerlichrechtliche Seite in Frage kommt, für Europäer nach dem preußischen Berggesetz richten.[801]) Indessen die Unanwendbarkeit des mutterländischen Rechtes war bald klar. Der Kaiser wurde deshalb ermächtigt, das Bergwerkseigentum für Europäer auf dem Wege der Verordnung zu regeln.[802]) Da ihm dieses Recht inbetreff der Eingeborenen schon ohne weiteres zusteht, so vereinigt sich das gesetzgeberische Verfahren in einer Hand. Die Regelung in den afrikanischen Gebieten geschah zuerst durch Einzelverordnungen, von denen die meisten der Regalität

---

Literatur zu § 25: Schulte, Das Bergrecht der deutschen Schutzgebiete (Diss. Leipzig), 1910; Engelmann, Das Bergrecht in den deutschen Schutzgebieten (Diss. Erlangen), 1910; Perels, Das Bergrechtsabkommen u. s. w. 1910, Bibliothèque Coloniale Internationale: Le régime minier, Bruxelles 1903; Reinsch, Colonial administration; Jäckel, Die Landgesellschaften 1909.

[800]) Vgl. oben S. 195.

[801]) Sch.-G.-G. § 3, K.-G.-G. § 19.

[802]) Sch.-G.-G. § 3, K.-G.-G. § 21.

zuneigten und das englische Vorbild zum Muster nahmen. Dagegen näherte sich eine Verordnung für Ostafrika von 1898 mehr dem deutschen Rechte. Aus ihr ist das jetzt geltende Recht vorwiegend herausgewachsen. Jetzt [803]) bestehen für die Schutzgebiete drei allgemeine Verordnungen, nämlich für die afrikanischen Schutzgebiete, außer Südwestafrika, die Kaiserliche Verordnung vom 27. Februar 1906,[804]) für Südwestafrika die Kaiserliche Verordnung vom 8. August 1905,[805]) für Kiautschou eine Verordnung des Reichskanzlers vom 16. Mai 1903,[806]) zu deren Erlaß der Reichskanzler durch Kaiserliche Verordnung ermächtigt war.[807])

Während die Regelung in Kiautschou eine stark abweichende ist, stimmt das Recht der anderen Schutzgebiete in der Hauptsache überein, jedoch hat die südwestafrikanische Verordnung einige Besonderheiten. Eine ganz spezielle Entwickelung hat dann das südwestafrikanische Bergrecht durch das Aufkommen des Diamantbergbaus erfahren. Diese Besonderheiten werden getrennt ins Auge zu fassen sein. Zum Vergleich soll hier stets das englische Kolonialbergrecht besonders in Süd- und Westafrika herangezogen werden, mit dem das deutsche manche Verwandtschaft zeigt.

I. Das Bergrecht in Afrika und der Südsee.

Die bergrechtliche Ordnung bezieht sich auf alle Betriebe, auch auf die reichs- und landesfiskalischen,[808]) ferner auch auf die Gebiete, für welche Sonderberechtigungen gelten, soweit die Sonderberechtigung nicht etwas anderes ergibt.[809])

1. Gegenstände der Bergbauberechtigung [810]) sind die Edelmineralien, unter denen die Edelmetalle Gold, Silber und Platin sowie Edelsteine verstanden werden, ferner gemeine Mineralien, nämlich die sonstigen Metalle, Glimmer und Halbedelsteine, sowie ausdrücklich genannte Kohlen, Salze und nutzbare Erden; in Südwestafrika ist aber das Kochsalz der Salzpfannen ausgenommen. In den anderen Gebieten fallen Eisen, Kupfer, Graphit und Salz, wenn sie von Eingeborenen für eigene Rechnung im Tagebau gewonnen werden, nur dann unter die Gegenstände der Bergbauberechtigung, wenn der Reichskanzler oder mit seiner Genehmigung der Gouverneur es anordnet. Der Reichskanzler kann den Kreis der Bergbaumineralien erweitern, so ist für

---

[803]) Über die Entwickelung vgl. Schulte S. 15 ff.

[804]) X, 36, dazu die Ausführungsbest. v. 26. Juli 1906 X, 289 und v. 2. Febr. 1909 XIII, 38; Kamerun: V. v. 23. Dez. 1906 X, 346; v. 22. Aug. 1907 XI, 358; v. 6. März 1908 XII, 88; Ostafrika: V. v. 27. Juli 1906 X, 291; Togo: Bekm. v. 11. Nov. 1909 XIII, 632; Neuguinea: V. v. 10. Mai 1906 X, 192.

[805]) IX, 221.

[806]) VII, 306.

[807]) V. v. 9. Nov. 1900 § 3.

[808]) §§ 2 der V.

[809]) §§ 93 bezw. 94 der V.

[810]) §§ 1 und 95 bezw. 96 der beiden V.

Südwestafrika auch Asbest in das Verzeichnis aufgenommen.[811]) Die englische Gesetzgebung nennt als Gegenstände des Bergbaus regelmäßig die Mineralien, zu denen auch die mineralischen Öle gerechnet werden, und Edelsteine. Sie schützt auch die Eingeborenenrechte, z. B. in der Goldküstenkolonie die herkömmliche Art der Ausbeutung der Bodenschätze durch die Farbigen.

2. *Die Bergbauberechtigung* erscheint entweder als Ausfluß des Grundeigentums, oder als Regal, oder es herrscht Bergbaufreiheit. Englisches wie deutsches Recht schließen den Grundeigentümer aus,[812]) jedoch hat im britischen Südafrika der Grundeigentümer im Bergbaubezirke einen Anspruch auf eine bestimmte Anzahl von Feldern. Im übrigen kommen nur Regal und Bergbaufreiheit in Betracht. Welche von beiden Ordnungen gegeben ist, läßt sich praktisch nicht immer ganz sicher feststellen. In den britischen Kolonien z. B. wird die Berechtigung zum Schürfen von der Erteilung eines Schürfscheines abhängig gemacht; wo nun wie in Britisch-Guayana eine Reihe von Vorbedingungen und Ausschließungsgründen für die Erteilung gegeben sind, da neigt sich die Wage zugunsten der Regalität. Wo dagegen, wie in Natal, nur Beamte und Eingeborene ausgeschlossen sind, da ist praktisch Schürffreiheit gegeben.

Das deutsche Recht hat zwar an erste Stelle den Grundsatz der Bergbaufreiheit gesetzt,[813]) die aber für Farbige grundsätzlich nicht gilt.[814]) Es ist andererseits die Möglichkeit vorhanden, diese Freiheit in weitgehendem Maße auf dem Wege der Verwaltungsverfügung einzuschränken. Der Reichskanzler kann für bestimmte Gebiete Sonderberechtigungen erteilen. Diese würden sich als Ausfluß eines Regals darstellen. Er kann die Erlaubnis zum Schürfen von der Lösung eines Schürfscheines abhängig machen. Endlich ist zum Regal der Landesfisci die Aufsuchung und Gewinnung der Bergbaumaterialien im Meeresboden besonders gemacht worden.[815])

Wie stellen sich nun diese Ordnungen zu den Rechten der Eingeborenen? Deutsches[816]) und englisches Recht z. B. in Natal schließen das Eingeborenenland von der Schürffreiheit und dem Bergbaurechte aus, es bedarf einer besonderen Genehmigung, welche die örtliche Verwaltungsbehörde erteilt. Ob diese Verfügung in allen Fällen von den unteren Organen allein getroffen werden darf, ist zweifelhaft. In den ausgesprochen protektoratischen Gebieten können politische Bedenken dem entgegenstehen. In einem Teil der englischen Goldküstenkolonie, dem unter Residenturverfassung stehenden Aschantilande, werden Bergbauberechtigungen nur mit Erlaubnis der eingeborenen Machthaber, welche

[811]) V. v. 27. Dez. 1909 XIII, 659.
[812]) § 1 der V.
[813]) § 10 der V.
[814]) § 2 der V.
[815]) Kais. V. v. 13. Okt. 1910 XXI, 879.
[816]) §§ 19 u. 83 der V.

sich dabei von den europäischen Beamten beraten lassen, erworben. Ein entsprechendes Verfahren, welches sich praktisch auch beim geltenden deutschen Rechte schon durchführen läßt, dürfte auch in den Schutzgebieten unter ähnlichen Verhältnissen am Platze sein.

3. Die Erlangung der Bergbauberechtigung geschieht auf zwei Weisen. Entweder auf dem Wege der Konzession, zu der man auch die Fälle des englischen Rechtes rechnen kann, in denen es einer mehr im Belieben der Behörde stehenden Schürferlaubnis bedarf, oder das Bergrecht verpachtet wird; oder — wenn Bergbaufreiheit gegeben ist — auf dem Wege der Entdeckung der Bodenschätze.

Die Erlangung der Bergbauberechtigung auf dem Wege der Entdeckung beginnt mit dem Aufsuchen, dem Schürfen.[817]) Es kann von jedermann, überall, auf eigenem wie auf fremdem Boden vorgenommen werden, jedoch mit Ausnahmen. Untersagt ist den im Schutzgebiete dienstlich tätigen Beamten und Militärpersonen, ohne Erlaubnis des Reichskanzlers die Gegenstände des Bergbaus aufzusuchen und zu gewinnen. Die unerlaubt gewonnenen Mineralien werden Eigentum des Landesfiskus. Auf öffentlichen Wegen, öffentlichen Plätzen und Eisenbahnen, sowie auf Begräbnisstätten darf nicht geschürft werden; auf anderen Grundstücken nicht, wenn die Bergbehörde es aus Gründen des öffentlichen Wohles untersagt. Unter Gebäuden und in einer Entfernung bis zu fünfzig Metern von ihnen, sowie in Gärten und eingefriedigten Hofräumen darf nur mit Zustimmung des Nutzungsberechtigten oder des Eigentümers geschürft werden. In Kapland und Natal werden die auf der Erdoberfläche vorhandenen Kulturwerke noch stärker gegen den Schürfer geschützt. Das Schürfen ist hier auf privatem Grundbesitze nur mit Zustimmung des Grundeigentümers zulässig; nur wenn ein Gebiet zum Bergbaubezirke erklärt ist, kann in Natal ohne diese Zustimmung, aber nur unter den von Fall zu Fall von der Behörde festzusetzenden Bedingungen, geschürft werden.

Der Schürfer kann die Benutzung des zu seinen Zwecken erforderlichen fremden Grund und Bodens, sowie von Weide, Wasser und Holz verlangen, soweit die Überlassung ohne wesentliche Schädigung der Wirtschaft stattfinden kann. Im Kaplande hat er auf dem Kronlande die Weide-, Wald- und Wassernutzung. Soweit das Schürfen auf fremdem Lande stattfindet, hat der Schürfende den Nutzungsberechtigten zu entschädigen, bei mehr als drei Jahre währender Benutzung hat er das Grundstück ganz oder zum Teil nebst Zubehör zu erwerben.

Die Entdeckung von Bergbaumineralien hat im britischen Südafrika manche besondere, dem deutschen Rechte nicht bekannte Folgen, wenn sie in einem Gebiete stattfindet, in welchem bis dahin noch nicht Bergbau getrieben war. In der Kapkolonie hat der Entdecker sofort die Behörde von seinem Funde zu benachrichtigen. Ergibt die amtliche

---

[817]) §§ 10—50 der beiden V.; bei der vorliegenden „Einführung“ kann natürlich nur das Wesentlichste wiedergegeben werden.

Untersuchung die Abbauwürdigkeit, so wird das umliegende Gebiet zum Bergbaubezirke erklärt. Dies ist dann die rechtliche Voraussetzung dafür, daß ein Bergwerkseigentum erworben werden kann. Der Entdecker darf dann eine größere Anzahl von Feldern (claims) für sich in Anspruch nehmen, bei größerer Bedeutung der Lager erhält er auch eine erhebliche Belohnung in Geld.

Auf Grund seiner Entdeckung belegt der Schürfer das Schürffeld und zwar unterscheidet man nach deutschem wie englischem Recht Edelmineral- und gemeine Schürffelder. Die Schürffelder haben in wagerechter Erstreckung grundsätzlich die Form eines Rechteckes. Die Seitenlinien des Edelmineralschürffeldes betragen höchstens vierhundert zu zweihundert, des gemeinen höchstens zwölfhundert zu sechshundert Meter. Die Belegung erfolgt dadurch, daß möglichst in der Mitte des Feldes ein Merkmal aufgerichtet wird. Es sind darauf Angaben über den Namen des Schürfers, die Art des Feldes und die Zeit der Errichtung anzubringen. Zu beiden Seiten des Merkmals sind geradlinige, mindestens zwei Meter lange Gräben zu ziehen, die die Richtung der Längsseiten des Feldes angeben. Binnen zwei Wochen müssen auch die Endpunkte des letzteren deutlich bezeichnet sein. Von der Belegung ist sofort eine Anzeige an die Bergbehörde zu machen, bei der sie in das Schürfregister eingetragen wird. Es sind monatliche Gebühren zu zahlen. Das Schürfrecht kann durch bloße Einigung zwischen Veräußerer und Erwerber übertragen werden, jedoch muß sie schriftlich oder zu Protokoll einer öffentlichen Behörde des Schutzgebietes abgegeben sein. Das Recht am Schürffelde kann durch Verzicht aufgegeben werden, der mit der schriftlichen oder protokollarischen Anzeige an die Bergbehörde wirksam wird.

Der Schürfer kann mehrere Felder belegen, doch kann durch Verordnung des Reichskanzlers [818]) die Zahl begrenzt werden. In ähnlicher Weise gibt es Beschränkungen der Zahl auch in Natal. Die Einschränkung der Zahl hat den Zweck, den bergbaulichen Kleinbetrieb zu ermöglichen und damit auch die Ansiedlung von Kolonisten zu fördern. Solange es aber nicht untersagt ist, Felder von den ursprünglichen Erwerbern zu erstehen, ist das Entstehen von größeren Betrieben nicht ausgeschlossen, wenn auch erschwert.

Der Schürfer hat das Recht der Mutung, er hat den Anspruch, daß das Schürffeld in ein Bergbaufeld umgewandelt wird. Ist das Schürffeld zwei Jahre lang geschlossen gewesen, so kann die Bergbehörde es auch gegen den Willen des Schürfers umwandeln, sie kann aber auch die Schließung aufheben. Der Umwandelung in ein Bergbaufeld geht ein Verfahren voraus, in dem über Widersprüche entschieden wird. Nach Beendigung dieses Verfahrens wird durch Ausstellung der Umwandelungsurkunde das Bergwerkseigentum begründet. Das englische Recht hat diese Sicherheit nicht. Die im Kapland erfolgende Ein-

[818]) §§ 95 bezw. 96 der V.

tragung in das Register der Bergbehörde begründet gegenüber der Behörde Bergwerkseigentum, besagt aber sonst über die Privatrechte noch nichts. Eine frühere Besitzergreifung und Eintragung kann ihr entgegengehalten werden. Eine amtliche, auch für das Privatrecht entscheidende Urkunde in der Art der deutschen Umwandelungsurkunde wird nur auf besonderen Antrag geschaffen.

Neben der Möglichkeit, ein Bergbaurecht auf dem Wege der Entdeckung und der Besitznahme zu erhalten, ist der Weg der Konzession gegeben, d. h. es wird ohne Rücksicht auf eine etwaige vorangehende Besitznahme einer Person die ausschließliche Berechtigung zum Bergbau in bestimmten Bezirken erteilt. Allgemeine Rechtsregeln für diese Konzessionen sind nicht aufzustellen, sondern besondere Bestimmungen und Abmachungen werden getroffen. Auf diese Konzessionen wird das Anwendung zu finden haben, was früher über die Landkonzessionen gesagt wurde.[819]) Für die deutschen Schutzgebiete ist eine große Anzahl von Konzessionen erteilt worden, jetzt auf Grund der Bergverordnungen, welche die früher erteilten ausdrücklich in Kraft lassen.[820]) Die Konzessionen sind zu Gunsten von Gesellschaften gegeben, so besonders in Ost- und Südwestafrika und Neuguinea, mehrfach werden aber auch dem Landesfiskus Sonderberechtigungen erteilt.[821]) Das Konzessionssystem hat auch im britischen Afrika große Bedeutung, in Nigerien, Südafrika, Ostafrika. Auf ihm beruht die Gesetzgebung der Goldküste. Das Bergbaurecht wird hier auch für kleine Bezirke auf dem Wege der Konzession erworben. Wie beim Landwesen hat es den Vorteil, daß große Betriebe ermöglicht und daß das Interesse für die Kolonie erweckt werden kann. Aber es hat auch große Nachteile, die besonders in der tatsächlichen Beseitigung der Bergbaufreiheit und in der Begründung der wirtschaftlichen Übermacht von Gesellschaften liegen.

4. *Der Bergbau*[822]) ist nur in einem Bergbaufelde gestattet. Dieses soll die Form eines Rechtecks haben, dessen Langseiten höchstens fünfmal so lang sind, als die Schmalseiten. Nach der Teufe wird das Feld von senkrechten Ebenen begrenzt, welche den Seiten des Rechtecks folgen. Der Bergwerkseigentümer hat das Recht, sämtliche zum Betriebe erforderlichen Vorrichtungen unter und über Tage zu errichten, wenn nötig unter Entschädigung der dadurch Benachteiligten. In einem Edelmineralbergbaufelde darf ausschließlich er alle Bergbaumineralien gewinnen, in einem gemeinen blos die gemeinen Mineralien, Edelmineralien nur, soweit sie mitgewonnen werden müssen, gegebenenfalls wird das Feld in ein Edelmineralbergbaufeld umgewandelt. In der Regel binnen zwei Jahren nach der Begründung des Bergwerkseigentums hat der Eigentümer einen ordnungsmäßigen Betrieb einzuführen, widrigenfalls ihm das Eigentum entzogen werden kann.

819) Vgl. oben S. 196.
820) §§ 93 u. 94 und 92 und 93 der V.
821) Vgl. die Übersicht über die Sonderberechtigungen bei Schulte S. 7 ff.
822) §§ 51—88 bezw. 89 der V.

Über die Förderung und ihren Wert, die Belegschaft und die gezahlten Löhne hat er Buch zu führen und der Bergbehörde jederzeit Einsicht zu gewähren. Er hat ferner eine Feldessteuer, deren Höhe sich nach der Natur des Feldes richtet, und als Förderungsabgabe einen bestimmten Teil des Wertes der geförderten, unverarbeiteten Mineralien halbjährlich zu entrichten. Bei Zahlungsverzug von mehr als zwei Monaten tritt eine Zuschlagsabgabe von einem Viertel ein. Es erfolgt sodann Mahnung. Wird binnen zwei Monaten nach der Aufforderung nicht gezahlt, so wird der Betrag beigetrieben. Bei ergebnisloser Beitreibung kann die Aufhebung des Bergwerkseigentums verfügt werden. — Auf das Bergwerkseigentum kann der Bergbehörde gegenüber wirksam schriftlich oder zu Protokoll verzichtet werden. — Das englische Recht kennt als Verlustgründe für das Bergwerkseigentum ebenfalls die freiwillige Aufgabe und die strafweise Entziehung wegen Verletzung der bergrechtlichen Vorschriften oder Nichtzahlung der Abgaben. Dazu kommt als dritter Grund die Entsetzung durch einen Dritten (jumping the claim), die in verschiedenen Fällen eintreten kann, so wenn die Vorschriften über die Absteckung des Claims nicht genügend beachtet sind oder wenn die Ausbeutung aufgegeben ist. Der Entsetzende hat die Fehler des bisher Berechtigten nachzuweisen.

Die Rechte und Pflichten des Bergwerkseigentümers gegenüber dem Grundeigentümer oder Nutzungsberechtigten sind ähnlich geordnet, wie die entsprechenden Rechte des Schürfers. Ob, in welchem Umfang und unter welchen Bedingungen der Bergbau auf Eingeborenenland statthaft ist, darüber entscheidet, wie schon erwähnt, die örtliche Verwaltungsbehörde, jedoch unbeschadet aller Schadensersatzansprüche.

5. *Rechtsmittel und Verfahren.*[823]) Gegen die bergrechtlichen Entscheidungen der Verwaltungsbehörden findet die Beschwerde statt, so weit sie nicht für ausgeschlossen erklärt ist. Auf das Beschwerdeverfahren finden, soweit nicht anderes vorgeschrieben ist, die allgemeinen Normen über die Beschwerde gegen Polizeiverfügungen Anwendung.[824]) Sofern sich die Entscheidungen auf Ansprüche privatrechtlicher Natur beziehen, ist neben der Beschwerde der Rechtsweg insoweit zulässig, als er nicht ausdrücklich ausgeschlossen ist. Zum Verfahren ist ausschließlich das Bezirksgericht zuständig, in dessen Bezirk das Feld liegt; bei anderen hiernach zuständigen Gerichten wird für den einzelnen Fall die ausschließliche Zuständigkeit durch die Entscheidung des Oberrichters bestimmt. Durch ein vollstreckbares Gerichtserkenntnis wird die Verwaltungsvollstreckung ausgeschlossen. Aus Entscheidungen der Verwaltungsbehörden, gegen die der Rechtsweg zulässig ist, findet die Verwaltungsvollstreckung nur auf Antrag und nur gegen Sicherheit für den Ersatz des dem anderen erwachsenden Schadens statt.

---

[823]) §§ 4—9 der V.
[824]) Vgl. oben S. 95.

6. Bergpolizei.[825]) Die Bergpolizei wird von der Bergbehörde oder den vom Gouverneur beauftragten anderen Behörden geführt. In Kamerun, Ostafrika und Neuguinea sind die örtlichen Verwaltungsbehörden mit der Handhabung der Bergpolizei beauftragt worden, in den beiden erstgenannten, soweit nicht durch Bekanntmachung für den betreffenden Bezirk die Wahrnehmung der Bergpolizei dem Vorsteher der Bergbehörde oder einem besonderen Bergpolizeibeamten übertragen worden ist. In Togo und in Südwestafrika besteht eine besondere Bergbehörde am Sitze des Gouvernements sowie in Südwestafrika eine detachierte Bergbehörde in Lüderitzbucht mit eingeschränkten Befugnissen. — Die Aufsicht der Bergpolizei erstreckt sich besonders auf die Sicherheit des Bergbaus, des Lebens und der Gesundheit der Beamten und Arbeiter, ferner aber auch auf die Aufrechterhaltung der guten Sitten und des Anstandes im Betriebe, den Schutz der Oberfläche im Interesse der gewöhnlichen Sicherheit und des Verkehrs und endlich auf den Schutz gegen gemeinschädliche Einwirkungen des Schürfens und des Bergbaus. — Im britischen Südafrika werden besondere örtliche Bergbehörden geschaffen, wenn ein Gebiet zum Bergbaubezirk (Mining Distrikt) erklärt worden ist.[826]) Es wird dann für den Bezirk ein Bergbeamter (Mining Officer oder Commissioner) bestellt. Die Tätigkeit der Bergpolizei ist hier wie in den deutschen Schutzgebieten; zu erwähnen sind die eingehenden Vorschriften, die z. B. in Rhodesien zugunsten von Sicherheit und Gesundheit von Arbeitern bestehen.

II. Besonderheiten in Südwestafrika.

1. Rechte des Grundeigentümers.[827]) Das früher in Südwestafrika in Geltung gewesene Recht hatte sich besonders stark an das englische Recht in Südafrika angelehnt.[828]) Es hatte hier die Belohnung des ersten Finders bestanden, es bedurfte der Schürferlaubnis, die Erklärung zum Schürf- und Grubengebiet war Voraussetzung zur bergbaulichen Arbeit, der Grundeigentümer hatte einen Anspruch auf eine bestimmte Zahl von Feldern. Diese besonders weitgehende Übereinstimmung mit dem englischen Rechte wurde 1905 beseitigt, nur in einem Punkte ist sie — im Gegensatz zu den anderen Schutzgebieten — bestehen geblieben. Im britischen Gebiete wird der Grundeigentümer an der Förderungsabgabe beteiligt. Ebenso hat der Landesfiskus in Südwestafrika den Eigentümer vermessener und in landwirtschaftliche Benutzung genommener Grundstücke auf Antrag ein Viertel der Förderungsabgabe zu entrichten, wenn das Förderungsgebiet in seinem ganzen Umfang in das Grundstück hineinfällt, tut es das nicht ganz, so fällt dem Grundeigentümer nur ein entsprechender Bruchteil zu.

---

[825]) §§ 86—88 bezw. 87—89 der V., sowie die oben S. 208 angegebenen Ausführungsverordnungen.
[826]) Vgl. oben S. 211.
[827]) V. v. 8. August 1905 § 86.
[828]) Schulte S. 28 ff.

2. *Der Diamantbergbau.*[829]) Die Diamantfunde in Südwestafrika seit dem Jahre 1908 stellten den Kolonialgesetzgeber vor eine Reihe schwieriger Aufgaben.[830]) Der Diamantbergbau mußte auf gesunde Grundlage, insbesondere durch Vereinigung der Interessenten zu gemeinsamer Arbeit und auch durch Verhinderung der Preisdrückerei, gestellt werden. Schmuggel und Diebstahl waren zu verhindern. Der Staat war an dem Gewinn zu beteiligen.

Die Diamantengewinnung wurde nun folgendermaßen organisiert. Es bildete sich eine Kolonialgesellschaft mit dem Namen Diamantenregie. Dieser Regie hat jeder Diamantenförderer einmal wöchentlich die geförderten Diamanten abzuliefern, widrigenfalls verfällt er einer Gefängnisstrafe bis zu einem Jahre, daneben kann auf Geldstrafe bis zu 100 000 Mark erkannt werden. Bei mildernden Umständen wird sie allein verhängt. Die Diamanten werden gewogen und es wird eine Bescheinigung erteilt. Die Steine werden nach Berlin versandt und dort sortiert. Der Förderer erhält dann eine Bescheinigung über Gewicht und Güte seiner Sendung. Sie bildet hierüber den ausschließlichen Nachweis und ist die Grundlage seiner Ansprüche auf den Erlös. Nach der Sortierung werden die Steine mit gleichwertigen anderer Förderer vermischt, sodaß ein sogenanntes Sammeldepot der jeweils beteiligten Förderer nach Verhältnis ihrer Beteiligung an jeder einzelnen Sorte entsteht. Die Regie hat die Diamanten dann in der für den Förderer günstigsten Weise, wenn sie will nach einer Veredelung, zu verwerten. Der Reichskanzler kann im Interesse der Erhaltung eines gesunden Diamantenhandels ein Höchstmaß der zur Verwertung kommenden Diamanten für jeden Förderer festsetzen. Dies betrifft aber eben nur die Verwertung, die Förderung selbst wird nicht beschränkt, auch die Ablieferungspflicht nicht aufgehoben. — Von dem Erlöse werden abgezogen die Verwertungsgebühr für die Regie, die an den Landesfiskus und an die Diamantengesellschaft sowie die Deutsche Kolonialgesellschaft für Südwestafrika aus verschiedenen Rechtstiteln zu zahlenden Abgaben, der Ausfuhrzoll und gegebenen Falles die Veredelungskosten. Die Zahlung des Gewinnes erfolgt spätestens nach Abschluß der Jahresrechnung, jedoch hat der Förderer schon vorher Anspruch auf Vorschüsse. Bei der Einlieferung kann er einen zinsfreien Vorschuß von 30 Mark für das Gramm verlangen. Nach Eintreffen der Sendung in Berlin werden auch darüber hinaus Vorschüsse gegen 6 v. H. Zinsen gewährt. — Die Interessen der Förderer werden durch einen Ausschuß vertreten.

Zur Sicherung gegen Diebstahl ist bestimmt, daß der Besitz, die Weitergabe, die Annahme, der Handel oder jegliches Inverkehrbringen von rohen oder ungeschliffenen Diamanten ohne amtliche Erlaubnis verboten ist. Angestellte und Arbeiter im Diamantbergbau bedürfen inner-

---

[829]) Kais. V. v. 16. Jan. 1909 XIII, 14; Ausf. v. d. Rk. v. 25. Febr. 1910 XXI, 162; V. des Rk. v. 26. Febr. 1909 XIII, 110 und V. v. 25. Mai 1909; V. des Gouv. v. 21. Okt. 1908 XII, 446 und v. 14. März 1911 XXII, 374.

[830]) Deutsche Kolzeitg. 1909 S. 99 f.

halb des Gruben- oder Schürffeldes keiner Erlaubnis zum Besitz. Im Bezirke Lüderitzbucht ist das Betreten des Diamantgebietes nur unter besonderen Bedingungen gestattet, Eingeborene müssen sich körperliche Durchsuchung gefallen lassen u. s. w.

Der Fiskus zieht — abgesehen von der Verwertung der von ihm erworbenen privaten Diamantbergbaurechte — erheblichen Gewinn daraus, daß für Edelsteine die Förderungsabgabe von 2 auf 10 v. H. des Wertes erhöht ist, ferner durch den Ausfuhrzoll von 33⅓ v. H. des Wertes.

III. Das Bergrecht in Kiautschou.[831])

In Kiautschou herrscht reines Bergregal für alle Bergbaumineralien des preußischen Allgemeinen Berggesetzes. Aufsuchung und Gewinnung steht nur dem Fiskus zu. — Der Fiskus hat auch das ausschließliche Recht, Salz aus Seewasser zu gewinnen. Nach Bedarf wird Privatpersonen gegen Gebühr die Erlaubnis zur Salzgewinnung erteilt. Die Ausfuhr und Verwendung des Salzes zu gewerblichen Zwecken ist mit einer Abgabe belastet.

§ 26.

Das Strafrecht.

Wie das bürgerliche so ist auch das Strafrecht der deutschen Schutzgebiete ein zweifaches, es gibt ein Strafrecht der Weißen und ein Strafrecht der Farbigen.

I. Das Strafrecht der Weißen.

Für das Gebiet des bürgerlichen Rechtes ist, wie gezeigt, sowohl das Reichsrecht wie auch, soweit dieses das bürgerliche Recht nicht regelt, das Landesrecht, und zwar das preußische, eingeführt. Bei der Einführung des Strafrechtes hat man sich auf das Reichsrecht beschränkt.[832]) Nun gibt es ja im Mutterlande auch Landesstrafrecht. An seine Stelle tritt für die Schutzgebiete eigenes Kolonialstrafrecht. Der Kaiser und die Behörden sind befugt, das Gebiet des Landesstrafrechts auf dem Verordnungswege zu regeln.[833])

1. *Das eingeführte Reichsrecht.* In den Schutzgebieten gelten „die dem Strafrecht angehörenden Vorschriften der Reichsgesetze."[834]) Es erscheint damit das gesamte Reichsstrafrecht als eingeführt in den Schutzgebieten. Es ist dabei hervorzuheben, daß nicht ganze Strafgesetze eingeführt sind, ebensowenig wie ganze bürgerliche Gesetze, sondern die vom mutterländischen Gesetzgeber geschaffenen Strafrechtssätze, wo immer sie sich finden. Auch hier wird, wie bei dem bürgerlichen Rechte, von Fall

---

[831]) V. des Rk. v. 16. Mai 1903 VII, 306; V. v. 12. März 1910 Amtsbl. XI, 59.
Literatur zu § 26: Doerr, Deutsches Kolonialstrafrecht (Zeitschr. f. Kolpol. X, 321—338); Kraus, Reichsstrafrecht und Deutsche Schutzgebiete 1911; v. Hoffmann, Kolonialgewerberecht S. 8 ff.

[832]) Sch.-G.-G. § 3 u. K.-G.-G. § 19 Z. 2.

[833]) Sch.-G.-G. §§ 6 Ziffer 1 und 15.

[834]) Sch.-G.G. § 3 u. K.-G.-G. § 19 Ziffer 1.

zu Fall zu untersuchen sein, ob der einzelne Satz dem fraglichen Rechtsgebiete angehört oder nicht, eine Prüfung, welche mit größerer Sicherheit der Entscheidung vorgenommen werden kann, als beim bürgerlichen Rechte. Aber von einer anderen Seite her bietet die Frage der Geltung des Reichsstrafrechtes eine ganz erhebliche Schwierigkeit.

Der Strafrechtssatz hat die Aufgabe, Lebensgüter zu schützen und zu verteidigen gegen Handlungen und Unterlassungen. Die Güter, welche das Strafgesetz schützt, sind teils vorhanden, ohne daß der Staat eingreift, so Leben, Freiheit, die staatliche Macht. Zum Teil aber bestehen die geschützten Zustände und Verhältnisse erst dann, wenn der Staat sie geschaffen hat, so das gerichtliche Verfahren, die Gewerbepolizei u. a. m.

Der Strafrechtssatz bildet mit dem geschützten Gute eine Einheit. Nur im Zusammenhange mit diesem Gute hat er Bestand, würde z. B. in Deutschland die monarchische Staatsform beseitigt, so wären alle strafrechtlichen Bestimmungen, welche diese Form zu schützen bestimmt sind, inhaltlos geworden. Wenn nun die strafrechtlichen Bestimmungen der Reichsgesetze in den Schutzgebieten eingeführt sind, so können sie doch nur Wirkung haben, insoweit als dort die Güter vorhanden sind, welche sie zu schützen berufen sind. Dies geht schon aus der allgemeinen gesetzlichen Einschränkung hervor, daß die eingeführten Vorschriften keine Anwendung finden, soweit sie Einrichtungen und Verhältnisse voraussetzen, an denen es für das Schutzgebiet fehlt. Wie weit aber sind die zu schützenden Güter in den Schutzgebieten vorhanden? Für die Güter, welche nicht erst durch den Staat besonders geschaffen sind, ist zu sagen, daß der Europäer in den Kolonien seine europäische Anschauung von dem, was ein Lebensgut ist, nicht aufgibt, sondern daß, was in der Heimat ein solches Gut ist, auch in der Kolonie diesen Charakter behält und, wenn es, wie z. B. das keimende Leben, in der Heimat strafrechtlichen Schutz hat, diesen gleichen Schutz durch das eingeführte Reichsstrafrecht auch im Schutzgebiete findet. Diese Güter sind geschützt, gleichviel wer sie im einzelnen Falle besitzt, ob ein Weißer oder ein Farbiger.

Soweit nun aber die strafrechtlichen Bestimmungen sich auf die vom Staate geschaffene Ordnung der Lebensverhältnisse, wie bürgerliches Recht, Verwaltungsrecht u. s. w. beziehen, können die Strafrechtsnormen nur dann Kraft erlangen, wenn diese Ordnungen auch in den Schutzgebieten eingeführt worden sind. Da besteht nun die Frage: auf welchem Wege muß die Einführung der Ordnungen geschehen? Es liegt da am nächsten die Antwort: auf dem für die einzelne Ordnung rechtlich notwendigen Wege, d. h. z. B. Vorschriften des bürgerlichen Rechtes sind auf dem Wege der förmlichen Gesetzgebung, Verwaltungsrechtsnormen auf dem Wege der Verordnung einzuführen.[835]) Aber man wird da doch tiefer greifen müssen. Es sind zwei Grundsätze für die Gestaltung der kolonialen Rechtsordnung vorhanden. Einerseits ist die Kolonie mit Ausnahme der Weißenrechtspflege gegenüber dem Mutterlande gesondertes

[835]) Diesen Standpunkt nahm ich Kolonialgewerberecht S. 13 ein.

Rechtsgebiet, es bildet mit ihm keine Rechtseinheit. Andererseits bildet die Kolonie mit dem Mutterlande grundsätzlich ein einheitliches, geschlossenes Rechtsgebiet für die Weißenrechtspflege, sie bilden zusammen ein Gebiet gemeinen Rechtes,[836]) welches Kraft einer einheitlich wirksamen Rechtsquelle, des förmlichen Gesetzes, gilt. Auch für sonstige Rechtsgebiete ist eine Übereinstimmung zwischen Mutterland und Kolonie möglich, so z. B. wenn eine Verordnung des Gouverneurs von Ostafrika die Bestimmungen des Reichspreßgesetzes einführte.[837]) Aber hier sind die Rechtsquellen verschieden. Im Reiche gilt das Preßrecht nach Gesetz, in Ostafrika nach Verordnung. Es ist nur gemeinsames Recht.

Die Tendenz der deutschen Kolonialgesetzgebung geht, um es zusammenzufassen, auf Schaffung eines Schutzgebiete und Mutterland umfassenden gemeinrechtlichen Gebiets der Weißenrechtspflege. Dies ist nur möglich, indem man sich des förmlichen Gesetzes bedient. Bei der untrennbaren Einheit, welche beim Strafrecht zwischen dem geschützten Gute und dem schützenden Strafrechtssatze bestehen, kann es nicht so sein, daß der Strafrechtssatz auf dem Wege des förmlichen Gesetzes, die zu schützende staatliche Ordnung auf dem Wege der Verordnung — soweit nicht eine besondere Ermächtigung dazu vorliegt, wie hinsichtlich der Urheberrechtsgesetze — geschaffen wird. Es ist zu behaupten: soweit das Reichsstrafrecht besondere, vom Staate geschaffene Ordnungen zu schützen berufen ist, tritt es in den Schutzgebieten nur in Kraft, wenn diese Ordnungen auf dem Wege des förmlichen Gesetzes oder auf Grund einer besonderen gesetzlichen Ermächtigung auf dem Verordnungswege in den Schutzgebieten eingeführt sind. In dieser Weise eingeführt sind die Vorschriften des bürgerlichen Rechtes und des Verfahrens, sowie die Urheberrechtsgesetze, welche also den Schutz des Reichsstrafrechts genießen. Nicht dagegen sind in dieser Weise die Sätze des mutterländischen Staats- und Verwaltungsrechtes eingeführt, sie genießen daher nicht den Schutz des Reichsstrafrechtes, auch wenn sie auf dem Wege der Verordnung, zu der die Verwaltungsbehörden auf Grund ihres allgemeinen Rechtstitels aus § 15 Sch.-G.-G. berechtigt sind, eingeführt würden. Würde man ihnen diesen Schutz zubilligen, dann würde eine weitgehende Zerreißung der grundsätzlichen Einheit des kolonialen Verwaltungsrechtes eintreten. Eine Ordnung, welche etwa ein Gouverneur für das Verwaltungsrecht träfe, würde ganz verschiedene strafrechtliche Folgen haben können. Würde z. B. das Preßgesetz eingeführt, so könnte der Weiße auf Grund § 18 mit sechs Monaten Gefängnis bestraft werden, für den Farbigen gilt diese Strafandrohung aber nicht, eine solche müßte vom Gouverneur erlassen werden, der aber höchstens eine Freiheitsstrafe von drei Monaten androhen darf. So würden die für die gesamte Bevölkerung gleichen Verwaltungsrechtssätze einen, je nach der Hautfarbe des Schuldigen verschiedenen und in der Verschiedenheit ungerechtfertigten Rechtsschutz erhalten.[838])

---

[836]) Vgl. oben S. 170; für das Strafrecht Kraus S. 48.

[837]) V. v. 25. März 1899 VIII, 210.

[838]) Vgl. noch Kolonialgewerberecht S. 13 f.

Für die deutschen Schutzgebiete hat nach allem das deutsche Verwaltungsstrafrecht keine Kraft erlangt. Dieses wird vielmehr auf dem Wege der Verordnung geschaffen.

2. Das besondere Kolonialstrafrecht. Das besondere, nicht gemeine Strafrecht der Weißen beruht auf Verordnungen. Zum Erlaß solcher Verordnungen ist der Kaiser befugt, der in Vorschriften über Materien, welche nicht Gegenstand des Strafgesetzbuchs für das Deutsche Reich sind, durch Verordnung, Gefängnis bis zu einem Jahre, Haft, Geldstrafe und Einziehung einzelner Gegenstände androhen kann.[839]) Diese Ermächtigung bezieht sich nur auf die Weißenrechtspflege, es ist aber nicht notwendig, daß, wenn eine Angelegenheit für Weiße und Farbige gleichmäßig geregelt werden soll, dies etwa in zwei getrennten Verordnungen geschieht, sondern ein und dieselbe Verordnung kann die Normen auf Grund der für Weiße und Farbige verschiedenen kaiserlichen Berechtigungen zur Strafgesetzgebung schaffen.[840]) Auf dem Verordnungswege werden ferner Verwaltungsstrafrechtssätze durch die Behörden, d. h. durch den Reichskanzler und die örtlichen Behörden, geschaffen;[841]) die Ermächtigung zum Erlaß dieser Verordnungen, soweit sie auf dem Schutzgebietsgesetze beruht, steht aber nicht in einer besonderen Beziehung zur Weißenrechtspflege, sondern die Strafandrohungen gelten, soweit nichts Besonderes bestimmt ist, allgemein.

II. Das Strafrecht der Farbigen.[842])

Die deutsche Schutzgewalt fand bei den Eingeborenen ein je nach ihrer Kultur verschiedenes Strafrecht vor. Es war das Problem gegeben, wie man sich zu diesem Rechte stellen soll. Naturgemäß ist ja zunächst überhaupt die Möglichkeit, einzugreifen, durch Art und Maß der im einzelnen Falle verschieden starken deutschen Herrschaft bedingt. Sodann fragt es sich, wie weit ein Eingreifen dann als notwendig und wünschenswert erscheint. Dies kann der Fall sein, soweit es sich um die Verwirklichung der Verwaltungszwecke handelt, deren Erfüllung, wie erwähnt, durch das für Weiße und Farbige vielfach gleichmäßig geltende Verwaltungsstrafrecht gesichert wird. Ferner kann das Einschreiten des europäischen Gesetzgebers geboten sein zur Sicherstellung der eigenen Macht sowie der weißen Bewohner der Kolonie. Im übrigen aber wird man nicht prinzipiell durch kodifiziertes, nach Möglichkeit europäischen Anschauungen angepaßtes Eingeborenenstrafrecht das vorgefundene er-

---

[839]) Sch.-G.-G. § 6 Ziffer 1.
[840]) Vgl. die Kais. V. v. 15. Febr. 1909 XIII, 64 f.
[841]) Sch.-G.-G. § 15; vgl. oben S. 93.
[842]) Bauer, Die Strafrechtspflege über die Eingeborenen u. s. w. (Archiv f. öfftl. Recht XIX, 32 ff); Doerr, Deutsches Kolonialstrafrecht (Zeitschr. f. Kolpol. X, 321 ff., XII, ff.); Friedrich, Strafrechtsgewohnheiten der Eingeborenen in deutschen Schutzgebieten.

setzen, sondern nur gelegentlich, um schweren Mißständen zu begegnen, eigene Rechtsregeln geben dürfen.[843])

Diesen Grundsätzen entsprechend beschränkt sich bisher der deutsche Kolonialgesetzgeber auf gelegentliches Einschreiten. Von der Befugnis zum Erlasse von Verwaltungsstrafverordnungen war schon früher die Rede.[844]) Das Recht zur Schaffung des Kriminalstrafrechts steht dem Kaiser zu. Auf Grund verschiedener Einzelermächtigungen haben auch andere Organe solches Strafrecht geschaffen. Jetzt ist einheitlich der Reichskanzler, mit seiner Ermächtigung oder Zustimmung der Gouverneur zur Schaffung des Eingeborenenrechts zuständig gemacht,[845]) für Kiautschou ist der Gouverneur ermächtigt.[846]) Soweit besondere Vorschriften fehlen, werden gewohnheitsmäßig die europäischen Anschauungen unter Anpassung an die der Eingeborenen der Strafrechtspflege zugrunde gelegt.[847])

1. Strafbare Handlungen. Die eingehendsten Bestimmungen über das, was als strafbare Handlung anzusehen ist, finden sich in Kiautschou;[848]) es sind alle Handlungen, die der Gouverneur mit Strafe bedroht hat, ferner die, welche nach den Reichsgesetzen ein Verbrechen oder Vergehen gegen das Reich, gegen Gesundheit, Leben, Freiheit und Eigentum, oder eine Übertretung der öffentlichen Ordnung bedeuten, endlich die nach den Gesetzen Chinas strafbaren. Im alten Neuguinea und auf den Marschallinseln[849]) sind strafbar alle (im Sinne des Strafgesetzbuches) „rechtswidrigen" Handlungen. In Kamerun sind lediglich auf dem Wege der Dienstvorschrift die nach dem Strafrechte des Reiches, den kolonialrechtlichen kaiserlichen und den verwaltungsstrafrechtlichen Verordnungen strafbaren Handlungen sowie die vorsätzlich falsche uneidliche gerichtliche Aussage zu strafbaren Handlungen erklärt worden.[850]) In Togo nennt ein Runderlaß als strafbar unter anderem: Abtreibung, Blutrache, Gottesurteil durch Giftprobe.[851]) In Ostafrika ist der Sklavenhandel und -raub mit Strafe bedroht.[852]) — In Neuguinea und auf den Marschallinseln sollen die Grundsätze des Reichsrechts über Versuch, Teilnahme, Strafausschließungs- und Milderungsgründe anwendbar sein. — In Kiautschou bestehen Vorschriften über die Strafmündigkeit, sie beginnt mit dem

---

[843]) Ich stimme in jeder Beziehung den trefflichen Ausführungen von Friedrich zu.

[844]) Vgl. oben S. 219.

[845]) V. v. 3. Juni 1908 XII, 201.

[846]) V. v. 27. April 1898 IV, 167.

[847]) Vgl. Runderl. d. Gouv. v. Togo v. 11. Febr. 1907 XI, 93.

[848]) V. v. 15. April 1899 IV, 191.

[849]) V. v. 21. Okt. 1888 I, 555; v. 7. April 1899 IV, 56; v. 28. Okt. 1908 XII, 468; für die Marschallinseln V. v. 10. März 1890 I, 627; V. v. 10. März 1890 I, 627; V. v. 28. Okt. 1908 XII, 468.

[850]) VI, 467.

[851]) XI, 93.

[852]) VI, 558.

vollendeten 12. Lebensjahre. Für die Handlungen jugendlicher Personen kann deren Vater, älterer Bruder, Vormund oder diejenige Person zu einer Strafe verurteilt werden, deren Obhut der jugendliche Verbrecher anvertraut ist.

2. Strafen.[853]) Das Strafensystem der deutschen Schutzgebiete umfaßt die Geldstrafe, die Freiheitsstrafe in einzelnen Schutzgebieten in verschiedenen Formen (zeitige und lebenslängliche Freiheitsstrafe, Gefängnis mit Zwangsarbeit, Kettenhaft, Zwangsarbeit ohne Verwahrung im Gefängnis), weiter die Todesstrafe, endlich auch die körperliche Züchtigung in der schwereren Form der Prügel- und der leichteren der Rutenstrafe;[854]) in den Südseeschutzgebieten kommt sie aber nicht als straf-sondern, nur als disziplinarrechtliche Maßregel gegenüber farbigen, insbesondere chinesischen Arbeiter vor.[855]) Die Verhängung der körperlichen Züchtigung ist in mehrfacher Hinsicht beschränkt. In den afrikanischen Besitzungen beträgt die Höchstgrenze der Prügelstrafe 50, der Rutenstrafe 40 Schläge, in Kiautschou dagegen ist das Höchstmaß der Prügel 100 Schläge. Körperliche Züchtigungen dürfen niemals gegen weibliche Personen verhängt werden, ebenso auch nicht gegen Araber und Inder, in Südwestafrika nicht gegen Eingeborene besseren Standes. Gegen Personen unter 16 Jahren darf in Afrika nur auf Rutenstrafe erkannt werden. — Als Nebenstrafe gibt es in Kiautschou die Ausweisung, bei der eine Strafe für den Fall der Rückkehr in das Schutzgebiet angedroht wird. Auf Neuguinea und den Marschallinseln kann, wo nach den Anschauungen und Gewohnheiten der Eingeborenen eine Entschädigung vom Täter zu zahlen ist, auf diese erkannt werden.

3. Das Verhältnis der Strafe zur Straftat. Die Anwendung der Strafe auf die einzelne strafbare Handlung ist nicht an die Grundsätze des Europäerstrafrechtes gebunden. Die Wahl unter den Strafen und die Wahl der Höhe liegt in der Regel im Ermessen des Richters, soweit seine Zuständigkeit reicht. Nur in einigen Fällen ist ihm durch festere Bestimmung des Strafmaßes eine Grenze gezogen, so wenn in Neuguinea die Fälle besonders aufgezählt werden, in denen auf Todesstrafe erkannt werden darf oder wenn dort ein Strafminimum für bestimmte schwere Verbrechen festgelegt wird. Es werden ferner Schranken durch die Verwaltungsstrafverordnungen gezogen, da in ihnen ja nur Strafen in bestimmter Höhe angedroht werden dürfen.[856]) Andererseits aber tritt wieder die Freiheit des richterlichen Ermessens ein, wenn in Afrika

---

[853]) Ostafrika, Kamerun, Togo: V. v. 22. April 1896 II, 215 und VI, 482, 534, 555; Südwestafrika: V. v. 8. Nov. 1896 II, 294 und VI, 495; Alt-Neuguinea und Marschallinseln: V. v. 21. Okt. 1888 I, 155 u. v. 10. März 1890; Kiautschou: V. v. 15. April 1899 IV, 191.

[854]) Hermann, Die Prügelstrafe nach deutschem Kolonialrecht (Zeitschr. f. Kolpol. X, 72); dazu Verf. v. 12. Juli 1907 XI, 320 u. 323.

[855]) Vgl. oben S. 143.

[856]) Vgl. oben S. 93.

eine Verordnung des Gouverneurs zwar die Handlung für strafbar erklärt, aber keine Strafandrohung ausgesprochen hat.[857]) — Die Strafe ist nur anwendbar, wenn eine Straftat vorliegt, außerordentliche, insbesondere Verdachtsstrafen sind deshalb unzulässig.[858])

§ 27.

Das Verfahren.

Die Scheidung zwischen Weiß und Farbig gilt auch für das Gebiet des Rechtspflegeverfahrens.[859])

I. Das Verfahren für Weiße.

Der leitende Satz ist, daß beim Verfahren für Weiße das mutterländische Recht anzuwenden ist, soweit es nicht Einrichtungen und Verhältnisse voraussetzt, an denen es für das Schutzgebiet fehlt. Es gelten demnach die Vorschriften der Reichsgesetze und der allgemeinen preußischen Gesetze [860]) über das Verfahren und die Kosten in bürgerlichen Rechtsstreitigkeiten, in Konkurssachen und in den Angelegenheiten der freiwilligen Gerichtsbarkeit, sowie in Strafsachen.[861]) Indessen von diesem allgemeinen Grundsatze werden verschiedene Ausnahmen gemacht. Sie sind teils in den auch in den Schutzgebieten eingeführten Vorschriften des Konsularrechtes enthalten, teils auch sind sie kraft gesetzlicher Ermächtigung vom Kaiser durch Verordnung [862]) geschaffen.

1. Besonderheiten des bürgerlichen, des Konkurs- und des freiwilligen Gerichtsbarkeitsverfahrens.[863]) Das gesamte bürgerliche Verfahren richtet sich nach den für die Amtsgerichte maßgebenden Vorschriften, jedoch findet in Rechnungssachen, Auseinandersetzungen und ähnlichen Prozessen das landgerichtliche vorbereitende Verfahren statt. Gegen die Urteile des Bezirksrichters sind Berufung und Beschwerde an das Obergericht gegeben, falls der Wert des Streitgegenstandes 300 Mark übersteigt. Der Richter kann aber seine durch sofortige Beschwerde angefochtene Entscheidung stets selbst abändern. Die Berufung wird durch Einreichung eines Schriftsatzes eingelegt. Die Berufungsschrift ist der Gegenpartei durch den Bezirksrichter von Amts wegen zuzustellen. Das Obergericht bestimmt den Termin zur mündlichen Verhandlung von Amts wegen und macht ihn den Parteien bekannt.[864]) Bis zur Schaffung eines Kolonialgerichtshofes ist das Rechtsmittel der Re-

---

[857]) V. v. 28. Juni, v. 8. Aug., v. 17. Dez., v. 24. Nov. 1902 VI, 482, 495, 534, 555.
[858]) V. v. 27. Febr. 1896 II, 213.
[859]) § 4 Sch.-G.-G.; Kais. V. v. 9. Nov. 1900 § 2.
[860]) Vgl. oben S. 179.
[861]) § 3 Sch.-G-G., §§ 19 u. 20 K.-G.-G.
[862]) § 6 Sch.-G.-G u. Kaiserl. V. v. 9. Nov. 1900.
[863]) Sassen, Zwangsvollstreckung und Rechtshilfe in den deutschen Kolonien (Zeitschr. f. Kolpol. XII, 685 ff.).
[864]) § 3 Sch.-G.-G., §§ 41—45 K.-G.-G.

vision nicht gegeben. — Für das Konkursverfahren sind einige Fristen verlängert.[865]) — Für die freiwillige Gerichtsbarkeit ist bestimmt, daß der Bezirksrichter zur Abänderung seiner Verfügungen berechtigt ist, auch wenn diese zulässiger Weise mit der sofortigen Beschwerde angefochten ist, eine Befugnis, die dem mutterländischen Gerichte nicht zusteht.[866]) — Die Zwangsvollstreckung wird durch den Bezirksrichter betrieben, nur in Kiautschou ist ein Gerichtsvollzieher vorgesehen.[867])

2. Besonderheiten des Strafverfahrens.[868]) Der koloniale Strafprozeß weist nicht unbeträchtliche Abweichungen vom mutterländischen auf. — Der Staat wird nur in beschränktem Maße durch die Staatsanwaltschaft vertreten. Sie wirkt nur mit bei der Hauptverhandlung erster Instanz, bei der Einlegung von Rechtsmitteln und im Verfahren zweiter Instanz.[869]) Im übrigen dagegen liegt die gesamte Strafverfolgung in der Hand des Bezirksrichters.[870]) Da also ein richterlicher Beamter die ganze Vorbereitung in der Hand hat, so ist für eine besondere gerichtliche Voruntersuchung kein Raum;[871]) es ist ferner kein Raum für die Erhebung der öffentlichen Anklage. Es kann in allen Fällen das Hauptverfahren durch Beschluß, in welchem die Beweismittel anzugeben sind, unmittelbar eröffnet werden. Der Bezirksrichter kann aber nach eigenem Ermessen zunächst blos eine Verfügung über die Einleitung des Strafverfahrens erlassen, welche dann an die Stelle der öffentlichen Klage tritt und ihre Wirkung hat. Der Erlaß einer solchen Verfügung wird rein auf Zweckmäßigkeitsgründen beruhen, z. B. wenn vom Gerichtsstande des Wohnortes Gebrauch gemacht werden soll (§ 8 Str.-Pr.-O.), die Sache jedoch noch nicht zur Eröffnung des Hauptverfahrens reif ist.[872]) Bei der Hauptverhandlung steht das Kolonialgericht freier da, als das mutterländische. Es bestimmt den Umfang der Beweisaufnahme; es ist dabei nicht an Anträge, Verzichte oder frühere Beschlüsse gebunden. In das Protokoll sind, da in allen Strafsachen Berufung zulässig ist, wie im Mutterlande nur beim schöffengerichtlichen Verfahren, die wesentlichen Ergebnisse der Vernehmungen aufzunehmen.[873]) Der Angeklagte kann wie im Mutterlande vom Erscheinen in der Hauptverhandlung entbunden werden, jedoch ist dem Gericht hier weiterer Spielraum gelassen; wenn die zu erwartende Freiheitsstrafe nicht mehr als sechs Monate — im Mutter-

[865]) § 3 Sch.-G.-G., § 47 K.-G.-G.
[866]) § 3 Sch.-G.-G., § 48 K.-G.-G.
[867]) Verf. d. Reichskanzlers v. 25. Dez. 1900 § 5; Kiautschou: V. v. 21. Juni 1904 VIII, 288.
[868]) Doerr, Deutsches Kolonialstrafprozeßrecht (Zeitschr. f. Kolpol. X, 660 ff.; XII, 69 ff.).
[869]) § 6 Ziffer 2a Sch.-G.-G.; Kais. V. v. 9. Nov. 1900 § 5 Abs. 1.
[870]) § 3 Sch.-G.-G., §§ 53, 55, 56 K.-G.-G.; Kais. V. v. 9. Nov. 1900 § 5 Abs. 1,
[871]) § 3 Sch-G.-G., § 57 K.-G.-G.
[872]) § 3 Sch.-G.-G., § 58 K.-G.-G.; Gerstmeyer S. 91.
[873]) § 3 Sch.-G.-G., § 61 K.-G.-G.

lande bis zu sechs Wochen — beträgt, kann die Befreiung eintreten.[874]) Eine Beeidigung von Zeugen und Sachverständigen kann im vorbereitenden Verfahren stattfinden, ebenso kann der Bezirksrichter die zur Rechtfertigung einer Berufung Benannten vernehmen und vereidigen, wenn die Voraussetzungen des § 65 Abs. 2 Str.-Pr.-O. vorliegen. Das strafprozessuale Mahnverfahren hat die früher[875]) besprochene Kaiserliche Verordnung vom 14. Juli 1905 und die zu ihr ergangenen Verordnungen der Gouverneure im Sinne des preußischen Rechtes geregelt. Rechtsmittel ist in allen Fällen, auch denen, die im Mutterlande vor die Schwurgerichte oder die Strafkammer gehören, die Berufung. Sie ist nicht gegeben gegen die wegen Übertretungen erlassenen Entscheidungen, wenn eine Verurteilung wegen Bettelns, Landstreichens usw. (§ 361 Ziffer 3 bis 8 Str.-G.-B.) ergangen ist, oder nur auf Geldstrafe oder auf sie und Einziehung erkannt ist.[876]) Noch nicht gegeben ist Revision. Bei Beschwerden kann der Richter nicht schon deshalb, weil er bei der angefochtenen Entscheidung mitgewirkt hat, wegen Befangenheit abgelehnt werden. In den Fällen der sofortigen Beschwerde ist der Richter zur Abänderung seiner Entscheidung befugt. Eine Verteidigung ist in Schwurgerichtssachen in beiden Instanzen vorgeschrieben.[877]) Die Mehrzahl der bisher erwähnten Vorschriften hat in Rücksicht auf die primitiveren Verhältnisse der Kolonien, die Formen des Verfahrens erleichtert. Andere Vorschriften ändern in Rücksicht auf die Verkehrsverhältnisse die Fristen ab.[878]) Die Wiederaufnahme des Verfahrens kann von Amts wegen erfolgen..[879]) Die Gesetze betreffend die Entschädigung der im Wiederaufnahmeverfahren Freigesprochenen und betreffend die Entschädigung für unschuldig erlittene Untersuchungshaft haben Geltung, jedoch tritt an Stelle der Staatsanwaltschaft der Bezirksrichter.[880]) Bei der Strafvollstreckung ist die kolonialrechtliche Besonderheit zu vermerken, daß die Todesstrafe durch Enthaupten, Erschießen oder Erhängen zu vollstrecken ist, und zwar bestimmt der Gouverneur im einzelnen Falle, welche Vollstreckungsart stattzufinden hat.[881]) Die Begnadigung ist ein Recht des Kaisers.[882]) Er hat 1900 den Gouverneur ermächtigt, Strafaufschub bis zu sechs Monaten zu gewähren.[883]) 1905 wurden dann der Reichskanzler, die Gouverneure und die vom Gouverneur von Neuguinea noch besonders zu bestimmenden Beamten im Inselgebiete — es sind die Bezirksrichter — ermächtigt, auch auf noch

[874]) § 3 Sch.-G.-G., § 59 K.-G.-G.
[875]) Vgl. oben S. 91 ff.
[876]) § 3 Sch.-G.-G., § 63 K.-G.-G.
[877]) Kais. V. v. 9. Nov. 1900 § 8 Abs. 5.
[878]) § 3 Sch.-G.-G., §§ 62, 66, 67, 71 Abs. 2 K.-G.-G.
[879]) § 3 Sch.-G.-G.. § 70 K.-G.-G.
[880]) § 3 Sch.-G.-G., § 71 K.-G.-G.; Gerstmeyer S. 96 f.
[881]) Kais. V. v. 9. Nov. 1900 § 9.
[882]) § 3 Sch.-G.-G., § 72 K.-G.-G.
[883]) Kais. V. v. 9. Nov. 1900 § 12.

längere Zeit die Aussetzung oder Teilung der Strafvollstreckung zu bewilligen.[884])

3. Kosten. In den Schutzgebieten werden die Gebühren der Gerichte, der Zustellungs- und Zwangsvollstreckungsorgane, soweit letzteres die Gerichte oder ihre Beauftragten sind, in doppeltem Betrage der heimischen Beträge erhoben. Dagegen ist für die Zeugen und Sachverständigen der heimische Satz maßgebend. Für die Gebühren der Rechtsanwälte kann der Gouverneur eine besondere Regelung treffen.[885]) In Kiautschou betragen die Kostensätze ebenso viel Dollar und Cent, wie sie in Preußen Mark und Pfennige betragen würden. Für eine Reihe von Einzelfällen bestehen hier noch besondere Bestimmungen.[886])

II. Das Verfahren für die Farbigen.

Über das Recht des Verfahrens der Farbigen und das Verhältnis der deutschen Schutzgewalt zu ihm gelten im wesentlichen die allgemeinen Grundsätze, welche wir schon früher hinsichtlich des Eingreifens der Kolonialmacht in das bürgerliche und das Strafrecht der Farbigen aufgestellt haben.[887]) Soweit ein Eingreifen nicht stattgefunden hat, bleibt es bei dem geltenden Rechte; wenn es z. B. für die Eingeborenenschiedsgerichte in Kamerun heißt: [888]) „Für die Rechtsprechung des Schiedsgerichts sind die an Ort und Stelle in Übung stehenden Gebräuche und Gewohnheiten maßgebend", so ist das nicht nur auf das materielle, sondern auch auf das Prozeßrecht zu beziehen. Das geltende Recht kann seine Änderung auf zweierlei Weise finden. Entweder auf dem Wege der gerichtlichen Praxis, so wenn in Ostafrika für die Entscheidungen — und auch für das Verfahren — in bürgerlichen Sachen „die unter gebildeten Völkern geltenden Rechtsgrundsätze, der gesunde Menschenverstand und die landesüblichen Gewohnheiten und Überlieferungen maßgebend" sind.[889]) Oder aber auf dem Wege der positiven Rechtssetzung wird das Verfahren bestimmt. Dem Verfahrensrechte der Weißen unterliegt der Eingeborene, der vor dem Europäergerichte Recht nimmt.[890])

1. Bürgerliches Verfahren. Ins einzelne gehende Vorschriften fehlen für das bürgerliche Verfahren, jedoch sind wenigstens einige Bestimmungen vorhanden. In den Eingeborenenschiedsgerichten von Kamerun, die Zivil- und Strafgerichte sind,[891]) ist ein Sitzungsproto-

---

[884]) Allerh. Ordre v. 4. Febr. 1905 IX, 1; Verf. v. 11. Okt. 1907 XI, 398.

[885]) Verf. d. Reichsk. v. 28. Nov. 1901 VI, 425 und v. 28. Aug. 1908 XII, 369.

[886]) V. v. 21. Juni 1904 VIII, 288.

[887]) Vgl. oben S. 173, 219.

[888]) Man nehme nur die V. v. 30. Sept. 1895 II, 182, mit der die andern im Band II der Kolonialgesetzgebung zu findenden V. übereinstimmen.

[889]) V. v. 14. Mai 1891 VI, 33.

[890]) Vgl. oben S. 175.

[891]) Vgl. oben S. 75; f. Kiautschou insbesondere V. v. 15. April 1899 IV, 191.

koll zu führen. Das Rechtsmittel der Berufung ist gegeben.[892]) — In Südwestafrika ist bei Streitigkeiten zwischen Weißen und Farbigen, bei denen der Farbige Beklagter und demgemäß die Verwaltungsbehörde Richter ist, eine schriftliche, mit Gründen zu versehende Entscheidung zu fällen. Bei höheren Werten ist Berufung gegeben; abgesehen von diesem Falle kann der Gouverneur die Entscheidung von Amts wegen aufheben oder ändern. Bei der Zwangsvollstreckung sind die zum Leben notwendigsten Vermögensstücke vor dem Eingriff des Gläubigers gesichert. Gebühren werden nicht erhoben.[893]) — In Ostafrika besteht für Partei und Zeugen die Pflicht zu erscheinen, ihre Erfüllung kann erzwungen werden. In Sachen mit einem Werte von über 1000 Rupien ist Berufung gegeben. Über alle bürgerlichen Rechtsstreitigkeiten wird ein Buch geführt, in dem kurz die Entscheidung und der Sachverhalt anzugeben sind. Bei komplizierter Sachlage, in Berufungssachen und anderen wichtigen Fällen ist eine gesonderte Sachdarstellung zu geben. Vom unterliegenden Teile werden Gebühren erhoben.[894]) — In Kiautschou ist die Zivilklage schriftlich oder zu Protokoll einzugeben. Beweismittel sind Urkunden, Zeugen, Sachverständige und Augenschein. Die Zeugenpflicht besteht auch für Nichtchinesen. Der Kläger, der abgewiesen ist, weil die von ihm behaupteten Tatsachen unwahr sind, kann bestraft werden. Gegen den verurteilten Beklagten kann, wenn er dem Urteil nicht binnen bestimmter Frist nachkommt, Geld- oder Freiheitsstrafe festgesetzt werden. Aus ersterer ist der Kläger zu befriedigen. Berufung ist in größeren Sachen gegeben. Die Art der Zwangsvollstreckung bestimmt der Richter erster Instanz. Es werden Kosten erhoben, die jedoch der Richter in geeigneten Fällen niederschlagen kann.[895])

2. Strafverfahren.[896]) Eingehender als mit dem bürgerlichen hat sich der Kolonialgesetzgeber mit dem Strafverfahren befaßt.[897]) Die strafbaren Handlungen werden, soweit die deutsche Gerichtsbarkeit reicht, von Amtswegen verfolgt, aber „ob eine Strafverfolgung stattzufinden hat, wird von den zuständigen Beamten nach den Umständen des Falles entschieden", das Einschreiten ist also davon abhängig, daß nicht Gründe der Opportunität dagegen sprechen. Es besteht in der Regel Öffentlichkeit und Mündlichkeit des Verfahrens. Ein Staatsanwalt ist nicht vorhanden. Weiße Verteidiger können die Angeklag-

[892]) Vgl. die verschiedenen Verordnungen in Band II der Kolgesetzgeb.

[893]) Verf. v. 23. Juli 1903 VII, 163; Runderl. v. 6. u. 19. März 1908 XII, 87 und 107.

[894]) V. v. 14. Mai 1891 VI, 33.

[895]) V. v. 15. April 1899 IV, 191; V. v. 7. Aug. 1902 VI, 650.

[896]) Doerr, Deutsches Kolonialstrafprozeßrecht (Zeitschr. f. Kolpol. X, 660 und XII, 70).

[897]) Verf. v. 27. Febr. 1896 II, 213; V. v. 22. April 1896 II, 215 für Ostafrika, Kamerun u. Togo; Südwestafrika: V. v. 8. Nov. 1896 II, 294; Kamerun: VI, 467; Neuguinea: V. v. 21. Okt. 1888 I, 555; Marschallinseln: V. v. 10. März 1890 I, 627; Kiautschou: V. v. 15. April 1899 IV, 191.

ten in Kamerun in Fällen, in denen es sich um die Todesstrafe handelt, beanspruchen, auf Neuguinea und den Marschallinseln noch in bestimmten anderen schweren Fällen. Von den Beweismitteln des europäischen Rechtes ist nicht der Eid gegeben, jedoch werden falsche Aussagen bisweilen bestraft. Andererseits ist es verboten, durch Zwangsmittel Aussagen und Geständnisse herbeizuführen. Die Strafverhandlungen sind — wo es sich um Prügelstrafe handelt, unter besonderen Formen — zu protokollieren, die Urteilsformel, in Neuguinea auch die Gründe, schriftlich festzulegen. Das Todesurteil bedarf der Bestätigung durch den Gouverneur. Die Berufung ist in Kiautschou bei schweren Fällen gegen die Urteile des Bezirksamtmannes gegeben. Ein abgekürztes Verfahren tritt in den afrikanischen Schutzgebieten in den Fällen des Aufruhrs oder anderer Notstände ein. — Von den Vorschriften über die Strafvollstreckung sind die für die Prügelstrafe geltenden zu erwähnen.[898]) Das auf Prügel- oder Rutenstrafe lautende Urteil in den afrikanischen Schutzgebieten kann auf einmaligen oder auf zweimaligen Vollzug ergehen. Bei jedem Vollzuge dürfen höchstens 25 Schläge, bei Ruten 20 Schläge erteilt werden. Der zweite Vollzug darf nicht vor Ablauf von zwei Wochen erfolgen. Der Vollstreckung hat immer ein von dem zur Ausübung der Strafgerichtsbarkeit befugten Beamten bestimmter Europäer, sowie möglichst ein Arzt beizuwohnen. Der Beamte oder der Arzt haben die Vollstreckung zu überwachen. Vor Beginn der Züchtigung ist der körperliche Zustand des Schuldigen zu untersuchen. Der Arzt oder der Europäer kann die Vollstreckung untersagen, wenn der Gesundheitszustand des Verurteilten dies als geboten erscheinen läßt. — In allen Strafsachen hat der Gouverneur ein Recht der Begnadigung.

[898]) Hermann, Die Prügelstrafe nach deutschem Kolonialrecht (Zeitschr. f. Kolonialpol. X, 72); Erlaß v. 12. Juli 1907 XI, 323.

Register.

MIX
Papier | Fördert gute Waldnutzung
FSC® C083411

Kolibri 360 GmbH
Ferdinand-Jühlke-Straße 7
99095 Erfurt, Deutschland
produktsicherheit@kolibri360.de